Ein Schleswig-Holsteiner

Ein Schleswig-Holsteiner

Die Lebensgeschichte von
Iwer Otto Eduard Edert

zusammengestellt von

OTTO IWER EDUARD EDERT

Aus Tagebüchern und Briefen

Herzlichen Dank an Christian Bolte für die maßgeblichen Lektorarbeiten
zur Fertigstellung dieses Buches.

Bibliografische Information der Deutschen Nationalbibliothek:
Die Deutsche Nationalbibliothek verzeichnet diese Publikation
in der Deutschen Nationalbibliografie;
detaillierte bibliografische Daten sind im Internet
über https://portal.dnb.de/ abrufbar.

© 2023 Otto Edert
Satz, Herstellung und Verlag:
BoD – Books on Demand, Norderstedt

ISBN: 978-3-7562-4954-1

Inhalt

Kindheit in Oldesloe

Es war die Zeit in der Preußen nach dem Sieg über Frankreich zur Großmacht aufstieg unter Kaiser Wilhelm I und seinem Kanzler Bismarck. Es war Gründerzeit und überall entstanden Vereine und Genossenschaften, die Bürger waren überzeugt: „nur gemeinsam sind wir stark!" Bahnbrechende Erfindungen wie die Dampfmaschine, die Elektrizität, Otto- und Dieselmotoren machten den Weg frei für neue Firmen. Schutzzölle und bescheidene Löhne ermöglichten sichere Gewinne, die Wirtschaft blühte auf. Straßen und Eisenbahnen, Schulen und Krankenhäuser wurden gebaut; weniger um Profit zu machen, sondern um die Lebensverhältnisse für alle zu verbessern. Überall ging es aufwärts. Mussten zu Anfang des Jahrhunderts auch die Kinder der Handwerker mit ihrer Arbeit zur Existenzsicherung der Familie beitragen, jetzt gegen Ende des Jahrhunderts hatten sie nicht nur Zeit für den Schulbesuch, sondern konnten auch spielen und herumtollen.

Bild 1: Peter und Paulskirche in Oldesloe

Bild 2: Familie Johannes Eduard Edert mit seiner Ehefrau Helene geb. Rautenberg und den vier Söhnen

In dieser Zeit wurde Iwer Otto <u>Eduard</u> in Oldeloe in Schleswig-Holstein, das seit 1866 aus dem dänischen Gesamtstaat ausgeschieden und preußische Provinz geworden war, geboren. Er schrieb in seinen Lebenserinnerungen: „ Ich bin am 31.07. 1880 zu Oldesloe als der dritte Sohn meiner lieben Eltern, des Lehrers Johannes Eduard Edert und seiner Frau Helene geborene Rautenberg, geboren. Mein Bruder Richard war 3 Jahre, Hermann 5 Jahre älter, Otto kam 4 Jahre später auf die Welt. Das Geburtshaus, ein graues Schulhaus mit zwei Flügeln, stand in der Königsstraße. Wir bewohnten den rechten Flügel. Auf der anderen Straßenseite lag eine breite Allee, in der Mitte eine Wasserpumpe, fließend Wasser im Hause kannten wir noch nicht. Hinterm Haus war ein großer Obstgarten mit köstlichen Reneklieden. Folgte man der Allee nach Osten, so sah man schon die Peter- und Pauls-Kirche, und links auf dem Hügel das Konpastorat, und hinter der Kirche das Hauptpastorat mit einem großen Garten, der sich bis fast an die Beste, einen Nebenfluss der Trave, erstreckte. Damals spielte die Selbstversorgung der Familie aus dem Garten mit Obst und Gemüse noch eine grundlegende Rolle. Hinter unserem Schulhaus lag ein großer Turn- und Spielplatz, daneben waren die Gärten der drei Lehrer. Von unserem Garten konnte man über die Straße zur Beste-Brücke gehen, die in den großen Kurpark führte.

In Oldesloe lebten damals etwa 4000 Einwohner. Eine Kleinstadt, in der jeder den anderen kannte, mit wenig Verkehr, denn es gab ja noch keine Motorfahrzeuge. So konnten unsere Eltern uns in Freiheit aufwachsen lassen, und wir konnten spielen, was und wo wir wollten. Nur selten sind wir mit den Eltern spazieren gegangen. Unser Vater spazierte dabei sehr viel mit seinen Kollegen; auch besuchte er oft unsere Großeltern, die wiederum einen großen Obstgarten mit vielen Sträuchern und Obstbäumen hatten. Wir Jungen wuchsen auch mit vielen Handwerkern auf. Schräg gegenüber war eine Tischlerwerkstatt. Drei Häuser weiter wohnte ein Töpfermeister, der mich früh an seine Drehscheibe heranließ um Blumentöpfe zu formen. Unten in der Königsstraße stand ein baumlanger Schmied am Amboss. Ich durfte seinen Blasebalg ziehen. Beim Schlachter und beim Krämer ging ich aus und ein, um für die Mutter einzuholen. Auch zum Bauern Loss bin ich oft gegangen, und wenn bei Bödecker das Schwein geschlachtet wurde, hielten wir Jungens den um die Hinterbeine geschnürten Strick fest. So wurden wir mit jedem Handwerk vertraut. Es war ein richtiges Jungenparadies.

Meine erste Spielgefährtin war Mariechen Spannuth, die im anderen Flügel des Schulgebäudes wohnte. Wir hätten, so hat man mir später erzählt, miteinander gerufen: „Storch, Storch, goder, bring mi en lütten Broder!" Der Storch habe dann einen kleinen Bruder zu Spannuths gebracht. Den wollte ich dann, in der Annahme, er gehöre mir, von dort mit einem Korb abholen. Natürlich ohne Erfolg. Doch einige Monate später kam auch bei uns mein Bruder Otto zur Welt. So wurde ich versöhnt. Gern saß ich bei meiner immer fleißigen Mutter, wenn sie mit der Maschine für uns nähte und dabei Märchen erzählte. Rumpelstielzchen war mein liebstes, „ist doch gut, dass sie nicht weiß, dass ich Rumpelstielzchen heiß" und wenn er am Schluss dann mit seinem kleinen Bein aufstampfte, machte sie das bums nach, was mich immer zum Lachen brachte.

Als ich 6 war, lernte ich Schwimmen. Hannes Sievers, unser Nachbar im roten Haus, Lehrer und Feuerwehrhauptmann, brachte diese Kunst jedem Oldesloer Jungen bei. Wer an der Angel über die Trave und zurück, und dasselbe auch ohne Angel konnte, war Freischwimmer. Ich weiß noch, wie stolz ich war, als ich auf der anderen Seite den morastigen Grund unter meinen Füßen spürte.
   Mit meinem Vater habe ich viel gesungen. Er saß gern in der langen Stube am Klavier und ließ mich singen. Ich soll einen hellen Sopran gehabt haben, und konnte das hohe c singen. Später bin ich oft mit ihm in der Kirche gewesen. Da stand er als Kantor oben in der Mitte der Empore vor der Orgel, und ich stand neben ihm so nahe, dass ich seinen schönen Bass in seinem Brustkasten brummen hören konnte. Dann sangen wir zusammen auch zweistimmig."

Eduards Vater war recht stolz auf ihn. Er erzählte: „ Sein Mut hat ihn als Kind wiederholt in Gefahr gebracht. So fuhr er beim Rodeln auf dem Kirchberg so heftig mit dem Gesicht gegen einen Pfahl an, dass er über und über blutete und seine Nase auf lange Zeit dick blieb. Mehrfach ist er auch in Gefahr gewesen, zu ertrinken. Einmal rettete ihn in dem Trave-Arm, der die Mühle treibt, meine

Nichte Marie, die Tochter von Hermann. Und auch später wäre er beim Baden in der Beeste und einmal im Ratzeburger See fast ertrunken.

Bild 3: Trave bei Oldesloe

Er war der einzige meiner Söhne, der schon mit 6 Jahren im Herbst 1886 zur Schule gekommen ist. Er war recht ehrgeizig, und konnte sich über Erfolge immer sehr freuen. Er spielte viel das Harmonium zur Andacht. Als Sekundaner durfte er die rote Mütze tragen, wurde beim Vogelschießen König und gewann eine Uhr. Baron von Kramm, dessen Söhne Eduard in Rethwisch besucht hatte, sagte: „Dem gönne ich es von allen am meisten!"

Mit den Freunden Orchi Wolf und Richard Spannuth, die auch im Schulgebäude wohnten, unternahm Eduard Indianerzüge in den 3 km von Oldesloe gelegenen Buchenwald Kneeden.

Eduard schrieb in seinen Lebenserinnerungen: „Deutlich erinnere ich mich an einen großen Indianerkampf mit Speeren, Pfeil und Bogen und einem geraubten

Mädchen, das wir in einem Bollerwagen nach Kneeden gebracht hatten. Sie trug wie wir den gleichen Federschmuck. Wir entrissen sie den Feinden und dann saßen wir in einer romantischen Waldschlucht zusammen und rauchten die Friedenspfeife (ich meine kalt).

Mein bester Freund war Heine Bödeker, dessen Vater betrieb in der Königstraße eine Destillation und Seltersfabrik. Sein Vater war ein stattlicher Mann mit offenem Gesicht. Gern sah ich ihm zu, wenn er die Kohlensäure in die Wasserflaschen presste und diese dann mit Draht verschloss. Unser liebstes Spiel war „Feuerwehr". Wir hatten viele hundert Kastanien auf einer Leine aufgereiht, das war unser Schlauch. Den legten wir auf einen Handwagen, und fuhren sobald Feueralarm gegeben wurde im Galopp zu dem angeblich brennenden Haus, suchten einen Teich, rollten den Schlauch ab und bekämpften das Feuer. Dabei gaben wir Signale, wie die richtige Feuerwehr.

Mit Heine Bödeker kam ich dann nach der Vorschule in die Sexta und Quinta, wo die Freunde meines Vaters, Papa Suck (mit nen dicken Buck) und Wilhelm Jürgens unterrichteten. In der Quarta gab Professor Balke den Deutschunterricht. Er konnte vortrefflich deklamieren und hat uns das Vortragen von Gedichten so gut beigebracht, dass ich später in Altona deswegen auffiel. Unser Turnlehrer Panning war ein Jahr in England gewesen, und brachte von dort so einige Neuerungen mit. So veranstaltete er z.B. Schnitzeljagden, eine Sache, die unsere Eltern in Staunen versetzte, uns aber viel Spaß brachte. Als ich Quintaner war, kreuzte ein richtiger Indianerjunge in unserer Schule auf, braun und katzengewandt. Panning lies die Klasse im Kreis um einen mit Stroh bedeckten Platz antreten und forderte uns auf, unsere Kräfte mit dem Jungen zu messen. Da habe ich mit ihm gerungen, und es gelang mir, ihn auf den Rücken zu werfen, und seine Schultern auf den Boden zu drücken. Da war die Ehre der Klasse gerettet.

Ich erinnerte mich, dass meine Eltern zusammen mit Nachbarn an der Trave einen Badeplatz eingerichtet hatten mit einer Absperrung für die Nichtschwimmer. Mein kleiner Bruder Otto war wohl 4 Jahre alt, als sie ihn dorthin mitnahmen. Er versuchte sich an der Absperrung festzuhalten,, doch die Strömung riss ihn fort. Da sprang ich hinterher und schwamm zu ihm. Er schlang seine Arme um meinen Hals und es gelang mir, ihn wieder ans Ufer zu bringen. Noch heute spüre ich den kleinen Körper und seinen Atem. Er hatte kaum Wasser geschluckt, und sah mich mit seinen großen Augen vertrauensvoll an, als sei nichts geschehen."

Unser Geschichtslehrer „Käs" war mit Vater befreundet, und hat auch eine Geschichte Schleswig-Holsteins geschrieben. Im Lateinischen machten wir nur sehr geringe Fortschritte, was ich später, als ich auf das Realgymnasium in Altona kam, sehr spüren musste. Professor Lichtenberg, ein Berliner, gab Mathematikunterricht, und hielt mittwochs die Morgenandacht mit immer dem gleichen Text. Der Direktor Bangert war gefürchtet, weil er ein sehr loses Handgelenk hatte. Einmal sollte ich eine Bestellung an seine Frau ausrichten, und trat mit meinem neuen Anzug, der zum ersten Mal von einem Schneider gefertigt war, in das Wohnzimmer. „Was hast du für einen schönen Anzug an!" sagte die Frau Direktorin. „Wer hat den denn gemacht?" Da sagt ich voller Stolz: „Der Schneider!" Schwaps, da hatte ich eine Ohrfeige vom Direktor weg. Er konnte es freilich nicht wissen, welch ein Hochgefühl es für mich war, nicht mehr die Anzüge zu tragen, die ich von meinen älteren Brüdern geerbt hatte. Aber Englisch und Französisch habe ich gut bei ihm gelernt. Solange wir in Oldesloe wohnten, hat mir die Schule nicht viel Mühe gemacht. Meine Eltern oder meine Brüder haben mir nie bei den Aufgaben geholfen, und dass wir gute Noten nach Hause brachten, war eigentlich selbstverständlich. Als ich in die Untersekunda versetzt wurde, und die rote Mütze tragen durfte, war ich trotzdem sehr stolz. Eine ältere Frau, der ich auf der Straße begegnete, sagt dann auch zu mir „breek man nich aff!".

Der Höhepunkt dieses letzten Jahres in Oldesloe war das Vogelschießen. Damals feierten die Stadt und unsere Schule gemeinsam. Es war ein wirkliches Volksfest. Die ganze Stadt prangte in Girlanden und Fahnen; eine Woche vorher wurden die großen Jungen der ersten Volksschulklasse in den Kneedener Forst geschickt, um Grün für die Kränze und Blumenbögen für die Mädchen zu schneiden. Wir gossen vorher unsere Bleibolzen und übten an einer Vogelstange, die auf dem Turnplatz bei Spannuths aufgestellt war. Man hatte mich zum Fahnenträger unserer Schule gewählt, was für mich eine hohe Auszeichnung war. So marschierten wir, ich als Fahnenträger mit meinen zwei Fahnenjunkern, geschmückt mit breiten blau-weiß-roten Schärpen, gleich hinter der Musikkapelle.

Der Vogel unter der Stange musste im Laufe des Tages Krone und Zepter, Flügel und Beine lassen, bis nur noch der Rumpf, einmal angesägt, vorhanden war. Wer das letzte Stück des Vogels herunter schoss, wurde König. Wenn ein Junge aufgerufen wurde zum Schießen, und nicht gleich zur Stelle war, trat der nächste für ihn ein. Glück und eine ruhige Hand waren auf meiner Seite. Da fiel auch der Rumpf. – Warum ich dann in den Saal ging, weiß ich nicht mehr. Da erscholl laut der Ruf: „Eduard ist König!" Sie holten mich wieder auf den Platz, und ehe ich wusste, was mir geschah, wurde ich mit einem donnernden „Hurra" empfangen. Alle hoben ihre Hüte.

Das Königsgeschenk war eine silberne Uhr, und um den Hals hängte man mir einen silbernen Schild, auf dessen Rückseite die Namen der früheren Könige eingraviert waren. Die ältesten waren damals schon über 100 Jahre alt. Nun marschierten wir mit einer Fahnenabordnung und Musik vor das Haus der Königin, die, mit einer blauen Schärpe geschmückt, schon vor der Türe wartete. Es war ein liebliches Kind mit braunen Zöpfen und einer Krone im Haar. Die Menschen traten vor die Türen und jubelten uns zu. Als wir vor dem großen Platz des Kurhauses waren, brauste uns ein neues Hurra entgegen. Man bildete für uns ein Spalier bis zum Saal und durch den Saal bis zur Bühne, wo zwei Kronsessel für uns aufgestellt waren. Von da nahmen wir die Huldigung unseres Volkes entgegen. Dann tanzten wir den Königstanz ganz allein durch den Saal einmal herum, bevor alle sich beteiligten."

Ostern 1896 machte Eduard ein recht gutes Abgangsexamen. Im selben Jahr wurde er von Pastor Baetz konfirmiert.

Die letzten Schuljahre in Altona und Uetersen

Sein Vater hatte auf Grund seiner ausgezeichneten Leistungen als erster Mädchenlehrer in Oldesloe das Angebot bekommen, die Stelle eines Seminarlehrers in Uetersen zu übernehmen. Die neue Aufgabe lockte ihn, zumal er dann das Kirchenamt, das ihm zwar viel Freude aber auch viel Kopfschmerzen eingetragen hatte, los wurde. Richard hatte zur selben Zeit die Reifeprüfung in Lübeck bestanden. Otto sollte als Fahrschüler von Uetersen nach Altona fahren und Eduard war vor die Wahl gestellt nach Hamburg in die Kaufmannslehre oder auch nach Altona in die Obersekunda im Reformgymnasium weiter zur Schule zu gehen, um sein Abitur zu machen. Er entschied sich für das letztere. Sein Vater muss sich diese Frage sehr überlegt haben: denn er musste Hermann auf der Hochschule in Hannover und Richard in seiner Ausbildung für das Postwesen unterhalten. Dazu musste er die Kosten für die Bahnfahrt für die beiden Jüngsten aufbringen. Großvater Rautenberg, der von dem Plan gehört hatte, sagt darauf: „Ihr seid wohl unklug! Bildet Euch aber nicht ein, dass ich euch dazu Geld leihe." „Hab ich Dich denn darum gebeten?", hat darauf die Mutter in aller Ruhe geantwortet. Doch hat dieser Ausspruch ihres Vaters sie sehr gekränkt. Denn sie selbst war immer bereit anderen zu helfen.

Tatsächlich haben die Eltern von Eduard eine schwere Last auf sich genommen.

Zunächst brachte sein Vater ihn zusammen mit dem Jüngsten, Otto, da der Umzug der Eltern nach Uetersen bevorstand, vorübergehend in Vollpension zu seinem Bruder Julius nach Altona, von wo Otto das Christianeum und er die O II des Realgymnasiums besuchen konnte. Damit endete die unbeschwerte Jungenzeit; denn

Bild 4: Eduards Eltern, Johannes Eduard Edert und Helene geb. Rautenberg

die drei folgenden Jahre gehörten, nach seiner Erinnerung zu den schwersten in seinem Leben. Sie kamen aus der Freiheit einer Kleinstadt in die Enge der Großstadt. Ihr Onkel Julius und Tante Liesbeth waren noch jung verheiratet und hatten gerade eine Tochter bekommen, Käthe, die noch nicht laufen konnte, und wohnten im dritten Stock in der Palmaille. Die beiden Jungen schliefen im 4. Stock direkt unterm Dach. Ihre Schulen lagen nur 5 Minuten entfernt in der Königsstraße.

Otto fand schnell Anschluss an den Unterricht, er hatte in Oldesloe einen sehr guten Lateinlehrer, Herrn Jürgens, gehabt und hatte dort auch die Schularbeiten der Pensionärskinder beaufsichtigt. Bald war er der beste Quartaner im Christianeum. Eduard dagegen hatte zwar in den meisten Fächern auch Tritt gefasst, aber Schwierigkeiten, im Lateinischen den Anschluss an die Obersekunda zu schaffen. Seine Note nach dem ersten Jahr war noch mangelhaft und erst in der Unterprima hatte er die Klasse eingeholt. Hatte er doch in Oldesloe einen sehr dürftigen Lateinunterricht genossen.

Am 01. Juli 1897 trat sein Vater sein neues Amt in Uetersen an, und nach den Sommerferien zogen Eduard und Otto zu ihren Eltern nach Uetersen. Da mussten sie täglich um 6.30 Uhr von Uetersen mit der Pferdebahn nach Tornesch und von dort mit der Dampfbahn nach Altona fahren, damit sie rechtzeitig um 8.00 Uhr in der Schule waren. Das war eine anstrengende Tour. Aber trotzdem hat Eduard drei Jahre später zusammen mit zwei Mitschülern ein gutes Abiturexamen gemacht. (von ursprünglich 16 Schülern in seiner Klasse).

Eduard ist in Uetersen nie heimisch geworden. Lag Oldesloe in einer sehr reizvollen Umgebung, empfand er Uetersen, das an der Grenze zwischen Geest und Marsch lag, eher langweilig. Es fehlten ihm auch Schulkameraden, die ja überwiegend in Altona oder als Fahrschüler in Elmshorn zu Hause waren. Allerdings fand er in dem Elmshorner Hein Stender einen Freund, dem er bis ins hohe Alter verbunden blieb. Seine Freundschaften mit den jungen Damen blieben platonisch. „Ach, lass mich nur von ferne stehen, von fern in deine Augen sehen!" Selbst die schöne Lene Heer, die älteste Tochter eines Textilkaufmannes, mit dem seine Eltern verkehrten, hat er nie zu küssen gewagt. Er durfte einmal mit ihr in einem Theaterstück auftreten und hat auch verschiedentlich mit ihr getanzt. Obwohl er sich selten mit ihr unterhalten konnte, hat er sie doch bis in seine Studentenzeit sehr verehrt, und war tief unglücklich, als seine Mutter ihm schrieb, dass sie sich mit einem jungen Kaufmann verlobt habe.

In die Oberprima wurden von sechs Schülern nur drei versetzt. Diekelmann, van der Swissen und Eduard. Er zeichnete sich besonders beim Theaterspielen aus, und erinnerte sich noch später, als er selber Abgeordneter war, des Zitates aus Schillers Demetrius: „Was ist die Mehrheit? Mehrheit ist der Unsinn, Verstand ist stets bei wenigen nur gewesen." Einmal führten sie ein patriotisches Stück auf, bei dem Graf Waldersee, der kommandierende General des 9. Armeekorps in bunter Ulanen-Uniform zugegen war. Am Ende des Stückes wurde Eduard ihm vorgestellt. Seine sehr anerkennenden Worte hat er nie vergessen. Auf einer Klassenfahrt mit Direktor Schlee nach Niendorf, sah er, als Primaner, zum ersten Mal das Meer; ein unvergessener Augenblick.

Zwischen den Lehrern und Schülern bestand sonst außerhalb des Unterrichtes keine persönliche Bindung. Man konzentrierte sich auf die Sprachen und bekam als Hausaufgaben sehr viel zu präparieren auf. Prof. Beckmann gab einen sehr guten englischen und französischen Unterricht. Hier drangen die Schüler auch in die Kultur der Nachbarvölker ein. Die drei Primaner wurden wegen ihrer guten Leistungen von der mündlichen Abschlussprüfung dispensiert. Diekelmann wurde Kaufmann und später Bankdirektor in Othmarschen. Heinrich van der Swissen studierte Maschinenbau und versuchte sich als Gärtner. Er ist im Krieg 1914 gefallen. Eduard wollte Erzieher werden, ein Lehrer, der in einem menschlich warmen Verhältnis zu den Kindern stünde.

Es muss in den letzten Sommerferien gewesen sein, als er eine Ferienreise nach Segeberg und Ratzeburg gemacht hat. Mit seinem Vater wanderte er halb nach Elmshorn, doch von dort musste er dann allein weitergehen. Er war in gehobener Stimmung und sein Vater sah ihm lange nach.

Studium in Marburg

Nach Ostern 1899 ging Eduard nach Marburg als Student der Philologie mit dem Gedanken, Lehrer zu werden. Er träumte davon eine Schule zu schaffen, die besser wäre als die, die er hatte besuchen können. Seine Freunde aus Elmshorn gingen nach Jena, um Burschenschaftler zu werden. Dafür hätte der bescheidene Wechsel von 80 Mark, den sein guter Vater ihm geben konnte, nicht gereicht. So entschied er sich für Marburg. 1899 hatte Marburg 10 000 Einwohner und 1000 Studenten. Da fühlte er sich zunächst sehr einsam. Er mietete sich jenseits der Lahn in Weidenhausen eine billige „Bude". Bald merkte er, dass fast alle Studenten aktiv waren und so entschloss auch er sich dem ATV Marburg beizutreten.

In der Verbindung herrschte ein fröhlicher, frischer und sauberer Ton und man verurteilte die Ausschweifungen anderer Verbindungen. Leider wurde aber auch beim ATV unbändig getrunken, wie es damals überall üblich war. Die Trunkfestesten brachten es auf 20 Halbe auf einer Kneipe. Das Bier war sehr billig. Außer der regelmäßigen Samstagskneipe gab es einen Spielabend, einen Fuchsabend, den Sonntagsbummel und einmal im Jahr den Fassbummel. Da zog die ganze Verbindung mit Musik in eine Waldecke, lagerte sich im Freien um ein oder gar mehrere Fässer, sang und trank, und torkelte dann gegen Abend wieder in die Stadt. Eine Sitte, die fast alle Korporationen pflegten. Man stellte dabei den Dicksten an die Spitze des Zuges; Gewichte von über 115 kg waren dann der Stolz der Verbindung. Der Student Hujus, cand. med. vom ATV im 17. Semester, wog noch mehr. Ein sehr seltsames Ideal, das erst später, als der Sport an Bedeutung zunahm, verblasst ist. Sie turnten und fochten, und das Fechten war wirkliche Leibesübung, aber es hat wohl keine Mensuren gegeben.

Eduard hat in einem Brief seine ersten Erlebnisse beim Fechtbetrieb festgehalten: „Ich wurde von dem cand. theol. Küster, 7. Semester, aufgefordert, mir einmal den Fechtbetrieb anzusehen. So traten wir in den Turngarten ein, wo nach dem Essen gefochten werden sollte. Meine Achtung stieg aufs höchste, als ich merkte, wie dieser nur mittelgroße aber kräftig gebaute Theologe mit dem schwarzen Bart ein sehr gewandter Säbelfechter war, der seine Terzen und Quanten austeilte, dass es nur so eine Art hatte, und dabei ganz unvorschriftsmäßig, seine Schläge mit munteren Reden begleitete. Da hatte er mein Fuchsen-Herz im Sturm gewonnen. So wurde auch ich aktiv im ATV.

Ob er meine Bewunderung spürte? Küster nahm sich meiner ein wenig an und führte mich in die Sitten und Gebräuche der alten Musenstadt ein. Er hatte nur in Marburg studiert und erklärte mir, dass für Theologen, die in der Heimatuniversität studieren, sich manche Vergünstigung ergeben. Er schwärmte für Marburg, das im lieblichen Tal der Lahn liegt, nicht weit von dem schönen Schwalm und eine echte Musenstadt sei. Er kannte jede Verbindung und deren Geschichte und Ruf, und wusste von vielen Studenten deren Werdegang. Das Marburg von 1899 lebte mit der Universität, um sie drehte sich alles

Einmal lud ich ihn zu einem Rundgang ein, und er war auch bereit mitzugehen. Er hatte gerade seine lange Pfeife gestopft. Sie anzuzünden war gar nicht so einfach. Mit der linken Hand musste er den schlauchartigen Teil nach oben wölben und mit der rechten Hand den brennenden Fidibus in den Pfeifenkopf stecken. Pf—pf—Rauchst Du auch Füchslein? Ein Pfarer im lieblichen Tal der Schwalm muss rauchen. Sonst halten ihn die Bauern nicht für gesund! Und fröhlich paffend ging er vom Hirschberg hinauf zum Marktplatz. „Da ist das Rathaus, da sitzt die Obrigkeit. Und siehst Du das helle Fenster dort, da wohnt der Nachtwächter. Der hält die Musenstadt in Ordnung. Er heißt Tobias und ich bin gut Freund mit ihm. Er nennt mich Herr Pfarrer, weil ich schon einmal auf der Kanzel gestanden habe. Er weiß alles, was im Städtchen geschieht.“

Eduard studierte in Marburg Deutsch, Französisch und Englisch. Dort trat er, wie bereits oben erwähnt, in den A.T.V. ein, eine Verbindung, die ihn gefördert hat und in der er auch seine Befriedigung fand. Er wurde dort später, als er im 3. Semester war, erster Chargierter und bekam dadurch ein recht freies und mutiges Auftreten. Er belegte bei Prof. Schröder Literaturgeschichte und bei Prof. Vietor englische Grammatik. Dessen Vorlesungen waren so trocken, dass sein Verbindungsbruder, Adolf Ihde aus Lübeck, der Philologie Lebewohl sagte, und sich der Jurisprudenz zuwandte. Die Philosophie sagte Eduard auch nicht recht zu. Er suchte, statt zu „spekulieren" lieber die „grüne Weide", das Wandern in der Natur.

Schon im zweiten Semester wohnte er zusammen mit seinem Freund Fips Hamacher, auch ein Lehrersohn, in einem Doppelzimmer im Hause Grün, nahe der Universität am Ufer der Lahn. Beide hatten gleiche Interessen. Fips war Mathematiker, ernst und in sich gekehrt mit einem warmen Herzen. Er spielte gern Klavier und Eduard sang dazu. Die Freundschaft sollte ein ganzes Leben halten. Sie blieben auch im 3. Semester zusammen als er „geburscht" und von seinen 60 Verbindungsmitgliedern als erster Chargierter gewählt wurde. Die Leitung dieser großen Verbindung nahm ihn ganz in Anspruch. Aber es war doch keine verlorene Zeit, denn die organisatorischen Arbeiten, Verhandlungen und der Umgang mit Menschen, die Sicherheit im Auftreten, sind Dinge, die man nur durch eine solche Praxis lernen kann. Er bedauerte allerdings, dass bei den Kneipen viel getrunken wurde. Er hat sich nie betrunken

Ein großes Erlebnis war die Maifeier, die von allen Verbindungen gemeinsam begangen wurde. Die Studenten stellten sich im weiten Kreis um das Schloss mit Fackeln auf, um beim ersten Glockenschlag der Elisabethkirche das Mai-Lied anzustimmen. Es war ein bezauberndes Bild mit den vielen Lichtern rings um den Schlossberg.

Auf einem Tanzfest im Juni lernte er die Tochter eines Professors kennen, mit der er bis in den Morgen tanzte. Er brachte sie auch nach Hause. Sie standen in dem Vorbau der Villa, der von blühenden Rosen umhüllt war, Hand in Hand. Die Vögel zwitscherten ihr Morgenlied und er verbeugte sich und ging. Zehn Jahre später traf er sie in Marburg wieder. Sie war inzwischen verheiratet und die Mutter von vier gesunden Kindern. Sie sprachen auch über das damalige Fest und sie sagte lachend „Sie waren damals sehr zurückhaltend." Auf seine Frage, ob er das Versäumte nachholen dürfte, antwortete sie „Nun ist es zu spät!" „Schade". Dieses Erlebnis war damals für Studenten im 3. Semester bezeichnend. Er war auch sehr traurig, als seine Mutter ihm schrieb, dass seine Freundin in Uetersen, Helene Beer, sich mit einem jungen Kaufmann verlobt hatte. Die Nachricht traf ihn sehr hart und er beschloss am Ende des Semesters gar nicht nach Uetersen zu fahren sondern nach England zu reisen, wo er an einem Ferienkurs der Universität Cambridge teilnehmen konnte.

Während der Studienzeit in Marburg machte er gerne mit seinen Kommilitonen Wanderungen. In den Pfingstferien nach Rüdesheim am Rhein, wo er lernte, dass man Wein nicht wie Bier trinken darf, und nach Werder zu einer schönen Bootsfahrt. Sie haben gemeinsam viel gesungen. Dann saßen sie draußen am runden Tisch vor dem Turnergarten und genossen die warmen Sommernächte, plaudernd und singend, unter ihnen das Städtchen, weiterhin die Wiesen, durch die die Lahn floss. In die Platte dieses Tisches durften die abziehenden Bur-schen ihre Namen einkerben. Außerdem brachten ihnen die Zurückbleibenden einen Fackelzug und sangen ein Abschiedslied, dessen Kehrreim schließt mit: „Singsang und Klingklang, es zog ein Bursch hinaus." Ein Lied, das ihn zu Tränen rührte, als er schweren Herzens von den Kameraden Abschied nahm." In sein Tagebuch schrieb er das folgende Gedicht:

Ich stand am Berg alleine
Und schaut ins tiefe Tal
Schön Marburg, traute, feine,
grüß dich zum letzten Mal

Ihr Straßen krumm und enge
ich sage euch valet
es tönt wie Trauerklänge
von St. Elisabeth

Rings Berg und Wald im Kreise
Wie schützend dich umzieht
Es rauscht im Tal so leise
Die Lahn ihr altes Lied

Ade dir Alma Mater
ade, ihr Mägdelein hold
ade, ihr treuen Brüder
ade dir Schwarz Grün Gold!

Wie´s Schicksal auch mag walten
Es uns nicht kümmern sollt,
wenn wir nur Treu uns halten
und Treu dir Schwarz, Grün, Gold

Dann lockte ihn ein neues Ziel: Er hatte in Marburg, das im Sommer Ferienkurse für Engländer veranstaltete, eine Reihe von Söhnen Albions kennen gelernt, und die Gelegenheit genutzt, sich in der fremden Sprache zu üben. Dabei hatte er nicht nur die Bekanntschaft von Professor G. C. Moore Smith, von der Universität Sheffield gemacht, sondern in ihm einen wirklich guten Freund gefunden. Der riet ihm, an einen Ferienlehrgang in Cambridge im August teilzunehmen, bei dem er auch zugegen sein würde, und zu einem anschließenden Aufenthalt in London. Sein guter Vater zahlte ihm die Reise und die Aufenthaltskosten. Das war eine große Summe von 400 Goldmark! Die hatte sein Vater sich sehr mühsam zusammengespart und es war die Frage ob Eduard diese Summe zurückzahlen konnte, die eigentlich für die Kosten des Sommersemesters in Kiel gedacht war.

Lehrzeit in England

Acht Monate in England haben Eduards Leben ganz entscheidend beeinflusst. Er fuhr über Hoek van Holland nach Harwich und wurde erbärmlich seekrank. Er machte in Colchester Station, um sich dem Leiter der Grammar School vorzustellen, an der er im Herbst unterrichten sollte. Mr. Jeffrey empfing ihn freundlich vor der Tür des alten von Efeu bewachsenen Hauses, das von einem großen Garten umgeben war, und erklärte ihm, dass er die Schule, eine Gründung Heinrichs VIII., wahrscheinlich aber erst zum 1. Oktober neu eröffnen werde. Eduard fuhr dann weiter nach Cambridge, benutzte den Bus in die Stadt, wo er Mr. Moore Smith traf. Zusammen gingen sie in dessen Wohnung im St. Johns College zum Lunch und anschließend hinunter zum Fluss, wo eine Boat Race stattfinden sollte. Da traf er zum ersten Mal auf englische Studenten. Sie waren sportlich durchtrainiert und so ganz anders als seine Marburger Kommilitonen.

Bild 5: Selvyin Collage, Cambridge

Eduard schrieb: „Im Selvyin College waren zwei behagliche Zimmer für mich reserviert. Dort bekam ich auch in der Mensa ein für meine Verhältnisse schlemmerhaftes Essen. Selvyin College war modern eingerichtet, eins von

17 Häusern in denen Studenten wohnten und arbeiteten. Sie kannten keine Verbindungen, aber Clubs, die in der Regel sportlichen Zwecken dienten wie Rudern, Schwimmen oder Cricket. Da Ferien waren, beherbergte das College etwa 60 Gäste, meist Ausländer, Lehrer, die sich bemühten, englische Phrasen zu gebrauchen.

Am ersten Sonntag, es war der 5. August 1900, war ich überrascht über die allgemeine Ruhe. Da waren nicht nur alle Läden geschlossen. Es fuhr keine Eisenbahn, kein Boot auf dem Fluss, kein Fahrzeug auf der Straße. Die Leute gingen zur Kirche, hörten eine lange Liturgie, die zehn Gebote, Psalmen, das Glaubensbekenntnis, eine kurze Predigt. Es wurde gesungen.

Am folgenden Montag war ein Bankholiday. Moore Smith führte mich in die Teegesellschaft ein und erst am nächsten Tag begann der Unterricht im College mit Vorlesungen, die doch recht anstrengend zu verstehen waren. Nachmittags machten wir Ausflüge in die Umgebung, zum Beispiel zum Kloster Ely. Abends waren oft Empfänge in dem Trinity Kloster angesetzt. Der erste Empfang wurde vom Master des Klosters gegeben. Anzug große Gala. Der Master stand mit seiner Frau oben an der Treppe im vollen Ornat. Das Sommermeeting defilierte in die wunderschönen mit kostbaren Bildern geschmückten Räume, wo Erfrischungen gereicht wurden.

Am 09.08. hielt Moore Smith einen Vortrag über Lord Byron, den er offensichtlich nicht sehr schätzte, weil er über England abfällige Bemerkungen gemacht habe. Angeblich steht auch darum eine von Thorwaldson gefertigte sehr schöne Büste von Byron im Trinity College und nicht in der Westminster-Abtei. Er lud uns deutsche Studenten mit sieben englischen Studenten zu einem geselligen Abend ein, wo viel gesungen wurde. Während wir Deutsche zusammen im Chor sangen, trugen die Engländer ihre Lieder einzeln vor, und nur in den Kehrreimen stimmten die anderen mit ein. Ein andermal musste jede Nation ihre besten Lieder vortragen, es war recht lustig und dauerte von 8 – 10 Uhr abends, wobei die deutschen Studenten verwundert waren, dass es nichts zu trinken gab. Besonders waren auch die Gartenpartys in den wunderschönen und gepflegten Gärten des Colleges. Da wurde ich auch dem Prof. Skeat vorgestellt, einem bedeutenden Forscher auf dem Gebiet des Alt- und Mittelenglischen, der mich sehr beeindruckte.

Ein besonderes Erlebnis war auch eine Bootsfahrt auf dem Byrons Pool, ein wunderschönes klares Wasser, in dem Lord Byron zu baden pflegte. Da sprang auch ich ins Wasser, obwohl ich weder Badehose noch Handtuch dabei hatte, genierte ich mich nicht, und die Sonne trocknete mich. Dann gingen wir durch einen Obstgarten, konnten noch Tee trinken und ruderten um die Wette, wobei unser Boot gewann. Am 16. August gab der Vizekanzler der Universität einen Empfang. Solche Pracht hatten die Studenten noch nicht gesehen! Riesengroße Gärten, von Lampions und tausend Lichtern beleuchtet, die Steigen mit Teppichen belegt, eine ungarische Musikkapelle, ein großes Zelt mit Erfrischungen, die herrlichsten Früchte, Sektbowlen, alle Gäste in großer Toilette, feenartig! Es dauerte von 8.30 bis 11 Uhr abends.

Ich wurde von Moore Smith mit einem Empfehlungsschreiben nach Grantchester, das liegt 5 Meilen von Cambridge entfernt, geschickt. Dafür stellte er mir sein Fahrrad zur Verfügung. Ich hatte bisher jedoch noch nie geradelt und fiel damit hin. Doch ein zweiter Versuch war erfolgreich. So lernte ich auch das Radfahren. Im Kursus wurde darüber diskutiert, welchen Nutzen der Geschichtsunterricht bringe. Da gab es auch einen Vortrag über Wellington und die Schlacht bei Waterloo. Aber bezeichnender Weise wurden dabei die Preußen und Blücher totgeschwiegen. Die Unkenntnis der englischen Studenten über europäische Geschichte und das Weltgeschehen war groß. Sie wurden nur von der englischen Presse unterrichtet. Viele meinten Schleswig-Holstein sei eine dänische Provinz. Berichte über Deutschland waren oft hämisch, neidisch oder ironisch. Als der Boxeraufstand niedergeschlagen und Peking erobert wurde, erfuhren die Leser nichts von der Teilnahme deutscher Truppen.

Am 24. August hielt Prof. Rein aus Jena einen Vortrag über die Ausbildung der Lehrer in Deutschland in deutscher Sprache. Das stärkte das Selbstbewusstsein der deutschen Studenten sehr. Wir hatten manchmal den Eindruck, dass sich die englischen Studenten vor den Deutschen fürchteten und sehr argwöhnisch die Reden des deutschen Kaisers verfolgten. Am 28. wurde ich in Grantchester zum Tee und Abendessen eingeladen. Da lernte ich ein großes, prachtvolles Landhaus mit großem Garten kennen. Der Hausherr war früher Headmaster von Eton gewesen. Auch die Familie war sehr gebildet. Da machte ich die ganze Zeit mit dem Sohn Konversations-Übungen als Vorbereitung für die Aufnahmeprüfung für den „Civil Service".

Am 28.08. nahm Moore Smith mich mit nach London in seine Wohnung. Wir aßen in einem Restaurant, mit Plätzen für 2000 Gäste. Ich war überwältigt, denn damals war London die größte Stadt der Welt. In einem Theater sah ich „lebende" Bilder von der deutschen Flotte. Einem Film in dem die großen Schlachtschiffe Salut- Salven abgaben. Die „Odin" feuerte aus allen Rohren. Dazu spielte die Musik „Die Wacht am Rhein". Das machte mich nicht wenig stolz. Wir besuchten viele Sehenswürdigkeiten in der Stadt. Die Westminster Abbey, das Parlament, die Schlösser, die Galerien, St. Pauls, viele Museen. Auch fuhren wir mit dem Fahrrad 22 Meilen nach Windsor, besuchten die Grafschaften Kent und Sussex, Canterbury mit der schönen Kathedrale, Dover und Hastings und die Badeorte an der Küste.

Es war erstaunlich, wie viel Sport von den jungen Leuten getrieben wurde. Bei Ebbe spielten sie Cricket auf dem Sandwatt und eine Lady, bei der wir zum Essen eingeladen waren, war ganz niedergeschlagen, weil ihr Sohn nicht zum Kapitän der Cricket-Mannschaft gewählt geworden war. Besonders hat mir das liebliche Sussex gefallen und ein Wochenende in Stoneland. Dort lernte ich die Familie King kennen. Sie waren sehr wohlhabend und wohnten in einem 300 Jahre alten, von Efeu umrankten Landhaus mit großem prächtigem Garten, umrandet von Wäldern, romantisch und märchenhaft. Mr. King arbeitete an leitender Stelle in der Verwaltung von Sussex, ehrenamtlich. Er war reich genug, das zu tun. Geldsorgen hatten sie nicht. Gerade war er mit seiner jungen Frau und einer dreijährigen Tochter von einer Reise von Australien über Ägypten und Italien zurückgekommen. Zum Dinner erschienen die Herren im Frack und die Damen in großer Toilette. Alles war reich und luxuriös, aber doch gar nicht formell sondern gemütlich. Obwohl ich keinen Frack trug, fühlte ich mich sehr wohl und behaglich.

Als wir nach London zurückkamen, lag da ein Brief von Mr. Jeffrey mit der Bestätigung, dass ich als Lehrer anfangen solle und einer Einladung zum Eröffnungsdinner in Colchester im Frack. Da lieh Moore Smith mir seinen, und wir fuhren nach Liverpool Street und nahmen Abschied. Ich war ganz gerührt, wie Moore Smith sich für mich eingesetzt und mir überall geholfen hat, und fragte mich, wie ich das verdient habe. Zum Eröffnungsdinner wurde ich und zwei weitere Assistenten von dem Leiter der Grammar School Mr. Jeffrey, einen sportlichen Typ mit Schnurrbart, etwa Mitte vierzig, zunächst den Honoratioren der Stadt vorgestellt. Dann setzte man sich an die Tafel. Es gab 9 Gänge, Austern, Suppe, Wein und Sekt. Anschließend begannen die Reden. So lernte ich die englische Art der Reden kennen. Der Bürgermeister begann mit „Her Majesty, our most gracious Queen". Dann folgten 15 Ansprachen. Der Bürgermeister forderte die einzelnen Redner auf, und sagte ihnen ihre Themen. Sie standen daraufhin auf, wobei die Anwesenden klatschten. Sie bekundeten ihre Unwürdigkeit, in diesem erlesenen Kreis sprechen zu dürfen, und begannen mit einer lustigen Geschichte, bevor sie zu ihrem eigentlichen Thema kamen. Sie vergaßen nie alle Beteiligten zu loben. Das war wirklich ein festlicher Auftakt zu meiner späteren Schulmeister-Laufbahn.

Am nächsten Morgen erhielt ich den Stundenplan: In der ersten Klasse 4 Stunden Deutsch und 4 Stunden Französisch. In der zweiten Klasse 4 Stunden Deutsch, 6 Stunden Französisch und 2 Stunden Turnen für beide Klassen. Da hatte ich viel Zeit für die eigenen Studien und begann gleich am nächsten Morgen mit 2 Stunden Angelsächsisch und 2 Stunden Literatur. Die Lehrer unterrichteten in lang herunter hängendem Talar. Sie sind alle „masters of arts".

Da ich noch keinen akademischen Grad hatte, trug ich keinen Talar sondern einen kürzeren Rock, wie ihn sonst die Studenten tragen. Auf dem Kopf trug ich eine Kappe mit viereckiger Platte und einem Troddel in der Mitte. Das kam mir recht spaßig vor, zumal ich damit vor die Klasse treten musste.

Der erste Schultag begann mit einer Prüfung der Schüler. Ihre Kenntnisse waren noch recht mangelhaft. Umso besser waren sie beim Fußballspielen. Da waren sie sehr eifrig auch in den Unterrichts-Pausen. Fußball war der Sport des Tertials, im nächsten sollte es Hockey und im Sommer Cricket sein. Es waren vorläufig nur 35 Schüler angemeldet, davon 8 in der ersten Klasse. Es ist eine alte Schule, Heinrich der VIII. hatte sie 1539 gegründet. Sie war aber recht heruntergekommen und sollte nun wieder aufgebaut werden. Wir beteten jeden Morgen für das Seelenheil Heinrichs des 8., der Königin Elisabeth und der Königin Victoria. Die Jungen waren nett. Ich fühlte mich zunächst etwas unsicher in dem Gefühl zum ersten Mal überhaupt zu unterrichten und dann gleich in einer fremden Sprache. Da ich an ihrer mäßigen Aussprache arbeiten wollte, las ich ihnen die Geschichte „Der Handschuh" so dramatisch wie ich konnte vor. Die Klasse musste dann übersetzen. Als ich zu Ende gelesen hatte, sagten die Schüler „Oh thank you, thank you, sir." Im Französischen ging es nicht ganz so gut.

In der mittleren Klasse waren 15 Schüler, darunter 2 Flegel. Ich ließ sie 5mal nachsitzen und einmal platzte mir auch der Kragen. Da habe ich sie tüchtig ausgeschimpft. Und das hat geholfen und sie wurden still. Das Turnen machte den Jungen Spaß. Sie nannten es Gym. Aber sie haben wenig Gymnastik betrieben, der Sport, die Spiele herrschten vor. Der Schulleiter Jeffrey hatte seine pädagogischen Grundsätze in einem Buch für die Lehrer niedergeschrieben. Das gefiel zwar nicht allen Kollegen, doch für mich waren sie sehr hilfreich, und ich versuchte sie zu befolgen, zumal ich sah, dass Jeffrey sich selbst danach richtete. Er gab einen ruhigen fesselnden Unterricht, und hatte eine ruhige, überlegte Art mit den Jungen umzugehen. Ich bemühte mich, immer höflich zu sein. So sagte ich stets Mr. Jeffrey. Darauf erwiderte der: „You are too polite. You say Jeffrey and I say Edert, that is more comfortable".

Ende des Monats begann die Werbung für die Parlamentswahlen, die im September stattfinden sollten. Ich besucht eine Versammlung der Konservativen. Der Saal war mit blau-weiß-roten Farben geschmückt, auf der Bühne saßen etwa hundert Herren des Komitees mit ihren Damen in Gesellschaftskleidern.

Die übrigen 400 Besucher standen, einige mit der Mütze auf dem Kopf. Wie der Kandidat vorgestellt wurde und sich erhob, spielte einer auf dem Klavier: „He is a jolly good fellow", die ganze Gesellschaft sang mit. Das gab die nötige Stimmung. Der Kandidat hielt eine Rede, die er wohl auswendig gelernt hatte. Er sei 20 Jahre Soldat gewesen, habe sein Blut in 25 Schlachten für die Ehre des Vaterlandes vergossen, wie seine Vorfahren, deren berühmte Namen er aufzählte. Seit 20 Jahren baue er Dampfmaschinen, das seien die besten auf der Welt (Beifall). Er beschäftige nur englische Arbeiter und bezahle sie gut. Der englische Arbeiter habe auch besseren Lohn verdient, denn er sei der beste unter der Sonne (tosender Beifall). Der Krieg (Burenfeldzug) sei England aufgedrängt (jedermann sagt das hier); keine andere Nation der Welt hätte so einen Krieg führen können. (tosender Beifall) Freilich sei viel nutzloses Blut vergossen worden. Jetzt seien Reformen nötig. Als altgedienter Soldat könne er da so manchen guten Rat geben. Zum Schluss erwähnte er seine guten Freunde: Old J. Chamberlain und Lord Roberts. Für beide wurden drei Hochs ausgebracht. – Keine Dispositionen, nur Schlagwörter, keine Auseinandersetzung mit den Grundsätzen der Liberalen. Einfach nur: Ihr werdet doch keine Liberalen wählen, die Transvaal an die Buren zurückgeben wollen. Dann redeten noch zwei Konservative. Liberale kamen nicht zu Wort.

Hätte ein Liberaler das Wort ergriffen, wäre er wohl verprügelt worden. Die Reden waren genau so einseitig wie die Zeitungsberichte. Die Versammlung fasste eine Resolution: Der Kandidat und seine Frau wurden in einen Landauer gesetzt, die Pferde ausgespannt und über 30 Männer zogen sie im Triumf ins Hotel. Am Tage sah man die Stadt übersät mit blauen (konservativ) und gelben (liberalen) Flaggen. Die Kinder kamen mit blauen oder gelben Flaggen in die Schule, die Kutscher hatten blaue oder gelbe Bänder an ihren Peitschen. Die Kandidaten gingen von Haus zu Haus und warben um Stimmen. Sie nahmen ihre Frauen mit, die sich beliebt machten und die Kinder küssten. Man gab Gesellschaften. So eine Kandidatur kostete viel Geld. Stimmberechtigt war, im Gegensatz zu Deutschland, nur, wer ein eigenes Haus besaß. –Demokratie- Ich schrieb einen englischen Bericht darüber, und legte ihn Mr. Jeffrey zu Korrektur vor. Der lobte mich sehr, und forderte mich auf, jede Woche so einen Aufsatz zu schreiben.

Ich fügte mich schnell in das Schulleben ein, spielte mit den Jungen auch Fußball. In der Schule wirkten auch vier Sprecher, Jungen aus der ersten Klasse, die eine gewisse Vormachtstellung innehatten. In einer der ersten Stunden lachte einer dieser Sprecher. Da fragte ich ihn „Bist du Sprecher? Wenn du dich so benimmst, was soll ich von den anderen denken?" Da wurde er rot und die ganze Klasse war mäuschenstill. Später hat es dann keinerlei Schwierigkeiten mehr gegeben. Durch die Art zu unterrichten, – ich machte in der Gymnastikstunde den Vorturner und habe bei den Singabenden selber gerne deutsche Studentenlieder vorgetragen – gewann ich schnell die Zuneigung der Schüler, unterrichtete gern, und konnte feststellen, dass die Schüler sich auch mehr einsetzten, als man allgemein von ihnen erwartete. Sie sagten: „Because it is for you." Das war nicht selbstverständlich. Allgemein wurden die ausländischen Lehrer von den Schülern als „Laughingstocks" angesehen. Sie nannten die Franzosen „froggy" und die Deutschen „Sauerkraut". Ich dagegen hatte das Gefühl, dass die Jungen vergessen hatten, dass ich ein Deutscher war, und ich selber, dass ich eine fremde Klasse unterrichtete.

Mr. Jeffrey verstand es gut, wichtige Persönlichkeiten für seine Schule zu interessieren. Wenn dann solch ein Besuch in die Schule kam, pflegten die Jungen zu sagen: „Please, give us an address". Dabei erwarteten sie eine Anekdote. Blieb sie aus, erklärten die Schüler den Besucher für „dull". Einmal kam der Bischof und hielt eine salbungsvolle Rede. Erst der begleitende Vikar des Bischofs brachte eine Anekdote. Ein Sprecher (Präfekt) stand auf und rief: „3 cheers for the bishop" da stand ein anderer auf und rief: „3 cheers for the vikar!" worauf letzterer den größten Beifall bekam. Der Bischof machte das wieder gut, indem er für die Jungen einen halben Freitag erbat, der dann auch gewährt wurde. Ich durfte auch an der Abendvolkshochschule Deutsch unterrichten. Doch war die Zahl meiner Hörer mit höchstens 10 doch begrenzt.

Anfang September, an einem Sonntag, zogen Mr. Jeffrey und seine Schwester in das Schulhaus ein, und ich half nach Kräften. Dabei mussten sie sehr vorsichtig vorgehen, damit sie nicht von den Kirchgängern gesehen würden. Anderenfalls wäre das in der ganzen Stadt erzählt worden. So war der Druck der öffentlichen

Meinung doch erheblich! In dem Schulhaus wurde elektrisches Licht installiert. Allgemein in der Stadt hatte man noch Gasbeleuchtung und Lichter. Auch ich durfte dann Wohnung im Schulhaus in zwei kleinen behaglichen Zimmern nehmen. Bis dahin hatte ich in einem „boarding house" gewohnt. So bekam ich Gelegenheit mit den übrigen Bewohnern Bekanntschaft zu machen, und hatte gute Gelegenheit zur Konversation und zum Lernen.

Am 20. Dezember gab die Schule ein Weihnachtskonzert vor 600 Personen. Der Mayor, die Aldermen und die Councillors kamen in Amtstracht. Der Mayor trug Kniehosen, und bewegte sich wie ein kleiner König. Auch die Schüler und die Lehrer zeigten dabei ihr Können. Ich sang deutsche Balladen, und erhielt viel Beifall. Anschließend lud Moore Smith mich nach Sheffield ein, um mit mir das Weihnachtsfest zu feiern. Er wohnte mit seinen drei Schwestern im Westen der Stadt, eine Fabrikstadt mit wohl 350 000 Einwohnern. Sie war rauchig, hügelig und schmutzig. Umso schöner war die weitere Umgebung, wohin wir am nächsten Tag eine Wanderung machten. Wir streiften auch durch die Stadt. Die Läden waren nicht geschmückt, man sah nur einige Karren mit Holly und Misseltoes, mit denen die Weihnachtszimmer geschmückt werden sollten. Es gab keine Weihnachtsbäume. Aber man sah viele gute Dinge zum Essen. Abends kamen Freunde, und wir haben Weihnachtslieder gesungen. Da sehnte ich mich doch sehr nach Hause. Man pflegte sich nicht viel zu schenken. Umso mehr freute ich mich über ein Buch mit einer schönen Weihnachtskarte. Ja, Moore Smith und dessen Schwestern verwöhnten mich tüchtig, so fühlte ich mich doch recht glücklich, zumal wir abends einen herrlichen „Messias" hören konnten. Sheffield gilt als die musikalische Stadt Englands. Wir gingen ins Theater, und ich besuchte auch einen Gottesdienst in Westminster Abbey.

Am zweiten Weihnachtstag, die Engländer nennen ihn „bank holiday", wanderten wir wieder durch die sehr romantische und wilde Umgebung, und ich sah zum ersten Mal einem Golfspiel zu. Auch bekam ich von Jeffrey einen Brief, dass ich während der Ferien eine Hauslehrerstelle in Ridgehurst antreten könne. So reiste ich sehr glücklich nach Herfordshire nördlich von London. Ridgehurst war ein Landsitz bei Shenley mit allem, was man sich an Pracht und Luxus vorstellen konnte. Eigentlich hätte Jeffrey diese Tätigkeit übernehmen sollen, aber hatte sie wegen Überlastung an mich abgetreten und mir dafür auch seinen Frack ausgeliehen. Der Hausherr ein Mr. Speyer, lebte seit 40 Jahren in England hatte 5 Kinder, einer seiner Söhne war als Offizier gerade in Südafrika, zwei jüngere Söhne, 12 und 14 Jahre alt, beide Etonboys, sollte ich in Deutsch unterrichten. Ich wurde sehr freundlich aufgenommen. Eine der Töchter fuhr mich im Kutschwagen von der Station zum Gut. Zwei Diener in Livree öffneten den Wagenschlag. Ich wurde vorgestellt, und angekleidet mit Jeffreys Frack, erschien ich im Speisesaal. So etwas hatte ich noch nie gesehen.

Eine festliche Abendtafel, die Damen in Abendkleidern, die Herren im Frack, und die Diener in Livree bedienten. Es gab 5 Gänge, seltene Weine und köstliche Früchte. Anschließend begab man sich in den Saal, einem großen prachtvollen Raum, in dem ein Flügel, ein Billard und viele behagliche Sessel standen. Man musizierte und plauderte bis um 23 Uhr zur Bettzeit.

Am nächsten Morgen klopfte der Diener, sagte mit ernster Stimme: „seven o'clock" und legte meinen ausgeklopften Anzug zurecht, machte Licht, brachte warmes Wasser, und richtete das Bad. Dann erhob sich der verwunderte Eduard.

Ich gab eine Unterrichtsstunde, frühstückte, gab noch eine Stunde, und dann durfte ich an den Vergnügungen dieser Gesellschaft, Reiten, Jagen, Fischen, Spielen und Wandern in der schönen Umgebung, teilnehmen. Man führte mich in den Stall, wo zwölf Reitpferde standen, und war erstaunt, als ich erklären musste, dass ich nicht reiten könne. Anschließend gingen sie zum See, um zu jagen. Obwohl ich noch nie gejagt hatte, glückte es mir eine Ente zu treffen, was von den Gastgebern mit großem hallo quittiert wurde.

In Ridgehurst verdiente ich recht gut und verlebte anregende Tage. Immer neue Gäste trafen ein, namentlich zu den Wochenenden. Musiker mit ihrem Quartett und viele bekannte Persönlichkeiten. Die Besucher benahmen sich ganz ungeniert. An einem Abend spielten zwei Billard bis um 1 Uhr, als die Gastgeber schon lange zu Bett gegangen waren. Einer, der am Abend zum „Dinner" gekommen war, verließ das Haus am nächsten Morgen vor dem Frühstück um Golf zu spielen, und kehrte erst am Abend wieder zurück. Das fand man ganz natürlich. Einmal fuhren wir nach London, um den Einzug des Generals Lord Rogers, der im Burenkrieg den Oberbefehl über die Armee hatte, zu erleben. Dabei sahen wir den Prinzen of Wales und viele Mitglieder der königlichen Familie. Die wurde begleitet von „Highländern" mit ihren Schottenröcken und bloßen Knien.

Im Herbst und Winter war die Zeit der Fuchsjagden. Ein wundervolles Bild, wenn sich die Reiter mit roten Röcken, die Damen in Schwarz auf ihren rassigen Pferden im Hof versammelten. Die Hundemeute war kaum zu bändigen, wenn der Fuchs losgelassen wurde, und nach einer angemessenen Zeit alle, über das Feld verstreut im gestreckten Galopp über Hecken und Gräben hinwegsetzten und ihn verfolgten. Die beiden schnellsten Reiter erhalten den Kopf und den Schwanz des Fuchses als Trophäe. Auch der 14-jährige Sohn und die beiden Töchter waren dabei. So eine Fuchsjagd dauert mindestens eine und oft zwei Stunden und ist reiterlich eine große Herausforderung. Das ganze Dorf nahm als Zuschauer teil.

Trotz des großen Reichtums fühlten sich die Kinder nicht glücklich. Ich erlebte die Weihnachtsbescherung der Söhne, nette und begabte Jungen: In der Mitte des großen Zimmers stand der Tannenbaum, davor saß das Elternpaar. Rings an den Wänden waren Tische aufgestellt, voll mit den schönsten Geschenken. Die Jungens traten in Eton-Dress ein, begrüßten die Eltern, betrachteten den Baum, gingen langsam an den Tischen entlang, sahen das eine oder andere an, ohne große Freude zu zeigen, küssten dann erst der Mutter dann dem Vater die Wange, „thanks mother, thanks father", dann gingen sie wieder hinaus. Mit Geschenken überhäuft, verlieren die Kinder das Beste: sich richtig freuen zu können. Auch eine der Töchter klagte mir einmal ihr Leid: „Wir haben keine Zeit für uns selbst. Zweimal in der Woche Besuche in London, Theater, Konzerte. zweimal Fuchsjagd, einmal Nähtag für die Kirche in St. Albans, und sonntags dürfen wir auch nichts unternehmen. So bleibt kein freier Tag für mich." Um diesem sie nicht befriedigendem Leben zu entgehen, war sie drei Jahre als

Krankenschwester in einem Krankenhaus in London tätig gewesen. Das ist wohl der Fluch des zu großen Reichtums.

Ende Januar kehrte ich nach Colchester zurück. Inzwischen war die Königin Victoria gestorben, und es wurde Edward der VII. feierlich zum König ausgerufen. Der Mayor, die Aldermen und die Councellors gingen in wallenden Talaren auf die Plätze in der Stadt und verlasen die Proklamation. Die Bevölkerung hörte mit entblößten Häuptern zu. „God save the King." – Am 02. Februar fuhr ich nach London, um die Leichenprozession der Königin zu sehen. Alle Straßen und Plätze waren dicht gedrängt von Menschen, so dass man sich nicht mehr rühren konnte. Man wartete eine Stunde bis der Zug kam. Da wurde es ganz still. Truppen vorweg, man sah die glänzenden Helme, dann Lord Roberts, dann Musik, langsam und feierlich, jedes Haupt war entblößt, dann der weiße Sarg der Königin, darauf lagen die Krone und das Zepter, dann der glänzende Zug der Fürsten und Prinzen. Der König ritt in der Mitte, ihm zur Linken sein Bruder, zur Rechten der deutsche Kaiser, dann die Könige von Portugal, Belgien, Griechenland und vielen anderen Ländern, Thronfolger, Prinzen, in weißer Uniform den Bruder des russischen Zaren, dann die Prinzessinnen im geschlossenen Wagen, wieder Militär, Vertreter fremder Heere, Offiziere und Soldaten – ein endloser Zug.

Die Bevölkerung stand in tiefer Trauer. Alle trugen schwarz und trauerten um ihre Königin, die sie wie eine Mutter verehrt hatten. Alle Läden waren geschlossen, überall Fahnen auf halbmast, ein ergreifender Anblick. Besonders auffallend war, dass der deutsche Kaiser dabei auch von den einfachen Leuten bewundert und als ein wahrer Freund Groß Britanniens erklärt wurde. – Die folgenden Wochen waren ruhiger wegen der Trauer. Da hatte ich umso mehr Zeit zu lernen, und mich mit der Geschichte der Stadt, seit der Römerzeit und dem Brauchtum des Landes, zu beschäftigen. Ich bekam auch Kontakt zur Heilsarmee, die damals in England große Bedeutung hatte, und erlebte deren volkstümliche Gottesdienste. – Ich habe dann von den reichen Leuten Abschied genommen und wieder in Colchester unterrichtet. Da fühlte ich mich sehr wohl. Ich trieb mit den Jungen viel Sport. Eine für mich sehr glückliche und erfolgreiche Zeit, geistig und körperlich. Ich war abgehärtet, nahm jeden Morgen ein kaltes Bad, machte regelmäßig Freiluftgymnastik, und fand volles Vertrauen zu meinen Schülern. Da fiel mir der Abschied am 2. April nicht leicht. Ich bekam eine große Abschiedsfeier und die Jungen schenkten mir einen guten ledernen Koffer zur Erinnerung.

Vor der Rückkehr nach Kiel hatte ich noch eine schöne Zeit bei meinem Freund Moore Smith und in Ridgehurst. Nach dem Gottesdienst am Karfreitag besuchten wir den Hydepark, der schon von Frühlingsblüten übersät war, und am Ostertag fuhren wir zum Kew Garden und staunten: Der weite Rasen war von Frühlingsblühten übersät, Kirschen und Dornen in Blüte, die dicken Knospen der Kastanien und Stauden eben aufgebrochen. Im Glashaus Palmen bis zu 20 m hoch, Apfelsinen und Zitronen mit Früchten. Es wurde die erste elektrische Bahn von London nach Richmond eröffnet. Die Leute standen auf der Straße still und staunten wie ich auch. Am nächsten Tag besuchten wir noch den Zoo und dann blieben wir noch eine Woche in Ridgehurst, erlebten ein Pferderennen und fuhren zu Liebhaberaufführungen in die Nachbardörfer. Im Wald blühten die Oster- und Schlüsselblumen in großen Mengen, wir ruderten auf dem See und genossen das Dasein.

Um Geld zu sparen fuhr ich mit einem kleinen englischen Frachter von Harwich nach Hamburg. Die Fahrt dauerte zwei Tage und ich wurde wieder sehr seekrank. Bei Helgoland kam der Lotse an Bord. Er rief: „Wo heet dat Schipp?" Das war der erste heimatliche Klang. Mir war fast, als wäre ich schon wieder zu Hause. Am Vormittag stieg ich in Hamburg in den Zug. Mir gegenüber saß eine Frau, die mich fragte: „Geit disse Tog nach Elmshorn?" und ich antwortete „Yes it does" Ja, ich musste mich erst wieder daran gewöhnen in Deutschland zu sein. So ähnlich ist die Sprachmelodie im Englischen und im Plattdeutschen. Auch in den kommenden Wochen verirrten sich in mein Plattdeutsch immer wieder englische Worte hinein. Ich musste mich ordentlich zusammennehmen, um nicht in den Verdacht zu geraten, ich wolle mit meinem Englisch angeben."

Studium und Promotion in Kiel

„Glücklich kam ich in meinem Elternhaus in Uetersen wieder an. Ich konnte meinem Vater die 20 Goldstücke zurückgeben, die ich von ihm bei meiner Abreise bekommen hatte. Das waren 400 Goldmark, sie reichten für das Sommersemester. Vater kaufte dann für meinen Bruder Otto für 75 Mark ein gebrauchtes Fahrrad, damit der den Weg nach Tornesch mit dem Rad zurücklegen konnte, und ich war froh, dass ich so meinem Bruder habe helfen können. Meine Freunde waren schon in das Sommersemester gefahren, und von meinen Freundinnen sah ich nur Helene Behr. Sie war jetzt in Schwarz gekleidet, denn ihr Verlobter war verstorben. Doch ich musste erkennen, dass sie nicht dem entsprach, von dem ich in Marburg geträumt hatte. So siedelte auch ich nach Kiel um, um mein Studium dort fortzusetzen. Es dauerte eine Zeit, bis ich mich wieder an deutsche Verhältnisse gewöhnte. Ich trat der Dithmarsia bei. In Kiel traf ich Hamacher und Ihde, die auch in Marburg studiert hatten, und Kurt Cassens aus Hardersleben in Nordschleswig. Auch sie traten der Burschenschaft Dithmarsia bei. Wie vor meiner Abreise nach England wurde jedoch sehr viel getrunken, ein Anblick, der mir nach meinen guten Erfahrungen in Cambridge gar nicht behagte. Der Sport war noch nicht bekannt. Wir gingen wohl als Turner hinaus auf das Spielfeld um Schlagball zu spielen, doch ich hatte keine rechte Freude daran. Da schloss ich mich mit einigen Freunden dem bürgerlichen Ruderklub Germania an. Wir ruderten abends und sonntags, und verließen aber zum Missvergnügen der Kommilitonen die Samstagskneipe der Studenten schon um 10 Uhr, um am nächsten Morgen rechtzeitig im Bootshaus zu sein. Wir fuhren weit hinaus nach Stein und Bülk, und trieben Leichtathletik am Strand. Wenn wir dann am Abend wieder an Land gingen, begegneten uns die Kommilitonen, die ihren Frühschoppen genommen, gut gegessen, Skat gespielt, wieder getrunken hatten und dann langsam nach Düsternbrook hinaus schlenderten um auf dem Bootshaus nahe der Bellevue-Brücke eine Tasse Kaffee zu trinken. Welch ein Gegensatz zu den sportlich gestählten Studenten in Cambridge, die sich jeden Nachmittag auf den Spielplätzen tummelten – mir erschien darum die Lebensweise meiner Kommilitonen als hinterwäldlerisch.

Ich wollte nun versuchen auch die Dithmarsen zum Rudern zu bringen, und ging darum zu meinem Rektor, Professor Pappenheim, schilderte ihm meine Erlebnisse in Cambridge, und erbat eine finanzielle Hilfe von 900 Goldmark zum Kauf eines Viersitzers zu bewilligen. Dieser Antrag wurde mir trotz einiger Bedenken schließlich bewilligt. Wir kauften einen Gig-Vierer und stellten ihn, da wir kein Bootshaus hatten, bei der Germania unter. Im nächsten Sommersemester ruderte schon eine ganze Reihe der Dithmarsen, und bald konnten sie auch an Wettkämpfen auf dem ATB-Fest teilnehmen.

Der Sport hinderte mich jedoch nicht an einem energischen Studium. Deutsch, Mittelhochdeutsch, Englisch, Französisch und die nordischen Sprachen, es war ein weites Feld. Ich erinnerte mich besonders an den Germanisten Prof. Friedrich Kauffmann und dem Romanisten Prof. Körte. Da wir in den Seminaren nur mit wenigen (6 bis 10) Studenten teilnahmen, entwickelte sich daraus ein recht frohes Miteinander zwischen den Studenten und ihren Professoren. Im Kolleg von Prof. Hugo Gering, dem Ordinarius für nordische Sprachen, waren wir oft nur mit 3 Studenten. Er hatte die Edda hübsch übersetzt. In Philosophie hörte ich die Professoren Martius und Deussen, las mit meinen Kommilitonen Kant, und versuchte mich auch so weiter zu bilden.

Der Antialkoholiker

Gegen Ende des Sommersemesters entschloss ich mich abstinent zu werden. Mein Bundesbruder Dr. Schultz, Oberarzt an der Universitätsklinik, hatte mich überzeugt, völlig abstinent zu leben. Dazu hatte sicher auch die unterschiedliche Lebensweise englischer und deutscher Studenten beigetragen. Ich wurde inzwischen Vorsitzender der Dithmarsen und musste als Vorsitzender der schwarzen Verbindungen beim gemeinsamen Kaiserkommers am 27. Januar die Festrede halten. Dabei hatte ich „ad exercitium salamandri" mit Selterwasser auf den Kaiser angestoßen. Das galt allerdings den Bundesbrüdern als eine grobe Verletzung geheiligter studentischer Sitten. Später verschärften sich die Gegensätze noch mehr, als die Alkoholfreien immer mehr zum Rudersport übergingen, für ein ATB-Turnier in Hameln trainierten, und schon deshalb enthaltsam leben mussten. Als Vorsitzender musste ich auch bei Duellen den Unparteiischen spielen. Ich erlebte Säbelkämpfe, bei denen die Kontrahenten bald blutüberströmt getrennt werden mussten. Ein äußerst unerfreulicher Anblick. In einem Fall stand ein Student aus Flensburg dem Sohn des Direktor Löbers gegenüber, den ich schon aus Marburg kannte. Der wehrte sich gewandt gegen den körperlich überlegenen Gegner. Als beide schon einige Risse hatten und bluteten, brach ich den Kampf ab und entschloss mich endgültig die Dithmarsia zu verlassen.

Ich war im achten Semester als ich den Verein abstinenter Studenten gründete. Doch die Abstinenz vom Alkohol hat meiner Lebensfreude keinen Abbruch getan. So feierten wir das ATB-Fest in Hameln bis in die frühen Morgenstunden, so lange, bis die Tanzkapelle streikte, nachdem sie den Rausschmiss-Walzer mehrfach wiederholt hatte. Gleichzeitig arbeitete ich an meiner Dissertation über Hans Sachs bei Prof. Kauffmann und besuchte viele Seminare in Althochdeutsch, Mittelhochdeutsch, Gotisch, Englisch und Französisch. Der gute Hans Sachs beschäftigte mich wohl über Gebühr, ließ mich tief in die Welt des 16. Jahrhunderts eintauchen und so lernte ich wissenschaftlich zu arbeiten. Humanismus und Reformation wurden lebendige Begriffe. In das Mittelhochdeutsche führte Prof. Mensing ein, ein ausgezeichneter Pädagoge, den ich auch als Referendar noch einmal erlebte. Mittelhochdeutsch, Althochdeutsch, Gotisch und die entsprechenden Werke waren der Kern meiner Arbeiten. Die neuere Zeit blieb dem Privatstudium überlassen. – Meine Dissertation hatte ihre Geschichte. Einmal glaubte ich schon fertig zu sein und brachte die Arbeit zu meinem Doktorvater. Der meinte darauf: "Als Einleitung ganz brauchbar." Da musste ich noch einmal von vorne anfangen. Als ich dann noch an einer Blinddarmentzündung erkrankte, besuchte mich mein Doktorvater in der Klinik. So kam ich erst anschließend dazu die mündliche Prüfung abzulegen. Am 04.07.1903 bestand ich sie dann aber mit magna cum laude. Ich musste mein Opus drucken lassen und 300 Exemplare abgeben. Eine sehr kostspielige Angelegenheit. Erst im Herbst wurde ich am Blinddarm operiert. Dazu blieb ich drei Wochen im Krankenhaus und musste zum Schutz der großen Narbe noch ein Jahr lang ein Bauchband tragen.

Für den Verein abstinenter Studenten konnte ich auch meinen Bruder Otto und meinen Vater gewinnen. Mein Freund Trittelvitz stand mir dabei zur Seite. Mein Vater und meine Freunde hatten Sorge, dass ich mich mit der Werbearbeit übernehme, da ich mich ja auch für das große Staatsexamen vorbereiten musste. Aber ich hörte nicht auf die berechtigte Sorge meines Vaters, denn es fiel mir schwer Maß zu halten, wenn ich von einer Aufgabe erfüllt war. So habe ich später als Oberlehrer in Kiel den Wandervogel gegründet und geleitet, der ja weder Alkohol noch Nikotin erlaubte, oder später als Oberschulrat den Wiederaufbau des deutschen Schulwesens in Nordschleswig durchgeführt, obwohl das eigene Amt schon die ganze Kraft beanspruchte. Das lag irgendwie in meiner Natur.

Im Anschluss an das Staatsexamen fand eine Disputation statt, an der auch meine Mutter und Tante Eckmann teilnahmen. Dabei war wohl das Festessen, das ich für meine drei Opponenten spendieren musste, die Hauptsache.

Auch nach dem Staatsexamen und während der Ausbildung am Gymnasium in Kiel, beschäftigte ich mich mit der Werbung für Enthaltsamkeit, vielfach zusammen mit Fritz Trittelvitz, hielt Vorträge und veranstaltete Tanzkränzchen um zu beweisen, dass die Jugend auch ohne Alkohol vergnügt sein könne. Wir waren es wirklich, und verfolgten unsere Ziele mit eiserner Konsequenz: Als unser Boot bei einem Viererrennen als erstes unter dem Hurra des Vereins an der Brücke anlegte, und wir zum Bootshaus hinaufgingen, kam uns der Vereinsvorsitzende mit dem gewonnenen Silberpokal, befüllt mit Sekt, entgegen und bot ihn den Siegern an. Wir aber lehnten ab. „Wir sind enthaltsam!". Ich war dann volle 35 Jahre ganz enthaltsam als eine selbstverständliche Sitte. Erst als der Arzt meiner Frau riet, Kulmbacher zu trinken, da sie an Schlaflosigkeit litt, habe ich bisweilen ein Glas mitgetrunken.

Mein Vater und mein Bruder Otto unterstützten mich in der Werbung für den Verein: Vater notierte: „Am 19. Dezember 1902 feierten wir in Segeberg die Hochzeit von Krohns. Da haben wir als Abstinente mehr Leben gezeigt, als die, die Wein tranken. Eduard sang zur Gitarre mehrere selbst verfasste Lieder und bekam viel Beifall."

Eduard erinnerte sich an die Zeit nach seiner Blinddarmoperation: „Gleich danach habe ich mich zum Staatsexamen gemeldet. Ich musste, da meine Doktorarbeit nur als Facharbeit gewertet wurde, noch eine große philosophische Arbeit schreiben. Prof. Deussen gab mir das Thema: Die Theorie der Wahrnehmung bei Locke und Kant. Dafür erhielt ich 8 Wochen Zeit. Darüber habe ich 200 Seiten geschrieben. Gleichzeitig bereitete ich mich auf die mündliche Prüfung vor. Da Prof. Deussen fast blind war, bat er mich ihm die Arbeit vorzulesen. Es war kurz vor Mittag, als ich in seine Studierstube eintrat. Er begrüßte mich freundlich, fragte nach der Seitenzahl und bat mich dann zu beginnen. Ich las mit deutlich kräftiger Stimme. Bisweilen unterbrach er mich und fragte nach der Seitenzahl. Dann nickte er wohlwollend. Da sprang sein fünfjähriger Sohn Wolfgang in das Zimmer. Er warf einen kleinen Ball an die Decke, und fing ihn dann geschickt auf. Er lacht hell auf, wenn es ihm gelang. – „Der Junge stört Sie doch nicht?"- Ließ sich der Herr Geheimrat vernehmen, der mit väterlichem Wohlwollen den Sprüngen seines Sohnes folgte. – Nicht im geringsten, Herr Geheimrat! – versichert ich, und spann das Netz meiner philosophischen Gedanken weiter. Nach einigen Minuten sprang der Junge wieder hinaus. Ich las und schloss mit einem Zitat aus seiner Metaphysik. Eine Huldigung, die er wohl auch erwartet hatte. Er äußerte seine Zufriedenheit mit der Arbeit und hat sie dann mit gut bewertet.

Zur mündlichen Prüfung kam es Anfang des elften Semesters. Ich hatte Deutsch, Englisch und Französisch für die Oberstufe angemeldet. In Französisch vertraute ich auf die Grundlagen, die ich in Altona erworben hatte. Der alte Körting war ein gütiger Prüfer. Um die Klausur abzugeben, musste ich ihn in seiner Privatwohnung aufsuchen. Er war mit meiner Arbeit zufrieden. Holthausen prüfte mich im Englischen. Ich hatte ihm meine Arbeitsschwerpunkte – Angelsächsisch im 16. Jahrhundert, Shakespeare und Neuenglisch angegeben, doch er begann mit Mittelenglisch und einer von ihm verfassten Arbeit über mittelalterliche Mysterien. Erst als ich in unterbrach und auf meine Angaben verwies, begann er mit modernem Englisch. Da konnte ich dann fließend vortragen und ließ ihn auch gar nicht wieder zu Wort kommen. So erhielt ich die facultas für alle drei Fächer für die Oberstufe in der Prüfung am 04. Mai 1904.

Im Düsternbrook wagten sich die ersten grünen Buchenblätter heraus. Die Maienluft erhöhte meine gute Stimmung, als ich am folgenden Montag meine Ausbildung am staatlichen Gymnasium in Kiel antrat. So begann meine Laufbahn als Schulmeister." Ich blieb als Seminar- Kandidat beim Kieler Gymnasium bis Ostern 1905. Im Winter machte ich zusätzlich eine halbe Vertretung in der Ober-Realschule I, die mir 400 Mark eintrug. Im Sommer 1904 studierte mein Bruder Otto, nachdem er am Christianeum in Altona die Reifeprüfung abgelegt und für sehr gute Leistungen ein hohes Stipendium erhalten hatte, auch Philologie in Kiel. Da haben unsere Eltern aus Uetersen uns besucht. Wir wohnten zusammen in der Feldstraße bei „Mutter Spörk" einer sehr treuen, recht rundlichen Seele aus Pommern. Ihr Mann war Besitzer eines Motorbootes, mit dem er Besucher für die Kriegsschiffe beförderte. Kam er abends einmal nicht rechtzeitig nach Hause, holte sie ihn aus der Kneipe aus dem Kreis der Aulöwen. Bei ihr habe ich bis zu meiner Verheiratung im Jahre 1912 gewohnt.

Ich trat in das Gymnasium in Kiel als einer von 12 Kandidaten ein. wir nannten uns die 12 Söhne Jakobs, denn der Direktor Löbe hieß mit Vornamen Jakob. Der

Sport- und Gesanglehrer Hans Sonderburg ließ die Jungens mit Vorliebe unter dem Fenster des Direktors das Spiel „Jakob, wo bist Du" aufführen, wobei er mit wehendem Mantel schmunzelnd auf dem Hof auf und ab ging. Er war nicht das einzige Original. Wie man nicht unterrichten sollte, lernten wir bei Herrn von Destinon, der vom Rollstuhl aus seine Obersekunda durch beißende Ironie beherrschte, so dass die Klasse aus der Angst gar nicht herauskam. Auch der Lehrer Schwarz, bei dem ich in der Oberprima hospitierte, konnte durch genaueste Auslegung der Schriftsteller den Schülern die Freude am Unterricht verleiden. Ich bekam den Auftrag Julius Cäsar im 2. Quartal zu behandeln. Diese Unterprima war eine besonders aufgeweckte Klasse mit vielen Jungen aus bekannten Familien (Burghard Helferich, Hans Thomsen).

Wir lasen mit verteilten Rollen, führten die Szene mit Antonius Leichenrede auf dem Podium der Aula auf, und hatten solch eine Freude daran, dass ich darauf den ganzen Winter über Leseabende in den einzelnen Häusern veranstaltete, auch als meine Zeit als Lehrer in der U1 schon lange zu Ende war. Der Fachlehrer Niger war nicht mit meiner Methode zufrieden, und hat später den Stoff mit einer philologischen Interpretation erneut durchgenommen. Umso lieber kamen die Jungen zu den abendlichen Lesungen, die fröhlich und angeregt verliefen. Da schloss ich mit den Jungen Freundschaften, die ein Leben lang gehalten haben, und kam in eine Reihe interessante Familien hinein. Sieben Jahre später luden Thomsens mich ein, meine Hochzeitsreise auf ihrem Sommersitz auf dem Virgl bei Bozen zu verleben. Mit Familie Helferich freundete sich viele Jahre später meine Frau Dodo an.

Unter den Lehrern ragte Prof. Mensing durch sein pädagogisches Geschick hervor. Klein, dick und behaglich stand er vor seiner Klasse, um Mund und Augen spielten die Geister des Humors, aber im Augenblick, wo er seine Stimme erhob (er war im Nebenberuf Spielleiter der plattdeutschen Bühne) beherrschte er die Klasse. Seine Nibelungenstunden fesselten die Jungen von Anfang bis zum Ende. Weniger hatten sie von dem Direktor Löber, der sehr an der Oberfläche blieb und sich an seinen eigenen Wörtern berauschte. Bei ihm mussten wir hospitieren. Einmal ging er von der Klasse nach der Horaz-Stunde in das

Direktorzimmer, und die Junglehrer gingen hinter ihm her; dann drehte er sich um, strich über seinen rotblonden, gepflegten Backenbart und sagte: „Das war eine gute Stunde!" So brauchten wir es nicht sagen, was uns auch lieber war. Er pflegte einmal im Winter eine Gesellschaft mit Tanz in seinem Hause zu geben und hat auch einige Kandidaten eingeladen. Sehr wohl haben sie sich dabei allerdings nicht gefühlt.

Im Herbst erhielt ich eine halbe Vertretung für Dr. Klahn an der OR1 in der Waitzstraße in Französisch und Englisch in der Mittel- und Unterstufe. Dieser Unterricht machte mir viel Freude. Der Direktor ließ mich gewähren und gab mir auch keine Anleitung, aber es ging auch so. Schon im Sommer hatte ich Privatstunden erteilt, und mich dadurch im Wesentlichen unterhalten können. Nun kam das Gehalt für die halbe Vertretung dazu. Da fühlte ich mich schon fast reich, besorgte mir eine Reitausrüstung, und nahm zusammen mit meinem Freund Trittelvitz an einem Kurs im Reit-Klub von Prof. Heller teil. Wir ritten einmal die Woche abends in der Manege. Man hörte den Reit-Lehrer rufen. „Die Tete an die Spitze!" Worauf der alte Herr Heller mit krummen Rücken nach vorne ritt.

Bisweilen ritten wir auch sonntags morgens ins Gelände, und das war die größte Verlockung. Denn dann ritten auch die Geschwister Martius mit und ich hatte mich in Lili Martius völlig verliebt. Ich schwärmte: „Ein schlankes, blondes Mädchen von 18 Jahren von ungewöhnlichem Liebreiz, betont schlicht in ihrem Äußeren, zurückhaltend und fast scheu. Ich kannte sie eigentlich gar nicht, aber wie schwer war es damals mit einem Mädchen in ein ernsthaftes Gespräch zu kommen! Alle guten Eigenschaften, die ein Mädchen haben kann, glaubte ich in ihr vereinigt. So wurde sie mein Ideal und ich habe sie umso tiefer verehrt, je unerreichbarer sie wurde. Denn sie äußerte von sich aus nie das geringste Interesse an meiner Person, war wohl freundlich und wohlerzogen zu mir wie zu anderen Leuten, aber das war auch alles." Ich habe mich jahrelang um dieses Mädchen vergeblich bemüht. Sie hat sich übrigens nie verheiratet, sich später ganz der Kunstgeschichte hingegeben und erst 50 Jahre später traf sie wieder mit mir zusammen, als ich die Zeitschrift „Schleswig-Holstein" herausgab.

Ich war als Junglehrer in Kiel recht glücklich. Das lag wohl daran, dass ich mit dem Studium fertig war, an meinem Beruf Freude hatte, und einen Kreis gleichgesinnter Freunde gefunden hatte, vor allem Fritz Trittelvitz und die Mitglieder des deutschen Vereins abstinenter Studenten, dabei die Mediziner Hosemann und Rüdiger. Wir feierten vergnügte, alkoholfreie Tanzfeste, wir hatten ein Quartett und musizierten zusammen, und bisweilen brachten wir unseren Schönen ein Ständchen, zumal Fritz Trittelvitz ständig verliebt war. Dabei spielte ich die Laute. Wir hatten gemütliche Abende meistens auf meiner Bude bei Mutter Spörck.

Bild 6: Unser Quartett

Am 10.09.1904 ist mein Großvater Edert in Reinfeld gestorben, wo er sich nach seiner Pensionierung ein Haus gebaut hatte, und mit seiner zweiten Frau, Tante Elise, behaglich wohnte. Er war eine Respektsperson für uns. In seinen Aufsätzen und Briefen drückte er sich gewählt aus; ein Kind seiner Zeit. Zu meinem Geburtstag im selben Jahr schrieb er mir noch einen langen Brief. Er ist nicht lange krank gewesen, und nach dem Bericht seiner Frau nach wenigen Tagen sanft eingeschlafen. Hier der Brief:

„Neuhof, Reinfeld i. Holstein, 30.07.1904

Mein lieber Enkel und Namensgenannter! Morgen ist Dein Geburtstag (24.) und mit Recht erwartest Du von Deinen greisen Großeltern eine Gratulation. Obgleich Du schon längst weißt, dass wir Dir alles Gute und vom Guten das Beste wünschen. So kann ich Deine Erwartung nur gerechtfertigt finden und werde darum mich bemühen, das in Worte zu kleiden, was für Dich in unseren Herzen sich regt und bewegt. Also vernehme: Bisher hast Du mit emsigen Fleiß die reifen und schönsten Früchte der Wissenschaft eingesammelt, in denen die Kerne der wahren Volkswohlfahrt, die wahrhaft zu fördern die heilige Pflicht eines jeden echt deutschen Mannes ist, reich aufgespeichert liegen. O streue nun mit derselben Treue, die Du beim Sammeln bewiesest, die schönen Kerne hinein in die Furche der Zeit, damit eine Saat entstehe, die Dich und jeden edlen Menschen erfreut, und werde nie müde zu säen, auch wenn Du sie nicht gleich keimen und Wachsen siehst!

Und stürmt die See und tost der Wind, und flammt der Blitze Feuer
So denke wie des Schiffers Kind: „Mein Vater sitzt am Steuer."

Kümmere und quäle Dich nicht, wenn die Welt Dich einmal um Erfolg und Hoffnung betrügt. Behältst Du nur Dein Selbst (Dein Ich kannst Du gerne einmal vergessen) und den genannten Steuermann, so kann der Same gerne eine Zeit lang stille liegen. Er vermodert nicht. Das wahrhaft Gute ist ewig, wie der Geist, der es erschuf! – Erntest Du aber, wie wir zuversichtlich zu hoffen wagen, zeitig die Früchte Deiner fleißigen Saat: o so danke dem himmlischen Vater zunächst, der Dich so reich mit Zentnern beschenkte; Danke Deinen lieben treuen Eltern, die an herzinniger Liebe zu Dir und zu Deinen Brüdern so unendlich hoch stehen, dass sie von anderen Eltern in dieser Beziehung vielleicht erreicht aber schwerlich übertroffen werden. Auch verträgt sich das Bewusstsein des eigenen Manneswertes sehr wohl mit der liebenswürdigen Bescheidenheit; denn wer am meisten gelernt hat, erkennt am klarsten wie viel ihm noch fehlt, und dass all unser Wissen nur Stückwerk ist. (Nebenbei bemerkt, in dieser Wahrnehmung hat für mich immer der sicherste Beweis für ein ewiges Leben gelegen.- Math. 5.48).

Hier hast Du, teurer Enkel, einen schwachen Ausdruck dessen, was ich Dir wünsche. Wo ich stark genug war, selbst den mir so klar liegenden Weg zur Zufriedenheit, und die ist ja im Grunde das wahre Glück, zu gehen, da haben sich die oben ausgesprochenen Grundsätze als vortrefflich wahr bewährt. Jedes Zuwiderhandeln gegen anerkannt Rechtes rächt sich am bittersten. – Ich entschuldige mich nicht wegen des Ernstes: Das Leben ist ernst, die Pflicht ist sogar oft strenger. Du aber, mein lieber Iwer, freue dich doch Deiner Jugend, und lass Dein Herz guter Dinge sein!

In acht Tagen kommst Du mit den Deinen zu dem alten Iwer. Dann wirst Du, so Gott will, es sehen, dass man auch im Alter sich freuen kann, namentlich, wenn der Himmel den Greisen ein Familienglück beschert, wie es uns in so reichem Maße geworden ist. Gott sei mit Dir und den Deinen!

Am Donnerstag kam der Inspektor zu Borstel, Heinr. Schön, hat uns seine 4 Testamentsentwürfe vorgelegt, und fragte uns, welche Verteilung wir für gerecht fänden. Nach längeren Beratungen einigten wir uns über den uns am besten erscheinenden.

Am Freitagmorgen um 8 Uhr machten wir in einem hocheleganten Landauer eine Lust-Tour: Voßkaten, Rehhorst, Pöhls, bei Heinr. Fischer eingekehrt, Heilshoop, Zarpen, Frühstück auf dem Heidekamp und kamen um 11 Uhr heim. Unser Sohn Hermann reiste um 7 Uhr abends ab. Aber das Mittagessen schmeckte mir nach der Tour gut. –

Mit herzlichen Grüßen an alle Anverwandten,
Dein Großvater Iwer und Großmama Elise. u. M. David".

Um die Weihnachtszeit muss ich mich um eine Stelle als Lehrer in Tsinktau beworben haben. Mein guter Vater schrieb mir dazu, ich wolle wohl in die weite Welt hinaus kommen. Glücklicherweise ist aus der Bewerbung nichts geworden. Es war die Zeit des russisch-japanischen Krieges und ich hätte mich auf fünf Jahre verpflichten müssen. Rückblickend kann ich kaum verstehen, wie ich zu dieser Bewerbung kam; da ich mich in Kiel so wohl fühlte. Ich war wohl recht dreist, dass ich mit meiner achtmonatlichen Ausbildung glaubte, diese Aufgabe übernehmen zu können.

Wenn auch Prof. Schwarz am Anfang des Winters seinen Unterricht in der U1 wieder aufnahm, so wollten die Jungen mir treu bleiben. Wir bildeten daher ein Lesekränzchen in der Form, dass wir alle acht Tage abends in einem der Häuser der Eltern zusammenkamen, und mit verteilten Rollen lasen. Daran hatten wir große Freude. Ich lernte auf diese Weise eine Reihe gebildeter Familien kennen, so Justizrat Thomsen im Niemannsweg und Prof. Helferich am Lorenzendamm. Er war Direktor der chirurgischen Universitätsklinik. Hans Thomsen, ein schmucker Junge mit schwarzlockigem Haar hatte ein lebhaftes Interesse an deutscher Literatur, er ist später Kaufmann geworden und hat hauptsächlich das große Vermögen der Familie verwaltet. Burkhardt Helferich, ein blonder, blauäugiger und sehr intelligenter Junge, ist später ein bedeutender Chemiker geworden, und war Professor in Bonn. Seine Mutter war eine fein gebildete und belesene, warmherzige Frau aus Schwaben, und ist mir eine mütterliche Freundin geworden, der ich viel verdanke. Sie forderte mich auf in ihren „Kindergarten" zu kommen. Das war ein Kreis junger Mädchen und Männer, Kinder von bekannten Familien, die sich einmal in der Woche dort trafen, plauderten, lasen und musizierten. In diesem Kreis habe ich unter anderen Fritz Lützow, den späteren Admiral, und Weizsäcker, den späteren Staatssekretär, kennen gelernt.

Referendaren-Zeit in Wandsbeck

Ende März 1905 prüfte der Oberschulrat „Papa Brokes" uns 12 Kandidaten. Wir hatten vorher eine schriftliche Arbeit abliefern müssen, nun folgte eine Lehrprobe. Ich hatte ein Gedicht von Goethe in einer Prima zu behandeln, das ich selber nicht recht verstand. Aber es ging dann doch besser als ich befürchtet hatte. Wir bestanden alle, und erwarteten nun unsere Versetzung an eine andere Anstalt zur Ableistung des Probejahres. Ich kam nach Wandsbek an das Mathias-Claudius-Gymnasium, und bekam, da Lehrermangel herrschte, eine voll bezahlte Hilfslehrerstelle, das waren 1800 Mark Jahresgehalt. Damit konnte ich gut auskommen. Doch mein Herz blieb in Kiel. Im Sommer hatte ich mit meinem Schüler Siegfried Martius und seinen Brüdern auf den Plätzen in der Hohenbergstraße zuweilen Tennis gespielt, zuweilen am Sonntagen mit ihnen einen Geländeritt gemacht, so wurde ich im Winter mehrfach zu Hausbällen eingeladen, bei denen ich auch mit Lilli tanzen durfte. Da war mein Herz voll Begeisterung und von einem Traumbild erfüllt. Tatsächlich hatte ich nur wenige Worte mit ihr sprechen können. Aber ich glaubte, nirgendwo anders als in ihrer Nähe leben zu können. So fühlte ich mich in Wandsbek zunächst sehr verlassen, und benötigte eine ganze Zeit um mich einzuleben.

Mein Vater notierte: „Sein Probejahr absolvierte er am Gymnasium in Wandsbek bis Ostern 1906. Sein monatliches Gehalt betrug dabei 150 Mark, so dass er sich selbst erhalten konnte. Er hatte wöchentlich 24 Unterrichts-Stunden und 6 Korrekturen zu erteilen. Auch außerhalb des Unterrichtes bemühte er sich um seine Schüler. Zu Weihnachten veranstaltete er eine große Schüleraufführung zu der seine Mutter mit ihrem Bruder Julius nach Wandsbek fuhr. Die Aufführung gewann viel Beifall. Er erhielt viele freundliche Briefe, Blumen und Kuchen von Schülern und deren Eltern. Auch kamen Schüler bei ihm zu Besuch. Zusätzlich nahm er Sprachstunden in Hamburg.

Gegen Ende des Probejahres war Direktor Behr von der Kieler O.R.I bei ihm in Wandsbek in der Klasse, wobei er so gut abschnitt, dass er zum 01.04.1906 zum Oberlehrer an der O.R.I in Kiel ernannt wurde. Er bekam auch Angebote von Wandsbek und von Altona, doch entschied er sich für Kiel, zumal er sich ausbedingen konnte, im zweiten Winter für ein halbes Jahr nach Frankreich zu gehen, um dort seine Sprachkenntnisse zu vervollständigen. Als Oberlehrer bezog er 2700 Mark Jahres-Gehalt zuzüglich 1050 Mark W.G. Zulage und war damit in meinen Augen wohlhabend. Er hat dann auch gleich alle Vierteljahr für mich 250 Mark bei der Kieler Sparkasse einbezahlt."

Das Gymnasium in Wandsbek wurde von Direktor Sorof geleitet, einem stattlichen Mann von straffer Haltung, von preußischer Herkunft und Reserveoffizier. Unter ihm wirkten eine Reihe älterer Professoren wie der Mathematiker Richter, der gerne Wanderungen mit den Kollegen veranstaltete, dabei sein Liederbuch herauszog und unterwegs unermüdlich sang, oder Mirow und Schumann, dessen Tochter Martha lernte ich später etwas näher kennen, und andere. Alle wohnten in Marienthal, dem reizenden Villenvorort, in dem ich auch ein angenehmes Zimmer bezog. Man machte offizielle Besuche und es gab einen Stammtisch, zu dem ich mich einige Male einfand. Es war noch der Stil der Kleinstadt, obwohl Hamburg auch schon damals unmittelbar an Wandsbek anstieß. Unter den jüngeren Kollegen war ein Bundesbruder, Bethien, dem ich mich anschloss, zumal er auch Neuphilologe war. Ich hatte 24 Stunden in vollen Mittelklassen mit 6 wöchentlichen Korrekturen zu geben. Für einen jungen Lehrer fast zu schwer, aber ich wurde damit fertig. Irgendeine Unterweisung bekam ich nicht. Ich habe mich auch darum nicht bemüht.

Als begeisterter Anwalt der Abstinenz habe ich auch in Wandsbek für die Enthaltsamkeit geworben. Einmal durfte ich auch vor der ganzen Schule in der Aula sprechen, und hatte bei der Jugend wohl auch Erfolg, bei den Kollegen erregte ich aber damit Missfallen. Der Direktor war der Meinung, dass ein solcher Vortrag den Primanern vielleicht zu einer Mäßigung führen möchte. Aber da ich gerade die Mäßigkeit als ein unwirksames Kampfmittel bezeichnet hatte, noch dazu den Horaz-Vers zitiert hatte: auream quisquis medio critatem, wies er in väterlich–freundlicher Art im Anschluss mich darauf hin, dass ein solches Zitat doch im Widerspruch stünde zu der Mahnung, die er bei Behandlung dieser Ode an seine Schüler zu richten pflege. Bald darauf gründete ich einen Verein abstinenter Schüler, und habe mit ihnen zu Weihnachten ein Theaterstück aufgeführt, das den Eltern gut gefallen hat. Der unmittelbare Verkehr mit den Schülern, wie ich es in Colchester gewohnt war und schon in Kiel gemacht hatte, war in Wandsbek etwas ganz Neues und machte den Jungen Freude. Dadurch lernte ich auch die Eltern kennen. Die Mutter des Quartaners Günther Reimers half daher bei den Aufführungen des weihnachtlichen Theaterstückes.

Junglehrer in Kiel

Am Ende des Probejahres bemühten sich einige Direktoren mich an ihre Schule zu holen; denn der Lehrermangel war groß. Da konnte ich mir die beste aussuchen und sogar Bedingungen stellen. Direktor Behr an der OR1 in Kiel war bereit, meine Bitte zu erfüllen, und mich im 2. Jahr auf 6 Monate bei vollem Gehalt zu beurlauben, damit ich in Frankreich meine Sprachkenntnisse verbessern konnte. Natürlich wollte ich auch gerne in Kiel unterrichten um Lilli Martius nah zu sein.

In dem Wandsbeker Jahr hatte ich viel Freude an den Jungen in meiner Schule gehabt. Die bezeugten ihre Anhänglichkeit in rührender Weise, und haben mich später nach meiner Abreise noch zum Ehrenmitglied der abstinenten Schüler ernannt. Die Rückkehr nach Kiel war einfach. Ich wurde Oberlehrer in derselben OR1 in der Waitzstraße, in der ich schon als Kandidat vertreten hatte, und zog wieder bei Mutter Spörck in der Feldstraße ein. Etwas später 1909 bin ich mit dem Ehepaar Spörck in eine eigene Wohnung in der Feldstraße 123 II gezogen. Vier Stuben, von denen das Ehepaar Spörck zwei übernahm, wofür Frau Spörck die Wohnung sauber halten musste. Die Wohnung kostete 42 Mark. – In der Schule schloss ich mich Walter Klahn, den ich vertreten hatte, und dem Biologen Behke an. Dazu kam der Ostpreuße Arndt. Ich bekam eine Sexta und eine Untertertia und sollte mit beiden aufsteigen. Der Direktor Behr war Mathematiker, Major der Reserve, ein Mann der Ordnung und Paragrafen, fleißig und gewissenhaft. Schon vor Beginn des Schuljahres waren die Stundenpläne gedruckt und ausgehängt, und daran sollte auch im Laufe des Schuljahres nicht gerüttelt werden. Ich erinnere mich nicht, dass er einmal meinem Unterricht beigewohnt hätte, oder in einer seiner Konferenzen einmal etwas über Erziehung gesprochen hätte außer über Pünktlichkeit, Sauberkeit und Ordnung. So konnte jeder Lehrer nach seinem Geschmack und Methoden wirken, wenn nur die schriftlichen Arbeiten fristgemäß dem Chef vorgelegt wurden. (3fach mit Zensuren-Liste). Da konnte auch ich meine Erziehungsgedanken, so wie ich sie in England aufgenommen hatte, in die Tat umsetzen.

Bild 7: Schiffe der Kaiserlichen Marine im Kieler Hafen

Es war die Zeit der kaiserlichen Marine; gerade die OR1 wurde von vielen Marinejungen besucht. Bei der Morgenandacht in der Aula, saßen nur Jungen in Matrosenanzügen vor mir. Erst in der Obersekunda zogen sie lange Hosen an. Zwei Sextaner habe ich besonders betreut: Egbert Delbrück, Sohn des Landgerichtsrates Delbrück, war von schwacher Gesundheit und recht verängstigt. Hier konnte ich durch Liebe und Geduld dessen Selbstvertrauen anheben. Nervös und verschüchtert war auch der Sohn von Prof. Niemeyer, Günther. Er saß auf der ersten Bank, und ich saß direkt davor. Mit seinen großen blauen Augen sah er mich so vertrauensvoll an, dass es mir ganz warm ums Herz wurde. Und wenn ich dann sprach, fasste Günther manchmal vertrauensvoll nach meiner Hand. Als die Eltern von Günther in Kitzeberg sich ein sehr schönes Landhaus bauten, habe ich sie schon 1907 verschiedentlich besucht. Daraus hat sich eine Freundschaft entwickelt, die lange bestanden hat. Prof. Theodor Niemeyer war als Jurist Spezialist für Fragen des Völkerrechtes, und war ein sehr interessanter Gesprächspartner. Seine Liebhabereien waren die Musik und sein Garten, der von einem Gärtner gepflegt wurde, und bis an die Förde reichte. Er spielte in einem Quartett, und in der Halle standen zwei Konzertflügel. Viele Jahre war er Vorsitzender des Vereins für Musik in Kiel. Oft waren bedeutende Künstler Gäste in seinem schönen Landhaus. Dort ging auch die sangesfreudige Jugend aus und ein. Da hat er oft mehrstimmige Chorhefte verteilt, stellte sich auf einen Stuhl und dirigierte. Als er im Jahre 1907 Rektor Magnificius wurde, lud er wohl 300 Personen zu einem Waldfest nach Kitzeberg ein. Ein großes Zelt wurde im Buchenwald errichtet, ein Extradampfer brachte die Gäste von Kiel nach Kitzeberg. Aus der Grotte erklang ein Waldhörnerkonzert, man hörte Männerchöre aus dem Freischütz und 130 Paare führten eine Polonaise durch Wald und Garten.- Eine beglückende und beschwingte Atmosphäre! Professor Niemeyer hatte mit seiner sehr feinsinnigen und warmherzigen Frau Johanna sechs Kinder. Ich habe mich besonders um die beiden jüngsten bemüht. Günther war asthmatisch und ängstlich, doch er entwickelte sich zu einem kräftigen, prächtigen Jungen mit tiefem Gemüt, der in vielem seiner Mutter ähnlich wurde. Ich habe sie sehr verehrt. und es entwickelte sich eine gute Freundschaft zur Familie Niemeyer. Ich erhielt nach meiner Rückkehr aus Frankreich sogar ein Zimmer der Wochenendwohnung, und habe, wenn die Eltern auf Reisen gingen, häufig diese im Hause vertreten.

Wandervögel in Kiel

Ich habe im Jahre 1905 die Wandervogelbewegung in Kiel gegründet, und zu Pfingsten machte ich mit Günther und Walter Schnoor eine Fahrt nach Alsen. Wir übernachteten auf dem Heuboden eines Gasthauses gegen das Versprechen, den Gästen abends etwas zur Laute zu singen. Als wir abends in die Gaststube traten, war sie voll mit Gästen. Wir sangen unsere Wandervogelweisen, und ich trug meine besten Lieder vor, mit durchschlagendem Erfolg. Da winkte die Wirtin den Jungen zu, sie sollten sammeln. Und tatsächlich gingen sie mit ihren federgeschmückten Wandervogelhüten zu den Gästen und sammelten viele Groschen ein. Das machte ihnen Spaß. – So gab es viele schöne Erlebnisse mit der Familie Niemeyer. Die Jungen konnten herrlich spielen, bauten sich Höhlen hoch oben in den Buchen, sammelten Strandgut und machten es klein, um es an die Nachbarn zu verkaufen. Ich dichtete dazu: „Holt, Holt, Eeken, Böken, billig Holt to´n Für anböten – Lang un dick hett keen Schick – Kort un fin mut dat sien."

Eine weitere gute Freundschaft erwuchs mir aus meiner Fürsorge für Egbert Dellbrück, dem Klassenkameraden von Günther Niemeyer. Der Vater, Felix Dellbrück war damals Landgerichtsdirektor in Kiel und auch mit der Familie Niemeyer befreundet. Er wurde später Landgerichtspräsident in Prenzlau und danach in Göttingen, und hatte mit seiner recht tatkräftigen Frau sechs Kinder. Er war ein sehr feinsinniger, guter Jurist, führte trotz der Verschiedenheit der Partner eine sehr harmonische Ehe, und widmete einen großen Teil seiner Zeit der Dichtung und der Musik, besonders dem Gesang. Als er mit seiner Familie in der Feldstraße wohnte, habe ich ihn oft besucht, und wir haben zusammen gesungen oder er hat nur zugehört, wenn Felix sang, und sein Sohn ihn am Flügel begleitete. Er sang mit voller Hingabe. Was ihm an Technik vielleicht fehlte, ersetzte er durch Ausdruck, so dass ich große Freude daran hatte. Ich vergesse nie, wie er einmal sang, – Ich will von Aetreus Söhnen ... – während seine Frau handarbeitete. Und wie er mit schmelzender Stimme sang, – doch meiner Saiten Tönen klingt Liebe im Erklingen – da klatschte seine Frau eine

Motte tot. Leise, ohne ein Wort zu sagen, klappte er darauf sein Notenbuch zu und legte es aufs Bord. Ich bin auch oft zusammen mit ihm spazieren gegangen, und habe von ihm viel gelernt, wie von einem väterlichen Freund. Wir haben noch jahrelang korrespondiert und uns gegenseitig besucht, auch als Felix schon lange in Göttingen wohnte und Landtagsabgeordneter war. Die Freundschaft mit den Familien Niemeyer, Delbrück und Helferich in Kiel haben mich nachhaltig geprägt.

Studienreise in die Schweiz und nach Frankreich

Im Herbst des Jahres 1907 trat ich meine Studienreise in die französische Schweiz an. Ich war überwältigt, als ich von Luzern aus zum ersten Mal in meinem Leben das Hochgebirge sah und den Rigi erstieg.

Fast ebenso eindrucksvoll war der Genfer See. Ich wohnte in einer Pension unterhalb des Schlosses Blonay sur Vevey, von wo man einen herrlichen Blick über den See hatte. Nach Osten sah man den Dent du Midi, einen gewaltigen, siebenmal gezackten Schneeberg. Abends tauchte die untergehende Herbstsonne die ganze Wasserfläche in Gold. Der Herr des Hauses war ein Pfarrer i.R. in den besten Jahren. Er tat das Reden, und seine Frau die Arbeit. Wenn er aber einmal half, wenn er die Kartoffeln aus dem Garten holte, zeigte er jedem seine beschmutzten Hände und sagte, „travailler la terre". Am Sonntag nahm er manchmal am Wettschießen teil, und brachte von der Jagd auch mal eine Ente oder eine Gans mit nach Hause. Bei ihm konnte ich meine französischen Kenntnisse gut überholen. Da habe ich auch viele Besichtigungsfahrten in die Umgebung nach Montreux, Vevey und Lausanne machen können.

Doch in dieser ersten Zeit fühlte ich mich noch sehr kaputt. Darum besuchte ich auf Anraten meiner Gastgeber Dr. Macho, einen Psychiater. Nur mühsam kam ich die Treppe hinauf in den 2. Stock, aber der dunkelbärtige, warmherzige Mann flößte mir großes Vertrauen ein, und konnte mich überzeugen, dass meine Schwäche allein auf nervöser Basis beruhte, und nach 2 Stunden sprang ich gestärkt die Treppe herunter. Noch einige Besuche, und ich konnte wieder loswandern, sang und freute mich wieder meines Lebens. Ende Februar bat Dr. Macho mich, ihn noch einmal zu besuchen. Ich betrat gestärkt, sonnverbrannt und wohl etwas übermütig die Praxis, und erkannte meinen Kollegen Klaus Eckmann, der müde und blass auf der anderen Seite stand. Dr. Macho sagte zu mir, – so sahen Sie vor vier Monaten aus, und sagte dann zu Klaus, – und so werden Sie in vier Monaten aussehen." – Und zeigte auf mich. Auch Klaus Eckmann hat seine Behandlung gut geholfen.

Nach einem drei Wochen langen Ski-Ausflug nach Chateau de Oex zog ich weiter nach Cornaux zu einer Familie aus Paris, die ich in Bloney kennen gelernt hatte: Mme Piaggio mit ihrem 30jährigen Sohn und ihrer 82-jährigen Mutter, der Contesse de Chatillon. Sie wohnten in einem reizenden Chalet, mit Blick auf den See, ich nahm regelmäßigen Unterricht bei dem Sohn, schrieb Aufsätze, die dieser korrigierte, und hatte viel Gelegenheit mit der Familie und ihren meist Pariser Gästen zu sprechen. Die interessanteste Begegnung war die Gräfin Chatillon, eine Malerin von Ruf, deren Bilder u.a. in Luxemburg hängen sollten, und die mit ihrem Alter von 82 Jahren einen großen Scharm hatte. Was für ein interessantes Leben! Femme du monde, Pariserin im besten Sinne. Wie sie sich noch jetzt über jede Artigkeit freute, wie sie gewandt, galant, elegant zu erwidern wusste, Künstlerin durch und durch. Die Welt, die Gesichter interessierten sie, ließen ihre reiche Phantasie spielen.

Übrigens behandeln diese Damen heikle Dinge mit einer Freizügigkeit, die mich verblüffte. Meine liebe Mutter hat nie von Courtisanen, geschlechtlichen Beziehungen gesprochen. Diese Frauen amüsierten sich prächtig mit diesen Themen. Geschlechtliche Ausschweifungen des jungen Mannes sind absolut selbstverständlich. Außereheliche Beziehungen sind in erster Linie amüsant, – das Unmoralische – mon dieu, kommt dann noch lange nicht! Und dabei sind sie selbst ehrenwerte Frauen. Durch die Familie lernte ich noch mehrere Französinnen kennen. In eine Frl. Gallier habe ich mich verliebt. Sie war still, bescheiden und schön, wie ein Traum oder ein Märchen. Fast schwarzes Haar umrahmte das blasse, feingeformte Gesicht, schwarze Brauen, lange schwarze Wimpern, träumerische Augen und einen purpurroten Küsse-Mund. Ich hatte Verlangen nach diesen Lippen. Eine schöne Pariserin. Sehr klug war sie nicht, aber auch nicht kokett! Ein kindlicher Ausdruck lag in ihrem Gesicht, voll Vertrauen. Ich habe für sie alles Mögliche getan. Sie war auch ein wenig dankbar. Aber sie hat gelacht, als ich etwas Ernsthaftes sang. Das kränkte mich sehr. Ich muss entsetzlich empfindlich gewesen sein. Sie schwärmte auch von einem anderen jungen Herrn. So habe ich sie schnell vergessen.

Mein Lehrer, der Sohn Piaggio, war sehr belesen und vielseitig. Da führte ich ein wahres Herrenleben. Nach dem französischen Unterricht in der Frühe, fuhr ich mit dem Bähnle hinauf nach Caux, wo ich auf der täglich frisch vorbereiteten Eisbahn Schlittschuh lief, und machte dann auf Skiern eine Abfahrt zu dem Chalet, wo ich mit der Familie zu Mittag aß, ohne Sorgen, ohne Pflichten. Gelegentlich fuhr ich auch nach Lausanne ins Theater. Da hörte ich auch einmal den sozialistischen Redner Juarés, der sprach davon, wie „la haine des peoples" die Menschen in den Krieg führe.

Bild 8: Familie Edert in Uetersen 1907

Um mehr von Frankreich kennen zu lernen, fuhr ich Ende Februar in den Frühling nach Lago Maggiore, Lugano, Mailand, Genua und Nizza drei Wochen lang bis nach Toulon, mit seinem herrlichen Naturhafen und nach Marseille, der zweitgrößten Stadt Frankreichs. Ich war überrascht von dem wogenden Verkehr dort und der Lebhaftigkeit der Bewohner. Weiter ging die Fahrt nach Avignon, der mittelalterlichen Festung, die einst Sitz der Päpste war, und als Krönung wohnte ich vier Wochen lang in Paris „le coer de la France". Da habe ich tagsüber die Museen und abends die Theater besucht, konnte sogar den berühmten „Coquelin Aine" bewundern und verkehrte, dank der in Cornaux gewonnenen Beziehungen, auch in einer Reihe gebildeter Familien. So habe ich alle Möglichkeiten dieses köstlichen halben Jahres genutzt.

Ich kehrte frisch, gesund und tatendurstig im Mai 1908 nach Kiel zurück. Nach den Briefen zu urteilen, die ich in Frankreich bekommen hatte, warteten besonders „meine" Wandervögel sehr auf mich. Doch zuerst nahm mich die Schule wieder voll in Anspruch. Die Abstinenzbewegung war mir langweilig geworden. Aber immer habe ich neben meinem Hauptberuf eine Nebentätigkeit ausüben wollen, musste immer etwas neu organisieren. Wenn es dann im Gange war, wandte ich mich gern etwas anderem zu.

Als Lehrer in Kiel

In den Sommerferien 1908 bin ich bei Helferichs auf dem Hainstein in Thüringen zu Gast gewesen. Er liegt unterhalb der Wartburg auf einem Hügel, so dass man einen wundervollen Blick auf Eisenach hat, und ist umgeben von einem großen Garten und Waldungen, die sich bis zur Wartburg ausdehnen. Geheimrat Helferich ging täglich hinauf und hinunter und widmete sich erst danach seinen Privatpatienten. Frau Geheimrätin hatte stets lebhaften Besuch. Oft war die Leiterin der höheren Mädchenschule Frau Maria Heyn bei ihr, eine Freundin aus ihrer Greifswalder Zeit und die Großmutter, eine Tochter Rankes, die mit wohlklingender Stimme im traulichen Wohnzimmer mit vielen kostbaren Bildern an jedem Sonntagmorgen die Predigt las, während durch die weit offenen Fenster der Blütenduft des Gartens strömte und aus dem Tal die Kirchenglocken klangen. Oben im Erkerstübchen des Turmes wohnte Imse Kürschner, die Tochter des Hausbesitzers. Das war in meiner ersten Vorstellung ein wunderschönes Mädel, das mit verträumten Augen am Schreibtisch saß im Turmzimmer mit efeuumrankten Butzenscheiben, und ein Gedicht schrieb. Wenn auch die Wirklichkeit enttäuschend war, so waren es für mich doch besonders schöne Stunden, die ich so verträumt habe, und oben auf dem Hainstein träumt es sich wunderschön.

Im Sommer 1909 habe ich eine vierwöchentliche Reise zusammen mit meinem Freund Hein Stender nach Llundudlo, Wales, in England gemacht und konnte von dort auch meine alte Schule in Colchester besuchen, wo es ein schönes Wiedersehen gab. Nach meiner Rückkehr nach Kiel wurde in der OR1 eine Sonderklasse für den Prinzen Sigismund von Preußen, den Sohn des Prinzen Heinrich, eingerichtet, in der ich Turnen und Mathematik geben musste, eine Aufgabe, die viel Geduld erforderte, denn der gute Junge hatte im Grunde überhaupt kein Interesse an das man irgendwie hätte anknüpfen können. Bei ihm zu Hause sprach man Englisch, was auf den Einfluss der englischen Großmutter zurückzuführen war.

Von 1908 bis 1911 fesselte mich in Kiel vor allem die Romantik des Wandervogellebens. Der Unterricht machte mir Freude, wenn auch die Schule selbst mir wenig Anregung bot. Ich habe mich darum, allerdings erfolglos, an verschiedenen anderen Schulen beworben. Auch habe ich mich an der Gründung der Jungliberalen Partei beteiligt, und bin sogar zeitweilig ihr Vorsitzender gewesen. Aus der Fülle der Fahrten mit den Wandervögeln ist mir die Fahrt nach Alsen mit den beiden Jungen Günther Niemeyer und Walter Schnoor besonders in Erinnerung geblieben, wie wir in einem Gasthaus für fahrende Sänger gehalten wurden und Quartier auf dem Heuboden bekamen unter der Voraussetzung, dass wir abends den Gästen unsere Lieder vorsingen sollten, ebenso eine Fahrt in den Herbstferien nach Mölln und Ratzeburg, und in den Weihnachtsferien die erste Skifahrt ins Riesengebirge. Da hieß es: „Ich ging allein von der Bradlerbaude zur Petersbaude. Allein, ganz allein, verloren im Gebirge. Die Tannen ächzten unter der Schneelast, als wollten sie zusammensinken. Der Schnee formte wundersame Figuren: bald eine alte Frau, da einen Pferdekopf, dort einen Ritter, hier ein Mädel unter einer Kapuze. Das Knieholz war völlig zugedeckt, und nur eine Wölbung der Schneedecke deutete an, dass darunter noch etwas lebt, das heraus möchte ans Licht, an die Sonne, das auch den wolkenlosen, tiefblauen Himmel anstaunen möchte, wie er sich gewaltig über das Gebirge wölbt, dunkelblau sich abhebend von dem weißen Höhenrücken. Der Schnee glitzerte als wären tausende von Diamanten über ihm verstreut. Diese Ruhe, diese unbeschreibliche Stille, kein Ton, kein Vogellaut, kein Windhauch. Du schläfst, Mutter Natur, einen tiefen Schlaf, und hast dein schönstes weißes Kleid angelegt, dich geschmückt wie eine Braut für die erste Liebesnacht. Immer wieder staunte ich die Pracht an, meine Augen weideten sich an der unbegreiflichen Herrlichkeit, an der Größe und Fülle dieses Wunderwerkes. Mir war als ob der Herrgott aus dem blauen Himmel herausschaue und spräche: „Ich will euch kleine törichte Menschenkinder erfreuen, will ausgießen die Fülle meiner Herrlichkeit auf einen Tag, will alle meine Farben leuchten lassen in der Sonne, verschwenderisch und ohne dass dadurch nur ein Gedanke von meiner Größe und Macht genommen würde." Ich habe mich selten so nahe der Mutter Natur gefühlt, als wie an diesem Tage! Als müsste ich mich an ihre Brust werfen, dir gehöre ich!"

Im Sommer 1911 fuhr ich mit einer Gruppe zur Burg Lahneck am Rhein, der rechte Ort für uns junge Romantiker. Im Sommer 1912 bauten wir für mühsam ersparte 3000 Mark die Hohburg am Westensee, ein erstes Wandervogelnest, das uns der Architekt Prinz entworfen hatte. Das Fest der Einweihung war ein Höhepunkt in der Geschichte der Wandervögel. Der Krieg setzte dieser aus edelsten Motiven erwachsenen Jugendbewegung ein Ziel. Eine große Zahl der Jungen kehrte davon nicht zurück.

Am 20.01. 09. war ich Gast auf der Hochzeit meines Freundes Fritz Trittelvitz mit seiner schönen Braut Judith in Werningerode, war auch öfter mit meinem Bruder Otto zusammen, der seit 1907 wieder in Kiel studierte, 1909 promovierte und ein Jahr später das Staatsexamen machte. Wir haben beide in dieser Zeit die Turnlehrerprüfung abgelegt; er in Berlin und ich in Kiel. Auch habe ich eifrig am „Schuster von Tondern" geschrieben. Dieser Roman, der das Leben meines Urgroßvaters beschreibt, erschien zuerst im Reichsboten, Berlin und anschließend in Buchform bei Max Hansen in Glückstadt im Jahre 1910. Der Erfolg des Schusters von Tondern spornte mich an mehr zu schreiben. Im Herbst bin ich durch die Lüneburger Heide gewandert, und fand den Stoff für den „Heideschäfer", der aber erst 1913 vom Daheim-Kalender erworben wurde. Dann setzte ich mich wieder verstärkt für die Wandervögel ein, und baute am Westensee 1912 das Wandervogelnest unter der Leitung von Architekt Ernst Prinz. Es wurde zum großen Teil von den Jungen errichtet, und war das erste Nest in Deutschland. Auch das Unterrichten machte mir viel Freude leider mehr Französisch und Englisch als Deutsch. Die Jungen hingen an mir. Ich wurde auch ausgewählt in einer Sonderklasse den Prinzen Sigismund von Preußen in Französisch zu unterrichten. Da wurde ich auch einige Male mit einer Einladung in das königliche Schloss bedacht, wodurch ich auch einen Blick in die Hofgesellschaft tun konnte.

Mir gefiel die OR1 nicht besonders. Es war eine Lernschule und nicht eine Erziehungsschule, wie ich sie mir erträumte, und von Colchester her schätzten gelernt hatte. In den Herbstferien machte ich eine Studienreise nach Haubinda und Bieberstein, den Landerziehungsheimen von Hermann Lietz. Der Geist und die Haltung der Schüler gefielen mir gut. In der Stunde, in der Hermann Lietz selbst Geschichte gab, waren die Schüler hauptsächlich durch seine starke

Persönlichkeit gefesselt. Dabei sah er keineswegs wie eine germanische Heldengestallt wie Siegfried oder Baldur aus: Er war klein, untersetzt, sehnig und knochig, hatte schwarzes Haar und einen Schnurrbart. Als ich ihn besuchte, lag er mit kurzen Hosen auf einem Ruhe Sofa in seiner Dachstube, von wo er einen herrlichen Ausblick auf Berg und Tal hatte. Er erläuterte mir seine Erziehungsmethode. Etwa nach einer Stunde gongte es. Da sagte er, entschuldigend, er müsse jetzt Kartoffeln ernten. Wenige Minuten später sah ich ihn mit seinen Schülern auf das Ackerland ziehen, der Kamerad seiner Jungen und doch eine unbedingte Autorität. Einen starken Eindruck machte mir auch die musikalische Feierstunde, die jeden Abend nach dem Essen stattfand. Der Musiklehrer war ein wirklicher Künstler. Man sah aus der Haltung und gespannten Aufmerksamkeit der Schüler, dass sie gute Musik zu schätzen gelernt hatten. Der Wunsch von Hermann Lietz, dass die Musik im Mittelpunkt des Heimlebens stehen müsse, hatte sich erfüllt. Ich beobachtete auch, wie die Jungen ihre Freizeit verbrachten. Wie sie sich in den hohen Bäumen aus Holz Nester bauten, und sich behaglich darin einrichteten. Als ich auf die damit verbundene Gefahr hinwies, hieß es: Jungen müssen gefordert werden, um Männer daraus zu machen. Das ist ein anderer Leitsatz von Hermann Lietz. Die Jungen fühlten sich jedenfalls wohl und glücklich in dieser kameradschaftlichen Form der Erziehung.

Da auch in Kiel die Eltern immer weniger Zeit für ihre Kinder hatten, plante ich eine Tagesschule. Im Landerziehungsheim sollten die Kinder morgens vier Stunden unterrichte werden, dann die Lehrer mit ihnen essen, und nachmittags mit ihnen zeichnen, Schularbeiten machen und Sport treiben. Am Spätnachmittag würden sie dann, frei von Sorgen wieder nach Hause geschickt. Es gelang mir, für diesen Gedanken einflussreiche Männer in Kiel zu gewinnen. So den Oberbürgermeister Lindemann und Professor Dr. Harms und andere. Der Oberbürgermeister wollte mir dafür ein Gebäude im Viehburger Gehölz zur Verfügung stellen. Anfangs hatte ich den Plan, diese Schule als Dependance zur ORII zu errichten. Dafür gewann ich den Schulleiter, Herrn Heyer. Als der jedoch befürchtete, dass die Schule unabhängig und möglicherweise eine Konkurrenz zu seiner Schule werden könnte, wehrte er sich kräftig gegen meine

Pläne. Trotzdem hätte ich dank der Hilfe von Prof. Harms und Dellbrück und dem Ministerium in Berlin meinen Plan verwirklichen können. Doch da kam der Krieg. Ich habe dann meine Gedanken in einem Heft unter dem Titel: „Die Tagesschule, die Schule der Großstadt" zusammengefasst. Es ist im Taubner Verlag unter Säemannheften Nr. 13 erschienen und bekam eine sehr positive Kritik. – Aber ich war wohl mit meinen Vorschlag 50 Jahre zu früh gekommen. Damals hätte ich auch aus den Männern der Jugendbewegung die notwendige Lehrerschaft rekrutieren können.

Valborg Gleiß

Im Herbst 1910 heiratete mein Freund Dr. Hartmann, Erika Gleiß, die zweite Tochter des Direktors der Inneren Mission, Friedrich Gleiß, Neumünster. Zur Hochzeit wurde ich eingeladen. Ich hatte von meinem Freund Fritz Trittelwitz viel von dem eigenwilligen Pfarrherren, seiner so besonders liebevollen Frau und seinen acht Kindern gehört, von dem gastfreien „Schwalbenhaus" in Neumünster und dem strohgedeckten Sommerhaus der Familie in Timmendorfer Strand. Nun lernte ich auch diese frohe und sangesfreudige Kinderschar kennen. Wie sie um mich, den „Lautenschläger", herumsaßen und immer neue Lieder hören wollten. Sie stickten ein Kissen, auf dem der Rattenfänger abgebildet war, und luden mich immer wieder auch nach Timmendorfer Strand ein. Ich erinnere die Mädchen in ihrer bunten norwegischen Tracht am Timmendorfer Strand, (die Mutter stammte aus Bergen in Norwegen,) wie sie singend durch den Wald zogen, ein liebliches Bild.

Valborg, geb. am 29.09.1892, die dritte Tochter, war damals noch Schülerin in der 2. Seminarklasse, ein fröhliches Mädchen mit roten Wangen und blitzblanken, warmen, braunen Augen und einer schönen Stimme, die sehr gut zu meiner passte. Wir sangen zweistimmig von den Heckrosen am Wald. Sie trug gerne Rosen im Haar und wir nannten sie das Heckenröschen. Am Freitag vor Pfingsten trafen wir uns im Ascheberger Wald und wollten zusammen wandern. Doch da waren wir uns schnell einig und verlobten uns. Die Verlobungszeit war nicht einfach, insofern, als es mir nicht leicht fiel, mich den selbstherrlichen Weisungen meines Schwiegervaters zu fügen, der in alttestamentarischer Weise sein Haus regierte, wodurch auch manche Unstimmigkeiten in der Familie entstanden, ein Zustand, der mir aus meinem Elternhaus völlig unbekannt war. Aber die liebevolle Art, wie Valborg lieb darauf reagierte, überwand alle Schwierigkeiten.

Wir verlebten viele schöne Stunden in Timmendorf, wenn wir singend durch den Wald streiften oder badeten. Valborg war eine gute Schwimmerin. In Kiel, verwöhnten uns meine Brüder Hermann und Otto, und besonders unsere Freunde

Schäders, Lützows und Niemeyers. An einem Nachmittag bei Niemeyers haben wir in der Halle unser ganzes zweistimmiges Repertoire zur Laute singen dürfen und wurden dafür mit Geschenken belohnt. Im Juli und August 1911, während ich mit den Wandervögeln am Rhein war, wohnte Valborg bei meinen Eltern in Uetersen, um bei meiner Mutter die Anfänge der Hauswirtschaft zu lernen, und zum 1.Oktober fuhr sie mit ihrer Schwester Karen nach Dresden, um dort auf der „Mutter-Anna-Schule" auf den Hausfrauenberuf vorbereitet zu werden. Das geschah auf Anweisung ihres Vaters und sie hat auch den Abschluss Anfang März gut bestanden.

Am 19.03.1911 wurde dann Hochzeit in Neumünster gefeiert. Da sangen mein Vater mit Otto, Lützows und mir ein Quartet. „Lobe den Herren meine Seele" von Grell und „Nun schaffet mir Blumen und Kränze ins Haus". Onkel Julius, Tante Liesbeth, Hermann und Helga sangen, „So nimm denn meine Hände". Wir waren eine recht große Gesellschaft. Otto hatte noch ein Theaterstück „Des Wandervogels Rache" gedichtet und vorgeführt

Noch am späten Abend brachen wir zu unserer Hochzeitsreise auf. Ich hatte meiner Braut die Wahl gelassen: Willst Du einen Flügel oder eine große Reise? Sie hatte sich für die Reise entschieden, einen Flügel könne man sich später auch noch kaufen. So hatte ich dann das Angebot meines ehemaligen Schülers Hans Thomsen angenommen, auf dem Weingut seines Vaters auf der Virgel bei Bozen zu wohnen. Da haben wir eine wunderschöne Zeit verlebt, machten Ausflüge in die Dolomiten und waren zu Gast bei Justizrat Thomsen in Gries. Sein wunderschöner Garten, in dem weiße Pfauen in den dunklen Pinien saßen, hat uns besonders beeindruckt.

Bild 9: Ein glückliches Paar

Der ganze Talkessel war ein Blütenmeer, da passte meine Valborg hinein. Sie kam mir vor wie eine Pfirsichblüte! Wir erlebten Anfang April den Beginn des Frühlings, als in wenigen Tagen alle Sträucher in voller Pracht standen. Mitte April fuhren wir wieder zurück und machten noch einen Abstecher nach Prenzlau zu Familie Delbrück. Da fegten noch Schneestürme über die Mark. Dann kamen wir in Kiel in unserer schönen Wohnung Fichtestraße 2 an, die meine Mutter, Mutter Gleiß und ihre Töchter uns reizend eingerichtet hatten. .

Unsere Wohnung, im dritten Stock, war vollständig und mit großer Liebe eingerichtet, und Valborg stürzte sich mit Feuereifer in die neue Aufgabe als Hausfrau. Die mir befreundeten Familien nahmen sie, die lebensprühende und glückstrahlende, wie selbstverständlich in ihren Kreis auf. Bei meiner lieben Mutter in der Moltkestraße 72 fand sie sofort Herzensanschluss. Sie machte manche Wandervogelfahrt mit, und die Sommerferien verlebten wir zum großen Teil in Timmendorfer Strand. Sie fuhr regelmäßig einmal die Woche nach Neumünster zum Geigenunterricht, und zu ihren manchmal recht streitbaren Eltern. Zurückkommend in unser stilles Heim sagte sie dann: "Wie gut, dass Du mich geheiratet hast."

Weihnachten feierten wir in der Fichtestraße. Sie schmückte den Baum mit roten Kerzen und Lametta, was wir immer beibehalten haben. In dieser Zeit schrieb ich die Novelle „Beethoven", die von Westermanns Monatsheften veröffentlicht wurde und mir 300 Mark einbrachte. Das sollte für eine Reise nach Norwegen genutzt werden, wohin wir von ihrem Onkel Hakon Mathiesen eingeladen waren. Da wurde Valborg im Februar plötzlich krank. Noch in der Nacht kam der Arzt. Sie wurde darauf im Ansgar-Haus angeblich wegen einer Tubenschwangerschaft operiert. Bald wurde sie aber wieder gesund, und wir haben im Frühling mit Knippings eine Wanderung gemacht, auf der sie 6 Stunden marschieren konnte. Da rüsteten wir ohne Bedenken zur Norwegenreise und gingen am 10 Juli an Bord des Dampfers nach Korsör, erlebten Kopenhagen und wurden in Lillehammer von den Mathiesens freundlich empfangen. Wir durften in einem Jagdhaus im Gebirge, am See Jeppedalen in paradiesischer Einsamkeit wohnen. Die nächsten Menschen wohnten in einem kleinen Dorf, das man nach einer zweistündigen Wagenfahrt erst erreichte. Eine große Kiste mit Proviant wurde abgeladen, und jeden Morgen brachte uns ein Senne frische Milch. Aus dem See konnten wir Forellen angeln. Es waren einzig schöne und glückliche Tage.

Da wurde Valborg in der letzten Woche krank. Es war kein Arzt weit und breit zu finden, den wir hätten fragen können. Ein Arzt aus Oslo, den wir anriefen, riet zur Ruhe. Ich musste sie allein in Jeppedalen lassen und schließlich holte mich ein Jäger zu Matthiessens auf deren Sommersitz, den wir nach 5 stündigen Marsch durch den Wald erreichten. Ich hatte alle meine norwegischen Vokabeln zusammengerafft um mich verständlich zu machen. Da fragte Frau Matthiessen den Jäger, ob er sich mit dem deutschen Herren unterhalten konnte, worauf der antwortete, er habe gar nicht gewusst, das Deutsch so leicht zu verstehen sei. Als ich am nächsten Tag zurück bei Valborg war, ging es ihr so schlecht, dass wir beschlossen nach Hause zurück zu fahren. Am 7.8. landeten wir mit dem Korsördampfer in Kiel, meine Eltern holten uns ab." Eine Woche später wurde sie in Hamburg von ihrem Onkel, Dr.Wilhelm Gleiß wegen einer Bauchfelltuberkulose operiert. Doch wir waren nicht ohne Hoffnung auf eine glückliche Genesung, und sie kehrte am 31.08. nach Kiel zurück. Am 01. Oktober reiste sie mit ihrer Schwester Helga, die sie betreute, nach Arosa zur Kur. Die Ärzte hofften durch Klimawechsel, Sonnenbestrahlung und gute Ernährung die Krankheit heilen zu können. So begann eine lange Zeit des Hoffens, des Leidens, des Vertrauens und des Verzagens aber auch des Reifens. Als ich sie in den Weihnachtsferien 1913 besuchte, war sie rund und braun geworden, und auch fieberfrei. Da erlaubten die Ärzte, dass sie am 13. März 1914 nach Lugano zu einem Familientreffen reisen durfte, wo ich sie mit meinen Eltern und meinem Bruder Otto getroffen habe. Sie musste noch viel liegen und sich besonnen lassen. Aber wir konnten doch schon längere Ausflüge bis nach Mailand mit ihr machen.

Der Erste Weltkrieg

Am 1.Mai 1914 siedelte sie nach Timmendorfer Strand über. Zu der Zeit wohnte ich bei meinen Eltern in der Moltkestraße in Kiel, und konnte sie jedes Wochenende besuchen. In den Sommerferien am 30.Juli zogen wir zusammen in das Gärtnerhaus meiner Freunde Niemeyer in Kitzeberg. Da hatten wir uns gerade eingerichtet, und saßen auf dem Balkon, als Professor Niemeyer uns mit der Meldung überraschte: „Der Krieg ist erklärt! Es wird mobil gemacht!" Er hatte bis zuletzt auf eine friedliche Lösung gehofft. Da zogen wir zurück in unsere Wohnung in der Fichtestraße in Kiel, wo im Hafen viele Kriegsschiffe lagen.

Sorgen machten sich viele von der älteren Generation. Sie sahen die schwierige Lage: Deutschland in der Mitte von Europa von drei mächtigen Feinden angegriffen. Und doch waren alle Schichten des Volkes entschlossen, jedes Opfer für das Vaterland zu erbringen. Besonders die Jugend war begeistert, und alle wollten dabei sein. Auch ich meldete mich, obwohl meine Frau Valborg so krank war, freiwillig, trotz meiner Fußbehinderung, und als ich bei der Kavallerie in Schleswig nicht ankam, wurde ich Krankenpfleger, und verpflichtete mich für drei Monate. Im Universitätskrankenhaus machte ich einen vierzehntägigen Kursus mit, und wurde dann im Oktober im Typhuslazarett in Noyon eingesetzt. Damals gab es noch keinen Impfstoff, und die Soldaten starben in großer Zahl, und wurden in Massengräbern beigesetzt. Das waren für mich schreckliche Erlebnisse. Schon am 16. August musste Valborg wegen einer Darmfistel operiert werden, und kam im Oktober erneut nach Hamburg, wo sie von ihrem Onkel Dr. Wilhelm Gleiß behandelt wurde. Das erschütternde Ergebnis hat man mir erst später mitgeteilt. So ging ich Anfang Oktober ins Feld in der Hoffnung, dass sie bald wieder gesund sein würde. Doch als mein Einsatz Ende Dezember beendet war, und ich nach Kiel zurückkehrte, fand ich eine todkranke Frau. Sie hatte eine fortgeschritten Bauchfelltuberkulose, und es gab dagegen keine Mittel. Da musste ich bei ihr bleiben. An ihrem letzten Geburtstag am 29.09. trug sie noch einen Blumenkranz im Haar, und freute sich sehr über ein neues Kleid. Doch nach der letzten Operation am 5. Oktober war sie körperlich ganz abgefallen, nur aus ihren Augen leuchtete eine Seelenkraft, die mich tief bewegte.

Ab Januar habe ich dann in Kiel wieder unterrichtet, und sie in der Fichtestraße gepflegt. Die Operationswunde am Bauch wollte nicht heilen. Schließlich am 25.5. brachte ich sie wieder in das Schwalbenhaus in Timmendorferstrand. Rudolf, ihr Bruder, holte uns in Pansdorf ab. Als ich sie aus dem Eisenbahnabteil heraushob, konnte ich sie ohne Mühe auf den Arm tragen, so leicht war sie geworden. In Timmendorf wurde sie von einer vortrefflichen Diakonisse versorgt. Ihre Mutter aus Neumünster besuchte sie häufig und ich war jedes Wochenende bei ihr, wohnte in der Fichtestraße und wurde von meinen Eltern verpflegt. Beruflich hatte ich mich um eine Direktorenstelle in Grünberg/Schlesien beworben und war auch zur Vorstellung dort. Kurze Zeit später erhielt ich ein Telegramm, dass ich gewählt sei. Darüber hat sich Valborg so gefreut, dass endlich ihre Wunde verheilte und das Fieber aufhörte. Sie hat dann schon Wohnungsangebote in Grünberg studiert, so günstig hatte sich diese Nachricht auf ihre Krankheit ausgewirkt. Leider war das aber nur ein letztes Aufflackern, dann kamen die Schmerzen und das Fieber zurück, und am 5. August hat sie dann ihre lieben Augen für immer geschlossen. Von Timmendorfer Strand, wo wir sie in einen Zinksarg gebettet hatten, wurde sie dann auf den Eichhoffriedhof nach Kiel überführt. Es war ein herrlicher Sommertag, und ich konnte nicht fassen, dass die Vögel in den Knicks sangen, und die Menschen lachten. Vater Gleiß hielt selbst die Grabrede: „Ich habe dich je und je geliebt, darum habe ich dich zu mir gezogen aus lauter Güte." Der Spruch steht auch auf dem Stein im Waldfriedhof, einen Platz, den wir beide in gesunden Tagen uns ausgesucht hatten.

Es mag eine freundliche Fügung gewesen sein, dass die Behörden mich zum 01. Oktober für den Antritt in Grünberg freigaben, und ich noch nicht eingezogen wurde, obwohl ich für Artillerie und Train als felddienstfähig erklärt wurde. So musste ich mich auf die neue Aufgabe richten, und wurde abgelenkt, durch viele Abschiedsbesuche von meinen Freunden in Kiel, durch Wohnungssuche und den Umzug nach Grünberg. Meine Eltern und die Mädchen zogen mit und meine Eltern blieben noch einige Zeit bei mir, um mir das Einleben zu erleichtern.

Direktor in Grünberg

So wurde ich zum 01. Oktober 1915 zum Direktor des Realgymnasiums in Grünberg ernannt. Meine Wahl wurde auch gleich vom Staatsminister bestätigt und ich trat mein Amt am 1.Oktober an. Aber schon sieben Wochen später musste ich mich er als Kanonier in Glogau melden. Da habe ich zuerst meine Grundausbildung überstehen müssen. In Grünberg wurde ich freundlich aufgenommen. Eine saubere kleine Stadt mit 30 000 Einwohnern in Mitten welliger Waldlandschaft gelegen, bekannt durch seine Tuchindustrie und den Weinbau, den allerdings Johannes Trojan mit seinem Gedicht „doch der Grünberger ist noch viel ärger" in ein schlechtes Licht gestellt hat. Der Weinbau hatte zu meiner Zeit seine Blütezeit schon hinter sich gebracht, und viele Weinberge wurden zu Obstgärten umgewandelt. Doch die wohlhabenden Bürger legten noch Wert darauf einen eigenen Weinberg zu bewirtschaften in dem häufig ein Häuschen, manche mit einem Zwiebelturm, standen. Ich war also als rabiater Alkoholgegner in eine Weinstadt verschlagen.

Bild 10: Friedrich-Wilhelm Realgymnasium, Grünberg

Das Friedrich-Wilhelm Realgymnasium lag mitten in der Stadt. Der Schulplatz war mit Bäumen bestanden und diente manchmal auch als Marktplatz. Es war ein altes, ehrwürdiges Gebäude, bescheiden in seiner Ausstattung ohne Straßenlärm in guter Ordnung und Zucht. Es zählte an 250 Schüler, die mit weißen Mützen gut zu erkennen waren. Die einzelnen Klassen waren durch bunte Bänder zu unterscheiden. Es waren nur einheimische Kinder, die auswärtigen waren in Pensionen untergebracht, so dass man auf die leidigen Fahrschüler keine Rücksicht nehmen musste. Der Lehrkörper bestand aus 12 Herren, von denen mehrere an der Altersgrenze standen, so dass ich hoffen konnte, bald jüngere Kräfte einstellen zu können. Ich gehörte zu den Jüngsten. Die Lehrer waren durch meinen Vorgänger, den geheimen Studiendirektor Raeder, den Vater des späteren Großadmirals, an Ordnung und Gehorsam gewöhnt.

Der stellvertretende Leiter, Herr Teichmann war Neuphilologe. Historiker und Turnlehrer Professor Leeder, freute sich, dass ich so viel Wert auf körperliche Ausbildung legte. Auch mit den jüngeren Kollegen konnte ich gut zusammenarbeiten, wobei ich in Breyther, dem Deutschlehrer, einen treuen Freund fand. Ich habe die Herzen der Jungen bald gewinnen können, und das erklärt sich wohl daraus, dass unter meinem Vorgänger ein amtlicher Abstand zwischen Lehrer und Schüler herrschte, während ich, als Wandervogel, von Anfang an ein Kamerad und Freund der Schüler sein wollte und wohl auch war. Ein Beispiel: Wenige Tag nach meinem Amtsantritt trat Prof. Teichmann in mein Arbeitszimmer und erklärte: „Jede Ordnung löst sich auf. Die Jungen laufen in den Pausen durcheinander und dabei lautet doch die Vorschrift, dass sie Hand in Hand zu spazieren haben." Ich erwiderte darauf: Lassen Sie sie ruhig laufen! Da ging er kopfschüttelnd wieder fort. Ich wanderte mit den Jungen, veranstaltete Kriegsspiele und Schnitzeljagden, und lud meine Primaner zu mir in die Wohnung ein, allerdings ohne Alkohol, wie ich das von Kiel gewohnt war. Ich appellierte an ihr Ehrgefühl, immer in dem Sinn „ich vertraue euch, ich weiß, dass ihr das anerkennt" und ich bin selten von ihnen enttäuscht worden. Neben dem Gymnasium gab es auch ein Lyzeum für Mädchen. Aber geistiger Mittelpunkt der Stadt war das Gymnasium. Da wurden von alters her Vortrags- und Musikabende veranstaltet, ein Brauch, den ich gerne fortsetzte. Ende November hatte ich einen musikalischen Abend veranstaltet, zu dem ich die Geigerin Hanna Bruns, die Pianistin Annemarie Niemeyer und die Sängerin Frl. von Mikulitsch gewinnen konnte. Doch da kam mein Einberufungsbefehl. Mein Wachtmeister beurlaubte mich jedoch in Zivil den Abend noch zu gestalten. Das wurde ein voller Erfolg.

Soldatenzeit

Eine Reklamation des Provinzial-Schulkollegiums auf meine Einberufung war ohne Erfolg. So rückte ich am 24.11.1915 auf dem Kasernenhof der FAR 41 in Glogau ein. Meine Jungen gaben mir das Geleit, und ein paar Tage später folgten mir ein paar Primaner nach. Sie begrüßten mich, als ich zum Kasernendienst eingeteilt die Fenster des langen Flurs putzte, und dafür oben auf der Fensterbank stand. Ich hörte eine Stimme: Guten Morgen Herr Direktor. Ich drehte mich um und sah die weißen Mützen der Primaner, die sich höflich verneigten. Ich sprang hinunter und sagte: „Nix Direktor, Kanonier Edert, kommandiert zum Fensterputzen, ihr könnt mit helfen." Im Laufe der nächsten Wochen hatte ich oft Gelegenheit ihnen beizustehen. Denn die Animosität der Unteroffiziere gegenüber den „Einjährigen" war deutlich zu spüren. Ich selber hatte weniger darunter zu leiden, denn als Gymnasialdirektor galt ich ihnen doch als Respektsperson.

Die Ausbildung begann mit dem Stalldienst. Wir mussten um 4 Uhr aufstehen, um 5 Uhr im Stall sein und bis um 7 Uhr die Pferde putzen. Dabei mussten wir so viel Schinn herunterstriegeln, dass wir damit 12 Striche auf der Stallgasse ausklopfen konnten. Das wiederholte sich am Abend. Während des Tages waren Exerzieren, Turnen, Reiten, Putzen und endlose Apelle angesagt, das war eine völlig andere Welt. Aber da ich körperlich den Anstrengungen gewachsen war, fand ich mich schnell hinein. Der Futtermeister war mir wohlgesinnt und teilte mir einen schönen Fuchs mit goldener Mähne und goldenem Schweif zu. Als ich einmal mit einer vollen Schiebkarre frischen Schrittes an ihm vorbei schob, nickte er mir wohlwollend zu und sagte: „Sie sind gewiss Landwirt." Was mein Selbstbewusstsein sehr hob. Ich ließ es auch nicht durch den Rittmeister erschüttern, der ein unendlich langes Register von Schimpfworten auf uns abfeuerte, woran er offensichtlich selber Spaß hatte. „Du sitzt auf dem Gaul wie eine gesengte Sau, wie ...." Das rasselte nur so heraus, bis er hochrot im Gesicht nur noch herausbrachte: „Wie ein Infantrie-Hauptmann." Aber ich habe gut bei ihm reiten gelernt. Während der ersten 8 Wochen gehörten wir zum Depot, das unter einem wohlgenährtem Wachtmeister stand. Ich machte ihm klar, dass ich schon 3 Monate vorher im Dienst gestanden und das Grüßen gelernt hatte. Da durfte ich gegenüber der Kaserne privat bei dem Juden Jakubowski wohnen, was mir sehr angenehm war. Am Sonntag wurden wir zum Gottesdienst befohlen. Um 9 Uhr mussten wir auf dem Kasernenhof antreten. Dann kam der Wachtmeister, nahm die Meldung der Unteroffiziere entgegen und kommandierte: Katholiken rechts raus, Evangelische nach links heraus, marsch marsch! Die Männer stoben auseinander bis auf einen unbedarften Rekruten, der blieb zitternd in der Mitte stehen. „Was ist mit Dir?" „Ich bin Dissident Herr Wachtmeister!" Der wandte sich rückwärts an den Unteroffizier, „Wat is dat?" „Der jlobt gar nix!" „Wat, in diesen Kriegszeiten? Marsch zu den Katholiken!" Und der Kleine sauste nach rechts in die Arme der allein seligmachenden Kirche. Ein anderes Mal, da waren wir schon in der Ersatz-Batterie, standen wir vor der Kirche, und als die Kirchentüre sich öffnete, kommandierte der Wachtmeister: „Stillgestanden! Nun denkt daran, ihr kommt nun bald ins Feld. Die Zeit ausnutzen: Entfernungen schätzen, ich will wissen, wieviel Meter sind es von hier zum Altar und von hier zur Kanzel! Ohne Tritt marsch!" Und wenn wir erst in den Bänken saßen, nickten wir glücklich ein.

Dieser Wachtmeister war übrigens selbst, trotz seiner 15 Dienstjahre, noch nie im Feld gewesen. Als Ausbilder des Ersatzes war er unabkömmlich und unentbehrlich, hieß es. Mittelgroß, schlank, von straffer Haltung, ein guter Reiter, regierte er so gut wie selbständig seine Ersatzbatterien. Die Offiziere, die über ihm standen, sahen wir nur selten. Der Hauptmann kam nur des Morgens in die Wachstube und unterzeichnete die Befehle oder Ausweise, die ihm der Schreiber vorgelegt hatte. Es ging wohl zu wie in manchen Ministerien: Nicht so sehr was, sondern wo soll ich unterschreiben. Bisweilen sah er sich auch die Gefechtsübungen an. Da mussten die vier Geschütze nebeneinander im Galopp vorgeführt werden, vor dem Feind kehrt machen, die Kanoniere absitzen, abprotzten und die Granaten in die Rohre stecken. Hauptsache war dabei, dass die vier Geschütze in tadelloser Richtung und im gleichen Abstand voneinander standen. Es war keiner da, der uns in die Geheimnisse des Schießens eingewiesen hat. Da haben wir „Einjährige" uns zusammengesetzt, und die

Schießvorschrift studiert bis gegen Ende unserer Ausbildung zu Weihnachten ein Wachtmeister von der Front kam, und die Ausbildung in die Hand nahm.

Der Wachtmeister war gefürchtet. In der Gruppe war ich der Flügelmann und meldete: „ 20 Kanoniere, abkommandiert zur Ersatzbatterie". Er nickte, zeigte mit dem Finger auf meinen Bart und sagte: "Der Bart fällt" „Jawohl Herr Wachtmeister!" Doch ich dachte nicht daran, es zu tun. Er befahl es noch zweimal im Befehlston, dann versuchte er es mit Güte. „Ein schneidiger Feldartillerist trägt keinen Sack unterm Kinn". Doch auch das half ihm nicht. Einige Tage hatte ich Wachdienst am Munitionsschuppen, als er mich wieder traf. Er setzte sich auf eine Deichsel, schlug mit der Reitgerte gegen seine Stiefel und sagte: „Na ja, Edert, Sie sind ja ein ganz guter Soldat, sitzen auch fest im Sattel, aber der Bart, der Bart!" Darauf erwiderte ich, „ich würde ja gerne den Wunsch von Herrn Wachtmeister erfüllen. Aber Sie müssen wissen, bevor ich nach Glogau kam, war ich Lehrer am Hofe seiner königlichen Hoheit des Prinzen Heinrich von Preußen und unterrichtete dessen Sohn, den Prinzen Sigismund. Am Hofe trägt man den kleinen Spitzbart, wie seine königliche Hoheit selbst. Wenn ich nun auf Urlaub komme, habe ich mich bei seiner königlichen Hoheit zu melden. Er wird dann fragen, Edert, wo haben Sie ihren Bart gelassen? – Werde ich antworten: Herr Wachtmeister Bauditz, vom FAR 41 haben befohlen-" „Halt, kein Wort von mir! Und wenn der Bart bis auf die Erde wächst." Dann ging er davon.

Einmal fragte er mich, ob es an meiner Schule auch eine Hausmeisterstelle gäbe, und wie hoch das Einkommen wäre. Er habe gehört, dass dabei auch nebenbei einiges abfiele. Ob er sich wohl schon Gedanken machte, was er nach seiner Entlassung machen könnte? – Einmal erlebte ich, wie er seinen Meister fand. Er hatte zu Pfingsten die Kanoniere zum Aufsetzen des Misthaufens bestellt. Eine Arbeit, die an jedem anderen Tag hätte gemacht werden können. Doch es kitzelte ihn, seine Macht zu zeigen. Ich war der Älteste unter ihnen und ermahnte meine Kameraden: Lasst Euch nichts anmerken, seid vergnügt und freut euch an dem schönen Pfingstmorgen. Der Gewaltige war sichtlich erstaunt, vielleicht gar enttäuscht, dass seine Schikane gar keinen Eindruck auf uns zu machen schien. Da tauchte bald nach 6 Uhr ein Oberleutnant auf, den ich ganz flüchtig kennengelernt hatte. Der sah sich die Szene an und sagte zum Wachtmeister: „Welches sind die beiden besten Pferde im Stall?" Der Wachtmeister nannte zwei. „Lassen Sie die beiden Pferde satteln, für mich und den Gefreiten Edert. Und lassen Sie die anderen wegtreten!" „Jawohl Herr Oberleutnant" So geschah es. Wir ritten in den schimmernden, blühenden Pfingstmorgen hinaus, durch Felder und Wälder, die der Oberleutnant von seiner Dienstzeit her kannte, und die mir neu waren. Ich genoss diesen gemeinsamen Ritt aus dankbarem Herzen. Ein paar Tage später war der gute Mann wieder verschwunden, wohl zurück an der Front.

Wir hielten gute Kameradschaft. Menschlich näher kam ich Richard Vetter, Oberlehrer aus dem Schwarzwald. Ein Mann mit viel Humor. Wir blieben viele Jahre befreundet. Im Sommer wurde er zur Truppe ins Feld geschickt. Wir hatten uns beide freiwillig gemeldet. Ich wurde aber nicht ausgewählt. Da wurde mir die Zeit in der Garnison doch lang, besonders im Hinblick auf meine Schule in Grünberg, wo ich sehr entbehrt wurde, zumal meine beiden Kollegen Breyter und Hassel auch eingezogen waren. Ende Juli wurde ich sehr krank. Man meinte ich hätte einen Bandwurm. Da jedoch keine Besserung bei der Behandlung eintrat, schickte mich der Stabsarzt zur Erholung nach Hause. Ich magerte auf 60 kg ab und auch Professor Hoppesayler vom Anschar-Haus konnte die Ursache nicht feststellen. Ab Oktober wurde es langsam wieder besser mit mir und im November durfte ich nach Kitzeberg umsiedeln, wo Frau Prof. Niemeyer ihr Haus zur Erholung angeboten hatte, zumal ihre Söhne Otto und Günther an der Front waren. So nahm sie sich meiner mit großer Fürsorge an, und ich erholte mich zusehends.

Mein Bruder Otto

Mein Bruder Otto war gleich am ersten Mobilmachungstag nach München abgereist, denn er gehörte als Vizefeldwebel zum Bayrischen Leibregiment. Mutter hatte, als er ein Jahr später uns noch einmal besuchen konnte, seinen Helm mit grauen Leinen eingehüllt. Beim Abschied war er sehr ernst und bat, ihn nicht zum Bahnhof zu begleiten. So ging er allein zur Pforte hinaus. Ich sehe noch seinen Blick, wie er hinauf sah, als ahnte er sein Schicksal. Ich habe ihn, meinen lieben Bruder, nie wieder gesehen. Er hatte alle Gaben des Geistes und des Gemütes mitbekommen, war von schöner Gestalt, stark und gesund, hatte ein fröhliches Herz, und war immer hilfsbereit. Seine Schüler liebten ihn, er war vor Beginn des Krieges Studienrat am Gymnasium in Breslau. Auch seine Soldaten verehrten ihn, wie diese Episode zeigt: Nach schweren Kämpfen in den Vogesen hatte er gerade seinen Zug im Unterstand versorgt und untergebracht, als von der Division ein General kam, und den Posten nach ihm fragte. Der antwortete: „Der Herr Leutnant schläft." Dann holen Sie ihn raus! „Den weck ich nimmer." Ich befehle! – „Herr Leutnant hat drei Wochen gewacht, hat heute Nacht für alle gesorgt, sich vor einer Stunde hingelegt. Den kann ich nicht wecken!" Da hat der General die Hand an den Helm gelegt und ist gegangen. Wenige Tage später ist Otto gefallen. In Kitzeberg, im Hause Niemeyer, erreichte mich die Nachricht vom Tode meines lieben Bruders Otto. Ich vergesse nie die Stimme von Frau Schäder, wie sie am Telefon sagte: „Ihr Bruder Otto ist am 2. November gefallen." Dieser Bruder hat mir, obgleich er der jüngere war, immer als Idealbild vor Augen gestanden hat. Meine gute Mutter hat den Tod ihres Jüngsten nie verwunden.

Wieder gesund

Dass ich langsam wieder zu Kräften kam, überhaupt wieder Freude empfinden konnte, war auch der Verdienst von Hella Simons, der Braut des älteren Sohnes Hans Niemeyer, die als Gärtnerin im Kitzeberger Haus weilte. Ich sah sie zuerst, als sie mit einem Zweig roter Rosen über der Schulter vom Garten auf die Terrasse trat, ein strahlendes Gesicht. Das Rot ihrer Wangen mischte sich mit dem Rot der Rosen. Sie kam auch aus der Jugendbewegung der Wandervögel, spielte Laute und wusste viele Lieder auswendig. Wir tauschten unsere Lieder aus, sangen zweistimmig zur Laute und wurden gute Freunde, denn dieses gemeinsame Musizieren erinnerte mich an die schönen Stunden, die ich mit Valborg genossen hatte. Sie war eine Romantikerin wie ich. Wir saßen häufig in ihrem reizenden Dachzimmer, von wo man weit über die Förde sehen konnte, und wetteiferten in Liedern und Gedichten. So war es auch am letzten Abend, als ich nach vier Wochen in die Klinik zurückkehren musste. Da schenkte sie mir einige Gedichte von ihr und einen schwesterlichen Abschiedskuss. Ich habe sie nie wieder gesehen. Sie hat dann ihren Hans geheiratet.

Sylt

Nach einigen Wochen wurde ich k.v. geschrieben und bekam ein Kommando nach Sylt zur Flakbatterie 46. Weihnachten konnte ich noch bei meinen Eltern verleben. Am 8. Januar 1917 fuhr ich von Kiel ab, machte noch einen Tag Pause in Tondern, und setzte dann nach Sylt über. (Der Eisenbahndeich wurde erst nach dem Krieg gebaut). Obwohl ich mich noch recht schwach fühlte, schrieb mich der Stabsarzt k.v. und ich musste mich in der Baracke bei Rantum, nicht weit vom Strand melden. Ein Leutnant, ein Wachtmeister, drei Unteroffiziere und 20 Mann bildeten die Besatzung. Ihre Aufgabe bestand darin nach englischen Fliegern Ausschau zu halten, und sie gegebenenfalls abzuschießen. Vor einem Jahr soll ein Engländer in Hörnum notgelandet und gefangen genommen sein. Das war die einzige Heldentat der Besatzung während des ganzen Krieges gewesen. Unsere Leute waren alte und hungrige Landser. Sie übten ein oder zweimal im Monat „Alarm". Dann eilten sie in die Stellung, machten die beiden Geschütze gefechtsklar und bauten wieder ab. In der übrigen Zeit wurden sie auf der Insel zum Strandhaferpflanzen eingesetzt, und wir, die Unteroffiziere, beaufsichtigten sie dabei. Die Offiziere saßen meistens in Westerland, tranken, rauchten, spielten und versuchten sich gut zu ernähren, denn die Verpflegung in der Batterie war sehr mäßig. Wir lebten ja mitten im berüchtigten Rübenwinter. Unsere Verpflegung bestand meistens aus einer dünnen Wassersuppe. Wenn wir Glück hatten, steckten uns die Bauern etwas zu, eine Flasche Milch war dann

Bild 11: Eduard wird Vizewachtmeister

etwas Besonderes. Wir schossen Seemöwen und Wildenten, die auf dem zugefrorenen Watt keine Äsung fanden, und besserten so unsere schmalen Rationen auf. Ende April, als das Eis getaut war, gingen wir auf Schollenfang aus. So klein wie sie noch waren, sie schmeckten uns gut. Die körperliche Anstrengung war gering, die geistige noch geringer. Sie bestand in der Vorbereitung auf die Prüfung in der Flak-Theorie mit dem Erfolg, dass ich Vize-Wachtmeister wurde.

Eine andere Abwechslung war ein Besuch bei Frau Dorothea Thaer. Als ich im September in Kiel war, ging ich zu unseren Nachbarn Schäders in die Moltkestraße. Eine junge Frau öffnete mir und ich sagte: „Sie brauchen mich nicht zu melden, ich bin hier bekannt". Sie sagte darauf, „jetzt wohne ich hier" da stellte ich mich vor, und bemühte mich meinen Fehltritt gut zu machen. Es stellte sich heraus, dass sie mit ihrem Mann, dem Oberleutnant zur See, Werner Thaer, bei Schäders einhütete. Am nächsten Tag machte ich dem Ehepaar einen förmlichen Besuch. Später, als ich aus der Klinik zurück in die Moltkestraße kam, waren sie schon abgereist und wohnten auf der Insel Sylt. Als ich dann überraschend auch auf die Insel kommandiert wurde, habe ich sie besucht und auch mit Frau Dorothea einen Spaziergang gemacht. Sie muss wohl einen tiefen Eindruck auf mich gemacht haben; denn auf einem geselligen Abend, an dem ich Lieder zur Laute sang, soll ich sie dabei so angeguckt haben, dass ihr Werner zu ihr sagte: „Wir gehen". Das war der Anfang unserer Bekanntschaft. Damals ahnte ich nicht, dass sie später einmal meine Frau werden würde.

Ende Juni 1917 verließ ich Sylt und fuhr nach einem kurzen Urlaub in Kiel weiter nach Frankfurt a.M., um an einem Offizierskurs teilzunehmen. Wir waren 25 Vize-Wachtmeister, wurden von einem Oberleutnant unterwiesen und durften an der Mittagstafel der Offiziere am unteren Ende teilnehmen. Mit einem guten Abschlusszeugnis und der Empfehlung, mich zum Offizier zu befördern, wurde ich zur Flakschule in Wenduyne nach Flandern, nicht weit von Blankenberge, gesandt, wo ich Anfang August ankam. Dort wurden wir an den 7 cm Russengeschützen ausgebildet und sind anschließend mit diesen Geschützen in Stellung gegangen. Wir wurden in einem recht ruhigen Frontabschnitt eingesetzt. Da konnte ich genug Zeit finden, um mich mit der Flämischen Frage und Sprache zu beschäftigen. Ich nahm regelmäßig Stunden bei einem Dorfschullehrer und seiner Tochter, so dass ich bald flämisch sprechen konnte. Aus diesem Interesse heraus durfte ich auch als Gast die Eröffnung der Flämischen Universität in Gent miterleben, was mich sehr bewegt hat.

Im Oktober 1917 schrieb sein Vater:

„So hat Eduard seinen Offizierskursus in Frankfurt überstanden und wurde im Juli nach Flandern versetzt an eine Flakschule bei Blankenberghe Dort wurde er als Ausbilder eingesetzt; auch stand ihm ein Reitpferd zur Verfügung und er war mit seinen Kameraden und Leuten recht zufrieden. Mit Richard hat er wiederholt ferngesprochen: Walter ist schon längere Zeit auf dem östlichen Kriegsschauplatz gewesen und im August Leutnant geworden. Er wurde in Galizien eingesetzt und ist später im September als einer der ersten in Riga eingezogen. Anschließend musste er wieder in den Westen.

Bild 12: In Flandern angekommen

Am 29. Oktober besuchte uns Eduards Bursche Steenwarber. Er brachte uns von Eduard Käse und Wurst, und aus seiner Heimat, dem Alten Land,

Äpfel mit. Er konnte dann für Eduard viele Dinge aus dem Nachlass von Otto mitnehmen. Am 6. November wurde Eduard zum Leutnant befördert. Für einen sehr erfolgreichen Einsatz mit seiner Einheit erhielt er das Eiserne Kreuz II. Klasse."

Am 23. Mai 1917 hat Italien Österreich-Ungarn den Krieg erklärt.

Im Oktober 1917 konnten die Deutschen und die Österreicher in der Isonzoschlacht die Italiener schlagen. Bis November machten sie 80 0000 Gefangene und erbeuteten etwa 600 Geschütze. Ihr Vormarsch ging weiter.

An der Ostfront konnten wir die Inseln Ösel, Dagö und Moon sowie Teile von Estland besetzen. Unsere Marine, hauptsächlich die U-Boote konnten bis November 1917 34 Schiffe mit 25,8 Mill. BRT versenken. Auch an der Westfront waren wir bei Cambrai recht erfolgreich und konnten 9000 Engländer gefangen nehmen." In Flandern war es in dieser Zeit relativ ruhig, als ich Dank meines Interesses an der flämischen Frage, eingeladen wurde als Gast an der Hundertjahrfeier der Universität Gent teilzunehmen.

Die Hundertjahrfeier der Universität Gent

Vor der mächtigen Säulenhalle in der Volderstraat wartete eine bewegte und festlich gekleidete Menge auf Einlass. Zwischen den Zivilisten bewegten sich Studenten im schwarzen Barett, mit gelben, violetten, roten und grünen Stirnband, den Handstock in der Hand (der gehört zur Tracht), Studentinnen, behelmte Offiziere, Soldaten, Schüler und die unentbehrlichen Photografen. Durch einen Vorhof gelangten wir in die Aula. Rings im Kreise ragten weiße Säulen, zwischen denen Logen angebracht waren. Die füllten sich schnell mit Gästen. Die Studenten saßen rings herum im Parkett; Noch waren die Stuhlreihen für die Ehrengäste leer.

Da setzte die Musik ein, und in feierlichem Zuge trat der Lehrkörper zusammen mit den hohen Gästen in den Saal. Voran der Rektor, Professor Hoffmann, in wallendem Talar, an seiner Rechten der Generalgouverneur, Freiherr von Falkenhausen, dann immer je ein Professor und ein Offizier, dazu Vertreter des Hochschulverbandes und des nationalen Flämischen Verbandes. Ein feierlicher Anblick.

Der Rektor, ein feiner scharfgeschnittener Kopf mit Spitzbart und goldener Brille, sprach so klar und deutlich, dass auch wir Deutschen jedes Wort verstehen konnten. Er dankte den Gästen und dem Gouverneur für die Unterstützung und Hilfe, und gab einen Überblick über die Entwicklung der Genter Universität, berichtete über die Widerwärtigkeiten und Kämpfe gegen die Französische Regierung und gab seiner Genugtuung Ausdruck, dass jetzt die Hochschule unter der mächtigen Hand der deutschen Verwaltung ihren flämischen Charakter wieder erlangt habe. Er betonte, „niemals wird sie ihn wieder verlieren, das flämische Volk wird es nicht dulden." Er bekam riesigen Beifall. Anschließend sprach der Gouverneur über die großen Aufgaben der Universität, die notwendigen Erweiterungen ihrer Einrichtungen und Freiheiten, gewährte ihr die Rechte einer juristischen Person und stiftete 4 Millionen Franken zum Jubiläumstag. Da brauste ein gewaltiger Jubelsturm los, und ich spürte wie stark die Liebe dieses Volkes zu seiner Sprache und seinem Lande war. Der Rektor dankte bewegt und wies erneut auf die Verdienste von Bissings und Falkenhausen hin. Ich hatte ein stolzes freudiges Gefühl, dass wir als Sieger hier auf dem Wege waren, aus diesem, durch welsche Kriegshetzer irre geleiteten Bruderstamm, einen Freund und Bundesgenossen zu gewinnen.

„In Flandern vlamsch"! Das war das Thema, das immer wiederkehrte in den Reden des Altherrenverbandes, des Nationalbundes und des sympathischen Vertreters der Studenten. Das Bekenntnis der glühenden Liebe zu „unserer flämischen Sprache, unserem Lande und unserem Volk": „Flandern kann schlafen, aber sterben nicht." Das war der Gedanke, der Beifallsstürme entfesselte, und in allen ihren Liedern wiederkehrte. „Wilhelmus van Nassouwe ben ik, van Duitsen bloed" sangen sie wuchtig wie ein Trompetenton, und als sie dann ihr Nationallied, den „Flämischen Löwen" anstimmten, zitterte tiefe Bewegung durch alle Stimmen und Herzen, und auch unsere schwangen mit von der Begeisterung fortgerissen. Denn dieses Volk scheint uns so eng verwandt, sein Kampf, seine Freiheit und Art ist uns durch ähnliche Beispiele unserer Geschichte so vertraut, dass wir sie ohne weiteres verstanden. So mögen die Schleswig-Holsteiner 1848 um ihr Volkstum gegen die Dänen gestritten haben. Mit derselben Begeisterung wie jene das „Schleswig-Holstein, meerumschlungen" den dänischen Bedrückern entgegen schmetterten, so sangen diese das Trutzlied vom flämischen Löwen. Wie jene in ihrem Kampf auf die Hilfe des deutschen Bundes hofften, so warteten diese auf die Unterstützung des deutschen Reiches.

Während bei diesem akademischen Festakt, der mit dem feierlichen Auszug der Professoren und Offiziere endete, noch eine gewisse Zurückhaltung zu beobachten war, brach in der öffentlichen Aufführung abends im Theater die Begeisterung mit elementarer Wucht durch, und wurde zu einer gewaltigen Kundgebung. Die Schouwburg, die über 4000 Menschen fasst, war lange vor der Vorführung gedrängt voll. Auf der Bühne waren mehr als 600 Musiker, Studenten, Frauen und Kinder unter dem Dirigenten Lieven Duvosel versammelt, und ihr Programm enthielt die Kampfgesänge des flämischen Volkes. Eine freudige Erregung spiegelte sich auf den Gesichtern wieder, die Erwartung von etwas Großen prägte sich in den Zügen aus. Es zeigten sich die bekannten Männer, Vorkämpfer des Aktivismus. Ich fragte meinen flämischen Bekannten nach dem Bürgermeister von Gent. Er lachte nur: „Der wird sich hier nicht sehen lassen. Das ist ein Franshilljon (Spottname für französierte Flamen). Alle die Reichen sind Franshilljons. Die belgische Regierung in Havre hat immer dafür gesorgt, dass die gut bezahlten, einflussreichen Stellen von Franshilljons besetzt wurden; aber das Volk, soweit es denken kann, ist flämisch. In den höheren Schulen wurde nur französisch gelehrt und das Vlaamsch verachtet – das soll anders werden, und ihr, ihr Deutschen müsst uns helfen."

Die Musik setzte ein. Das Lied von der Schelde, die für die Flamen das selbe bedeutete wie uns der Rhein, gleiche Empfindungen des Stolzes auslöst, brachte stürmische Kundgebungen. Das war der Auftakt zu dem tief empfundenen Lied von René De Clercq: „Es gibt nur ein Flandern". Sie hängen an den Lippen des Sängers dort auf der Bühne; der Mann neben mir sprach leise die Worte mit, er kannte das Lied auswendig. Sie konnten es kaum erwarten dass der Schlusssatz kam: „Dat is naar een Vlaanderen, en´t is Dietsch!" Da sprangen sie auf und riefen und klatschten und wollten das köstliche Wort immer wieder hören. So reihte sich Stück an Stück, und immer höher schlugen die Wogen der Begeisterung. Auf „Vlaamsche Tale", das so einschmeichelnd klingt wie Klaus Groths Modersprak, folgte das herrliche „Mijn Vlaanderen heb ik zo hartelijk lief, Mijn vlaanderen boven al" das durch Chor und Orchester, nicht zum wenigsten durch hunderte weichen, hellen Kinderstimmen zu hinreißender Wirkung gebracht wurde.

Während dem Dirigenten und Komponisten Lieven Duvosel unter stürmischen Huldigungen Blumen und Kränze überreicht wurden, schwoll das Händeklatschen plötzlich zu einem Orkan an: Sie hatten René De Clercq, den ersten flämischen Dichter und den hochgemuten Führer der Aktivisten in einer der Logen entdeckt und im Triumph auf die Bühne geführt. Eine mächtige Gestalt mit einem von einem großen, schwarzen Bart umrahmten Gesicht stand da vor dem Podium, schnell wurde es mäuschenstill im Theater. Er war ein Redner von Gottes Gnaden, und seine Flamen lieben ihn. Er war seiner Zeit von der belgischen Regierung wegen seines tapferen Eintretens für die flämische Bewegung mit Frau und Kindern um sein Brot gebracht worden, und damals hat er das Gedicht „An die Herrn von Havre, als sie vergaßen, dass auch Flandern in Belgien liegt" gerichtet, das zum Trutzlied der Flamen geworden ist. Das rezitierte er am Ende seiner Rede; es ist eine offene Absage an die belgische Regierung. „Wir sind Germanen, keine Lateiner!" rief er ihnen zu und schloss:

> Weiss der König, unser König,
> Dass man sein Volk zu Sklaven drillt?
> Flandern soll unser eigenes Heim werden
> Oder der Löwe springt aus dem Schild
> Hab ich kein Recht
> So hab ich kein Land;
> Hab ich kein Brot
> Trifft mich keine Schand.
> Flandern, Flandern, mit Herz und Hand
> Steh ich recht für dich
> Fecht ich für dich

Stürmischer, immer wiederholter Beifall jauchzte ihm entgegen. Man fühlte deutlich, dass für diese Kreise die belgische Regierung in le Havre nicht mehr bestand. Sie wollten ein freies Flandern, und unter dem Schutz des mächtigen deutschen Armes, nutzten sie die Stunde, ihr Land zu säubern von den verhassten Welschen und den noch verhassteren Franshiljons. Nicht als ob sie mit wehenden Fahnen ins Lager der Deutschen übergehen wollten. Sie wollten nicht Deutsche werden! „Onverduitst, onverfranst, Voor Vlanderen, De Leeuwe danst", heißt es in einem anderen Lied. Sie wollen Flamen sein und bleiben. Aber sie glaubten zu wissen, dass sie dieses Ziel nur in Anlehnung an Deutschland erreichen könnten. Nur unter seinem Schutz könne die Weiterentwicklung gesichert werden. – Und es schien ihnen und uns ganz selbstverständlich, dass deutsche Offiziere und Mannschaften in den Reihen und Rängen unter ihnen saßen, als gehörten sie dazu, und so empfingen wir mit ihnen die tiefe Begeisterung, die Liebe zu Volk, Land und Sprache – es sind dieselben Klänge, wie wir sie aus unseren deutschen Heimat- und Vaterlandsliedern kannten. Nur dass sie bei den Flamen trotziger, leidenschaftlicher, stürmischer klangen, weil jene noch ringen um diese letzten und höchsten Güter, die wir seit Jahrzehnten in Schleswig-Holstein als gesicherten Besitz betrachteten. Grenzstämme sind Kampfstämme. Erst wer seine Sprache und sein Volkstum im erbitterten Streit verteidigen muss, kennt ihren ganzen Wert. Und so erklärte sich der hinreißende Schwung, die leidenschaftliche Bewegung, die hier in der flämischen Kundgebung zu Tage trat.

Und das steigerte sich von Lied zu Lied, bis es in der freiheitlichen Artevelde seinen Höhepunkt erreichte. Die erste Strophe wurde vom kleinen Chor gesungen. Die zweite schwoll unter Beteiligung des vollen Orchesters und allen Sängern zu gewaltiger Wirkung an, aber bei der dritten Strophe drehte sich der Dirigent mit einem Male auf seinem Pult um, das Publikum in Parkett und sämtlichen Rängen erhob sich und es klang aus tausend Kehlen:

„´t was de Held, ´t was de Held, en de Roem van ons land" – Das war ein Augenblick von solcher Größe, dass man ihn nicht wieder vergessen kann. In den tosenden Beifall mischten sich Rufe: „de Leeuw, de Leeuw! (Der Löwe). Stehend hörte die Versammlung den Sänger des Nationalliedes an, und dann stimmten sie, wie am Morgen in der Aula, mit ungeheurer Kraft in der Kehrreim ein, der uns Deutsche lebhaft an das Schwungvolle: „Sie sollen ihn nicht haben, den freien deutschen Rhein" erinnerte:

> „Zij zullen hem (ihn) niet temmen (zähmen).
> Zolang een Vlaming leeft
> Zolang de Leeuw kann klauwen
> Zolang hij tanden (Zähne) heeft

Wie ein Orkan brauste das Lied durch das Theater. Freude und Stolz leuchtete aus den Gesichtern. Die Menschen drückten sich die Hände, fassten sich unter und weiter rufend und singend wälzte sich die Menschenmenge durch die Vorhalle auf die Straße. Immer neue Gruppen tauchten auf, ein neues Kampflied singend, und über Waffenplatz hin zur Brabanter Straße bewegte sich der Zug in der stockfinsteren Nacht. Wir haben ihm bewegt nachgesehen, bis die Stimmen in der Dunkelheit verklangen. Zwei Gedanken aber haben sich vor allen anderen mir eingeprägt: Ein Volk, das in seiner Sprache und Art, an seinem Volkstum und seiner Freiheit mit so tiefer, echter, leidenschaftlicher Hingebung hängt, kann niemals unterdrückt und unterjocht werden. Gegen jeden Fremden, der ihm jene höchsten Güter rauben wollte, wird es sich immer wieder hartnäckig zur Wehr setzen.

Zum anderen ist das flämische Volk in seinen besten Teilen uns Deutschen innerlich so wesensverwandt, dass es, politisch eng mit uns verbunden, auch völkisch sich uns bald angleichen und angliedern würde, ohne das geringste von seiner Eigenart opfern zu brauchen. Kommt noch hinzu, dass es sprachlich dem Hochdeutschen genau so nah und so fern steht, wie etwa die Bewohner der Elbmarschen, das religiös zwischen ihm und den Nachbarn am Niederrhein kein Unterschied besteht. Die Flamen wären dann der am weitesten westlich vorgeschobene Germanenstamm, und er würde, von der mächtigen Hand Deutschlands überschattet, keine schlechte Grenzmark bilden und seine „dietsche" Sprache und Art so hartnäckig gegen die Welschen verteidigen, wie etwa die Siebenbürger Sachsen im Südwesten oder die Schleswig-Holsteiner im Norden. Seine Belange, völkische und wirtschaftliche weisen nach Osten, nach Deutschland, unsere nach Westen, an die flämische Küste. Miteinander verbunden eröffnen sich weite Aussichten für uns, – jenen aber Zukunftsmöglichkeiten, die selbst die glänzenden Zeiten ihrer Vergangenheit in den Schatten stellen würden. Freilich, es bedarf einer festen und geschickten Hand, dieses Band zu knüpfen. Möge es gelingen; es wird von dauerndem, unermesslichem Segen sein für beide Teile.

(Diesen Aufsatz schrieb ich im Jahre 1917. Er zeigt meine damalige nationale Einstellung auf sehr deutliche Weise.)

Zuweilen zog es mich nach Brügge, eine wunderschöne verschlafene Hansestadt; eine Bootsfahrt auf dem Kanal ist mir unvergesslich. Die Museen lockten mich aber noch mehr die beiden Schwestern im Kriegslazarett, Erika Stubenrauch und Annemarie Schwerdtfeger, die ich aus meiner Zeit als Sanitäter noch kannte. Annemarie erinnerte mich sehr an meine Mutter, sie war der Liebling der Soldaten. Beide haben sich auch einmal unsere Stellung besehen.

In Flandern traf ich auch meinen treuen Steenwarder, meinen späteren Burschen, der mir bis zum Kriegsende treu blieb. Am 1. Oktober 1917 wurde ich zum Leutnant der Landwehr befördert und am 1. Dezember erhielt ich nach einem kurzen Gefecht das EK2. Dann zu Weihnachten wurde die Batterie nach Nordfrankreich kommandiert. Obwohl unsere Russengeschütze pferdebespannt waren, waren sie sehr schwer beweglich und wurden daher nur zur Fliegerabwehr erst westlich von Maubeuge, dann im März, als die große Offensive begann in Avesnes zum Schutz des Hauptquartiers eingesetzt. Das Mittagessen bekamen wir in der Kantine, wo ich auch verschiedentlich Hindenburg und Ludendorf gesehen habe. Dort habe ich auch am 18.03.1918 eine Nachricht bekommen, nach dem „seine Majestät der Kaiser hat sich an die Spitze seiner Armeen gesetzt, die zur Offensive angetreten sind." – Die Soldaten lachten, denn sie wussten, dass er in seinem gut getarnten Hauptquartier 30 km hinter der Front in einem Waldstück saß.

Ich war ziemlich selbständig in der Betreuung meiner Leute. Wir versuchten die Langeweile durch Spiele und gemeinsames Singen zu mildern. Später bekam ich eine Sonderaufgabe im Flugmeldedienst in dem völlig zerstörten Quentin. Da habe ich mich in meiner Freizeit wieder schriftstellerisch betätigt. Im September wurde ich für drei Wochen auf Betreiben von Vater Gleiß zu einer Reise in das Baltikum abkommandiert. Er hatte den Auftrag, ins Baltikum zu reisen, um zu prüfen, ob es in den neu eroberten Gebieten in Kirchen und Schulen Notstände gäbe, die dann mit öffentlichen Mitteln behoben werden sollten. Er wünschte dafür einen Offizier als Begleiter und das Los fiel auf mich. Wir haben nichts erreicht, einmal weil der Krieg zu Ende ging, zum anderen, weil gar keine Not bestand. Aber ich erhielt ein Bild von der Lage der Balten und ihrem Verhältnis zu den Esten und Letten. Dass ich die Eröffnung der deutschen Universität in Dorpat miterleben durfte, war ein besonderer Glücksfall.

Baltikumreise 14. September 1918 bis 03. Oktober 1918

Mein Schwiegervater Friedrich Gleiß, Direktor der Inneren Mission und ich fuhren mit dem Zug über Berlin nach Allenstein, Ostpreußen, durch eine lieblich Gegend mit reichen Wäldern und vielen Seen bis nach Tilsit und kamen bei Poscherun über die Grenze. Es regnete und war recht kalt. Litauen zeigte sich mit weiter Heide, Moor und Wald. Wir sahen viele Holzhäuser und auf dem Ackerland stand der Hafer recht dürftig. Gerade hatte die Ernte begonnen. Mitreisende Offiziere erzählten von den ungeklärten Verhältnissen in der Ukraine. Sie meinten, „nach 10 Jahren militärischer Besetzung könne die Ukraine, die reich und fruchtbar in allem sei, für Deutschland werden, was für die Engländer Ägypten ist. Doch ohne uns würde dort dasselbe Chaos sein wie in Russland." Wir fuhren 36 Stunden mit der Bahn von Berlin nach Dorpat (Tarku), davon 24 Stunden jenseits der deutschen Grenze. Soweit liegt Dorpat nach Osten. Und doch mutete es an wie eine saubere, trauliche, deutsche Musenstadt, so deutsch in Art und Wesen, als läge sie im Herzen unseres Reiches. Dorpat ist die zweitgrößte Stadt in Estland. Sie machte einen sauberen, freundlichen und anheimelnden Eindruck mit vielen Gärten und Parks; kleine Häuser mit deutschen und estnischen Inschriften

Einschub Estland: Das Land hat heute im Jahre 2021 etwa 1.3 Millionen Einwohner, und hatte bis zum Hitler-Stalinpakt 1939, seit der Eroberung durch die Dänen und dem Deutschen Orden (Schwertbrüderorden) im Mittelalter wirtschaftlich und gesellschaftlich eine baltendeutsche Oberschicht, obwohl es seit 1710 (Peter der Große) zum Russischen Reich gehörte. Viele Baltische Adlige dienten als Offiziere dem russischen Zaren. So auch im ersten Weltkrieg. Vorher, ab 1561 stand Estland als polnisches Lehen unter schwedischer Vorherrschaft. Neben einem großen Teil von Baltendeutschen gab es auch eine dänische, finnische, jüdische und eine schwedische Bevölkerungsgruppe. Nach der Oktoberrevolution 1917 als vorübergehend die Bolschewiken regierten, wurden die Rittergüter enteignet und die deutsch-baltischen Adeligen für vogelfrei erklärt. Viele wurden umgebracht oder nach Sibirien verschleppt. Doch die 8. Deutsche Armee besetzte darauf das

Land und verjagte die Bolschewisten. In dieser Zeit fand auch die Balkanreise statt. Nach Kriegsende, als durch den Friedensvertrag die baltischen Staaten die Selbständigkeit erhielten, versuchten die sowjetischen Truppen wieder anzugreifen und nur mit Hilfe der deutschen Freikorps unter Rüdiger Graf von der Golz konnten sie sich behaupten.

Die deutsch-estnische gute Zusammenarbeit wurde dann durch den Hitler-Stalinpakt beendet. Die Baltendeutschen wurden 1939/40 unter dem Ruf „Heim ins Reich" zunächst in den Warthegau (Provinz Posen) umgesiedelt und sind von dort als Flüchtlinge in das Bundesgebiet verschlagen. Die Juden wurden von der SS der Nazis in Lager interniert und überwiegend umgebracht. Ab 1990 sind die Esten wieder unabhängig und heute Teil der Europäischen Union.

Die estnische Amts-Sprache ist finnougrisch, und damit völlig anders als das Baltische in Lettland und Litauen. Die Hauptstadt von Estland ist Reval (Talinn) die heute zu 25% von Russen bewohnt wird. Dorpat ist die zweitgrößte Stadt von Estland. In Dorpat waren wir Gäste bei der Eröffnung der deutschen Universität. Für die baltischen Lande galt Dorpat als geistiger Mittelpunkt. Wir wohnten sehr feudal, altertümlich und vornehm im Hotel London. Am 19. September ging es weiter nach Reval, auch eine alte Hansestadt, wo wir im „Goldenen Löwen" Quartier bezogen. Von dort besuchten wir die umliegenden Dörfer und Gutshöfe und setzten dann unsere Reise über Fellin, wo wir im Hotel „Sverige" unterkamen fort. Auch von dort kamen wir durch Dörfer und Gutshöfe bis wir am 27.09. von Kerstenhof über Berkenhof, Walk und Wenden nach Riga weiterfuhren. Riga ist eine alte Hansestadt und heute die Hauptstadt von Lettland.

Einschub: Lettland hat heute etwa 2 Millionen Einwohner, davon sind fast 27% Russen. Es besteht aus den Landesteilen Kurland, Livland, Semgallen und Lettgallen, und wurde zur gleichen Zeit wie Estland 1237 durch den Deutschen Orden erobert. Anschließend hat der Orden Bauern aus Deutschland angesiedelt, so dass zeitweise es dort ebenso viele Deutsche wie Letten gab. Dabei bildeten die Deutschbalten die Oberschicht und konnten auch nach der Eroberung durch Rus-

sland 1710 ihre Privilegien bewahren. Nach dem ersten Weltkrieg wurde Lettland unabhängig, doch im Jahre 1939 erlitt es durch den Hitler-Stalinpakt eine ähnliche Zeit wie Estland und Litauen. Während der Sowjetischen Besetzung ist 1% der Landbevölkerung nach Sibirien deportiert worden. Heute sind nur noch 0,1 % der Bewohner Deutsch und 0,3 % Juden. Im Jahre 1990 gelang es den Letten wieder unabhängig zu werden. Sie gehören heute zur Europäischen Union.

Die Universität in Dorpat wurde 1632 von dem schwedischen König Gustav II Adolf gegründet. Wurde jedoch 1710 von den Russen geschlossen. Nach der Russischen Eroberung gründete der russische Zaren Alexander II im Jahre 1802 sie als deutschsprachige Universität (Kaiserliche Universität) neu. Sie hat bis 1893 sehr erfolgreich gewirkt. Ab 1890 setzte die Russifizierung ein und 1917 gab es nur noch sechs deutsch Professoren. Nach der Besetzung im Jahre 1918 durch die deutsche Armee sollte sie nun als deutsche Universität neu eröffnet werden. Heute ist sie die einzige Estnische Universität. In meinem Reisebericht schrieb ich im September 1918 jubelnd: „Heute wird es Wahrheit: Die alma mater Dorpatemis ist wieder deutsch! Stolze Freude und tiefe Bewegung spiegeln sich auf den Gesichtern der festlichen Menge. Ein jeder empfindet die Größe des geschichtlichen Augenblicks. Mit einem Festgottesdienst in der schlicht vornehmen Universitätskirche wurde die Feier eröffnet. Studenten mit Mütze und Band geschmückt, begrüßten uns am Portal. Chargierte mit Fahnen und Schärpen umrahmten den Altar, während der Oberbefehlshaber mit seinem Stab, der Kultusminister mit seinem Gefolge, der Lehrkörper und die Bürgerschaft im Gestühl Platz nahmen. Die kernigen Lieder der evangelischen Kirche erklangen. Jedes Wort der Predigt gewann unter dem besonderen Anlass tieferen Gehalt. In meisterhafter Form brachte der Universitätsprediger Professor Hahn den großen Ernst der heiligen Stunde zum Ausdruck: Heißen Dank gegen Gott und die deutschen Brüder, die als sein Werkzeug dieses Gotteswunder bewirkt haben. Gläubige Zuversicht zu Gott und dem deutschen Schwert. Ein heiliges Gelöbnis, den deutschen Geist der Wahrheit und der Gewissensfreiheit treu zu pflegen, baltische Eigenart zu hüten und doch vom großen deutschen Volk zu lernen, seine Arbeitsenergie, seine Sparsamkeit und seine Disziplin. Das alte Baltentum soll auferstehen aber zu neuem höheren Dasein, so will es der Gott der Weltgeschichte.“

Das waren die Gedanken, die fast in allen Reden wiederkehrten, auch bei dem eigentlichen Festakt in der Aula, die mit deutschen und baltischen Farben festlich geschmückt war. Die Studenten gruppierten sich malerisch um das Rednerpult über dem das lebensgroße Bild des deutschen Kaisers in Feldgrau hing. Markig, knapp und kernig erklärte der Oberbefehlshaber v. Kathen die Universität für eröffnet. Das Hurra auf den Kaiser folgte, und vielleicht zum ersten Mal in diesem Raum das „Heil dir im Siegerkranz". Es brauchte nicht geübt zu werden, es kam von selbst über die Lippen, emporquellend aus dankbarsten Herzen. Der Kultusminister begrüßte die jüngste „alma mater". Ihre Eröffnung sei kein politischer Akt. Diese Universität soll allen berechtigten Kulturbestrebungen der baltischen Lande dienen, doch sei es nicht zweifelhaft, dass sie nach ihrer ganzen Geschichte eine Stätte deutscher Kultur sein werde. Von ihrer Geschichte gab der Kurator, Professor Schiemann, selbst ein Balte von Geburt, in seiner Festrede eine eingehende Darstellung: Die Blütezeit um 1860, als die Brüder Oettingen, Wagner, Schirren und Bergmann Zierden der Universität waren, die Jahre des Niederganges, als der letzte deutsche Kurator Graf A. Kaiserling, das Feld räumen musste, zogen an unserem Auge vorüber.

In tiefer Bewegung sprach der ehrwürdige Rektor magnificus, der ununterbrochen seit 30 Jahren als innerer Kliniker in Dorpat gelehrt und alle Not und Schmach, alle Niedertracht und Unterdrückung miterlebt hatte. „Wir stehen heute am glücklichsten Wendepunkt unserer Geschichte" rief er begeistert aus. Und wir, als Gäste, fühlten unmittelbar mit, aus welchen dankerfüllten Herzen diese Worte quollen. Feierlich erhob sich die Versammlung von den Plätzen, wie er das Huldigungstelegramm an den Kaiser verlas. Er rühmte das deutsche Heer. „Nichts hätte auf alle einen so tiefen Eindruck gemacht, wie dies, dass die gewaltige militärische Macht zugleich die segensreichsten Werke des Friedens schaffe. – Kein Heer, das ihnen das nachmache." Er hieß die Esten und Letten willkommen. „Sie seien zusammen mit den Deutschen durch die gemeinsam erlittene Not der Jahrhunderte (unter russischer Diktatur) zu Söhnen einer Scholle geworden. Der Zwiespalt, der in den letzten Jahrzehnten von außen hineingetragen sei, werde weichen und die Versöhnung an Stelle des Haders treten." In der langen Reihe der Gratulanten, den Vertretern der Ritterschaft, der Städte und der Geistlichkeit tauchten feingeschnittene und interessante Charakterköpfe auf. Uns Reichsdeutsche machte es stolz und glücklich, was durch alle Reden klang: „dieses fast rührende Vertrauen, dieser unerschütterliche Glaube an die Größe, die Macht und die Zukunft des deutschen Volkes, die uns befreit, die die Welt überwunden haben; sie reichen uns die Hand, wovor sollen wir nun noch bangen!"

Auf der Reise durch das Baltikum trafen wir auf viele Persönlichkeiten, deren Lebensläufe die damalige Zeit treffend wiedergeben: Dazu einige Berichte:

„Im Zuge traf ich Professor Hollmann, ein hochgewachsener Mann mit blondem Gelehrbart der in Dorpat Chemie lehrte, und auch wie wir zur Universitätsfeier fuhr. Er war aus Russland geflüchtet. Er war, da er als Deutscher in Riga nicht anerkannt wurde, ursprünglich als ordentlicher Professor der Chemie, einem Ruf nach Saratew gefolgt. Dort hatte er unter den Sowjets zuletzt monatlich nur noch 144 Rubel verdient. Er nannte seine Kollegen als angenehm und liebenswürdig. Aber sonst hielt er von den Russen wenig. „Der kennt nur den Schweiß der Arbeit, nicht ihren Segen. Man sagt, wenn ein Russe Ordinarius wird, verkauft er seine Bibliothek. Er hat sie nicht mehr nötig." Unter den Bolschewisten wurden die Gehälter neu festgesetzt. Da erhielt der Portier 375 Rubel aber der Professor 250 Rubel monatlich. Er berichtete, dass in Moskau Mord und Totschlag an der Tagesordnung wäre. So hätte er erlebt, dass einem Dienstmädchen auf dem Gemüsemarkt die Geldbörse gestohlen wurde, und sie auf einen Mann gezeigt habe. Der wurde gleich niedergeschlagen. Doch die Börse hatte er gar nicht. Das Mädchen sagte nur, dann ist es wohl ein anderer gewesen, und ging gleichmütig davon. Ertappte Diebe würden auf der Straße buchstäblich in Stücke gerissen." Der Bruder von Professor Hollmann war Arzt und drei Jahre hindurch russischer Militärarzt. Wegen seines deutschen Namens kam er bei den Sowjets zweimal vor ein Kriegsgericht, aber wurde nach längerer Haft freigesprochen. Sein Haar wurde dabei weiß.

Wir besuchten den 70-jährigen Generalsuperintendenten Gaethjens, der ein Jahr nach Sibirien verschleppt worden war. Der ließ uns wissen, dass es ihm unangenehm sei, wenn zu Gunsten der Balten in deutschen Kirchen der Klingelbeutel umgehe. Sie könnten sich selber helfen. Von allen Seiten drängen die Organisationen Deutschlands auf ihn ein, etliche mit Nebenabsichten. Da sei er misstrauisch geworden, dass man unter dem Deckmantel brüderlicher Liebe, zu viel in ihre baltischen Belange hineinregieren wolle. Die baltischen Staaten müssten sich aus ihren eigenen historischen Werdegang weiterentwickeln und benötigten keine Richtlinien vom deutschen Reich. Der alte Herr mit dem ehrwürdigen Patriarchen-Gesicht, ein echter Edelmann, gefiel uns.

Der Oberleutnant Merwitz war Leiter des Schulwesens in der Stadthauptmannschaft Dorpat. Ein sympathischer, liebenswürdiger und tatkräftiger Mann, Oberlehrer aus Dresden, der das gesamte Schulwesen neu organisierte. Er entließ als erstes alle russischen Lehrer. Er teilte die Volksschulen in deutschsprachige und estnischsprachige ein nach den Wünschen der Eltern. Die deutschen Schulen wurden auch von vielen estnischen Kindern besucht. In den estnischen Schulen gab es zunächst 6 Stunden Deutsch in der Woche und später 10 Stunden. Vom 9. Bis zum 12. Lebensjahr war Schulzwang. Später waren es 6 Jahre. Die Esten lernten willig; die estnischen Lehrer waren sehr eifrig aber unpraktisch. Sie bauten erst das Dach, dann das Fundament noch lange nicht. Sie waren mit dem Kopf in den Wolken und überschätzten ihre eigenen politischen Fähigkeiten. Sie waren zuverlässig, starrköpfig aber fügten sich den Reichsdeutschen willig, während sie die Baltendeutschen ablehten. Vor den deutschen Soldaten hatten sie gewaltigen Respekt. Der Lette dagegen war weicher und schmiegsamer; vielleicht auch weniger zuverlässig und hinterhältig. Beide kannten ebenso wie die Balten das deutsche Arbeitstempo nicht. Sie hatten viel Zeit und waren an ein breites Leben in Behaglichkeit gewöhnt. Sehr tüchtig waren die aus Russland geflohenen Baltendeutschen, wie der Direktor Bettag vom Gymnasium, der aus Petersburg gekommen war. Ich besuchte ihn in seiner Schule. Ein hochgewachsener Mann von vollendeten Formen, mit klugen und klaren Blick. Er war begeistert von seiner großen Aufgabe. Er schilderte mir die großen Schwierigkeiten: Es gab keine Lehrbücher, das Kollegium war zusammengewürfelt. Vier verschiedene Sprachen und gänzlich verschiedene Vorbildungsstufen. Ursprünglich waren alle in russischer Sprache unterrichtet. Deutsch-Balten, Esten und einige Letten. Sie agierten feindselig gegeneinander und verständigten sich russisch oder deutsch. Ihr Deutsch war das der Umgangssprache, und sie waren unsicher im Lesen und Schreiben. Er hatte Förderklassen eingerichtet, in denen estnische und lettische Schüler besonderen Unterricht in Deutsch bekamen. Er meinte, nur Deutsch könne als Unterrichtssprache in Frage kommen. Ich sah in einer Obertertia in der Förderklasse 16 Jungen im Alter von 15 bis 17 Jahren, die vereinigt waren Deutsch zu lernen. Viele trugen noch ihre früheren russischen Uniformen. Sie hatten 10 verschiedene Lehrbücher, die noch aus der Russenzeit stammten. Ein Schüler las vor, ein Stückchen, und musste den Inhalt wiederholen. Wurde ein Wort nicht verstanden, wurde es auf estnisch, lettisch und russisch gesagt, bis es alle verstanden hatten. Das war für den Lehrer eine sehr schwierige Aufgabe. Auf der Unterstufe wurde überwiegend estnisch gesprochen. Doch die Kinder wollten gerne Deutsch lernen. Zumal sie wussten, dass sie damit am besten vorankamen. In den Läden in Dorpat verstand jeder Deutsch, doch auf dem Lande verstand man nur Estnisch. Darum war auf den Volks- und Dorfschulen Estnisch die Unterrichtssprache. Es gab auch ein privates estnisches Gymnasium. Religion wurde überall nur in der Muttersprache unterrichtet und in den Kirchen gepredigt.

Abends besuchten wir Hauptpastor Wittrock. Er war ein kleiner Papst, der gewohnt war recht zu haben, doch mit liebenswürdigen guten Formen. Seine feine, sympathische Frau, eine geborene Baronin Engelhardt, leitete das deutsche Soldatenheim. Seine beiden ältesten Söhne dienten als Freiwillige im deutschen Heer. Er rechnete insgesamt mit 800 bis 1000 freiwilligen Baltendeutschen, allerdings hatten sich viel mehr gemeldet. Er wies darauf hin, dass sobald ein Deutscher zum Heer ging, seine Stelle von einem Esten übernommen wurde. Darum sei es eine Gewissensfrage, ob nicht alle Deutsch-Balten ins Heer eintreten sollten. Folgten sie dem Drang ihres Herzens, würden alle Plätze hier von Esten übernommen, wodurch der deutschen Sache großer Schaden entstünde. Die Estonia müsse wohl aufgelöst werden, da die studierenden Mitglieder fast alle an der Front standen. Viele hatten sich gleich den einmarschierenden Deutschen angeschlossen.

Pastor Neppert schilderte die Estenfrage so: „Sie sehen den Reichsdeutschen als sehr entgegenkommend, was ihm als Schwäche ausgelegt und belächelt wird. Man möge in das Land möglichst wenig hereinregieren, dann werde es von selbst schnell zur Ruhe kommen. Die große Masse der estnischen Bauernschaft (freie Besitzer und überwiegend wohlhabend) stehe den Reichsdeutschen sympathischer gegenüber als den Balten. Dagegen sei die sogenannte estnische Intelligenz, die in Dorpat zu Hause ist, ein Gegner der Deutschen. Sie waren zum kleinen Teil russisch- bolschewistisch, überwiegen aber englisch orientiert. Den Esten werde von ihnen eingeredet, die Deutschen würden bald das Land verlassen und die Engländer zögen ein und würden eine freie estnische Republik ausrufen. Diese Vorstellungen wurden durch die letzten Siege der Entente an der Westfront und die Haltung der Sozialisten in Deutschland verstärkt.

Eine ruhige, sichere Hand und festes Auftreten, dazu bald eine staatsrechtliche Regelung und eine Verfassung, die den deutschen Einfluss, der an und für sich die ganze Kultur des Landes bestimme, überwiegen lasse: Das sei vor allem nötig. Sobald die endgültige Regelung der Staatsfragen feststehe, werde sich der Este sehr schnell germanisieren, und zwar umso schneller, je weniger Druck man ausübe. Estland habe nur 800 000 Einwohner und liegt zwischen Russland und Deutschland. Die Esten verachten den Russen und achten den Deutschen. Sie werden daher Anschluss an die Deutschen finden. Einen Anschluss, den er kulturell bereits zur Russenzeit gemacht habe. Nur ihn nicht zwingen; sonst empöre sich der freie Bauernstolz. Man solle ruhig abwarten, der Karren würde schon von selbst laufen."

In Bezug auf unsere eigentliche Sendung hatte ich den Eindruck, dass man deutsche Hilfe gar nicht brauche. Notsituationen fanden wir bei Beamten und Pensionären, während die Bauern recht gut verdienten. Sie verkauften ihre Produkte zu sehr hohen Preisen. 1 Pfd. Butter kostete 14 Mark. Die Währung war nicht mehr Rubel sondern Mark. Rings um das börsenartige Kaufhaus standen viele Wagen und Buden und die Bäuerinnen verkauften Eier, Butter, Hühner, Obst, Käse und und. Es war von allem reichlich da, nur zu sehr hohen Preisen. In den Straßen viel Verkehr. 10 – 15 kleine Droschken mit Gummireifen und

Panjepferdchen vor unserem Hotel London, ein lebhafter Betrieb auf der Promenade. Es gab ein Mittagskonzert vor der Kommandantur, in den sehr schönen Parkwegen des Dombergs. Sonnabends wurde getanzt. Die estnische Jugend trug dafür ihre Trachten mit weißen Schuhen und Strümpfen. Im Kaffee kostete die Tasse 2 Mark und der Kuchen 1 Mark und die Leute gehen ein und aus wie im Taubenschlag.

Doch es wurde nicht nur für Geld gehandelt. Butter wurde nach Russland geschmuggelt, über den Peipussee. Auch wurde viel getauscht: 10 l Erdöl für ein fettes Schwein, 1 l Schnaps für 1 kg Butter. Das Korn stand noch auf dem Halm und der Hafer war noch grün. Die Ernte wurde in diesem Jahr auf 10 dt. je ha geschätzt, in Deutschland auf 30 dt. 50 % des Landes stand im Eigentum der Bauern, die andere Hälfte gehörte den Gutsbesitzern. Nach einer einstündigen Wagenfahrt im Regen über ausgefahrene Feldwege erreichten wir das Pastorat in Bartholomäi von dem Landpastor Westren. Von hohen Bäumen beschattet lag das geräumige Holzhaus neben der alten 1230 erbauten Kirche mit schlankem Turm aber ohne Orgel oder Heizung. Es war ein wenig kahl und düster, und es wohnten dort außer dem jungen Pastorenehepaar mit einer 3 jährigen Tochter die beiden Mütter und drei Geschwister. Mächtige weiße Kachelöfen heizten gleich mehrere Räume. Der etwa 30-jährige, bärtige Pfarrer trug einen Schlapphut, und war aus alter Baltenfamilie. Seine Gemeinde war mit 4000 Seelen die kleinste in Nordlivland. Es gehörten dazu 8 Rittergüter (z.B. von Ludendorf, von Oettingen) und die anderen Flächen waren im Besitz der estnischen freien Bauern. Das Einkommen des Pfarrers bestand aus Naturalien, dem von ihm bewirtschafteten Pastorengut, freier Jagd und Fischerei. Sein Vater war Pfarrer in einer Gemeinde mit 25 000 Seelen. Er erklärte, die Accidenzien (Gebühren) wären niedrig. Die Bevölkerung sei sehr kirchlich. Während der sowjetischen Besetzung hätten sie besonders viele Bibeln gekauft. Er predigte estnisch und sprach auch mit den Leuten estnisch. So hatte er nie nationale Schwierigkeiten. Alle vier Wochen gab es auch eine deutsche Predigt vor ca. 100 Besuchern. An hohen Festtagen hielt er einen estnischen und einen deutschen Gottesdienst. Den Konfirmandenunterricht hielt er täglich durch mehrere Wochen. Die Esten hatten ihn gebeten im Winter einen deutschen Sprachkursus abzuhalten. Das tat er gern, und erklärte, man muss sie von sich aus kommen lassen. Auf eine Anordnung hin wäre wohl niemand gekommen. Damals wurde der angehende Pastor vom Patron vorgeschlagen, und vom Vorstand, der aus 8 Gutsbesitzern und aus 8 estnischen Bauern bestand, gewählt. Nur einer hatte gegen ihn gestimmt.

Er und seine Frau wurden immer von den Bauern zu den Familienfeiern, Hochzeiten, Taufen oder Trauerfeiern eingeladen. Darauf legten die Leute großen Wert. Er erzählte von den Bolschewisten, die sich aus Arbeitslosen Russen und Esten zusammengeschlossen hatten. Von estnischen Volksschullehrern verführt, hatten sie es gleicherweise auf Esten und Deutsche abgesehen. Kurz vor dem Einmarsch der Deutschen, hatten sich die estnischen Bauern zusammengetan, haben die Roten gefangen genommen, und gemeinsam mit dem Pastor sie nach Dorpat ins Gefängnis befördert. Der Hauptgrund dafür war, dass die Bolschewisten ein „Tribunal" errichtet hatten, vor dem die Besitzenden zur Zahlung vo 5-8000 Rubel verurteilt wurden. Da hatten die estnischen Bauern vor Wut geschäumt, dass diese Habenichtse sie so drangsalieren durften, und befürchtet, dass, wenn die Deutschen nicht gekommen wären, ihre Höfe und das Pastorat geplündert und niedergebrannt worden wären.

In der Dorfschule erhielten die Kinder von ihrem 7. Bis 9. Jahr Unterricht von der Mutter des Pastors. Der Lehrer kam dann sonnabends, hörte ab und stellte neue Aufgaben. Vom 9. Bis 12. Lebensjahr hatten die Kinder von Oktober bis April regelmäßigen Unterricht in der Schule, und wurden dort auch verpflegt. Da lernten sie Lesen und Schreiben. Wer wollte, konnte dann vom 13. bis zum 18. Lebensjahr die höhere Schule besuchen. Davon wurde sehr gerne Gebrauch gemacht. Auch hier wohnten die Kinder in der Schule, und besuchten ihre Eltern nur zum Wochenende. Wir besahen einige dieser sehr stattlichen Schulbauten, die oft von den Gutsbesitzern für Ihre Güter gebaut und unterhalten wurden. Sie sorgten väterlich für ihre Schulen. Auf dem schön gelegenen Kirchhof war zum Johannisfest Gottesdienst. Dorthin zu gehen war für alle eine Ehrenpflicht. Sie hielten ihre Gräber in musterhafter Ordnung.

Wir besuchten auch ein estnisches Bauernhaus. Seit 50 Jahren waren sie von der Leibeigenschaft befreit und Herren auf ihrem eigenen Grund und Boden. Das Haus war sauber, die Bäuerin schmuck, frisch und natürlich. Sie bewirtschaftete mit einer Magd und einem Knecht 80 Morgen (20 ha) Ackerland mit 2 Pferden und 6 Milchkühen, Jungvieh, Schafen, Schweinen und Geflügel. Maschinen und Geräte, eine Darre zum Heutrocknen waren in guten Zustand. Die Bäuerin zeigte stolz ihre eigengewebten Decken, Linnen, Gürtel und Stoffe, und fragte freimütig nach, ob es in Deutschland ähnliches gäbe. Sie erklärte, dass sie in den langen Winterabenden gemeinsam spinnen und weben. Das war ein Durchschnittsbetrieb. Die Besitzerin gehörte aber keineswegs zu den „Reichen". Die allgemein verbreitete Auffassung, dass die Esten „geknechtet" wären, stimmte auf keinen Fall. Sie waren so frei und unabhängig wie die holsteiner Bauern, und traten auch ebenso auf. Auch das Verhältnis der Pastoren zu dem Patron war völlig unabhängig. Der Adel war nicht so exklusiv wie bei uns, und Heiraten zwischen Adeligen und Bürgern waren gang und gäbe. Die weichenden Erben des Adels wurden Pastoren, Juristen, Mediziner und neuerdings auch Kaufleute. Besonderes Ansehen genoss die Geistlichkeit. So saß bei Festlichkeiten der Geistliche immer auf dem Ehrenplatz neben dem Hausherrn. Im Allgemeinen wurde wenig Wert auf Titel und Rangordnung gelegt. Nur der Baron hatte entsprechendes Ansehen in der Gesellschaft.

Während der Kriegsjahre hatten die Baltendeutschen es schwer. Sie wurden seit Kriegsbeginn der Spionage verdächtigt. Ein Pastor wurde darum nach Sibirien verbannt. Ein anderer auch, weil er 1914 auf der Insel Moon nachts mit der Taschenlampe den Stand der Niederschläge auf einer Wetterstation festgestellt hatte (Blinkzeichen). Viele Balten lebten bei Kriegsausbruch in Petersburg und flüchteten, als die Revolution ausbrach zurück in das Baltikum. So ging es auch dem Generalsuperintendenten Kentmann, der danach, als gewähltes Haupt der estnischen Geistlichkeit mit seiner Familie in Reval lebte. Sie mussten ihre gesamte Habe in Petersburg lassen, und haben wohl davon nichts wiederbekommen. Er erzählte von der Revolution, wie die russischen Offiziere von den Soldaten beaufsichtigt die Straßen säubern mussten, wie die Deutschen verdächtigt, verfolgt und verschleppt wurden, und von ihrer Flucht nach Narwa, 1918, wie sie die ersten deutschen Soldaten als rettende Engel angetroffen hätten. Als die deutschen Soldaten endlich kamen, kannte der Jubel keine Grenzen.

Herr Kenntmann gefiel mir, ein sehr sympathischer Mann, der mich an meinen Freund Schaeder erinnerte. Mit seinem leicht angegrauten Haar, mit Spitzbart und lebhaften dunklen Augen. Die ganze Familie war wie aus einem Guss: Eine feine Frau, zwei erwachsene Töchter, die eine war jung verheiratet, und ihr ganzes, tiefes Glück schien aus den sonnigen Augen und dem molligen Gesicht still verklärt herauszulugen. Ihre etwas jüngere Schwester Käthe war frisch, unbefangen, natürlich aber sehr gut erzogen und war ihr recht ähnlich. Sie war eine sehr begabte Porträtmalerin und zeigte uns zwei sehr gelungene Bilder. Dann hatten sie noch einen 14jährigen Jungen und ein rosa-wangiges Mädchen von 11, beide trugen Kieler Matrosenanzüge. Wir fühlten uns in dieser Familie wie zu Hause, als wenn wir uns schon lange kannten.

Am nächsten Morgen zeigte die Tochter Käthe uns die Stadt und die Umgebung. Reval zeigte sich im Sonnenglanz und herbstlichen Laub in seiner ganzen Schönheit, und die Mädel waren glücklich, dass ihre Stadt, sie hatte damals 100 000 Einwohner, uns so gut gefiel. Wir sahen die alte Stadtmauer mit den schönen Stadttoren, den hoch gelegenem Domberg mit der Kathedrale und das Schloss. Von der Schlossterrasse hat man einen sehr schönen Blick auf Stadt und Meer. Auch von dem sehr gut gepflegten Park Katherinental mit Promenaden am Wasser hat man einen eindrucksvollen Blick auf die Stadt, auf den Kriegs- und Handelshafen mit Schiffen, Kränen und Docks, ein immer wieder anmutiges Bild der Seestadt.

Bei einem Gespräch mit dem Stadtschulrat Eggers, klagte der sehr über die Eingriffe vom grünen Tisch des A.O.K. in die Schul- und Sprachenfrage. Es war auch hier festgelegt, dass in allen Elementarschulen die Muttersprache nach Bedürfnis, Estnisch, Deutsch oder Russisch), in allen öffentlichen höheren Schulen Deutsch Unterrichtssprache sein sollte. Das hielten die Esten für nicht gut und ungerecht. In Reval gab es in der Breitstraße ein Versammlungs- und

Klubhaus, den Aktienklub, für die baltischen Barone, wo die Herren auch im Winter ihre Quartiere für mehrere Monate hatten, wo sie beim Besuch in der Stadt abstiegen. Dort trafen wir die Barone von Stakelberg und von Dellinghausen, die damals führenden geistigen Kräfte. Dellinghausen fragte mich, ob ich nicht Direktor der Domschule (rittersch. Gymnasium) werden wolle. Ich sagte, die Aufgabe würde mich sehr reizen; aber als k.v. Offizier würde ich für solche Zwecke nicht freigestellt werden. Später fragte der Landrat von Ramm mich auch und ich antwortete, nur wenn ich durch das A.O.K. dafür abkommandiert werden könne.

Baron von Stackelberg besuchten wir auf seinem Gut Sutlem, und trafen dort Herrn Pastor Thomson. Ein breitschultriger, untersetzter, lebhafter Mann mit großen braunen Augen. Ein schlagfertiger Redner, voller Kraft und Witz und ein vorzüglicher Kenner der Volkspsyche. Sein sehr geräumiges Haus atmete Wohlstand und Behaglichkeit; seine Abend- und Morgentafel konnten sich auch in Kriegszeiten sehen lassen. Gäste gingen ein und aus. Seine 9 Kinder waren mit vielen anderen in der Hausschule erzogen worden. Er verwaltete eine Gemeinde von 8000 Seelen- mustergültig. Gab nebenher ein Estnisches Blatt heraus und war Ratgeber für Hohe und Niedrige. Er befürwortete in der Sprachenregelung, dass in den Grundschulen die Muttersprache aber in den höheren Schulen Deutsch als Unterrichtssprache gelten müsse. Er hatte gerade einen Kursus 4 Wochen mit 70 Deutschen Lehrern hinter sich gebracht, die alle fest entschlossen waren im Baltikum zu bleiben.

Auf dem Gut Sutlem wohnte der Baron Stackelberg im Pächterhaus und wurde dort sehr bescheiden von einer Wirtschafterin betreut. Sein Hof war durch russische Soldaten ausgeraubt und verwüstet. Er erzählte ergreifend von zweimaliger Verschickung nach Sibirien, weil seine Frau Liebesgaben an deutsche Kriegsgefangene geschickt hatte. Ein Herr von Samson erreichte das gleiche Schicksal. Ihre Kinder konnten die Eltern in Sibirien besuchen bei minus 50 °C und langen Schlittenfahrten. Ist es in Sibirien wirklich so kalt wie man sagt, fragte ich, „Kälter" erwiderte er mit leiser Ironie, den die Balten so an sich haben. Damals gab es bei den Balten noch sogenannte Ehrengerichte und Duelle. Das Ehrengericht bestand aus drei Herren die entschieden, ob ein Duell zwischen den Kontrahenten stattfinden könnte. Beim sogenannten „Prickeln" müssen sich die Studenten nur mit Worten wehren. Auch Mensuren wurden noch geschlagen mit Kopfbedeckung aber freier Brust.

In Fellin, einem kleinen Landstädtchen mit 10 000 Einwohnern, trafen wir Pastor Lattik, der von den Balten als der bedeutendste Führer der Estnischen Nationalisten angesehen wurde. Er ist Tönnisen nahestehend und ein großer Englandfreund. Er wurde als kirchlich konservativ geschildert, war ein hervorragender Redner und Seelsorger. Er wurde von seiner 15 000 Seelen umfassenden Gemeinde abgöttisch geliebt. Als die Bolschewisten ihn einsperren wollten, stand die Gemeinde geschlossen für ihn auf. Da mussten sie ihn wieder laufen lassen.. Pastor Lattik hat sich aus kleinen Verhältnissen emporgearbeitet. Sein Vater war Gemeindewirt, sein Großvater noch Dienstknecht. Er hat in Dorpat studiert, war mehrfach in Deutschland gewesen. Er war überzeugt, dass keine Zusammenarbeit entstehen könne, solange das große Misstrauen der Esten gegen die Barone bestehe. Es sei in seinen 40 Lebensjahren nie eine so erbitterte Stimmung gewesen wie heute. Seit dem Einmarsch der Deutschen haben die Barone, die Unterdrücker unseres Volkes, die Zügel wieder fest in der Hand. Aber über Einzelfälle konnte er nicht berichten. Er betonte, mit den Reichsdeutschen verstehe sich sein Volk sehr gut; über deutsche Soldaten habe er in seiner Gemeinde nie eine Klage gehört. Sie helfen bei der Arbeit und feiern mit ihnen Feste. Der Deutsche Offizier sei gerecht und habe Verständnis für die Esten. Mit vielen in seinem Hause einquartierten Soldaten und Offizieren habe er in bester Freundschaft gelebt. Und es herrschte Vertrauen. Dagegen sei man besonders gegen die Presse sehr misstrauisch, zumal sie zensiert wird.

Erstaunlicherweise hatte er sich mit der Schul- und Sprachenfrage arrangiert, wenn er auch verletzt war, dass man ihn als Inspektor abgesetzt hatte. Er glaubte unter den Esten habe der Bolschewismus keine Bedeutung. Sie fürchten allerdings, dass die Bolschewisten nur darauf warteten, dass die Deutschen wieder abziehen, damit sie dann den Baronen, aber auch den Estnischen Bauern die Bäuche aufschlitzen, Plündern und rauben könnten. Zu den Engländern äußerte er sich zurückhaltend. Kaum ein Este versteht Englisch. Die estnische Kultur sei aus Deutschland gekommen. Er kenne Tönnisen gut, aber teile nicht dessen Meinung. Wir kennen die Engländer kaum. Zur Bolschewisten Zeit rief man nach den Deutschen. Nun, wo sie da sind und auch requirieren müssen, was natürlich und notwendig ist- hofft man auf die Engländer. Er persönlich hielt nichts von diesem materialistischen Krämervolk. Er mochte sie so wenig, wie die Amerikaner, die sogar aus Sport Krieg führten. Er betonte, unsere Beziehungen gehen nach Russland, nach St. Petersburg. Wenn heute hier ein Esten-Führer verhaftet würde, dann stände es morgen in der estnischen Petersburger Zeitung. Auf meine Frage, nach einer künftigen Verfassung zögerte er. Und sagte dann: Das Volk sagt, weg mit der Herrschaft der Barone. Aber es liebt auch den, der ihm Arbeit und Verdienst gibt. Die Liebe des Volkes geht durch den Magen

Wenn die Deutschen bleiben, dann ist es natürlich, dass wir einen deutschen Generalgouverneur bekommen, der die Verwaltung führt. Im Übrigen sind wir demokratisch wie die Preußen, und ich denke, dass die Deutschen aus der Erfahrung, die sie in Elsass–Lotringen gemacht haben, genug gelernt haben, und werden uns gleich eine autonome Verfassung geben. Das Land gehört doch im Grunde den Esten. Hier geht das Gerücht, die Barone wollten die Hälfte ihres Landes an Deutsche Kolonisten abtreten. Das würde große Erbitterung abgeben, denn unsere Landeskinder sind selbst landhungrig. Als er wärmer wurde, sprach er von der Kriegsmüdigkeit der Soldaten. Der Krieg dauerte zu lange – wir müssen Frieden haben!" Ich erwiderte darauf mit Bestimmtheit, aus meinen Erfahrungen an der Westfront, dass wir verbissen auf Jahre durchhalten und nie das Baltikum aufgeben würden, das wir aus strategischen und wirtschaftlichen Gründen unbedingt brauchen. Das machte einen tiefen Eindruck auf ihn.

Die Unterhaltung mit Lattik zeigte seinen glühenden Hass gegen die Barone, (dabei soll der Baron in seiner Heimat besonders gütig gewesen sein) und den Versuch der estnischen Nationalisten einen Keil zwischen die Balten und die Reichsdeutschen zu treiben. Diese Politik schien schon erfolgreich zu werden. So hörte ich im Offizierskasino von verschiedenen Gästen, wie sie auf die hochmütige Behandlung durch die Barone schimpften. Das gipfelte in dem Ausspruch: „Ich nehme nie wieder eine Einladung zu den Baltendeutschen an! Das sei eine schlappe Gesellschaft, die sich früher mit den Russen und jetzt mit den Deutschen gut stelle, den Mantel nach dem Wind hänge, um weiter zu herrschen und die Esten unterdrücken zu können. Sie seien faul und dumm. Die Esten dagegen seien fleißig und strebsam." Ohne eigenes nationales Empfinden und historisches Verständnis, bewegten sich diese Offiziere in den Redewendungen der estnischen Nationalisten, in voller Harmlosigkeit, ohne eine Ahnung von der politischen Tragweite zu haben. Major Kögel, der bei Lattik einquartiert war ging sogar so weit, dass er sagte: „Die Esten sind uns näher verwandt als die Baltendeutschen. In Pernau hätten die deutschen Offiziere grundsätzlich nur mit den Esten verkehrt."

Auf unserer Weiterfahrt besuchten wir den 80 jährigen Herrn von Anrep auf seinem Gutshof Kerstenhof. Er war schmal und hager und wirkte fast unbedeutend neben seiner stattlichen, einst schönen, noch immer lebensfrohen Frau, und doch ein kluger, feiner Mann mit vielen Interessen. Er war väterlich besorgt um seine Leute und trotzdem nicht erstaunt über ihre Undankbarkeit. Er war Politiker im Nebenberuf; wie denn die meisten Besitzer nicht in erster Linie Landwirte waren, die das äußerste aus ihrem Gut herausholen wollten, sondern in ihren Verpachtungen und Verträgen mehr in patriarchalischer Form den Standpunkt eines Fürsten gegenüber seinen Landeskindern einnahmen. Die von Anreps hatten keine Kinder, waren aber sehr kinderlieb, und verwöhnten ihren kleinen Neffen. Sie pflegten eine formvollendete Gastfreundschaft, und zwei bei ihnen einquartierte Offiziere aßen am Tisch mit. Das Herrenhaus war vor 8 Jahren von einem Berliner Architekten in Landhausart neu gebaut. Sehr geschmackvoll mit großer Veranda und Ausblick auf den englischen Garten, dessen Bäume im goldenen Herbstlaub prangten. Das Gut war 4000 ha groß, und sie hatten 15 Pächter, die durchschnittlich 20 -30 ha bewirtschafteten bei einer Pachtsumme von 2 – 300 Mark. Wobei der Herr noch die großen Reparaturen der Gebäude übernahm. Die estnischen Gesindewirte, die ihr Land weiter verpachteten, nahmen den zehnfachen Betrag für eine gleichgroße Fläche. Trotzdem wurde über die Unterdrückung durch die Barone geschimpft.

Jeder Pachthof hatte auch seine Sauna mit zwei Räumen. Im eigentlichen Bad stand ein Herd mit Steinen, die erhitzt werden. Dann wird Wasser darauf gegossen und die ganze Familie sitzt mindestens einmal die Woche auf Holzbänken, die ansteigend höher werden und schwitzt im heißen Dampf. Während der Revolution besetzten die Bolschewisten das Gut. Trotzdem konnte von Anrep heimlich des Nachts Akten aus einem Gewölbe auf dem Gut holen, während die Bolschewisten im Nebenhaus feierten. Es gelang ihm Unterlagen, Gelder, aber auch Schinken und Speck herauszuholen und nach Dorpat zu bringen. Als die Deutschen näher kamen, konnte er sich bei einem Estnischen Pächter verstecken. Vorher fand noch ein Gefecht zwischen den Bolschewisten und den Esten statt, wobei es 6 Tote gab. Dann stellten sie eine Heimwehr auf mit 18 bewaffneten Männern, um sich gegen die Bolschewisten zu schützen. Unter den 18 waren auch 10 Russen. Da hat sich keiner mehr an das Gut herangewagt. Anderen ist es schlechter gegangen. Ein weißhaariger Pastor und 12 Balten wurden von den Bolschewisten in den Wald getrieben und umgebracht. Ein Leutnant berichtete, dass er einen 70-jährigen Pfarrer und dessen Frau habe retten können, als sie im Wald gehenkt werden sollten. Als die Deutschen kamen, konnten die Bolschewisten über die Katharinen Brücke fliehen.

Wir fuhren dann weiter mit dem Zug nach Riga, wo wir im christlichen Hospiz, das als Offiziersheim eingerichtet war, unterkamen. Riga ist eine moderne Hansestadt. Die schönen Parkanlagen um den alten Burggraben herum erinnern an Lübeck und Hamburg. Wie in Hamburg, treten die alten Bauten im Stadtbild zurück: Ein alter Turm in Backstein, ein Stück Mauer einer ehemaligen Festung, das Schwarzhäupter Haus, die ehrwürdigen Kirchen, unter denen der schlanke Peterturm alle anderen, auch den schönen Dom weit überragte und das alte Schloss an der Düna. –Sonst herrschten die neueren Kunstbauten vor, und die modernen Mietpaläste und Kasernen verdrängten allmählig das ein- und zweistöckige Holzhaus der alten Zeit. In Riga in der Johannisgilde hörten wir einen Vortrag von Paul Rohrbach im überfüllten Saal. Er erklärte, das Baltenland sei für Deutschland notwendig zur Beherrschung der Ostsee und der Ostseeländer. Anschließend besuchten wir einen Herrn Schubert. Ein großer hagerer Mann mit mächtiger Stirn und tiefliegenden Augen und mit einer tiefen Stimme. Ihn zeichnete ein grimmiger Humor und ein beißender Witz aus. Ironie war überhaupt ein Merkmal des baltischen Charakters, und wohl aus der langen Zeit der Bedrückung durch die Russen zu erklären. Er und seine Frau waren auch für längere Zeit nach Sibirien verbannt, sind dort aber nicht erniedrigt worden. Herr Schubert war bei Kriegsausbruch in Deutschland und wurde als „Russe" nach Österreich ausgewiesen, wo es ihm noch schlechter ging. Schließlich gelang es ihm, weiter in die Schweiz zu reisen. Doch ohne Rubel wurde es schwer, und so zog er weiter nach Frankreich. Von dort kam die Familie auf ein Schiff nach England, und dank ihrer russischen Papiere konnten sie dann über Schweden und Finnland wieder Riga erreichen! Doch da wurden sie von den Bolschewisten als Deutsche des Landes verwiesen und landeten wieder in Sibirien. Jetzt waren sie glücklich wieder in Riga. Er sagte: „Können Sie es nun ermessen, was es heißt, heimatlos zu sein, und wie wir uns sehnen, ganz mit dem Deutschen Vaterland vereinigt zu sein?"

Er verachtete die Letten. Sie seien unzuverlässig und hängten ihren Mantel nach dem Wind. Eine Sklaven-Natur, die der starken Hand bedarf, aber anstellig, gelehrig uns strebsam seien. Als die Deutschen große Siege davontrugen, meldeten sich 600 Letten zur Einschulung in Deutsche Schulen, nach der Deutschen Niederlage kamen nur noch 60. Je schlechter es den Deutschen Waffen geht, je übermütiger werden die Letten. Er forderte wie die meisten Baltendeutschen, konservativ und monarchisch, die baldige Angliederung des Baltikums an das Deutsche Reich. Und sah in den Sozialisten um Scheidemann eine große Gefahr und konnte nicht begreifen, dass das mächtige Deutschland nicht einen Mann habe, der es auch politisch führen könne. Bei einem Besuch im Diakonissenhaus in Riga, schilderte Pastor Grave den Gegensatz zwischen den drei Baltischen Provinzen. Sie wollen zwar unzertrennlich sein, wachen aber eifersüchtig über ihre Selbständigkeit. Dabei wissen sie verhältnismäßig wenig voneinander, was zum Teil auf das Verbot des Reisens zurückzuführen sei. Dabei lagen die Verhältnisse in Riga auch anders als in Reval. In Riga hörte man fast nur die Deutsche Sprache. Von den 230000 Einwohnern (im Frieden waren es 500 000. Viele sind ausgewiesen, nachdem die Fabriken zerstört waren. Viele Häuser stehen leer), war ein Drittel deutsch, die anderen sprachen deutsch und lettisch. In der Elektrischen und auf den Dampfern wurde nur deutsch gesprochen.

Unter diesen Voraussetzungen konnte man den starren Standpunkt der deutschen Schulverwaltung in der Sprachenfrage verstehen. So vertrat Herr Killinger, ein Mitglied der Kirchen-Verwaltung, die Auffassung etwa folgender Maßen: „Es ist vorteilhaft für die Esten und Letten, wenn sie rechtzeitig deutsch lernten. Daher müsse Deutsch auch in der Mittelschule Unterrichtssprache sein, abgesehen von einigen Übergangsjahren. Mit der Beherrschung der deutschen Sprache hätten sie die besten Berufschancen. Er fragte nicht, was die Letten und Esten selber wollten, auch nicht nach dem politischen Folgen, sondern zum wohlverstandenen Besten des regierten Volkes bestimmte man, was ihnen nach reiflicher und ernster Überlegung am meisten frommt. Ich widersprach dieser Einstellung und wies auf die Lage in Nordschleswig hin, wo durch die zwangsweise Einführung der deutschen Sprache der Nationalitätenkampf erst richtig entbrannt sei.

Da die Esten und Letten von sich aus ein starkes Bedürfnis zeigten, die deutsche Sprache zu erlernen, dürfe man ihnen das Deutsche nicht aufdrängen, sondern es als etwas besonders erstrebenswertes hinstellen und es allein in den öffentlichen höheren Schulen als Unterrichtssprache gelten lassen. Für das Erlernen des Deutschen als fremde Sprache wurde ja auch in den Volkshochschulen gesorgt. Doch man mochte auf meinen Rat nicht hören, was die politische Unbeholfenheit der Verantwortlichen unterstrich.

Als besonders beeindruckenden Herren lernten wir im Ritterhaus als Vertreter der Baltendeutschen Baron von Öttingen kennen. Ein durchgeistigtes Gesicht, eine gute Auffassung und ein hervorragender Redner. Er klagte sehr über die deutsche Verwaltung. Es sei genug Getreide gewachsen, aber es werde nicht erfasst. Die Bauern schmuggelten es über die Grenze, so drohe Livland eine Hungersnot. – Das Vertrauen in die deutsche Verwaltung hatte übrigens an vielen Stellen einen Stoß bekommen. Die Deutschen drohten mit scharfen Strafen für Waffenbesitz, Wucher und Schleichhandel, doch sie wurden nie ausgeführt.

Die Letten sagten darauf: „Die Deutschen wagen es nicht mehr. Es muss ihnen im Westen schlecht gehen."

Am Sonntagnachmittag machten wir eine Dampferfahrt die Düna hinab bis zum Rigaer Meerbusen. Vom Wasser aus sieht die Stadt am stattlichsten aus. Doch zur Rechten lagen auch viele zerstörte Fabriken mit leeren Arbeiterhäusern. Hinter einem Fichtenwald sah man die Türme der Festung Dünamünde, dann ein lettisches Fischerdorf mit Holzhäuschen, ganz still und verloren wie die Dörfer am gegenüberliegenden Ufer. – Am 01.Oktober fuhren wir nach Mitau. Die Stadt soll vor dem Krieg 50 000 Einwohner gehabt haben, jetzt waren es nur noch 20 000. Zeitweilig, während der deutschen Besetzung, hatte die deutsche Einwohnerschaft die Mehrheit. Auch in Mitau hörte man und sprach überwiegend deutsch, wozu die dreijährige Besetzung durch unsere Truppen das ihrige beigetragen hatte. Die Stadt machte einen freundlichen Eindruck. Zwischen den ein- und zweistöckigen Holzhäusern erhoben sich wie in Riga hohe Steinkasten. Ein paar Kirchen überragten das Stadtbild. Die Ecke mit der Trinitatiskirche im Hintergrund war die reizvollste. Mächtig und geräumig lag das Schloss inmitten eines schmucken Parks auf einer von dem Arm der kurländischen Ar gebildeten Insel. In den hohen Sälen des Schlosses, in die man die Etappen-Inspektion 8, die Kommandantur und das Kasino untergebracht hatte, haben wir unsere Mahlzeiten eingenommen, gut und reichlich. Der Leiter des Diakoniehauses gab uns über die Lage Auskunft, und betonte, dass es keinerlei Notsituation gäbe, auch wenn nicht alle Wünsche erfüllt werden konnten. Auch die von der Diakonie unterstützten Häuser und Anstalten in der Umgebung waren mit Hilfe der verständnisvollen Unterstützung durch die deutsche Verwaltung gut durch den Krieg gekommen. Das war der letzte Besuch vor unserer Heimreise. Am 03.10. setzten wir uns in den Zug, der uns in 24 Stunden nach Berlin zurückbrachte. Wir waren recht bedrückt, denn die politischen Umwälzungen besonders die Nachrichten aus Bulgarien brachten uns die Gewissheit, dass der Krieg verloren war, dass damit das Schicksal der Baltenländer besiegelt und unsere Hilfsaktion vergeblich gewesen war."

Das Ende des Krieges

Einschub: Am 9. November 1917 haben die Sozialisten in Petersburg, nachdem sie einen Tag davor die Regierung gestürzt und die Minister gefangen genommen hatten, die Macht ergriffen. Sie wollen angeblich mit uns Frieden schließen, doch Karenski hat anschließend mit einer loyalen Truppe von 200 000 Mann Lenin besiegt. Aber schließlich hat Lenin doch die Oberhand bekommen. Am 24. November hat er zusammen mit Trozki Telegramme an unsere Regierung und an die Österreicher geschickt und Verhandlungen über einen Waffenstillstand und Frieden angeboten. Angeblich soll auch von Englischer Seite der Führer der Konservativen Lord Landsdowne Friedensgespräche angeboten haben.

Am 7. und am 17. Dezember ist in Brest-Litowsk für die gesamte Ostfront, von der Ostsee bis zum Schwarzen Meer zwischen Deutschland, Österreich-Ungarn, Bulgarien und der Türkei einerseits und Russland andererseits ein Waffenstillstand erklärt worden, dem am 18. Januar Friedensverhandlungen folgen sollen."

Am 19. Januar 1918 unterzeichnet die Sowjetregierung den Friedensvertrag mit den Mittelmächten. Finnland, die Baltischen Staaten und die Ukraine werden selbständige Staaten.

Aber, seit Anfang 1918 konnte in Deutschland und Österreich die Versorgung der Bevölkerung nicht mehr sichergestellt werden. In den Fabriken wurde gestreikt, der Nachschub zur Front wurde unsicher, im Westen konnten die Alliierten größere Erfolge gegen unser Heer verzeichnen und im Juli auf einer Breite von 45 km die Front durchbrechen. Auf die Vorschläge zu Friedensverhandlungen, lehnte es der amerikanische Präsident Woodrow Wilson ab mit autoritären (monarchistischen) Staaten zu verhandeln. Auf Druck des Militärs (Hindenburg und Ludendorf bilden die oberste Heeresleitung) befahl der Kaiser zum 30. September die Einführung der Demokratie, (Parlamentarische Demokratie). Er ernannte am 3. Oktober Prinz Max von Baden zum Reichskanzler. Seinem Ministerium gehörten Solft, Erzberger, Scheidemann und Ebert an. Kaiser und Kronprinz waren zurückgetreten. Prinz

Max von Baden richtete am 5. Oktober eine Bitte um Waffenstillstand an den Präsidenten der USA, Wilson. Dem folgte ein langwieriger Schriftwechsel, und erst Anfang November lagen die Waffenstillstands-Bedingungen vor. Am 9. Nov. wurde Ebert Reichskanzler, und am 10. wurde der Vertrag unterzeichnet. Wir mussten Frankreich, Belgien, Elsass-Lothringen und das linke Rheinufer räumen, rechts vom Rhein einen neutralen Streifen lassen und unser gesamtes Kriegsmaterial von Heer, Marine und Luftwaffe sehr kurzfristig ausliefern.

Am 10. November meuterten in Kiel die Mannschaften der Hochseeflotte. Österreich-Ungarn unterzeichnete den Waffenstillstandsvertrag mit den Alliierten, Polen wurde unabhängige Republik, am 9. November gab Prinz von Baden die Abdankung des Kaisers bekannt und trat zurück. Friedrich Ebert wurde Reichskanzler. Am 10. zog sich der Kaiser in die Niederlande zurück. Am 11. wurde der Waffenstillstandsvertrag im Wald von Compie´gne von Erzberger zwischen Deutschland und den Alliierten unterzeichnet, was einer Kapitulation entsprach. Der Kaiser Karl I. von Österreich dankte ab. Die Blockade der Alliierten blieb und damit der Mangel, der durch die Reparationsleistungen an die Siegermächte verstärkt wurde. Der Krieg war verloren.

Am 4.10.1918 langten wir auf der Rückreise vom Baltikum in Berlin an, wo Prinz Max von Baden versuchte das leck geschlagene Staatsschiff vor dem Sinken zu bewahren. Ich fuhr gleich weiter an die Front und am 10. Oktober meldete ich mich bei meiner Flak-Batterie 576 zurück. Da erhielten wir den Befehl, uns auf Namur zurückzuziehen, um die Brücken über die Maas vor Fliegerangriffen zu schützen. Wir waren ohne Nachrichten von den Ereignissen in Berlin. Wilde Gerüchte beunruhigten uns auf dem sehr beschwerlichen Marsch nach Namur. Am Abend des 11. Novembers kamen wir in ein Dorf, und ich versuchte Quartier für uns zu bekommen. Alles war besetzt. Als ich dann in einem Bauernhaus am Ortsrand noch Licht sah, ging ich dorthin und stieg die Treppe hinauf, als die Türe aufging und der Bauer herausstürzte und schrie: „La paix! La paix" wie er mich sah. Ich schüttelte den Kopf und fragte, woher er das den wisse. Er zog mich in die Stube, da saßen zwei Unteroffiziere als Telefonposten. Sie standen auf und erklärten, dass eben die Kunde vom Waffenstillstand im Wald von

Compiègne durchgegeben sei. Wie ein Windstoß fuhr die Nachricht durch das Dorf und die Batterie. Innerhalb einer Stunde hatten alle meine Leute Quartier. Die Pferde standen bis zum Bauch im Stroh. In der Molkerei machten die Frauen Milch und Kakao warm, und verwöhnten meine hungrigen und verfrorenen Leute mit frischen Waffeln. Sie saßen so friedlich und freundlich zusammen, als hätte es nie Krieg gegeben. Wir spürten, wie die Spannung sich legte, die Dorfbewohner waren befreit von der Angst, dass die zurückgehenden Truppen ihre Felder und Dörfer vernichten könnten, wie es stellenweise in Frankreich mit der verbrannten Erde geschehen war. Und die Soldaten waren glücklich, wieder in die Heimat zurückzukommen. Am nächsten Morgen wurde die Nachricht amtlich bestätigt.

Auf Befehl der Heeresgruppe mussten wir unsere Geschütze an einer Sammelstelle abliefern, während wir unsere Wagen und Pferde behalten durften. Wir bekamen den Marschbefehl uns über Oberkassel nach Osnabrück, in den Heimatstandort der Batterie zurückzuziehen. Der Weg führte durch Belgien, Malmedy und Bonn. Wir marschierten in tadelloser Ordnung, ich ritt an der Spitze, die Kanoniere konnten fahren. Aber wenn wir durch die Dörfer kamen, formierten wir uns in Marschkolonne und haben Soldatenlieder gesungen. Die Bewohner in Belgien hatten ihre Häuser mit Flaggen geschmückt, so marschierten wir durch einen Wald von Fahnen. Wir haben täglich etwa 40 km zurückgelegt und bekamen in Belgien überall gute Quartiere. Neben uns marschierte ein Jägerbataillon zu Fuß, auch in tadelloser Haltung. Von den Ereignissen in Berlin, der Abdankung des Kaisers, wussten wir nichts. Erst in Malmedy erhielten wir Kunde von dem Umsturz. Von da aus konnte ich an die Eltern telegraphieren, dass es mir gut gehe und ich in Richtung Bonn marschiere. Erst als wir die Grenze nach Deutschland überschritten, sollten wir die Auswirkungen der Revolution kennen lernen. Der Schlagbaum öffnete sich und ein schlacksiger Infanterist mit Zigarette im Mund und schief aufgesetzten Käppi kam mir entgegen und brüllte: „Waffen abgeben" Ich zog die Pistole aus der Tasche und kommandierte: „Entsichern!" Da war die Straße leer, und wir marschierten weiter bei Bonn über den Rhein in unser Quartier nach Oberkassel, das wir am 22.11. erreichten. Ich wohnte mit Steenwarder, meinem Burschen, in einem

Gasthaus. Als ich am nächsten Morgen in die Gaststube trat, war noch kein Frühstück aufgetragen und kein Soldat zu sehen. Nach einer halben Stunde kam Steenwarder ganz außer Atem angelaufen: „Wi schulln den Soldatenrat för de Batterie wählen!" „Na, und?" „Erst wulln wi den Herrn Leutnant wählen. Dor heff ich secht, de smitt uns rut. De Wachtmeister hett uns utlacht, dor hebt wi drei Unteroffiziere wählt." Und er nannte meine drei Besten. „So`n Soldatenrat lat i mi gefallen. Und nu lat us man Kaffee kriegen."

Am nächsten Morgen kam der Befehl, die Mannschaften, die links des Rheines wohnten, zu entlassen. Dann setzten wir unseren Marsch Richtung Osnabrück fort. Unterwegs in den Industriegebieten spürten wir gelegentlich auch eine feindselige Haltung der Bevölkerung. So konnten wir in Hagen nur nach einer sehr heftigen Auseinandersetzung mit den Behörden Quartier bekommen. In Osnabrück wurde dann unsere Batterie 576 ordnungsgemäß aufgelöst. Mir wurde es schwer meinen prächtigen Fuchs, den ich im letzten Jahr täglich, allein auf dem Rückmarsch über 600 km, geritten hatte, abzugeben, aber es musste sein.

Nachkriegszeit

In Deutschland brach Revolution aus, als die Arbeiter- und Soldatenräte die Macht übernahmen. Friedrich Ebert bildete eine Koalition zwischen USPD und SPD, doch die Unruhen blieben. Der Spartakusaufstand wurde niedergeschlagen. Am 18.01.1919 wurde das erste Mal mit den Stimmen der Frauen der neue Reichstag gewählt. Ebert wurde Reichspräsident und Scheidemann Reichskanzler. Der weigerte sich das Friedensdiktat in Versailles zu unterzeichnen und trat im Mai 1919 zurück. Am 11.August trat die neue Verfassung des Deutschen Reiches in Kraft. Doch Hunger und Unruhen rissen nicht ab. Der Kapp-Putsch verfehlte sein Ziel die Regierung zu stürzen, und wurde niedergeschlagen. Die radikalen Parteien wurden immer stärker.

Ich wurde nach meiner Entlassung aus dem Heer wieder in Grünberg als Direktor des Realgymnasiums eingespannt und konnte auch nicht zur Geburtstagsfeier, Vater wurde 70, kommen. Dafür schrieb ich

Uns Vadder

Uns Vadder büst du söbentig Johr
Und slowitt is all lang din Hoor
Und doch! Din Oog lücht hell und kloor!
Mi dücht, dor bleuht und schämert in
Din graden, kloren, wohren Sinn.
Din dankbar fröhliches Gemöt
Dat lachen kann trotz Weh und Pien,
Dat sik noch freut an Bloom und Blöt,
An Larkensang und Sünnenschien,
Dor kiekt herut din Lebensmoot
Und denn din Hart, so goot, so goot!
Uns Vadder, ja, wi hebbt di leef!
Uns Vadder, de an sik nich dacht

De blots för uns hett sorgt und wacht,
De allens för de Kinner geef
Wi hebbt di leef! Wi hebbt di leef!
Ik weet nicht een so goot und tru
Bloß din lütt Frau!

Grünberg, den 20.1.1921
Eduard Edert.

Wieder in Grünberg

Am 7.12. war ich dann ohne Schwierigkeiten unterwegs wieder in Grünberg eingetroffen und habe zunächst im Gasthaus „Zum schwarzen Adler" in einem behaglichen Zimmer mit Zentralheizung, elektrischem Licht und Chaiselongue eine Wohnung genommen. Doch ich musste mich vor Amtsantritt noch in Berlin melden. Dort hatte sich in der Friedrichstraße alles wieder beruhigt. So konnte ich am Montag darauf wieder meine Schule betreten. Doch da war es keineswegs ruhig. Dort hatte der Schülerbeirat, der auf Anordnung des Ministeriums ins Leben gerufen war, beschlossen meinen Vertreter, Professor Teichmann abzusetzen. Ich ließ den Schülerbeirat in mein Amtszimmer kommen, ich war noch in Uniform, und erklärte den Jungen, sie hätten ihre Befugnisse überschritten. Der Beschluss sei hinfällig. Ich wäre aber bereit eine Schülerselbstverwaltung einzurichten, eine Form, wie ich sie aus meiner englischen Zeit kannte. Darüber könnten wir reden. Ein Schüler, er war der Rädelsführer der Gruppe, begehrte dagegen auf und ließ einen Schwall von Phrasen los. Da habe ich ihn kurzerhand von der Schule verwiesen. Er ging auch. Da war die Revolte niedergeschlagen. Ich habe später die Schülerselbstverwaltung nach gemeinsamer Beratung der Satzung eingeführt. Sie hat sich sehr bewährt.

In den Weihnachtsferien konnte ich meine Eltern in Kiel besuchen. Dann stürzte ich mich mit großer Freude in die Schularbeit in Grünberg. Da gab es viel nachzuholen. Die Jungen waren willig, aber hatten durch den Lehrermangel während des Krieges doch große Lücken. Sie waren vielfach unterernährt, hatten schon lange keinen Turnunterricht gehabt und konnten nicht einmal einen Ball richtig werfen. Als es Frühling wurde, ließ ich ein Turn-Reck auf dem Schulhof aufbauen, habe in der Pause meine Jacke ausgezogen und machte eine Kippe und eine Riesenwelle. Dann forderte ich sie auf, es mir nachzumachen. Das wirkte. Ich spielte und wanderte mit den Jungen und lud die Primaner, die ich im Englischen unterrichtete zu Leseabenden in meine Wohnung ein. Es gab keinen Alkohol, nur Obst und Gebäck und ich hatte sie bald fest in der Hand.

Da haben wir dann auch die Schülerselbstverwaltung einführen können. Sie hat gute Erfolge gebracht, und die Lehrer waren froh, dass sie sich nun um viele Kleinigkeiten wie Ordnung in den Klassen und in den Pausen auf dem Schulhof nicht mehr kümmern brauchten, das machten die Jungen besser. An jedem Sonnabend bei der Schulandacht bekam der Obmann das Wort, lobte, tadelte und gab seine Weisungen für die nächste Woche.

Auch mit den jüngeren Lehrern machte ich Wanderungen in die schöne wellige Landschaft rings um Grünberg, und schon im ersten Winter Skifahrten. Auch zwei Lehrerinnen vom Lyzeum schlossen sich uns an. Dabei kehrten wir auch in den Dorfschenken ein zum Singen und Tanzen, eine einfache und fröhliche Gesellschaft. Am nächsten standen mir Herbert Breyter und seine Frau Elisabeth. Wir waren schon als Soldaten befreundet. Mein Dezernent im Provinzial-Schulkollegium in Breslau war Herr Blümel. Ein Neuphilologe, er hat mich häufig besucht und sagte einige Jahre später: „Das Schulgebäude in Grünberg ist das bescheidenste in meinem Bezirk, aber der Geist in der Schule ist der beste." Ich habe dann einen Erweiterungsbau mit dem Stadtbaumeister entworfen, doch als er ausgeführt wurde, war ich nicht mehr in Grünberg. Ein Angebot in Berlin das staatliche Französische Gymnasium zu leiten, habe ich abgelehnt. Die Großstadt mit vielen ausländischen Schülern sagte mir als alten Wandervogel nicht zu. In Grünberg bei der Patronatsbehörde fand ich Verständnis für meine Arbeit und der Oberbürgermeister ließ mir freie Hand.

Man hatte mich von der bürgerlichen Seite gebeten, mich zum Stadtverordneten aufstellen zu lassen, und ich wurde gewählt. Ich hoffte, so mehr für meine Schule erreichen zu können. Die Mehrheit der Verordneten bildeten die Sozialdemokraten. Die Sitzungen fanden zunächst in der Aula des Gymnasiums statt. Da hingen noch die Bilder der Kaiser. Auf Anordnung des Ministeriums musste das Bild von Kaiser Wilhelm II entfernt werden, das war geschehen. Aber sein Vater und Großvater hingen da noch. In einer der ersten Sitzungen richteten die Sozialdemokraten deswegen heftige Angriffe gegen mich und es kam zu einem Tumult. Da sagte ich, „Die Anordnung des Ministers habe sich nur auf Wilhelm II. bezogen. Wenn die preußischen Könige nicht gewesen wären, säßen wir nicht hier." Da trat allmählich wieder Ruhe ein. Später fanden die Sitzungen wieder im Rathaus statt.

Ich hatte bald eine Schreibhilfe beantragt. Da besuchte mich ein Mitglied der Kämmereikommission in meinem Amtszimmer um festzustellen, wie groß mein Schriftwechsel sei. Er war Briefträger von Beruf. Ich konnte ihn in aller Güte überzeugen. Dabei bemängelte er, dass ich zur Ausstattung meines echt preußischen Amtszimmers, es enthielt einen Tisch, zwei Stühle, einen Bücherschrank, einen Garderobenhalter und einen Spucknapf, beim Altwarenhändler eine Plüschgarnitur, bestehend aus einem Sofa und zwei Sesseln, gekauft hatte. Ich erklärte ihm, ich hätte sie billig erstanden und würde heute, wenn ich sie wieder verkaufte den doppelten Preis erzielen. Das wollte er aber mir wohl nicht gönnen und genehmigte den Ankauf. Dann kam noch der Kapp-Putsch, aber allmählich schwand doch das Misstrauen und so hat der Vorsitzende der Stadtverordneten später zur Feier der Reichsgründung am 18. Januar 1921 mich gebeten, die Feier auszugestalten und die Festrede zu halten. Es sollte noch außer mir der Oberschulrat Janssen eine Rede halten. Da das Deutschlandlied zu singen verboten war, haben wir „Ich hab mich ergeben" gesungen. Die Feier verlief mit Schwung und ohne Störung, und Herr Janssen war sehr beeindruckt nach Breslau zurückgekommen.

Um die Eltern der Schüler zu interessieren und Geldmittel für die Schule zu bekommen, gründete ich den Verein der Freunde der Schule. Unter den Mitgliedern waren einige sehr wohlhabende Leute, die sehr freigiebig uns unterstützten. Besonders Herr Obersetzer, der Chef der „Deutschen Wolle" war sehr aktiv. Er riet mir neben Englisch und Französisch auch Russisch als dritte Fremdsprache einzuführen. Das Provinzialschulkollegium stimmte zu und ich konnte dafür auch einen guten Lehrer gewinnen. Im Winter eröffnete ich in Grünberg eine Volkshochschule und bestellte zum Leiter Herrn Dr. Klose, in der Annahme, dass er bei den Erwachsenen keine Disziplinarschwierigkeiten haben würde. An seine Stelle berief ich einen jungen Kandidaten. Dem stimmte der Magistrat zu und bezahlte die Stelle. So hatte ich Klose für den Winter glücklich gemacht und mich von einem schwachen Lehrer befreit. Der Besuch war gut. Das Gymnasium war schon immer geistiger Mittelpunkt der Stadt gewesen. Meine Lehrer gaben Kurse, ich habe einen Winter durch Goethes Faust dort gelesen. Daneben veranstaltete ich im Namen der Schule Konzerte und Vorträge. So holte ich meine Freundin Lotte Knipping aus Kiel zu einem Klavierkonzert, das großen Beifall fand.

Mit meinen Jungen übte ich dramatische Aufführungen. Sie waren anfangs unbeholfen, fingen aber bald Feuer. Das kühnste Unternehmen war die Aufführung des Stückes „Der Kaufmann von Venedig" in seinen wichtigsten Teilen in Englischer Sprache. Ich hatte das Drama in der Prima gelesen und dabei entdeckt, dass ein Junge den Shylock ganz ausgezeichnet spielte. Da wagte ich die öffentliche Aufführung, die ein voller Erfolg wurde. Der Höhepunkt des Jahres war das Sedan-Fest, das wir in alter Tradition feierten. Die ganze Stadt nahm daran teil. Die Jungen marschierten mit Musik und Fahnen aus der Stadt zum Wald, wo die Wettkämpfe stattfanden. Am Abend zogen wir zurück, die Fahnen wurden eingeholt. Der Bürgermeister und der Landrat machten die Siegerehrung und verteilten die Preise.

Ich hatte das Glück, dass zu Ostern mehrere ältere Lehrer in den Ruhestand treten mussten, wodurch ich das Kollegium verjüngen konnte. Wir schrieben die Stellen aus. Und ich hatte das Recht, die Bewerber selber auszuwählen. Ich besuchte sie in ihrem Unterricht, in ganz Deutschland, und gewann sehr gute Kräfte, überwiegend Wandervögel, die ganz in meinem Sinne arbeiteten. Ich ließ sie gegenseitig hospitieren und einmal im Monat konnten alle Lehrer an einer Probestunde eines Kollegen teilnehmen, bei dem ich eine besonders gute Stunde gesehen hatte. Nach der Stunde dankte ich dem Vortragenden, eine Diskussion fand nicht statt. Diese Art der Weiterbildung, hat sich später auch in anderen Schulen bewährt.

Enge Freundschaft verband mich mit Breythers und Wagners. Frau Breyther war mir bei der Einrichtung meiner Wohnung in der Hindenburgstraße behilflich und hat mir auch eine tüchtige Haushälterin vermittelt. Mit dem Stadtbaurat bemühte ich mich um den Erweiterungsbau des Gymnasiums, es waren zusätzliche Räume für die Naturwissenschaftlichen Fächer entworfen und am 12.03.1921 genehmigt. Ihre Ausführung habe ich allerdings nicht mehr erlebt.

Oberschulrat in Schleswig

Als ich im Dezember 1920 bei Herrn Oberschulrat Blümel in Breslau wegen der Stellenbesetzungen vorsprach, sagte er mir: „Herr Kollege, wir haben vor drei Wochen Sie dem Ministerium als Oberschulrat vorgeschlagen." „in Breslau?" „Das ist nicht gesagt, es kann auch anderswo sein." Darauf erwiderte ich ihm, dass ich mehr Erzieher als Verwaltungsbeamter wäre. Doch er meinte, die anregenden Gedanken, die jetzt auf eine Schule beschränkt seien, könnten einen ganzen Sprengel befruchten. Ich erklärte darauf, wenn es dann sein solle, möchte ich am liebsten nach Schleswig gehen, weil ich dann zugleich für meine Landsleute in Nordschleswig wirken könne. Dann habe ich gedankt und erklärt, dass ich auch in dem neuen Amt alle Kraft zum Besten der Schulen einsetzen werde,

In den Weihnachtsferien besuchte ich meine Eltern in Kiel und habe mich im Februar in Berlin den Ministerialräten vorgestellt. Dort wurde mir allerdings erklärt, dass nach Schleswig zunächst ein Mathematiker berufen werden sollte. Da fuhr ich ganz zufrieden zurück nach Grünberg. Inzwischen hatte sich aber der Schleswig-Holsteiner-Bund gemeldet und gefordert, dass endlich ein Landsmann als Oberschulrat berufen würde. Da dauerte es nicht mehr lange und am 19.04.1921 hielt ich die Ernennung in der Hand

Noch am 12. März 1920 schrieb ich meinen Eltern, dass ich vorläufig in Breslau bleiben werde. Ein Mathematiker Zühlke habe die Stelle in Schleswig bekommen. Der Neubau meiner Schule war genehmigt und ich fuhr in verschiedene Städte um Lehrer zu suchen. Doch Dr. Klahn erklärte kurze Zeit darauf, Zühlke komme nicht nach Schleswig, da der Schleswig-Holsteinerbund einen Schleswig –Holsteiner haben wollte und schon am 26. März konnte ich meinen Eltern ein Telegramm aus Freudenstadt senden: „höre vertraulich vom Dezernenten, dass ich nach Schleswig komme; Zeitpunkt ungewiss, frohe Ostern, Eduard"

Am 19. April bekamen sie dann von mir eine Karte aus Grünberg: „Eben erhalte ich die private Nachricht von Blümel, dass die Ernennung in Breslau eingetroffen ist, und in wenigen Tagen hier sein wird. Also gehöre ich von heute ab nach Schleswig. E.E." Am 24. abends kam ich zu den Eltern nach Kiel. Ich war vorher in Schleswig gewesen und hatte dort meinen Kollegen Consbruch besucht. Der sollte die Schulen in Kiel wohl behalten, aber alle anderen 25 Schulen von Flensburg bis Altona sollte ich übernehmen.

So sehr ich mich auf die Rückkehr in die Heimat freute, so schwer wurde es mir mich von Grünberg zu trennen. Ich hatte mein Amt mit jugendlichem Schwung geführt, hatte ein arbeitsfrohes Kollegium zusammengestellt, hatte ein glückliches Verhältnis zu den Jungen, ein angenehmes Arbeiten mit dem Magistrat und den Behörden in Breslau. Als ich dann hörte, dass einige Kollegen in Kiel sich gegen meine Berufung gewehrt hätten, war ich bereit zurückzutreten und habe das den Herren in Berlin gesagt. Doch der zuständige Ministerialrat antwortete: „Sie sind berufen, und dabei bleibt es!".

So musste ich von meiner Schule Abschied nehmen. Auf der Feier am 20.04. zeigten alle mir so viel Zuneigung und Verehrung, dass ich bei meiner Abschiedsrede vor Ergriffenheit zu weinen begann. Ich hatte mein Amt mit jugendlichem Schwung geführt, hatte ein arbeitsfrohes Kollegium zusammengestellt, hatte ein glückliches Verhältnis zu den Jungen, ein angenehmes Arbeiten mit dem Magistrat und den Behörden in Breslau. Als ich dann hörte, dass einige Kollegen in Kiel sich gegen meine Berufung gewehrt hätten, war ich bereit zurückzutreten und habe das den Herren in Berlin gesagt. Doch der zuständige Ministerialrat antwortete: „Sie sind berufen, und dabei bleibt es!".

Die Schlesier, der Bürgermeister, die Vertreter der Lehrer, die Eltern, die Schüler und die Ehemaligen, sie alle haben so eine liebenswürdige Art Danke zu sagen. Die Schüler brachten mir Geschenke, die Mädchen Stickereien und ein alter Rektor sagte, „Sie haben die Schranke zwischen den Gemeindeschulen und dem Gymnasium niedergerissen!" Sogar einige Stadtverordnete von den Sozialdemokraten dankten mir und Frau Käthe Bergmann mit ihren vier blonden Jungen brachte mich zum Bahnhof.

Meine Ernennungsurkunde lautete etwa:

Der Studiendirektor Dr. Eduard Edert in Grünberg
wird zum Oberschulrat ernannt.

Berlin, den 9. April 1921
Das Gesamt. Staatsministerium
Hämisch

Am 23.April 1921 fuhr ich nach Schleswig und versuchte eine Wohnung zu mieten. Wegen der unsicheren Verhältnisse wollte ich meine Einrichtung (von 6 Zimmern) nicht in Grünberg lassen. Ich fiel aus allen Wolken, als der Wirt von „Stadt Hamburg" mir versicherte, es gäbe einfach keine Wohnung, und der Vizepräsident in der Regierung warte schon seit einem halben Jahr darauf. Dann riet er mir bei Heine Dehn im Lollfuß vorzusprechen. Heine war Spediteur, saß in Hemdsärmeln vor seinem Schreibtisch, und nötigte mich im Sessel davor Platz zu nehmen. „So, Se sünt de niee Scholrat?" „Ja, Herr Dehn, de bün ik." „Ja, wi wulln en Landsmann hebben, dat hebt wi dörsett von Schleswig-Holsteinerbund" sagte er mit tiefer Befriedigung. „Dat freut mi, aber nu much ik og gern en Wahnung hebben." „En Wahnung gift dat nich." „Denn reis ik wedder af." Und ich erzählte ihm, dass die Polen jeden Tag in Schlesien einrücken könnten. Dann fragte er: „Hebt Se all ehrn Umtog vergeben?" „Min Umtog kriegt de, de mi en Wahnung besorgt." – „Ik hev en Wahnung." „Kann ik de sehn?" „Is nich nödig. Dor is man en. Un de, de dort wohnt, de möt wi utquartern, un för em en Wahnung in Loit besorgen. Dor hev ik en." Dann zeigte er mir doch die Wohnug in der Flensburger Straße, 5 Zimmer gegenüber dem Tiergarten gelegen. „Tja, aber so licht is dat nich, erst mut noch de Kommission dat bewilligen. Dor sünd fief Mann. Twee Sozies, de stimmt dagegen. Denn is dor Stadtrat Stehen, de hannelt med iesern Aben. In de Middelstuv fehl noch een. De möt Se bi em köpen." „Dat kann angahn." „Un denn is dor noch de Stadtrat, dat is min Swager, mit de snack ik, de ward mi dat Geschäft nich verdarben". Ich fragte ihn, wann die Kommission beraten würde, da sagte er am nächsten Montag. Wir kamen überein, dass er mir ein

Telegramm schicken solle, „Wohnung zugesprochen!" und ich dann antworten würde, „Packer schicken!" Und alles lief entsprechend.

Doch ich habe diese Wohnung nur ein paar Tage bewohnt. Probst Sommer fragte mich im Auftrage von Wilhelm Berg, ob ich nicht den ersten Stock seiner Wohnung auf dem Oer beziehen wolle, sie liege auf einer Halbinsel der Schlei in einem alten Kavaliershaus. Bergs hätten Sorge, dass ihnen eine kinderreiche Familie hineingesetzt würde, sie hätten lieber einen Ledigen als Mieter. Ich besah die Wohnung. Sie war so recht für meinen romantischen Sinn geeignet, mietete sie, und bot dann die erste dem Vizepräsidenten an, wenn er die Kosten meines Umzuges innerhalb Schleswigs übernehmen wolle. Der willigte sofort ein, und schenkte mir zum Dank noch eine schöne Radierung. Er staunte nicht wenig, dass ich in wenigen Tagen gleich zwei Wohnungen gefunden hatte. So ist es, wenn man Landsmann ist, und die Landessprache spricht.

Bild 13: Blick vom Oer auf den Dom

Dann zog ich nach Schleswig auf das Oer, ein idyllisches Landhaus am Friedrichsberg, das einen wunderschönen Blick über die Schlei auf Schleswig bietet und dem Besitzer der Getreidemühle Saar & Kähler, Herrn Wilhelm Berg, gehörte. Man geht von der Friedrichstraße durch den Oergang und kommt, wenn man den Georg-Pfingsten-Weg überquert hat durch ein weißes Tor auf die Kastanienallee mit 25 großen Kastanien links und 20 rechts durch ein zweites weißes Tor vor das Wohnhaus. Das wird eingeschlossen von einem sehr großen Obstgarten mit vielen Grotten, Sitzplätzen und dem Teehaus, einem kleinen Gartenhaus zwischen dem Garten und der Wiese. Obst- und Gemüsegarten werden umgeben von einer großen Weide. Hier grasten 7 Milchkühe, 5 Kälber, 9 Schafe und abends auch Pferde. Ein kleines Gehölz schützt das Haus gegen Nord- und Nord-Westwinde. Das Ehepaar Berg war kinderlos. Sie waren nicht nur sehr wohlhabende sondern auch sehr wohldenkende Leute, bei denen Eduard nun in Kost und Logis war und sich sehr wohl fühlte.

Min Oer

Vom Garten aus kann er über die Weide an die Schlei gehen, zu seinem Freibad. Ein Hügel verdeckt ihn da gegen etwaige Blicke vom Oer. Mein Vater schrieb: „Da war Eduard voll von einer Frische und Lebenskraft, wie wir ihn sonst kaum gesehen haben. Sein Amtszimmer im Regierungsgebäude liegt zwei Treppen hoch gleich links. Es ist geräumig, gewährt einen schönen Blick auf den Park und ist einfach ausgestattet. Der einzige Schmuck war ein Bild, was er sich selber mitgebracht hatte.

Als ich einmal zu ihm hinaufgestiegen war, diktierte er gerade dem Tippfräulein einige Briefe. Sie stenographierte sie rasch und ging dann fort um die Briefe in Maschinenschrift herzustellen. Was für eine breite Palette von Themen! Da war ein Streit zwischen einem Probst und einem Studiendirektor zu schlichten, die Prüfungsarbeiten von Referendaren und Assessoren zu beurteilen, die Abiturientenprüfungen, da war die Frage welche Fremdsprachen obligatorisch und welche als Wahlfächer behandelt werden sollen, ob eine höhere private Mädchenschule als Lyzeum anerkannt werden könne, ob ein bestimmter Studienrat sich zum Direktor einer Oberrealschule eigene und noch vieles mehr.

An einem Sonntag machten wir mit Eduard und dem Ehepaar Berg eine Dampferfahrt auf der Schlei nach Luisenlund, wo wir im Garten Kaffee tranken. Wir machten auch große Spaziergänge nach Haddeby und Busdorf aber auch nach Schuby und besahen uns Schleswig, den Dom, den Holm mit den kleinen Fischerhäusern. Schleswig ist wirklich eine einmalig schöne Stadt an der Schlei mit vielen Segelbooten. Das alles klingt, als wäre in Deutschland nach dem verlorenen Krieg alles wieder in normalen Bahnen. Tatsächlich aber herrschte allgemein Not. Die Inflation führte in Berlin zu einer schrecklichen Hungersnot. Die Kindersterblichkeit war erschreckend und ein Dollar kostete 600 000 Mark."

Das Oer mit dem alten Kavaliershaus war so recht für mich, den Romantiker, geschaffen. Es lag auf einer Landzunge am westlichen Ufer der Schlei, in der,

der Sage nach, Ansgar seine ersten Heiden getauft haben soll. Wenn man von Friedrichsberg kommend, die breite Kastanienallee durchschritten hatte, und vor dem Hause stand, dann breitete sich majestätisch die Schlei vor einem aus, im Hintergrund der Dom und etwas rechts davon die Möveninsel. Ich brauchte nur die Koppel hinunter zu gehen, vorbei an den weidenden Kühen, da war ich am Ufer, wo ich baden konnte, und wo im Schilf versteckt später mein Boot, der Hüpper, lag. Wie oft bin ich später an schönen Sommertagen hinausgerudert bis zur Möveninsel, habe auf dem Rücken schwimmend beobachtet, wie tausend Möven in den blauen Himmel aufstiegen, Schneeflocken gleich, ein unvergessliches Schauspiel. Von der Glasveranda meiner Wohnung blickte ich in den Hof hinab, der von einem mächtigen Wallnussbaum beschattet war. Unter ihm plätscherte Tag und Nacht eine Quelle. Sie störte nicht und gehörte dazu.

Wilhelm Berg, der Besitzer des Oers, war ein Mann von klarem Verstand und tiefen Gemütes. Er war ein ausgezeichneter Geschäftsmann und Inhaber der Dampfmühle Saar und Kähler. Er stammte aus Kappeln, sein Vater hatte als Kapitän einen Küstendampfer gefahren und er war mit 16 Jahren mit 5 Mark in der Tasche als Schiffsjunge in die USA ausgewandert. Dort hatte er zunächst jeden Job angenommen, hatte als Cowboy mit dem Lasso Tiere eingefangen, dann selber eine Farm übernommen und sie zur Blüte gebracht. Als dann aber sein Onkel Kähler in Schleswig starb, hatte man ihn als Erben der Mühle zurückgerufen. Eigentlich wollte er nicht zurückkehren. Doch in Schleswig verliebte er sich in Ina, eine 17jährige Bürgerstochter, heiratete und übernahm die Mühle. Er hat seine Farm fahren gelassen und alle Kraft für die Entwicklung der Mühle eingesetzt. Anfangs mussten beide hart arbeiten und stellten ihre Kinderwünsche zurück. Später, als sie sich welche wünschten, war es zu spät. So blieben sie kinderlos. Als ich zu ihnen zog, mag er wohl 60 Jahre alt gewesen sein. Ein kräftiger Mann voll Unternehmenslust, ein gewiegter Kaufmann, einer der angesehensten und wohlhabendsten Bürger der Stadt. Er erwarb auch eine Landstelle in Angeln und in Selk eine Wassermühle, unweit des Selker Moores, wohin er gern des Sonntags mit dem Pferdefuhrwerk hinausfuhr. Jeden Morgen rief er die Börse in Hamburg an und machte fernmündlich große Abschlüsse.

Ich habe manchmal bei ihm gesessen, wenn er am Telefon handelte. Dann legte er auch bisweilen befriedigt den Hörer hin und sagte: „Den hev ik fatkregen." Das kam aus dem Gefühl, ich bin ihm über.

Mien Oer.

Güng dörch de Welt de Krüz un Quer
In Waken un in Droom;
Is nix so smuck as du, mien Oer,
In Vörjahrs Blöt un Bloom.

If seil na Osten, seil na Süd,
Wo schön de Welt doch weer!
An schönsten, wenn to Sommertied
In Rosen slöppt dat Oer.

If plückt mi Datteln günt dat Meer,
Se smeckt nich halv so god
As eegen Appeln, de up't Oer
Lacht all in geel un rot.

Un hult de Wind in Dak un Stroh,
Un brust de See daher,
Denn jucht mien Hart: Blas to, blas to!
Is Heimatsklang! If sitt in Roh
Hier warm un fast up't Oer.   E. E.

Neue Aufgaben als Oberschulrat in der alten Heimat

So kurz und bündig wie meine Ernennungsurkunde war, so einfach vollzog sich auch mein Amtsantritt. Ich meldete mich am 4.Mai beim Oberpräsidenten Kürbis in Kiel und dem Präsidenten des Provinzialschulkollegiums, besuchte noch meine Eltern und meinen Bruder Hermann in Kiel und fuhr dann nach Schleswig. Da traf ich den Kollegen Consbruch, Altphilologe, Ende 50, der mich, den in seinen Augen nur wenig gebildeten jungen Mann (Neusprachler und kein Humanist) mit einer gewissen Reserve begrüßte. Er teilte mir die Hälfte der höheren Schulen zu, und zwar im Norden der Provinz und Altona mit Ausnahme der beiden humanistischen Gymnasien in Altona und Flensburg. Auch die Oberschulen in Kiel behielt er für sich, was mir nur recht war, denn ich mochte nicht Dezernent meiner alten Schule sein. Der dritte Oberschulrat Runkel, der die Seminare betreuen sollte, war Abgeordneter der deutschen Volkspartei und glänzte durch Abwesenheit. Ein Jurist war nicht vorhanden. Die Disziplinarfälle bearbeitete Amtsgerichtsrat Ratjens im Nebenamt. Später übernahm Herr Walter die Stelle des Justiziars und zwar als Vizepräsident. So hatten wir keine Vorgesetzten im Hause; denn Herr OP Kürbis blieb lieber in Kiel. Mein Amtszimmer lag im 2. Stock des „Roten Elefanten", war hell und luftig, und gewährte einen schönen Ausblick in den Park. Das Mobilar bestand aus einem Schreibtisch, zwei Stühlen, einem Aktenbock, einem Papierkorb und einem Spucknapf. Alles in stark abgenutztem Zustand. Die mittleren Beamten waren willig und freundlich.

Während ich mit meinem Kollegen Consbruch sachlich und kollegial verkehrte, fühlte ich mich mit einigen Beamten bald freundschaftlich verbunden. Da war der alte Schulrat Möhlenbrink, den ich schon als Kollegen meines Vaters kennengelernt hatte, Pastor Nissen und Graf Rantzau. Herr Möhlenbrink bearbeitete die Volksschulen, behaglich und gütig, war er meistens schon am Vormittag mit seinem Pensum fertig. Herr Nissen, selber Nordschleswiger, beschäftigte sich mit der Grenzfrage und Otto Graf Rantzau, ein feingebildeter scharf denkender und gewandt formulierender Jurist, war der politische Referent. Mein

Interesse für Nordschleswig verband mich besonders mit diesen beiden. An der Spitze der Regierung stand Adolf Johannsen, übrigens auch der erste Schleswig-Holsteiner, der diesen Posten bekleiden durfte, eine überragende Persönlichkeit, ein gründlich geschulter Verwaltungsbeamter, sachlich, klar, zielbewusst und sicheren Urteils. Er regierte Schleswig-Holstein so gut wie allein, wozu man heute 7 Minister und 7 Staatssekretäre benötigt.

Die äußeren Umstände waren so günstig wie nur möglich, und ich ging wohlgemut an die Arbeit. Bald geriet ich in die Grenzpolitik, die meine Arbeitskraft zusätzlich in Anspruch nahm. Ein Jahr vorher hatte die Abstimmung im Grenzgebiet stattgefunden. Die ungeheure nationale Erregung zitterte noch nach. Ich war als Schleswig-Holsteiner in die Heimat zurückgerufen worden, erhielt das Dezernat über die Grenzschulen und so kam ich schnell in Verbindung mit den führenden Grenzarbeitern in der Regierung, den Dezernenten Graf Rantzau, Pastor Nissen, und Ingwersen. Die Schulen waren durch den kulturellen Vorstoß der Dänen bis zur Eider bedroht. Die nutzten die für sie günstige Lage aus: In Dänemark lockte ein behagliches sattes Leben, ein friedliches Volk, das vom Krieg verschont geblieben war, das sogar gut daran verdient hatte, hier ein ausgeblutetes Volk, dem ungeheure Kriegslasten auferlegt waren. So erlagen viele Schleswiger den Verlockungen des nordischen Nachbarn. Aus der kleinen dänischen Kolonie, die vor dem Krieg in Flensburg bestanden hatte, wurde in kurzer Zeit die dänische Minderheit. Sie erreichte ihren höchsten Stand bei den Reichstagswahlen im Mai 1924 mit 7659 Stimmen. Dass sie nach Überwindung der Inflation im Dezember desselben Jahres auf 5137 Stimmen absank, zeigt, wie sehr sie durch materielle Not verursacht war. Daher der Spottname „Speckdäne".

Die Abstimmung war in zwei Zonen vorgenommen worden. In der ersten Zone wurde en bloc, in der zweiten gemeindeweise abgestimmt. So kam es, dass Tondern, obwohl etwa 75 % der Einwohner für Deutschland gestimmt hatten, weil es in der ersten Zone lag, dänisch geworden war. Dadurch entstand erregte Verbitterung. Ich erinnere mich eines Besuchs in der Stadt meiner Väter, als gerade eine dänische Reiterschwadron durch die Straßen ritt. Ich war gerade bei meinem Freund Ben Tilse in Tondern, und wir beobachteten die Haltung der Leute. Nur die dänisch gesinnten Bürger hatten mit dem Dannebrog geflaggt, die Deutschen nicht. Tilses Jungen liefen durch die Straßen und zählten, ob auch Deutsche geflaggt hätten, und kamen und berichteten uns mit roten Köpfen, „Sieben sind untreu geworden!" Sie konnten es einfach nicht fassen. Wir alle waren von einem leidenschaftlichen Nationalgefühl erfüllt und hofften, dass, wenn Deutschland wieder erstarken würde, es sich Nordschleswig zurückholen werde.

In Rendsburg lernte ich einen Kreis von ideal gesinnten Männern kennen, die im Sinne Grundvigs durch Besinnung auf die Werte des eigenen Volkstums wirken wollten und deshalb nach dänischem Vorbild Volkshochschulen gründeten. Die so geschulten Dänen hatten sich im Kampf um das Volkstum an der Grenze als überlegen gezeigt. Zu diesem Kreis gehörten als treibende Kräfte Landrat Steltzer, Pastor Tönnesen, Axel Henningsen und aus Flensburg Pastor Kähler. Wir kamen regelmäßig in Rendsburg zusammen, und ein Mitglied hielt dann ein Referat. Von ähnlichen Gedanken waren auch die Gründer des Schleswig-Holsteiner-Bundes erfüllt unter der Führung des Bauern Iversen, Munkbrarup. Ich wurde 1922 Mitglied und hielt anlässlich des Heimattages in Wilster meine erste plattdeutsche Rede über unsere Muttersprache. Dass ein Oberschulrat plattdeutsch reden konnte, war wohl ungewöhnlich. Als im Mai ein Schiff aus den USA mit Deutsch-Amerikanern erwartet wurde, bat die Regierung und der Heimatbund mich sie zu begrüßen.

Der „Volksfestvereen" in New-York-Jersey hatte die „Hansa" gechartert um zum ersten Mal nach dem Kriege die Heimat zu besuchen. Die 800 Passagiere hatten ihre Angehörigen benachrichtigt, und an die 10 000 waren nach Hamburg gekommen um sie zu begrüßen. Die plattdeutschen Vereine waren am Kai aufmarschiert. Die Honoratioren mit Zylinder standen erwartungsvoll, Musikkapellen spielten, die Gesangvereine schafften sich Gehör, da tauchte der Bug der „Hansa" auf. Da rief einer: „Nu singen wi dat Dütschlandleed!" „Dat is verboden, dat geit nich, dat let de Senater nich to" riefen die Hamburger. „Man her mit dien Senater, den smiet wi int water!" Und fast wäre es zu Handgreiflichkeiten gekommen. Da ertönte von Bord der Hansa die Schiffskapelle mit dem Deutsch-landlied, „Deutschland, Deutschland über alles" und der ganze Hafen sang mit. Ein Rausch der Begeisterung erfasste die Menge, die zum ersten Mal nach dem Kriege wieder ihre Nationalhymne singen durfte. Die Hansa machte fest, die Brücken wurden niedergelassen und die Gäste gingen an Land, umringt von ihrer Verwandtschaft, und begaben sich zum offiziellen Empfang in das Curio Haus. Da habe ich dann die plattdeutsche Begrüßungsrede gehalten:

„Mien leeve Landslüüd, Dat is en hooge Ehr un en grode Freud for mi, dat ik im Namen von de Regerung und von den Schleswig-Holsteiner-Bund uns Landslüt ut Amerika toropen dörf: Willkommen in de Heimat! Dat gifft keen Land nich, dat mit so veel En un Finzel an Amerika knütt is, as uns. Hier gifft dat keen Dörp und keen Straat inne Stadt, de nich Verwandtschap in Amerika wohnen het, de nich weet, hüt den 17. Mai löpt de Hansa mit 800 Landslüt in Hamborg in, de nich fragt, is uns Jung, uns Unkel, uns Tante mit dorbi? Ward he ock bi uns inkieken? Un dor is keen Dörp, keen Straat in de Stadt, de nich Wolldaten von Verwandtschap und Fründschap günt den groten Diek empfangen het in de swore Kriegstied, dat shall jug nich vergeten sien.

Und wi weet woll, dat disse tid ock for juch nich licht west is, dat menni een üm sien Geschäft kamen is, üm sien farm, blots weil dat he von dütschen Bloot weer- dat schall juch erst recht nich vergeten sein. – Dat ji nu sülm kamt, darö-ver freut sik – mit Hamborg und Bremen – dat ganze Land. Nich dat ganze Land, een Stück fehl da an, dat het de Krieg wegreten. Von de Flensborger Bucht bet na Hoyer is een niee Grenz trocken. Wer in Apenraa, in Sonnerborg oder in Tondern to hus is, den stellt sik een rot-witte Grenzpahl in den Weg. „Dat Land hört mi!" Man de 50 000 Dütsche, de de Hannemann överschluckt hett, de stat da baben fast tosam. Se hebt mi beden juch to gröten, juch intoladen: „Kiek ok bi uns in. Wi sünd so gode Dütsche as man een, wi hebt dat grote Lengen na de Heimat, grad as ji, wi weet wat wi verloren hebt.

Aber sünst süht dat Land so ut as dunn, wo ji´t verloten hebt. Schleswig-Hol-stein is as een Pannkoken, de Kanten sünd dat beste doran. Dor staat an de

Ostsee de Böken so stur un so stolt, dat blage Water blänkert dör de Bläd, dor licht de Masch, fett un saftig un grön as in ole Tiden – un över de Heid dor summt de Imm. – Wi hebt Freden na en langen Krieg. Uns Volk is werrer bi de Arbeit, un doch wi hebt noch nich Freden. De Hannemann will mehr von uns Land. He smitt nich mit Handgranaten, he smitt mit Kronen över de Grenz. He köft Land un Hüs, holt lütte Kinner röver, dat se dänisch leeren sullt, gründ dänische Schoolen, druckt dänische Zeitungen – dütsch schreewen, denn de Lüd verstaat ja keen Dänisch – un alles ward slecht makt, wat us hillig is. Wi hebt keen Geld dorgegen to setten, aber wi hebt wat Beteres, dat is uns klores Recht, uns Volksdom, uns nederdütsche Ort, tag un tru – uns plattdütsche Spraak, uns Globen an den Dag, wo de dütsche Michel sich wedder opreckt in Kraft un Macht. Dor is nich een, de nich glövt an den Dag, wo Schleswig-Holsteen is werrer „ungedeelt". Ganz Schleswig-Holsteen steit op den Diek un röpt den Hannemann to: „Dat givt nur ein Schleswig, un Schleswig is dütsch!"

Uns eegen Ort, uns plattdütsche Sprak, dat is de Kitt, de uns tosamen hölt, dat Band, dat juch röverbröcht het in de ole Heimat. Und ji künnt us keen beteren Deenst don, as wenn ji in jedes Dörp, in jede Stadt, wohen ji kamt, Frünn und Verwandten toropt: „Jungs holt fast, holt fast an Ort un Spraak! Dat is de Grund op den wi staat: Wer eegen Ort fri wünn un wohrt, bi den is in Not, een ton besten verwohrt!" Ick heff hört, wenn de Eekenbusch Gill in Chikago sick versammelt, denn staat se in Kreis un gevt sich de Hand un seggt: Wi wult uns helpen in Not un Doot!" Dat is een Wort, dat wüllt wi annehmen. Willkamen in de Heimat! Hier is uns Hand! Landslüd, slagt in! Wi wult us helpen in Not un Doot!"

Ich erntete rauschenden Beifall und muss wohl die Stimmung richtig getroffen haben. Als ich später im Jahre 1952 die plattdeutschen Landsleute in New Jersey besuchte, traf ich Leute, die an der Fahrt auf der Hansa teilgenommen hatten, und sich an den Satz erinnerten: „Schleswig-Holsteen is as en Pannkoken". Ein Wort, das wohl von Klaus Groth stammt. – Am Nachmittag wurde zu Ehren der Gäste ein plattdeutsches Theaterstück aufgeführt. Ich saß neben dem Präsidenten des Vereins, der sagte: „En fein Komedi, aber een, wo man sin Frau leever to Hus lett."

Bald zerstreuten sie sich über das Land. Sie wollten ja ihre Verwandtschaft besuchen. Wir steckten schon bis zum Hals in der Inflation. Sie kamen als die Reichen, mit Dollars in der Tasche. Dabei waren sie fast alle einfachen Standes und hatten sich das Geld für die Reise oft mühsam zusammengespart, „Lütte Lüd", gerade und rechtschaffende Menschen. Etwa drei Wochen später hatte ihr Präsident zum Abschiedsessen in Hamburg im Atlantik eingeladen. Als Ehrengäste waren unter anderen auch Otto Ernst und Graf Luckner gekommen. Der Graf zeigte seine Kraftkunststücke und erzählte von seinen Kaperfahrten. Einer der Amerikaner erzählte dann von seiner Heimkehr: „Ick bün bis Wedel föhrt, steeg ut, un wull to Foot gahn. Wull jeden Hof, jede Koppel, jedes Hecktor seihn. Ob uns Hus noch steiht, de Beernboom merrn up den Hof, mi slog dat Hart, dor steit de Bruteek ant Över, just as in min Jungstied, ik ga över de Brügg, dor in de Wisch, dor heff ick een Aal greepen. Dor steit de Chausseesteen, dor les ick, „Holm", mien Holm, dor fang ick an to loopen und loop un loop bet ick vör uns Hus stunn, den Beernboom, den Soth — to Hus!"

Das hat mich am meisten berührt.

Nordschleswig, eine Sonderaufgabe

Als Dezernent für die Schulen an der Grenze beeinflussten die Grenzprobleme meine pädagogische Arbeit. Schon in den Jahrzehnten vor 1914 hatte das dänische Volkstum in Nordschleswig an Boden gewonnen, in einer Zeit, als Deutschland auf der Höhe seiner politischen und militärischen Macht stand. Das gab zu denken. Es hatte die Erziehung des dänischen Volkes im Sinne Grundvigs, die Besinnung auf sein Volkstum Früchte getragen. Auch nach der Abstimmung 1921 trug es weiter Früchte, denn die Dänen trugen geschlossen ihrem kulturellen Grenzkampf nach Süden vor. Aus diesem Grund forderte ich in einem grundlegenden Vortrag auf der deutschen Tagung am 27.07. in Rendsburg ein neues Bildungsideal, die Erziehung des deutschen Menschen. „Ein Bildungsideal, dass unser gesamtes Schulwesen auf eine einheitliche Grundlage stellt, das uns nicht, wie das frühere französische, von der großen Masse des Volkes trennt, sondern alle Schichten zu einer Gemeinschaft zusammenschließt, das geboren ist aus dem Glauben an die Bildungskraft des eigenen Volkstums."

Ich habe diesen Vortrag auch in anderen Städten gehalten, und in vielen Fachkonferenzen mit den Kollegen erörtert. Besonderes Gewicht habe ich auf die Pflege der Muttersprache, das Plattdeutsche und auf die Landesgeschichte gelegt. Beides war durch den preußischen Einfluss in der Vergangenheit vernachlässigt worden. In der „elastischen Einheitsschule" im Jahre 1925 kehren diese Gedanken wieder. Sie haben mich bis 1933 bewegt und wurden auch nach 1945 wieder aktuell. – Politik und Pädagogik haben mich immer wieder bewegt. So stand ich zwei Wochen später wieder auf dem Rednerpult. Regierungspräsident Adolf Johannsen fragte mich, ob ich nicht am 11. August die Festrede zur Einführung der Neuen Verfassung (vom 11.08.1919) halten wolle. Ich war darüber sehr überrascht, auch hatte ich mich bis dahin noch nicht mit der Neuen Verfassung beschäftigt. Sie war umstritten und wurde von vielen noch royalistisch gesinnten Beamten abgelehnt. Ich übernahm es zu den Beamten zu sprechen und konnte es, nachdem ich sie noch einmal intensiv studiert hatte, mit gutem Gewissen tun, denn ich bejahte die Neue Verfassung.

Ich kam gut an und der Regierungspräsident ließ die Rede im Zentralblatt veröffentlichen. Sie endete mit: „Vielleicht, dass wir doch noch in unserer tiefsten Not lernen das alte Erbübel der Zwietracht abzulegen, dass wir uns noch in der 12. Stunde darauf besinnen, dass wir ein Volk von Brüdern sind, dass wir es sein müssen, wenn wir leben wollen:

> So helfe jeder mit seiner Kraft
> So schweige jeder in seinem Leid!
> Eines steht groß in den Himmel gebrannt
> Alles mag untergehen
> Deutschland unser Kinder- und Vaterland
> Deutschland muss bestehen."

Sogar die SPD-Presse zollte mir, wenn auch widerwillig, Anerkennung. Am meisten bewegte mich aber die Grenzfrage. Von 1922 bis 1924 habe ich an zahlreichen Orten darüber Vorträge gehalten. Ich erinnere mich deutlich des Abends im großen Theatersaal in Schleswig, wo ich anlässlich der 75-Jahrfeier der Erhebung Schleswig-Holsteins die Festrede hielt. Meine Begeisterung gipfelte in der Förderung des Schleswig-Holsteiner Bundes, meiner Arbeit im Vorstand, und zeigte sich in zahlreichen Reden. Ich hatte auch schon die Verbindung zur Deutschen Stiftung aufgenommen, hatte für die Schularbeit in Nordschleswig die ersten Mittel von der Provinzialverwaltung – Landeshauptmann Pahlke – bekommen. Als einer der besten Kenner der Grenzfrage wurde ich Mitglied der deutschen Delegation, die im Oktober 1924 versuchte, mit den Dänen einen Vertrag über die Grenzfrage zu vereinbaren. Aus der Reichsverwaltung nahmen 12 Vertreten teil, unter anderen außer mir Graf Rantzau, Pastor Nissen und Gröndahl. Wir trafen uns im dänischen Außenministerium in Kopenhagen mit ebenfalls 12 Herren, an ihrer Spitze die Grafen Reventlow und Moltke. Das war für mich eine ganz neue Welt. Tagsüber Sitzungen, Diskussionen, Rede und Gegenrede, abends Empfänge und Geselligkeit. Es war vergeblich, die Dänen scheuten sich vor einem Vertrag mit dem viel größeren Nachbarn. Nach 14 Tagen mussten wir unverrichteter Sache wieder abziehen. Zum Schluss gaben uns die Dänen ein üppiges Dinner in einem sehr vornehmen Hotel. Nach dem Essen saß ich mit dem Grafen Reventlow in einer Nische und wir plauderten behaglich. Da sagte der Graf: „Herr Edert, eigentlich haben wir immer einen Vorwurf gegen Sie erhoben, von deutscher Seite aus gesehen, dass Sie so dänisch aussehen." Ich erwiderte ebenso freundlich: „Ja, Herr Graf, und wir haben immer einen Vorwurf gegen Sie erhoben, von dänischer Seite gesehen, dass Sie einen deutschen Namen tragen." Er erhob lächelnd sein Glas. „Wir sind quitt." – Von diesem heiteren Abschuss abgesehen, war ich die ganze Zeit in nervöser Spannung. Ich hätte so gerne etwas Konkretes für meine Schulen in Nordschleswig erreicht. Die Stimmung war verbindlich und sachlich, ich erinnere mich nicht, dass einmal gelacht worden wäre.

Außer diesem Auftrag hatte ich eine Aufgabe, die, wenn auch sachlich nötig, menschlich sehr unerfreulich war, den Abbau weniger fähiger Lehrkräfte in den vorzeitigen Ruhestand. Es bestand ein Überangebot an Lehrern, die aus dem Krieg zurückkehrenden Assessoren fanden keine freien Stellen. Da entschloss sich das Ministerium in Berlin, durch vorzeitige Pensionierung der weniger befähigter Lehrer Platz zu schaffen. In Schleswig-Holstein war der Andrang besonders groß, da durch die Abstimmung bedingt, die vier Gymnasien in Nordschleswig aufgelöst, und die Lehrkräfte an unsere Schulen versetzt worden waren. Die Direktoren wurden beauftragt, Vorschläge für den Abbau zu machen, das Provinzial-Schulkollegium nahm dazu Stellung, und der Minister entschied. Warum ich als der jüngere mit dieser Aufgabe betraut wurde, weiß ich nicht, zumal ich bisher ja nur meine Schulen kannte. Die Entscheidungen haben sicherlich manche Bitterkeit ausgelöst, doch der Schule kamen sie zu Gute. Junge, frische Lehrer rückten in die freien Stellen ein, bereit die Gedanken der Richterreform durchzuführen. Sie setzten sich mit fröhlicher Hingabe ein. Das bestätigte, dass der Grundsatz der Unabsetzbarkeit eines Lehrers der Schule nicht zuträglich ist. Bei offenbaren Versagen müsste die Möglichkeit bestehen, ihm eine andere Tätigkeit anzubieten. Dass eine ganze Generation von Schülern unter seiner Unfähigkeit leidet, ist nicht zu verantworten.

Familiengründung, Goldene Hochzeit, grüne Hochzeit

Am 18. Februar hatte ich mich mit Dodo, das heißt mit Dorothea verwitwete Thaer, geborene Volkmann, verlobt und am 20. Februar besuchte ich mit meiner Braut, meine Eltern in Kiel, und fragten, ob wir nicht auch am 20. März, anläßlich ihrer goldenen Hochzeit, unsere Hochzeit feiern könnten. Dieser Vorschlag wurde von allen begrüßt und hat die Vorfreude natürlich noch erhöht. Unsere Trauung und ebenso die Einsegnung meiner Eltern vollzog Pastor Nielsen in der Nikolaikirche mit 44 Gästen. Zur anschließenden Festtafel waren wir mit 18 Personen zusammengekommen. Wir hatten bis zum Abend noch sehr schöne Stunden, wenn ich auch mit Dodo schon um 6.45 Uhr das Fest verlassen musste, um nach Schleswig abzufahren." So lief ich am 20.03.1924 in den Hafen der Ehe ein. Meine Do zog zu mir in das alte Kavaliershaus auf dem Oer. Von unserem Fenster blickten wir hinab auf den Hof, der von einem mächtigen Nussbaum überdacht war. Eine Quelle murmelte Tag und Nacht. Sonst war es ganz still.

Aber die Fahrt dorthin war stürmisch und wechselvoll, mein Lebensschiff war oft gefährdet, dank meiner Unbesonnenheit und dem Überschwang meiner Gefühle. Mein Glück und mein Unglück in den Jahren zwischen 1905 und 34, war meine Phantasie. Ich habe in dieser Zeit nicht nur den Schuster von Tondern, sondern viele gute Gedichte und Erzählungen geschrieben, aber auch manche Enttäuschung und viel Herzeleid erlebt, vielleicht auch angerichtet.

Das erfolglose zehnjährige Werben um Lilly Martius in Kiel, hat mich wohl vor manchem Fehltritt bewahrt. Dann gewann ich die warmherzige, lebensprühende und sangeskundige Valborg, verlebte mit ihr ein glückliches Ehejahr, zuletzt mit dem traumhaften Aufenthalt in Jeppedalen. Doch dann wurde sie krank, siechte langsam dahin, aber reifte in ihrem Leid zu immer mehr seelischer Vollendung. Als dann der Krieg ausbrach, verstarb sie. Ich zog nach Grünberg, wurde Soldat, erst im Oktober 1916 lernte ich in Kitzeberg Hella Simons, ein schönes kluges Mädchen kennen, doch sie war bereits verlobt. Auf Sylt traf ich dann Dorothea Thear, doch sie war glücklich verheiratet. Im Sommer besuchte ich kurz vor dem

Abmarsch nach Flandern Körnchen und Hanna Bruns in Marburg. Ich hatte mit ihnen korrespondiert, auch über meine Novellen und Gedichte. Ich kannte beide aus der glücklichen Zeit in Kitzeberg und Kiel. Kaum eine Frau hat so viel Verständnis für meine literarischen Versuche gezeigt wie Körnchen. Sie war außerordentlich belesen, musikalisch, wie alle Bruns und leider schwerhörig. Ihre Schwester Hanna war ihr sehr ähnlich und spielte wunderbar Geige. Beide Schwestern wurden später taub. In Brügge hatte ich zwei Krankenschwestern getroffen, die ich schon von Kiel kannte: Annemarie und Erika. Die habe ich verschiedentlich in Brügge besuchen können und sehr schöne Nachmittage mit diesen beiden trefflichen Frauen, die von allen Soldaten verehrt wurden, verlebt. Sie gaben sich ganz ihrer Arbeit hin, hatten eine fröhliche aber immer feste Art und hielten in ihren Sälen musterhaft Disziplin. Erika erinnerte mich sehr an meine Mutter. Leider bekam sie Tbc und musste deshalb in den Süden. – In Grünberg fand ich keine, die mir gefallen hat. Ich verkehrte freundschaftlich mit meiner Nachbarin Frau Milly Wagner, einer fein gebildeten Amerikanerin, Mutter von drei Jungen. Einer davon, Theo war Tertianer, ein prächtiger Kerl mit blitzblanken Augen. Der pilgerte jeden Morgen mit mir zur Schule. Unser gemeinsames Interesse für die englische Sprache führte uns zusammen. Sie war drei Jahre älter als ich und hat zusammen mit Lisa Breyther, der Frau meines Kollegen mich in allen Fragen des Haushaltes gut beraten. Im Herbst 1920 lernte ich bei meinem Freund E. von Stackelberg in Oberbayern Else von Kügelken kennen. Eine stille, versonnene aber heitere Natur. Eine liebliche Menschenblume erst 18 Jahre alt. Sie bemühte sich in Marburg auf einer Presse das Abitur als Externer zu machen. Ich riet ihr doch in Grünberg das Abitur auf einer normalen Schule zu machen. (Ich dachte egoistisch, ich könne sie dann besser kennenlernen) Nach längerem Überlegen lehnte sie ab und versuchte es weiter in Marburg. Als sie dann durchfiel, hat sie sich erschossen. Dieses Erlebnis hat mich wohl kopfscheu gemacht. Als ich Anfang Mai nach Schleswig zog, hatte ich keinen Mut mehr. Ich lernte mehrere gesunde und wertvolle Mädchen kennen. So die Töchter von Pastor Lorentzen, wir feierten ein stimmungsvolles Sonnenwendfest. Da waren Heide, die Zeichenlehrerin und Gönna Hamkens, die später meine Sekretärin wurde, und andere, aber ich konnte mich nicht zu einem weitergehenden Schritt entschließen. Im Sommer 22 verliebte ich mich in Gertrud Heesch, eine Schülerin im Seminar in Flensburg, mit großen blauen Augen, ein Wandervogeltyp, wie ich ihn gerne hatte. Nach einigen gemeinsamen Wanderungen besuchte ich sie zu Hause, um ihre Eltern im Pastorat in Wenningstedt kennenzulernen. Ich hatte noch nicht zu Ende mich vorgestellt, als ihre Mutter schon über unsere Verlobung jubelte, und diese Neuigkeit telefonisch gleich ihrer Schwester in Heide meldete. Ich fühlte mich überrumpelt, und so wurde unsere Verlobung bekannt. Doch sie hielt nicht lange; denn wir merkten bald, dass wir nicht zueinander passten. Wir haben uns sehr bemüht, aber schließlich zu Weihnachten die Verlobung aufgelöst. Auch die Freundschaft mit Gisela Schröder, der Tochter meines Lehrers, führte zu keiner engen Verbindung.

Am 7. Oktober 1923 feierten der Bruder meiner Mutter Hermann Rautenberg und Bertha geb. Matz ihre goldene Hochzeit in Ratzeburg. Dazu schrieb unser Vater, der aus Gesundheitsgründen nicht dabei sein konnte:

> „Dankbar blickt Ihr zurück am Tage der goldenen Hochzeit
> Auf manchen blumigen Pfad, auf manchen gnädigen Schutz
> Feiert nur fröhlich den Tag und schauet getrost in die Zukunft
> Der Euer Schutz war bisher, stehe auch ferner Euch bei!"

Es war eine schwierige Zeit, man rechnete nur noch mit Millionenbeträgen infolge der Inflation. Da war es ein besonderes Geschenk, dass Paul Bartels meine Mutter Helene mit dem Automobil morgens um 11 Uhr abholte. Wir packten sie gut ein. Über das schwarzseidene Kleid zog sie sich eine wollene Jacke, dann einen schwarzen Tuchmantel und einen Regenmantel. Auf dem Kopf hatte sie eine Schirmmütze von mir, einen doppelten Schal um den Hals und eine Autobrille zum Schutz der Augen auf. Das Auto holte dann noch Helenes Schwester und Familie Bartels ab und fuhr über Plön, Lübeck nach Ratzeburg.

Als unsere Mutter von dem Fest zurückkam, war sie ordentlich begeistert. Hermann Rautenberg jun. (der 4.) hatte das Fest in seiner Wohnung ausgerüstet. Am frühen Morgen haben die Kinder und Enkel schon gratuliert und die Enkel haben von mir verfasste Gedichte vorgetragen. Um 10 Uhr hat Pastor Löber das

Paar eingesegnet. Der Frauenverein hat eine schöne Torte gestiftet, auch eine geschlachtete Ente und ein Korb mit Wurst waren gekommen. Das Festmahl für 33 Personen begann um 6 Uhr abends (Hühnersuppe, Hühnerfrikassee mit Reis, Kalbsbraten mit Gemüse, Kompott, Eis und Butterbrot). Hermann Rautenberg der V. hat auf die Reihe der Hermanns in der Familie hingewiesen und erklärt, wenn er sich verheiratet und Vater eines Sohnes würde, solle dieser Hermann Rautenberg VI. heißen. Nach dem Essen wurde noch getanzt.

Ich besuchte meine Eltern in Kiel am 23.11.1923 und auch mein Bruder Hermann kam dazu. Ich konnte große Schätze mitbringen: Eine sehr schöne Gans, eine Wurst, einen Schinken und Honig! In einem Schreiben an meinen Dezernenten in Berlin, das ich mit den Eltern besprach, setzte ich mich für die Herabsetzung der wöchentlichen Unterrichtsstunden für die Schüler und für eine Vereinheitlichung der Schulen im Reichsgebiet ein. Auch zu Weihnachten 1923 besuchte ich die Eltern in Kiel. Da kamen auch Hermann und dessen Tochter Ilse mit ihrem Mann, Klaus von Ruckteschell. Sie brachten ebenfalls sehr nahrhafte Geschenke mit, nämlich einen 11 pfündigen Wilstermarschkäse, Schinken, Honig, Eckern, Wallnüsse und Feigen. Mutter bekam, damit sie ihre Küche warm machen konnte, eine Kochhexse, dazu eine Primel, ein Alpenveilchen und einen zehntel Dollarschein. Paul Bartels schickte zum Fest einen Hasen. So konnten die Eltern trotz der Teuerung sehr reich beschenkt werden.

Beim Weihnachtsfest besprachen meine Eltern auch wie wir ihre goldenen Hochzeit feiern wollten, die am 20. März 1924 geplant war. Sie sollte in der Wohnung gefeiert werden und bis dahin sollte noch das Schlafzimmer gemalt und neue Zuggardienen angebracht werden. Wir fanden eine gute Kochfrau und Bartels stellten uns ihre beiden Mädel zur Verfügung. So konnte unsere Mutter sich ganz als goldene Braut fühlen, ohne sich durch die Gedanken an das Geraten der Speisen und an die Bedienung stören zu lassen. Im Herbst 1923 war die Stelle einer Studienrätin in Blankenese neu zu besetzen und wir hatten keine Bewerberinnen. Durch meine Freunde Lützows und Schäders hatte ich von Dorothea Thaer gehört, die ich im Krieg auf Sylt kennengelernt hatte. Sie hatte ihren Mann 1918 auf See verloren, hatte einen Sohn, und nach dem Krieg in Greifswald Physik und Biologie studiert und promoviert. Ich ließ ihre Zeugnisse von der PSV Königsberg kommen. So gute Ergebnisse hatte ich noch nicht gesehen. Da konnte ich sie gut der Stadt Blankenese empfehlen. Sie wurde gewählt und trat dort ihren Dienst am 01.10.1923 an. Es war die Zeit, als die Inflation ihrem Höhepunkt entgegenging. Die Unsicherheit war groß. Als sie in Blankenese auf dem Bahnhof ankam, waren ihre beiden Koffer gestohlen. Sie fand eine Wohnung in einer Bodenkammer unterm Dach. Man musste vom ersten Stock auf einer Leiter auf den Boden steigen, um dieses Gemach zu erreichen, in dem ein Bett, ein Stuhl und ein Tisch standen. Die Dachpfannen waren undicht, so dass oft morgens der Schnee auf der Bettdecke lag. Und dieses Zimmer war ihr auch nur zu der Bedingung überlassen, dass sie den beiden Kindern des Vermieters Nachhilfestunden erteilte.

In Blankenese besuchte ich sie. Wir gingen zusammen hinunter an die Elbe. Ihr Sohn, Alfred, war da 6 Jahre alt. Er nahm mich wie einen Spielkameraden an die Hand und rannte mit mir das Elbufer hinunter. Ich konnte kaum mithalten. „Da liegt ein Boot!" und schon war er an Bord und stand am Mast. Er verstand sich auf jeden Handgriff, nannte alles mit seinem richtigen Namen, die Dollen, die Riemen, die Segel. Ein alter Seebär hatte es ihm beigebracht. Der hatte wohl auch Freude an seinen blitzblanken Augen. Auch ich hatte meine Freude daran, es waren die Augen seiner Mutter. Daran hatte ich sie wiedererkannt, sonst sah sie anders aus, als ich sie von Sylt her erinnerte. Sie trug ein schlichtes, straffes Kostüm, ohne Schmuck, betont einfach. Wir ließen den Jungen spielen, und waren bald in einem verständnisvollen guten Gespräch, es galt die Jahre zu überbrücken.

Ein paar Wochen später lud ich sie ein, mit mir zu meinen Verwandten, Onkel Julius und Tante Liesbeth zum Abendessen zu kommen. Dort hatte ich einen Besuch mit einem Freund angekündigt. Onkel Julius hatte gleich gemeint, wenn das man nicht eine Freundin ist. Wir wurden so warm aufgenommen! Wir trafen uns dann häufiger. Als es gegen Weihnachten ging und immer kälter wurde, lud ich sie ein, während der Weihnachtsferien zu mir aufs Oer zu kommen. Bergs hatten im ersten Stock ein geräumiges, ungenutztes Fremdenzimmer. Ich bat darum, und sie überließen es mir. Dorothea nahm die Einladung an, worüber ich ihr sehr dankbar war. So konnten wir zu dritt sehr schöne Ferien auf dem Oer und in Schleswig verbringen, teilweise auf dem Eis, denn die Schlei war zugefroren. Als die Ferien vorbei waren, hatten wir uns jedoch noch nicht ausgesprochen. Sie fuhr mit Alfred nach Rissen zurück, glücklicherweise in ein richtig möbliertes Zimmer, und ich reiste nach Freudenstadt zu Bauers. Auf einsamen Skiwanderungen durch den verschneiten Wald habe ich dann endlich den Entschluss gefasst. Ich schrieb ihr, dass ich am Sonntag, den 10.02. sie besuchen wollte. Ich kam mit einem großen weißen Alpenveilchen an. Auf dem Spaziergang durch das Rissener Wäldchen habe ich sie dann gefragt – und sie sagte, ja! Dann sagte sie: „Ich habe ein hässliches Muttermal am Bein, das musst Du wissen, bevor Du mich nimmst:" Und sie hob den Rock auf, streifte den Strumpf herunter und sah mich fragend an. Da nahm ich sie in meine Arme, und wir gingen selig zurück! Eine Zentnerlast war von meinem Herzen gefallen! Ein glücklicher großer Junge fuhr nach Schleswig zurück.

Kurze Zeit später brachte ich Do zu meinen Eltern nach Kiel. Sie verstanden sich sofort. Do spürte die Wärme meines Elternhauses. Vater und Mutter, die ja die Auseinandersetzungen über meine verflossene Braut miterlebt hatten, atmeten sichtlich auf, als sie sahen, dass diese schwierige Phase überwunden war. Mutter meinte dann nach einiger Zeit: „Dann wollt ihr gewiss bald heiraten!" Ich antwortete, ja, am 20. März, wenn ihr eure goldene Hochzeit feiern wollt. Da wurde unsere Festfreude noch erhöht. Die Wochen bis zur Hochzeit waren nicht ganz einfach. Wir wollten keine Verlobungsanzeigen versenden, mussten aber in Blankenese das Aufgebot bestellen, und ich musste den Abschied meiner Braut aus dem Amt in die Wege leiten. So erfuhr der Direktor Huffelmann davon, ein ängstlicher Pädagoge. Wie leicht konnte jemand im Kollegium etwas über den Oberschulrat sagen, was die Braut ihm wiedersagen könnte. Doch sie ist mit Heiterkeit und Takt über all diese Klippen hinweggegangen.

Am 19.03. holte ich Do in Kiel vom Bahnhof ab. Die Stube in der wir getraut werden sollten, die Esstische nebenan, alles war schon gerichtet in der ruhigen Heiterkeit, die meinen Eltern eigen ist. Das ganze liebe Zuhause atmete eine große Vorfreude. Am Nachmittag gingen wir auf den Friedhof an das Grab meiner Valborg. Es stürmte und schneite, doch Do sagte: „Das stille Grab mit dem Kreuz unter Rosen, vergesse ich nicht mehr. Unter Rosen hier und weit draußen in der Irischen See ruht das, was uns das Liebste war. Was diese beiden an Ewigkeitssamen in unsere Herzen streuten, das wollen wir miteinander hüten und pflegen. Das war in den Jahren der Einsamkeit das Bitterste, dass ich fühlte, ich konnte allein auf dem Wege, den mir Werner gewiesen hat, nicht weiterwachsen. War es bei Dir nicht auch so? Es gibt doch Quellen in uns, die nur sprudeln und springen, wenn die Seelen Liebe atmen.“

Der 20. März 1924, unser Hochzeitstag, weckte mich mit Schnee und Regen unfreundlich aus dem Schlaf. Meine beiden Brüder fuhren als Trauzeugen mit zum Standesamt. Ich war sehr unruhig, und erst als wir wieder zu Hause waren und ich meiner Do Schneeglöckchen und weißen Flieder bringen konnte, als wir mit den Eltern vor dem kleinen Hausaltar saßen, als Ilse meiner Mutter den goldenen Kranz mit einem Gedicht überreichte, und Do den bunten Anemonenkranz aufsetzte, als unsere Hände fest ineinander lagen, und das „Lobe den Herren“ erklang, da wurde ich ganz ruhig. „Der Herr ist eure Sonne und euer Schild“ darüber sprach Probst Nielsen zu uns vieren. Wir sangen „Jesus, geh voran“. So wurden meine Do und ich ein Paar. – Ein heller Sonnenschein fiel durch die Fenster, als wir an der Festtafel meinen Eltern gegenüber saßen. Ich sah ein stilles Leuchten in ihren Gesichtern, und fühlte den Zusammenklang mit ihnen und mit allen Verwandten. Am Nachmittag kamen Klahns und andere liebe Freunde zum Kaffee. Im Abendsonnenschein fuhren wir dann am Hafen entlang zum Bahnhof. In Schleswig erwartete uns das Bergsche Auto, das uns dann ganz langsam durch die Kastanienallee durch die Ehrenpforte zum Oer fuhr, das zauberhaft im Mondlicht lag. Herr und Frau Berg empfingen uns, als wenn wir ihre Kinder wären, und führten uns in das mit Blumen überreichlich geschmückte Heim. Wir saßen Hand in Hand und konnten unser Glück kaum fassen. So haben wir heimgefunden, und vor unserem Fenster rauschte der Brunnen.

Wir verlebten dann selige Wochen, und es machte uns auch nichts aus, dass meine Haushälterin, Frl. Traulsen, die mir all die Jahre den Haushalt geführt hatte, kündigte. Wir wanderten viel, meist Hand in Hand durch das schöne Schleswiger

Land, musizierten zusammen und erzählten uns immer wieder voneinander; denn wir hatten uns in Blankenese doch nur wenige Tage getroffen. Einmal, als wir durch die Wiesen nach Haithabu gingen, trafen wir eine ältere Frau, die an der kleinen Brücke stehen blieb und zu Do sagte: „Den hol fast, de is good."-

Kurz vor Ostern nahm ich meine Do mit auf eine Dienstreise nach Nordschleswig. In Tondern besuchten wir Tilses, dann ging es weiter zu den Schulen in Apenrade, Hardesleben und Sonderburg. Im April fuhren wir nach Wilhelmshaven und verkauften die Möbel, die Do dort noch stehen hatte. Ich glaube, wir bekamen dafür 1200 Mark, und Do war glücklich, dass sie nun auch etwas zu ihrer Aussteuer beitragen konnte. Und dann holten wir Alfred aus Greifswald ab. Käthe hatte ihn vor unserer Hochzeit dorthin zu Thaers gebracht. Do war besorgt, wie Alfred, den sie ja bisher allein betreut hatte, nun mit dem neuen Vater auskommen würde. Doch da gab es keinerlei Schwierigkeiten. Seine erste Frage war: „Wie viele Kinder habt ihr denn schon?" Er hatte sich ja Geschwister gewünscht, und wir mussten ihn auf später vertrösten. Gewiss, bei den ersten Spaziergängen zu dritt drängte er sich immer zwischen uns. Bald hat sich das aber gegeben. Und als er eine Zeit danach mit mir in meinem Ruderboot „Hüpper" saß, er hielt die Pinne, und ich ruderte, das Wasser gluckerte, da rief er ganz glücklich: „Vater, was machen wir alles zusammen!"

Und ich war sehr glücklich, diesen Jungen mein nennen zu dürfen. Die Schule machte ihm keine Mühe, und bald streifte er durch die Wiesen und Gärten des Oers, ganz nach meinem Herzen, ein rechter Junge und ein liebevoller Sohn. Do sagte, in der Zeit, da sie allein mit ihm war, hat sie an die Zeit gedacht, wo sie nicht mit ihm fertig werden würde. Doch nun wisse sie ihn geborgen. Und nun nahte der Frühling so schön, wie wir wohl keinen wieder erlebt haben. Der große Kastanienbaum, der in unser Fenster guckte, bekam immer größere Knospen. Dann sprangen sie auf, und richtige Kerzen bedeckten ihn über und über. Das ganze Oer war in ein Frühlingsmeer getaucht. Am Abend lockte uns die wunderschöne Frühlingsnacht hinaus. Wir zwei gingen an der Schlei entlang, an der Regierung vorbei, in deren Garten die Nachtigal sang, zurück zum Oer und lachten wie zwei glückselige Kinder. Da entstand das Gedicht:

Wir wandeln zu Dritt
Wir sind durch die schimmernde Blüte gegangen
im Morgenlicht.
Mein Weib hat mir schweigend am Arm gehangen
Gesenkt das Gesicht.

O siehst Du die Knospe nicht schwellen und springen
Die eben noch schlief?
Fühlst Du es nicht treiben und quellen und dringen
Sie atmete tief:

„Und ob ich es spüre, das Wirken und Weben!
Du, freue dich mit!
Es wächst in mir ein junges Leben –
Wir wandeln zu Dritt!"

Unser großes Glück wurde nur ein wenig gehemmt durch den Besuch des Malers Willy ter Hell, den ich im Krieg kennengelernt hatte, und der auf einige Tage zu uns zu Besuch kam. Ein netter Kerl, aber aus den Tagen wurden Wochen. Da freuten wir uns doppelt, als wir wieder allein waren.

Ein glücklicher Tag folgte dem anderen, und so machten wir unsere Hochzeitsreise auf dem Oer. Wenn ich von einer Dienstreise zurückkam, holte Do mich vom Bahnhof ab, und was für ein herrliches Gefühl, wenn wir dann Arm in Arm durch die Kastanienallee gingen. Im Garten der Jasmin berauschte uns mit seinem Duft. Do brach drei Blüten ab und nahm sie mit nach oben in unser Heim. So manches Mal habe ich dann aus meinen Geschichten ihr vorgelesen, vom „Heckenröschen", von meiner Valborg. Sie war davon ganz erfüllt, und wollte immer noch mehr hören. Ja, sie lernte so Valborg kennen und war begeistert von den Erinnerungen, von dem Singen und Lachen. Sie sagte: „Und nun weiß ich, dass ich mich freuen würde, wenn unser Kind ein Mädchen wird, und wir sie Valborg nennen dürfen."

Bild 14: Ein glückliches Paar

Im Juli arbeitete ich an meinem Buch „Die elastische Einheitsschule", dem Versuch, die verschiedenen Formen der höheren Schule zusammenzufassen, damit ein Übergang von einer Form in die andere Form erleichtert wurde. Wir saßen zusammen, ich schrieb, Do zeichnete die Tafeln, wir diskutierten die Probleme, – wir waren ja Fachleute – wir planten zusammen. Auch das war ein Teil unserer Flitterwochen. Do sagte: „Wieviel Freude macht es, wenn man so ganz stark fühlt: Mein Kamerad und ich, wir lassen uns nicht los, stehen dich aneinander in Freud und Leid, in Arbeit und Kampf, immer und immer.

Ein Höhepunkt in dieser Zeit war der 31. Juli, mein Geburtstag. Meine Eltern waren aus Kiel gekommen und genossen mit uns unser Glück. Es war herrliches Sommerwetter und wir gingen zusammen hinunter zur Schlei, um zu baden. Wir tollten mit unserem Alfred so vergnügt herum, dass meine Mutter sagte, man glaubt es kaum, dass Dodo in anderen Umständen sei. Eine zusätzliche Aufregung entstand, als Vater Gleiß mich bat, ihn auf einer Reise nach Kanada zu begleiten. Er war von der CPR eingeladen worden und benötigte einen Dolmetscher. Ich hatte wohl Lust, und auch Do freute sich für mich, so war sie immer, obwohl sie dann zwei Monate allein sein würde. Das sollte unser Glück nicht schmälern. Wir fühlten nichts vom Abschied. Doch ich erhielt von der Regierung keinen Urlaub dafür, da ich im September an der Deutsch-Dänischen Konferenz in Kopenhagen teilnehmen sollte.

Vorher reisten wir noch nach Berlin, wo wir Frau Körte besuchten, die sich in der Vergangenheit immer sehr um Do gekümmert hatte, und wurden dort mit viel Herzlichkeit aufgenommen. Abends hörten wir in der Oper „Figaros Hochzeit". Wir saßen Hand in Hand und waren sehr glücklich. Wir trafen in Berlin auch Anni Richter, doch sie lebte mit ihrem Erik, dem Kunstmaler, in einer anderen Welt. Von dort fuhren wir nach Eisenach und dichteten unterwegs gemeinsam für das Körtische Gästebuch. Das haben wir häufig gemacht, Do hatte die Ideen und ich versuchte sie in Form zu bringen. Dort kletterten wir auf den Hainstein, wo uns Frau Maria Helferich, meine mütterliche Freundin, begrüßte und aufnahm, als wären wir ihre Kinder. Wir verschliefen am nächsten Morgen, machten singend eine Wanderung zur Wartburg, und besuchten auch zusammen mit dem gütigen Geheimrat Dr. Helferich die Eliashöhle. Er erzählte uns von seiner Jugend in München, seinen Begegnungen mit Spitzweg, den Töchtern von Moritz von Schwind und von Wagner, dessen Leibarzt er gewesen war. Bei Regenwetter saßen wir oben in Imses Erkerstübchen, und lasen die Korrektur der „Elastischen Einheitsschule". Auf der Rückreise besuchten wir Großmutter Fleischmann in Göttingen, zu der Do immer ein besonders inniges Verhältnis gehabt hat. Da lernte ich auch Onkel Adolf kennen, ein alter Chorstudent und praktischer Arzt in Göttingen.

Zurück auf dem Oer setzten wir unsere regelmäßigen langen Spaziergänge in die herrliche Umgebung Schleswigs fort. Do wanderte am liebsten auf dem Weg ums Selker Noor. Wir hatten viele Freunde. Besonders nahe standen uns Rantzaus, der Domorganist Zillinger, die Studienräte Gundermann und Faber von der Domschule, Ingrid Lorenzen, meine Hilfe bei der Arbeit in Nordschleswig. Sie und ihre Schwester Heide-Marie Mirow waren gute Sängerinnen, und manchmal haben wir zusammen musiziert und vierstimmig gesungen. Im Dom hörten wir gute Konzerte, und einmal auch den Thomanerchor. Im September 1924 nahm ich an den Verhandlungen der deutsch-dänischen Kommission in Kopenhagen teil. Leider hatten wir dabei nichts erreicht, und kamen sehr abgespannt zurück. Umso schöner war es, als Do und Alfred mich vom Bahnhof abholten, und im Triumph mich in die kleine blaue Stube führten, die sie zu meinem Empfang mit Gardinen und Kissen neu hergerichtet hatten. Wie freuten wir drei uns wieder beisammen zu sein.

Den Herbst hindurch, für mich die schönste Jahreszeit, haben wir, soweit es mein Dienst erlaubte, noch viele schöne Wanderungen durch die goldbraunen Wälder gemacht, die Do sehr gut getan haben. Dann kam unser erstes gemeinsames Weihnachtsfest; drei Abende haben wir das Weihnachtszimmer geschmückt. In der Ecke stand der große Weihnachtsbaum, geschmückt mit 50 roten Kerzen und so viel Lametta, dass es aussah, als hätte silberner Regen auf den Baum getropft. Unter dem Baum stand die Krippe mit den alten Weihnachtsfiguren. Rechts und links vor ihr zwei dicke rote Kerzen. Neben dem Baum stand der Gabentisch für unsere lieben Bergs. Der Kacheltisch war für Alfreds Geschenke und der Schreibtisch für unsere geschmückt. Schon in der Adventszeit waren wir ganz auf Weihnachten eingestimmt. Am ersten Advent brannte auf unserem Adventsbäumchen ein erstes Licht. Jeder von uns hatte etwas unter seinem Kopfkissen gefunden, wir beteten zusammen und sangen Weihnachtslieder. Für das Fest bracht Do unserem Alfred das Lied bei: „Ist Weihnachten da, ist Weihnachten da, bescheret uns die Frau Mama". Am 24. wurde bis Mittag auf der Regierung Dienst gemacht. Nach dem Mittagsschlaf gingen wir in die Friedrichsberger Kirche. Wir saßen vor dem großen Weihnachtsbaum Hand in Hand, hatten das Gefühl ganz geborgen zu sein und hörten das Weihnachtsevangelium. Die Worte, „und sie war schwanger" berührten uns besonders. Anschließend gingen wir mit Bergs nach Hause. Do lief in der Kastanienallee voraus. Als wir mit Alfred, ich nannte ihn immer Peter, ins Haus kamen, erklang schon die Glocke aus dem Weihnachtszimmer. Wir durften hinein, sangen unsere Weihnachtslieder, Peter sagte sein Gedicht auf; „Draußen vom Walde komm ich her....." und endlich durfte er an seinen Gabentisch, zu seiner Eisenbahn, dem Taschenmesser, dem Metallbaukasten und all den anderen Herrlichkeiten. Erst zog die jauchzende Jungenstimme uns ganz in ihren Bann, dann kamen wir auch zu unseren Freuden. Ein neuer Teppich, eine Nachtischlampe, eine Steppdecke und vieles mehr. Es gab auch ein Julklapp mit vielen kleinen Paketen für jeden. Als um 10 Uhr unser Peter ins Bett kroch, und die Bergs hinuntergingen haben wir noch eine ganze Weile zusammengesessen und still unsere Weihnacht gefeiert. Am dritten Weihnachtstag fuhr ich nach St. Anton zum Skilaufen in die Berge. Do blieb lieber zu Hause um alles fertig zu machen für die Geburt. In St. Anton traf ich eine Gruppe Engländer und habe mit ihnen sehr schöne Skiwanderungen machen können. Ich freundete mich mit ihnen an und daraus erwuchs eine Verbindung, die auch über die Kriegszeit hinaus gehalten hat.

Am 17.01.25 kehrte ich frisch und erholt zurück, glücklich wieder daheim zu sein bei meiner Do und meinem Peter. Wir machten täglich unseren Waldspaziergang und abends, wenn Peter schlief, lasen wir zusammen Ricarda Huch. Wir hatten geglaubt, dass es zum 01.02. so weit sein würde, aber als ich am 9. zu einer Dienstreise aufbrechen musste, schien es immer noch in weiter Ferne.

Do brachte mich zum Bahnhof und beruhigte mich. Doch kaum war der Zug abgefahren, ging sie ins Krankenhaus. Am 11.02. hatte sie eine schwere Geburt mit großem Blutverlust. Sobald die Nachricht mich erreichte, fuhr ich zurück nach Schleswig, und durfte im Krankenhaus meine geliebte Frau und mein Töchterlein sehen. Schwere Stunden der Angst und Not lagen hinter ihr, doch nun lag sie still und heiter da, als wäre nichts geschehen, und mit leiser Stimme sagte sie: „Zwei Geschenke haben wir vom Vater im Himmel bekommen, dass wir beieinander bleiben dürfen, und dass wir ein gesundes Mädel haben." Nach dem schweren Blutverlust, dauerte der Krankenhausaufenthalt länger. Doch wir genossen die Zeit. Ihr Zimmer glich einem Blumenmeer. Viele Freunde kamen, und ich saß an ihrem Bett und freute mich daran wie die Kleine gedieh und Do wieder zu Kräften kam. Auch Alfred war selig über sein Schwesterlein. Wenn er auch zunächst meinte: „Warum sieht sie nicht aus wie wir?" Doch bald söhnte er sich damit aus, und überschüttete sie mit Zärtlichkeiten. Am 27. Februar konnten wir sie dann mit einer Droschke aufs Oer bringen. Do sagte: „Wie reich sind wir doch beschenkt!"

Valborgs Taufe

Am 01.07.1925 feierten wir unser erstes großes Familienfest. Großmutter Volkmann aus Königsberg war gekommen, aus Kiel kamen Vater und Mutter Edert, Maria und Ilse, aus Altona Onkel Julius Edert, Liesbeth und Käthe, aus Neumünster Pastor Gleiß und Erika, dazu Klahns aus Kiel. Der Tauftisch stand in der großen verwunschenen Grotte, die wir über und über mit Heckenrosen geschmückt hatten. Fünfzig Meter weiter glitzerte die Schlei, die kleine Bucht, in der Ansgar die ersten Christen hier getauft hatte. Aus ihr holten wir das Taufwasser. Pastor Gleiß sprach über 1. Joh. 3,1: „Seht, welche Liebe hat uns der Vater erzeigt, dass wir Gottes Kinder sollen heißen." Gevattern waren: Onkel Julius, Frau Berg, Frau Klahn und Mutter Gleiß. Wir sangen, „Lobe den Herren" und nachher „Harre meine Seele", und zogen im Anschluss durch den Garten in das Haus zur großen Kaffeetafel. Da sagte Alfred ein Gedicht auf, dann sprachen der Großvater und Onkel Julius. Nach dem Kaffee gingen wir in das Teehäuschen und hinunter an die Schlei. Anschließend musizierten wir. Ich sang mit Dos Begleitung Loewe- und Schubertlieder, Tante Liesbeth sang und Frau Klahn begleitete sie, aber dann sangen wir zusammen alle unsere Volkslieder im Chor, das war ein richtiger Edert Nachmittag. –

Nur wenige Tage später am 5. Juli feierten wir in Kiel in der Moltkestraße 72 Mutter Helenes 75. Geburtstag mit vielen Gästen. Und am 1. August folgte die Hochzeit von Hermanns Tochter Ilse und Nicolai (genannt Klaus) von Ruckteschell gleichzeitig mit der Silberhochzeit von unserem Hermann und Maria geb. Schrein. Ihr Sohn Hermann wurde als aktiver Marineflieger am 1. Oktober zum Oberleutnant befördert. Er war gerade mit dem Kreuzer Berlin zu den Azoren unterwegs.

Einige Zeit später meinte Frau Berg, wir sollten doch für immer auf dem Oer wohnen, und sie planten einige Zimmer anzubauen. Das haben sie auch tatsächlich gemacht. Doch als nach unseren Töchtern Inken und Elisabeth sich das nächste Kind meldete, sind wir doch ausgezogen und bekamen eine sehr schöne Villa als Dienstwohnung auf den Erdbeerberg, Magnussen-Straße 10. –

Bild 15: Magnussenstr. 10

Von 1924 bis zum Jahre 1933, als die Nazis alle Arbeit vernichteten, waren wohl meine arbeitsreichsten und erfolgreichsten Jahre. Do stand neben mir und nahm an meiner Arbeit regen Anteil. Auf unseren Spaziergängen pflegten wir alles miteinander zu besprechen. Mein Ziel war die Reform der höheren Schule:

Der Lehrer sollte als Kamerad der Schüler mit ihnen Arbeitsunterricht betreiben nach den „Richterschen Richtlinien", das Ideal der Jugendbewegung. Der Lehrer sollte nicht Vorgesetzter sondern der ältere Kamerad, das Vorbild der Schüler sein, wie ich es in Grünberg und davor in Kiel schon geübt hatte. In diesem Zusammenhang förderte ich die Gründung von Schullandheimen; das erste in Dortchental, einem Vorort des Gutes Damp, das zweite für das Realgymnasium in Altona in Nieblum auf Föhr. Sie machten bald Schule.

Dann richtete ich pädagogische Wochen ein, zunächst für Deutsch, dann auch für Englisch und andere Fächer. Sie dauerten jeweils 6 Tage. Daran haben die besten Fachkräfte teilgenommen. Sie erhielten ein Tagegeld und erlebten mit von mir ausgewählten Fachkräften Musterstunden. Eine weitere Neuerung, die ich aus England mitgebracht hatte, waren dabei gemeinsame Mittagessen zusammen mit Persönlichkeiten aus der Stadt. Dazu kamen Gastredner wie der Direktor Pauli von der Kunstakademie, oder bekannte Schriftsteller wie Agnes Miegel, die uns auch am Abend noch eine Lesung aus ihren Gedichten bot. Ein unvergesslicher Abend. Die Einberufung zu solch einer Woche galt als Auszeichnung, und war ein häufiges Thema bei der Lehrerschaft.

Auch die Erneuerung der Referendarausbildung lag mir am Herzen. Praktische Schularbeit ist eine Kunst, ein Handwerk das gezeigt werden muss. Nach diesem Leitsatz konnte ich die Studienseminare in Altona und Kiel aufbauen. Ich forderte, dass man nicht nur Lehrer sondern auch Erzieher heranbilden müsse, das war schon für die Heimschulen unumgänglich.

Die Begegnung mit Hindenburg am 31.01.1927

Auf der Skifahrt im Winter 1926/27 hatte ich mir einen neuen Ischias geholt: im Mai 1927 kurte ich daher in Bad Nenndorf. Dort besuchte mich unser Regierungspräsident Johannsen mit seiner Frau und fragte mich, ob ich nicht eine Idee hätte, wie man den bevorstehenden Besuch des Reichspräsidenten heiter gestalten könnte. Da habe ich „Das himmlische Schleswig-Holstein" zusammengedichtet mit vielen Anspielungen auf zeitgenössische Vorgänge. Als Schauspieler gewann ich Cruse, Faber, Hahn und Ruth Nissen. Wir übten in unserer Wohnung, bis es saß. Wir, das heißt unsere ganze Familie, sahen den Reichspräsidenten zuerst am Nachmittag im Auto langsam vorbeifahren. Das ernste und doch gütige Antlitz machte einen so tiefen Eindruck auf uns, dass wir nur grüßten, vor Bewegung aber nicht hurra rufen konnten. Unsere Kinder besorgten das aber umso gründlicher. Um 9 Uhr kam Hindenburg in das Gottorper Amtshaus, wo wir, unsere Theatergruppe, hinter dem Vorhang warteten. Ich war St. Peter im grauen Haar und Bart. Als ich in den Spiegel guckte, meinte ich, das sei mein Vater. So ähnelte ich ihm. Lornsen, Storm und Liliencron waren in geschichtlich treuer Maske frisiert; das Engelein, unsere Ruth Nissen, war von unbeschreiblichem Liebreiz.. Die Gäste gingen in Erwartung vor dem Vorhang auf und ab. Da wurde es plötzlich still. Ich sah Hindenburg langsam durch die Reihen gehen, bald links bald rechts die Herren anredend, für diesen, ein freundliches Wort, für jenen einen Händedruck. Man hörte die tiefe, manchmal ein wenig knorrig-holpernde Stimme. Er selbst voll Haltung, Güte, Ernst und Freundlichkeit, ganz schlicht, ganz in sich selbst ruhend. Nun setzte er sich sechs Schritte vor uns in einen bequemen Armstuhl, die anderen hohen Würdenträger um ihn herum, der Regierungspräsident Johannssen begrüßte ihn kurz und herzlich und bat um die Erlaubnis, dass auch ein paar alte Schleswig-Holsteiner ihm huldigen dürften. –

Da kam ich hinter dem Vorhang heraus, in weißer Kutte und grünen Umhang von Tuch und sprach meinen Monolog, dann rollte das kleine Stück ab. Es klappte alles gut. Im zweiten Teil hockte ich hinter dem Vorhang und konnte jetzt sein Gesicht genau beobachten. Ich sah wie er den ernsten Worten in tiefer Bewegung zuhörte. Als vom Krieg die Rede war, zuckte es ihn um den Mund. Bei der Wendung Storms: „Was uns schuf das deutsche Leid, Stammeshader, Stammesstreit", nickte er mehrfach mit dem Kopf und er wischte mit der Hand über das Auge. Nochmals nickte er als Lornsen sagte, „Hilft nur die Tat!" Und dann füllten sich seine gütigen Augen mit Tränen der Rührung, durch das ein Lächeln huschte, als Ruth entzückend anmutig den Schluss Vers sprach. Niemand wagte zu klatschen. Wir warteten still hinter dem Vorhang. Hindenburg war aufgestanden und verlangte uns zu sprechen. Ich kam mit der kleinen Ruth zuerst heraus. Sie knickste, ich verbeugte mich. Er gab mir die Hand und sagte bewegt: „Ich danke ihnen von Herzen. Das habe ich ja gar nicht verdient. Sie machen zu viel von mir." Ich konnte gar nichts sagen. Dann begrüßte er meine 3 himmlischen Herren. Sein Gesicht ist, nahe gesehen noch mächtiger, eherner als auf den Bildern. In allem was er tat und sprach, fiel mir die große Schlichtheit als besonderes Merkmal auf.

Als wir nachher abgeschminkt waren und in die festlichen Räume zurückkehrten, wurden wir von allen Seiten auf das herzlichste beglückwünscht. Besonders erfreuten mich die Worte des Landeshauptmannes Pahlke und des Admirals Raeder. Ich wurde dann zu Hindenburg geführt und konnte dann ein paar Minuten bei ihm sitzen. Er fragte, wie lange ich an dem Stück gearbeitet hätte; ich sagte etwa 3-4 Wochen, und fügte im Scherz hinzu: „Der Herr Regierungspräsident hatte es befohlen, und da habe ich es gemacht." Tatsächlich hatte Dodo den Hauptverdienst daran. Er bat um einen Abdruck und war so gütig und freundlich, dass ich mir wie ein kleiner Junge vorkam, und gar nichts sagen konnte. Auch mit der kleinen Ruth hat Hindenburg sich nachher noch unterhalten. Mir hat er später noch ein Bild mit eigener Unterschrift geschenkt. Als Hindenburg sich verabschiedete, standen die Herren wieder in langen Reihen in ehrfürchtiger Haltung da, und so stark waren der Respekt und die Wirkung seiner Person, dass auf sein freundlich-kerniges „Guten Abend, meine Herren" kaum einer eine Antwort wagte. Draußen im Garten wartete eine riesige Menschenmenge. Sie brach in Hurrarufe aus und sang das Schleswig-Holstein-Lied. Nur langsam bahnte sich das Auto seinen Weg nach Annettenhöh.

Friedrich Paulsen Schule, Niebüll

Als Ersatz für die durch die Abstimmung verlorenen Schulen, wie die Realschule von Tondern, mussten im Grenzgebiet neue Schulen eingerichtet werden. Wir wählten dafür Niebüll aus. Als ich dorthin kam, fand ich ein Dorf wie viele andere, mit einer Kirche, einer Apotheke und einem Bahnhof. Es kostete mich viel Überredung, das Ministerium in Berlin von der Notwendigkeit eines Neubaus zu überzeugen. Im Jahre 1921 brachte ich eine große Kommission von Berlin nach Niebüll um mit der Gemeinde einen Vertrag abzuschließen. Die Gemeinde sollte einen jährlichen Zuschuss von einigen Millionen leisten. Erst als ich dem Rat erklärte: „Lat ju nich von de Summe bang maken. Denkt an den Sachwert. Ümrekend sind dat just so veel as de Wert von twee fette Schwien!" stimmte er zu. Da wurde die Schule geplant, und in der Zeit der schwersten politischen Erschütterungen mit dem Bau begonnen. Im Jahre 1925 mit der Einführung der Rentenmark, und als die Franzosen das Ruhrgebiet räumten, konnte sie eingeweiht werden.

Wir standen in schwerer Abwehr gegen den dänischen Vorstoß, der sich weit in das Schleswiger Land hineinwagte. Wir kämpften noch um die Tiedjelinie, hofften noch Tondern wieder zu gewinnen. Da wählten wir die Form der neuen Deutschen Oberschule, die das deutsche Bildungsgut in den Mittelpunkt stellte, das deutsche Volkstum, wählten die Aufbauschule, um die begabten Friesenkinder aus den ein- und zweiklassigen Volksschulen der Dörfer zu gewinnen. Als Fremdsprachen wählten wir Englisch und Latein, wobei ich durchsetzen konnte, dass an Stelle von Latein Dänisch gewählt werden konnte. Dadurch gewann ich aus den späteren Abiturienten Lehrer, die Dänisch sprechen konnten für den Aufbau des deutschen Schulwesens in Nordschleswig. Zur Einweihung kamen hohe Würdenträger aus der Provinz und aus Berlin. In meiner Festrede stellte ich das Leben und den Werdegang von Friedrich Paulsen, dem bedeutenden Gelehrten aus friesischem Stamm in den Mittelpunkt. Er ist ein Idealbild unserer Heimat und hat sich nicht nur auf seine Studien beschränkt, sondern weit darüber hinaus auf weite Kreise des Volkes gewirkt, ein Vorbild für die Lehrer an der Grenzschule. Er hat deutsches Kulturgut in alle Schichten des Volkes getragen. Denn in dem tausendjährigen Ringen an unserer Grenze werde auf Dauer nur das stärkere Volkstum siegen. Ich fasste meine Rede zusammen: „Wie dieser Bau sich erhebt über die weite Ebene, klaren Blickes hinüberschauend ins verlorene Land als eine Burg deutschen Geistes, so wollen auch wir, hoch über dem Kleinkrieg des Tages hinaus in die Zukunft blicken im unerschütterlichen Glauben, dass sich der mächtige Strom deutscher Kultur durch keine Schranke hemmen lässt." Ich habe viel Freude an dieser Schule gehabt, habe sie auch mit jungen tüchtigen Lehrern versorgt.

Eine weitere Aufgabe war die Förderung der Mädchenoberschulen. Die sehr streitbare Verfechterin der Frauenrechte, Emmy Beckmann, hatte zusammen mit ihren Gesinnungsgenossen die Anforderungen an die Mädchen so hoch geschraubt, dass ich oft nur blasse, überanstrengte Schülerinnen in den Primen sah; die Leistungen des Frauenschaffens wurden gering geachtet. Ich setzte mich für die Mädchenoberschulen ein und geriet in Konflikt mit den Frauenrechtlerinnen. Im Jahre 1926 habe ich in Schleswig die erste Frauenschulklasse mit einer Rede feierlich eröffnet und konnte unsere Freundin Marie Mirow als Oberin einsetzen.

Wiederaufbau in Nordschleswig

Doch eine viel größere Aufgabe war der Wiederaufbau des deutschen Schulwesens in Nordschleswig. Diese Aufgabe habe ich nicht in meiner Eigenschaft als Oberschulrat, sondern ehrenamtlich geleistet. Meine Dienststelle war die deutsche Stiftung in Berlin, die nach dem verlorenen Krieg ins Leben gerufen war, um das Schulwesen in den verlorenen Gebieten zu fördern. An der Spitze stand der Regierungsrat a.D. Kramer-Möllenberg als Beauftragter des Auswärtigen Amtes. Ich schätzte ihn als einen klugen, fleißigen und vornehmen Mann, der seine Aufgaben in großzügiger Form nach kaufmännischen und nicht bürokratischen Gesichtspunkten durchführte. Alle Abrechnungen wurden der Oberrechnungskammer vorgelegt, im übrigen beruhte die Arbeit auf einem Verhältnis des völligen Vertrauens, und ich konnte in eigener Verantwortung handeln, konnte an Ort und Stelle besichtigen, verhandeln und entscheiden. So war es möglich, mit ganz geringen Verwaltungsaufwand zu arbeiten; das ganze Büro bestand aus einer Sekretärin. Ich traf meine Maßnahmen in enger Zusammenarbeit mit den verschiedenen Grenzorganisationen. Ich rief die Patenschaften ins Leben: Je eine Stadt oder ein Kreis in Schleswig-Holstein betreute eine Schule in Nordschleswig. Ich errichtete die „Jugendspende Nordschleswig", eine Pfennigsammlung aller Schulen Schleswig-Holsteins zu Gunsten von Schulneubauten in Nordschleswig. Ihre erste Leistung war eine Spende von 70 000 Mark als Grundstock zum Bau des Deutschen Gymnasiums in Apenrade. Ich stand in enger Verbindung mit den deutschen Heimatverbänden in Nordschleswig. Rektor Koopmann in Tingleff, ein aufrechter von warmer Heimatliebe erfüllter Mann, war die unermüdliche Seele der Schularbeit vor Ort. Ich verfolgte den Grundsatz, das kommunale deutsche Schulwesen als Grundlage da zu erhalten, wo es geeignet war, nicht nur das deutsche Volkstum, so doch wenigstens die Sprache zu erhalten. Dagegen wollten wir die Privatschule überall dort einsetzen, wo die dänischen Gemeindebehörden ihre Verpflichtungen nicht ausreichend zu erfüllen in der Lage waren. Die Privatschulen waren auch der Gesinnung nach deutsch, und wurden ein wirksames Kampfmittel zur Stärkung deutschen Volkstums. Wir verfolgten weiterhin den Grundsatz, der

Bevölkerung nur da zu helfen, wo wir gerufen wurden, und wo man zu eigener Leistung bereit war. Eine andere wichtige Aufgabe bestand darin, befähigten deutschen Kindern eine über die Volksschule hinausgehende Bildung zu sichern, denn die kommunalen Mittelschulen gaben keine Berechtigungen. So errichteten wir in den Städten eine private Realschulklasse, in Apenrade ein Gymnasium, das zur Studienreife führte. So konnten in der Zeit von 1923 bis 1934 die 28 kommunalen Schulen erhalten bleiben und 54 Privatschulen neu eingerichtet werden mit zuletzt 4659 Schülern.

Das Deutsche Gymnasium in Apenrade konnte schon am 26.10.1926 eingeweiht werden. Eine Pfennigsammlung in den höheren Schulen in Schleswig-Holstein hatte vollen Erfolg. 5 Schulen sammelten 70.000 Mark. Von jeder Schule hatte ich eine Vertretung nach Apenrade eingeladen, die ihre Gelder dann selber übergeben durften. Da standen die Jungen und Mädchen mit ihren blau-weiß-roten Schärpen in der Aula und erlebten mit, dass das Werk, für das sie gesammelt hatten, nun fertig vor ihnen stand. Ich sagte zu den Kindern:

„Ihr seid gewiss selbst erstaunt, wie groß das Ergebnis eurer Sammlung ist. Lernt daraus und sagt es denen, die euch geschickt haben: Nicht auf große Worte kommt es an, sondern auf die stille opferbereite Tat, die nicht an sich denkt, sondern aus Liebe zur Sache schafft, aus der Hingabe an die Idee. Am Anfang war die Tat! Die Idee für die wir kämpfen, ist die Erhaltung des deutschen Volkstums, soweit die deutsche Zunge reicht. Wenn heute nach dem verlorenen Krieg, ein Drittel des Deutschen Volkes außerhalb der Reichsgrenzen wohnt, so ist es das Natürlichste von der Welt, dass die Zweidrittel, die drinnen bleiben durften, für die Brüder und Schwestern draußen sorgen wollen, und wir sind sicher, dass die politischen Grenzen, die uns trennen im Zeitalter des Verkehrs an Bedeutung verlieren, aber die geistigen Kräfte und die kulturellen Werte mächtiger wirken als zuvor. Wir glauben an das deutsche Volk, an seine Kraft und an seine Gaben, und hoffen, dass es aus der Niederlage, aus der harten Schule des Krieges, aus der Not der Nachkriegszeit gelernt hat. Wir vertrauen darauf, dass es seine Zerrissenheit überwinden, dass es zusammen-wachsen wird zu einem fest gefügten Volkskörper, zu einem Volkstum, das aus heimatlichem Boden seine Kraft zieht. Und Fichte sagte: Nicht die Gewalt der Waffen, sondern die Kraft des Gemütes ist es, welche Siege erringt! So schließt die Reihen und reicht euch die Hand ihr deutschen Jungen und Mädel aus dem Norden und dem Süden der Heimat. Bildet eine Kette als Sinnbild des über alle Grenzen hinaus verwachsenen deutschen Volkstums, und lasst uns geloben gute Deutsche zu sein, die unserem Volke Ehre machen, drinnen und draußen. Nach dem Wort, dass unsere Plattdeutschen in Amerika pflegen: Wie wüllt us helpen in Not un Dot, So help ok Du uns, Herre Gott, Amen."

Bild 16: Deutsches Gymnasium in Appenrade.
Neu erbaut 1959, das ursprüngliche Gebäude war 1945 versteigert worden

Ich habe viel Freude an der Schule gehabt. Direktor Gäde leitete sie in seiner ruhigen Art und ich konnte ihm tüchtige junge Lehrer schicken wie Herrn Fenske und Anna Renate Anschütz, die mit Eifer und Geschick die nicht leichten Aufgaben anfassten. Aber ich erlebte auch Enttäuschungen. Als ich 1933 von meinen Aufgaben als Oberschulrat beurlaubt wurde, die Stiftung aber noch verwaltete, unterstellten mir einige rabiate Junglehrer, ich hätte 2% ihres Gehaltes (ihre Bezüge lagen wesentlich über den ihrer Kollegen in Schleswig-Holstein) zurückbehalten. In Wahrheit war dieses Geld in einen Hilfsfonds der Stiftung einbezahlt worden, um eine Rücklage für unvorhergesehene Fälle zu bilden. Ich beantragte daraufhin, dass ein Untersuchungsausschuss die Korrektheit meiner Geschäftsführung überprüfen möge. Das ist dann auch geschehen und alle Verdächtigungen gegen mich konnten widerlegt werden.

Die Stiftung habe ich noch bis 1935 verwaltet.

Die Familie wächst, Inken

Unbeeinflusst von allen zusätzlichen Aufgaben wuchs die Familie erfreulich. Am 05.03.1926 wurde Inken geboren. Wir fuhren am Vormittag zusammen ins Krankenhaus und saßen nebeneinander auf dem Ruhebett und warteten. Ich wollte diesmal dabei sein, wo doch die Geburt von Valborg so schwierig gewesen war. Wir hofften beide auf einen Jungen, aber wagten noch keinen Namen zu nennen. Falls es ein Mädchen wäre, sollte sie Inken heißen. Ich erzählte ihr von meinem Großvater, der als Präparant die Kirchenglocken von Keitum habe läuten müssen. Drei „g-e" bei Hochzeiten, bei Kindtaufen ein fröhliches –„Inken, Inken" – und bei Begräbnissen das dumpfe „dong-dong-dong". Während wir plauderten, sagte Do zu mir: Du, die Wehen lassen nach, da kommt so bald noch nichts. Geh ruhig wieder in dein Amt. Ich ging und zwei Stunden später rief die Schwester an und sagte: Herr Oberschulrat, ein gesundes Mädchen ist angekommen. Die Geburt war diesmal einfach gewesen. Do hatte bald alle Schmerzen vergessen und strahlte glückselig.

Elisabeth

Am 26.Juli 1927 war der Geburtstag von Elisabeth. Das war eine sehr schwere Geburt. Do nahm an, sie habe sie schon einen Monat übertragen, hatte sich daher in der Kieler Frauenklinik bei Prof. Holzapfel angemeldet und wartete bei Hermann und Mariechen wohnend auf die Stunde. Da der Kopf immer größer wurde, griff der Professor schließlich ein und holte das Kind mit der hohen Zange. Vielleicht hat er dabei das Hirn verletzt. Eine Schwächung, an der das Kind zeitlebens gelitten hat. Do war in dieser Zeit auf sich selbst gestellt, denn ich lag im Krankenhaus in Quickborn wegen Ischias.

Otto

Dramatisch war die Fahrt nach Kiel bei Ottos Geburt. Ich fuhr sie am 11.04. zusammen mit der Hebamme von Schleswig nach Kiel, und fürchtete das Kind könne unterwegs kommen. Wie war ich erleichtert, als wir die Klinik erreicht hatten. Professor Holzapfel untersuchte und sagte noch nicht. Nachmittags fuhr er dann um die Geburt zu beschleunigen mit uns auf einen Knüppeldamm in Richtung Hasseldieksdamm. Auf der Rückfahrt kreuzten wir den Wilhelmplatz. Er war von Arbeitslosen bevölkert, die vor den Türen standen. Da lief ein etwa siebenjähriges Mädchen plötzlich vor unseren Wagen und lag wie tot im Sande. Schon erhoben sich die Menschen in drohender Haltung. Professor Holzapfel sprang schnell aus dem Wagen, nahm das Kind in die Arme, legte es mir auf den Schoß und fuhr gleich ins Ansgarkrankenhaus. Hier stellte sich heraus, dass das Kind nur einen Schreck bekommen hatte, sonst aber unversehrt war. Im Krankenhaus Quickborn erklärte er, dass nach diesem Schock an eine Entbindung nicht zu denken wäre. Vielleicht morgen. Er bot mir an, bei ihm die Nacht zu bleiben, da ein Kinderzimmer frei sei. Ich willigte ein, bat aber mich zu wecken, falls das Kind in der Nacht kommen sollte. Als ich am nächsten Morgen die Türe öffnete, hing an der Türe ein Zettel auf dem stand: „Filius te salutat". Dazu das Datum, die Länge, das Gewicht. Ich habe vor Freude geweint, und eilte so schnell wie möglich zu meiner Do, der glückseligen Mutter und unserem gesunden Jungen.

Otto wurde am 08.10.1929 in Schleswig im Dom getauft. Sein Taufspruch lautet: „Es ist ein köstlich Ding, dass das Herz fest werde, welches geschieht aus Gnade" Seine Paten waren Tante Liesbeth Edert aus Altona, der Mühlenbesitzer Wilhelm Berg aus Schleswig, Hermann Edert aus Kiel, Herr Studienrat Guntermann aus Schleswig, ein Freund von Onkel Otto.- In meiner Rede zur Taufe sagte ich: „Wenn ich sagen soll, wie wir uns den Jungen wünschen, so brauche ich nur auf den Mann weisen, dessen Namen er tragen soll, der für uns vor 12 Jahren an der Somme geblieben ist und der heute, wenn er noch lebte, seinen 45 Geburtstag feiern würde. Er steht lebendig vor uns, straff von Gestalt mit hoher Stirne und leuchtenden Augen, aus denen zugleich scharfer Verstand und sonnige Heiterkeit sprachen, ein fester Wille und ein weiches Gemüt, ein lebhaftes Temperament und doch eine Wesensart von seltener Ausgeglichenheit. Ein Bruder, an dem ich in Liebe hing, und in dem ich, obwohl ich vier Jahre älter war, nicht selten das Vorbild für mein eigenes Leben sah.

Voll Güte, Kraft und männlichen Vertrauen
Die Pflicht erfüllend, ernst und still
So lehrtest Du uns auf den Höchsten bauen
Dem Tode lachend in das Antlitz schauen:
Der trifft euch nur, wenn Gott es will.
So lauter war dein Leben: Das Gemeine
Hat nicht die Sohlen dir berührt.
In deinem jungen Glückes Morgenscheine
In reifer Kraft und jugendlicher Reine
Hat dich dein Engel heimgeführt.

Ein Held, der Treue und der Pflicht, so steht sein Bild in unseren Herzen. – Du, mein kleiner Otto, sollst seinen Namen tragen und sollst aufblicken zu ihm, als einem Mannesideal, wie es gar nicht häufig in der Welt erscheint. Es mag vermessen sein, wenn wir Menschen auf die Fortpflanzung unseres Geschlechtes besonderen Wert legen, wo wir doch wissen, dass wir nur ein Tropfen sind im Strom der Ewigkeit. Aber gemessen an menschlichen Verhältnissen, bleibt uns die Pflicht, das Beste aus den uns überkommenen Gaben und Anlagen zu machen, und sie weiterzugeben, wenn möglich in veredelter Gestalt an diejenigen, die nach uns kommen. Da ist Familienüberlieferung, eine starke Macht, sie verpflichtet rückwärts und vorwärts. Je tiefer die Ehrfurcht, mit der wir unsere Eltern und Voreltern betrachten dürfen, umso stärker der Halt, der uns und unseren Kindern daraus erwächst. Aus dieser Erkenntnis heraus pflegen wir die Familienüberlieferung. Darum legen wir ihm die Vornamen seines Großvaters und Urgroßvaters bei, darum kleiden wir ihn heute in das Kleid, dass seine ehrwürdige, nun bald neunzigjährige Urgroßmutter Fleischmann einst auf ihrer Hochzeit getragen hat. Unseren Jungen in dieser Hinsicht zu erziehen, das ist unser Wunsch. Dass Sie, liebe Paten uns dabei helfen möchten, ist unsere Bitte.

Nach der Taufe überbrachten die 4 Geschwister Geschenke mit folgenden Versen:

Ein silbernes Glöcklein, das schenkt dir Lilein.
Den Becher zum Trinken, den schenkt dir Inken.
Lauter bunte Tellerlein, schenkt dir Valborglein
Von Alfred der Löffel zum Essen, sei auch nicht vergessen.

Hans Werner

Hans Werner kam auch mit einem ge-schundenen Kopf zur Welt. In der Nacht zum 30.12.1932 sagte Do wieder einmal: Es ist so weit. Ich sprang aus dem Bett, telefonierte nach Dr. Bertheau und den Wagen, und eine halbe Stunde später waren wir im Krankenhaus. Die Fruchtblase war vorzeitig geplatzt. So wurde es auch eine schwierige Geburt, doch es gelang, und gegen Morgen war unser Kleinster da. Wenn man bedenkt, dass jede Geburt ein Kampf um Leben und Tod war, erkennt man, welcher Mut dazu gehörte, sich dieser Gefahr immer von neuem zu stellen. Meine tapfere Do!

Bild 17: Otto freut sich über das Brüderchen

Von 1931 bis 1933 waren für mich auch in beruflicher Hinsicht turbulente Jahre. Während ich in Nordschleswig sehr erfolgreich als ein ehrenamtlicher Geschäftsführer der Deutschen Stiftung den Schulbau voranbringen konnte, hoffte ich als Beamter auf Beförderung, zumal Dr. Walther als Vizepräsident des Provinzialschulkollegiums im Jahre 1932 altershalber ausschied, und bewarb mich darum, dessen Nachfolger zu werden. Das zog sich hin bis zum Dezember 1932, da ging der mit mir befreundete Dr. Reinhard Pahlke in Rente. Der war von 1904 bis 1923 Landrat des Kreises Steinburg und wurde anschließend Landeshauptmann der Provinz Schleswig-Holstein. Er hat sich für mich zusammen mit Ministerialdirektor Dr. Richard Jahnke und mit dem Leiter der Deutschen Stiftung Regierungsrat Dr. Kramer-Möllenberg, Berlin, mit dem ich 13 Jahre lang ehrenamtlich für den Aufbau des deutschen Schulwesens in Nordschleswig gut zusammengearbeitet hatte, sehr eingesetzt. Viele andere Schleswig-Holsteiner und die Landeszeitung unterstützten meine Bewerbung, doch es wurde ein Herr Rohr, Vizepräsident im Provinzialschulkollegium in Magdeburg. Da haben viele Freunde, wie Ihde, Triddelwitz, Frau Steiger und andere in vielen Briefen ihr Bedauern ausgerückt. Vielleicht um mich zu trösten, ich spielte mit dem Gedanken, mir eine neue Tätigkeit zu suchen, da bot man mir die Beförderung zum Regierungsdirektor im Dezember 1932 zum 01.04.1933 an.

Die Nazizeit

Und dann kam alles durch die Machtergreifung der Nazis ganz anders. Plötzlich wurde ich durch Erlass des Herrn Ministers vom 29.04.1933 „beurlaubt". Da stand die Familie mit sechs Kindern, das jüngste gerade ein Jahr alt, vor einer ungewissen Zukunft. Fast täglich kamen Arbeitslose an die Haustür und baten um Brot oder einen Teller Suppe. Sollte der Familie es ähnlich ergehen??

Darauf schrieb ich an den Minister: „Da ein Grund nicht angegeben ist, liegt die Vermutung nahe, dass die Beurlaubung im Zusammenhang mit dem Gesetz zur Wiederherstellung des Berufsbeamtentums vom 07.04.1933 steht; ich gestatte mir daher zur Verhütung von Missdeutungen folgendes vorzutragen:

Ich habe stets der Nationalen Rechten angehört. Der Glaube an die Kraft des Deutschen Volkstums und die Hoffnung auf eine Volkwerdung der Deutschen haben meine Arbeit getragen, solange ich denken kann. Ich habe daher die Regierung der nationalen Erhebung am 21. März freudig begrüßt.

Gesinnungen sind leicht mit Worten zu äußern, zu beweisen nur durch die Tat: Ich habe mich als 34-jähriger, ungedienter Landsturmmann 1914 freiwillig gemeldet, zunächst als Sanitäter in Frankreich, dann als Kanonier im F.A.R.41; ich bin 1917 zum Leutnant befördert und mit dem EK ausgezeichnet worden; ich habe den Krieg bis zum bitteren Ende mitgemacht.

Danach bin ich in meine Stellung als Direktor des Realgymnasiums nach Grünberg in Schlesien zurückgekehrt, wurde dort zum Stadtverordneten gewählt, und habe gegenüber einer großen Linksmehrheit, die nationalen Belange vertreten. Seit 12 Jahren bin ich Oberschulrat im Provinzschulkollegium Schleswig, und habe ich mich immer wieder gegen Angriffe von links wehren müssen. Ich erwähne u.a., dass ich 1926 in der sozialistischen Presse wegen eines Reiseberichtes angegriffen worden bin, in dem ich die Heldenverehrung der Engländer in Gegensatz stellte zu dem völligen Vergessen Leo Schlageters in Deutschland.

(Schlageter hatte sich im Krieg als Leutnant ausgezeichnet, war nach dem Krieg Mitglied von Freikorps in Schlesien, im Baltikum und im Rheinland, wo er von den Franzosen festgenommen und erschossen wurde); 1927 wegen eines nationalen Festspiels, das ich zu Ehren des Herrn Reichspräsidenten von Hindenburg verfasst und in seiner Gegenwart aufgeführt hatte. Der Herr Reichspräsident hat mir bei dieser Gelegenheit sein Bild mit eigener Unterschrift übersandt.

Ich habe mich 1931 am Stahlhelm-Volksentscheid beteiligt; der Herr Minister Grimme hat daraufhin die in Aussicht genommene Beförderung zum Vizepräsidenten des Prov. Schulkollegiums Schleswig verhindert. In den 12 Jahren in Schleswig habe ich meine gesamte freie Zeit eingesetzt für die Erhaltung des Deutschtums im abgetrennten Gebiet. Die „Nordschleswigsche Zeitung" bemerkt zu meiner Beurlaubung:

„Wir Deutschen in Nordschleswig haben Herrn Dr. Edert besonders viel zu danken. Er hat außerhalb seiner beruflichen Tätigkeit in selbstlosester Weise, nur in Liebe zu seiner alten Heimat Nordschleswig, uns in unserer kulturellen Arbeit beraten. Wenn wir heute ein so blühendes deutsches Schulwesen haben, so ist das nicht zum wenigsten sein Verdienst." -

„Hejmdal", das führende dänische Blatt, bringt die Nachricht meiner Beurlaubung mit der Bemerkung: „Dr. Edert ist die treibende Kraft südlich der Grenze bei der Errichtung und dem Ausbau des ganzen deutschen Privatschulwesens in Nordschleswig gewesen."

Entlassung

Es folgten lange Wochen der Ungewissheit. Meine vielen Freunde schrieben mir und keiner konnte sich einen Reim daraus machen. Ein Lehrer Haupt, der vom Dienst wegen politischer Aktivitäten 1932 suspendiert worden war, wurde bei den Nazis Staatssekretär im Ministerium und ich? – stand draußen vor. Es dauerte bis in den Dezember. Dann erhielt ich den Posten des Oberschulrates in Magdeburg. Meine ehrenamtliche Tätigkeit für Nordschleswig konnte ich noch eine Zeitlang weiterführen, doch nach einem Jahr, ich hatte keinen Pkw mehr und so keine Möglichkeit des engen Kontaktes, musste ich auch diese so befriedigende Aufgabe abgeben.

Oberschulrat in Magdeburg

Magdeburg, Domplatz 6 war die neue Dienststelle. Ein Dienst, der mich nur wenig erfüllte, denn ich war weitgehend weisungsbezogen und nahm ihn auf mich nur meiner Familie zu liebe. Sechs Kinder, das jüngste gerade ein Jahr alt, mussten versorgt werden. Als erstes musste ich eine Wohnung suchen. Ich fand sie in der „Weichsel-Villa" in Biederitz. Der Ziegeleibesitzer Weichsel verkaufte sie mir für 40 000 Mark mit einem großen Grundstück und der zusätzlichen Nutzung der angrenzenden Parkgrundstücke. Im Juni 1934 war sie soweit eingerichtet, dass Do mit den Kindern und zwei Gehilfinnen, Elfriede Madsen und Anneliese Rentschler, einziehen konnte. Ich hatte zusammen mit den beiden die Wohnung schon eingerichtet. Dazu hatte ich auch Hilfe von dem Hausmeisterehepaar. Das wohnte im Kellergeschoß, Paul und Anna Böwe mit ihrer Tochter Gretchen. Sie hatten schon unter Herrn Weichsel Haus und Park versorgt.

Bild 18: Die Weichsel Villa

Der Umzug von Schleswig nach Biederitz war für Dodo mit der Kinderschar hart und deprimierend. Alfred war da 17 Jahre alt und unterstützte sie nach Kräften.

Als sie mit den 6 Kindern mit Rucksäcken auf dem Rücken und zwei schweren Koffern vom Erdbeerberg in Schleswig zum Bahnhof zog, waren kaum Freunde gekommen, um sie zu begleiten oder Abschied zu nehmen. Dann folgte eine lange Bahnfahrt über Magdeburg nach Biederitz. Für die Kinder war es ein Abenteuer. Ich empfing sie und zeigte ihnen den Weg. Zwei große Torpfosten bildeten den Eingang zum Weichselpark. Ein geschwungener Weg führte sie vor die Villa. Dort erwartete sie das Hausmeisterehepaar.

Haus und Park waren für alle ein wunderschöner Ausgleich. Abseits vom Dorf gelegen, wohl zwei Hektar groß, mit hohen Pappeln umgeben ein Park mit großen Grünflächen, die zum Golfspielen einluden, mit Tannengruppen, ein schöner Teich und einigen alten Stallgebäuden. Der Bahnhof Biederitz war nur fünf Minuten entfernt und man konnte, bei etwa halbstündigem Zugverkehr, schnell nach Magdeburg fahren. Der Dienst in der Behörde begann um 8 Uhr, und befriedigte mich wenig. Oft war ich schon am Nachmittag wieder zu Hause. Dann fuhr ich mit dem Rad durch den Biederitzer Busch nach Herrenkrug. Dort konnte ich Golfspielen auf den Rennwiesen an der Elbe. Meinen Sohn Otto nahm ich oft als Kaddy mit. Wir fanden bald Anschluss und Freunde wie Familie Schäffer, Heyrohtsberge, deren Kinder ich zusammen mit unseren beiden ältesten Töchtern Valborg und Inken in unserem Haus in Französisch unterrichtete. Herr Schäffer war Architekt, und lebte mit seiner Frau, eine geborene Gruson (Grusonsche Gewächshäuser in Magdeburg) auf einem Hof mit schöner Villa mit Landwirtschaft und Gärtnerei in Heyrohtsberge. Bald wurde ich auch Mitglied bei den Rotariern in Magdeburg. So bemühte ich mich die Enttäuschung über meine Versetzung zu überbrücken.

Im Saal der Villa, wo auch der Flügel stand, gab es nicht nur Familienfeste, die Kinder sollten dabei auch ein Musikinstrument spielen, Valborg Klavier, Inken Geige und Otto Cello. Ich lud auch Freunde und Künstler zu kleinen Konzerten ein. Am Sonntagnachmittag saß die Familie zusammen, und ich las plattdeutsch aus Fritz Reuters Werken vor. – In Biederitz gab es zwei Schulgebäude, die alte und die neue Schule. Valborg und Inken haben dort unter Rektor Wahlsdorf, Unterricht bei Frl. Tauporn und Herrn Hartmann genossen, bevor sie zu Hause für das Lyzeum vorbereitet wurden und ein und ein halbes Jahr lang morgens eine Stunde bei Frl. Hoffmann und Herrn Haase zusammen mit Bernd und None Schäffer privat unterrichte wurden. Anschließend fuhren sie mit dem Zug nach Magdeburg in die Luisenschule. Schon bald haben aber die Weichsel-Erben vom Park weitere Teile verkauft. Als erstes bekamen wir einen direkten Nachbarn, den Schlachtermeister Ebeling, der das Teichgrundstück kaufte und mit einem hohen Zaun zu uns abgrenzte. Bei Kriegsbeginn hat er das Grundstück an Familie Franke verkauft. Dann wurden fünf Grundstücke an der Nordseite bebaut. Doch es blieben für die Familie genügend Flächen. Da hatte sie, in den ersten Jahren unterstützt durch Familie Böwe, später durch Familie Schleef, genug zu tun. Einer der ehemaligen Ställe im Garten wurde ausgebaut um Platz für Kaninchen, Hühner und ein Zimmer für die Kinder zu schaffen. Das hieß dann „die Höhle". Später, im Krieg, wurden dort auch ein Milchschaf und Gänse untergebracht. Ein großer Gemüsegarten sicherte die Versorgung mit frischen Gemüse und Obst. Außer durch das Hausmeisterehepaar bekam die Familie auch Hilfe durch „Vater Haase" einem rüstigen Rentner und natürlich durch die jungen Mädchen. Eine, Martchen Schulz, Tochter eines Viehhirten aus Ahrentsee in der Altmark, blieb der Familie auch in späteren Zeiten sehr verbunden.

Da das neue Amt als Oberschulrat in Magdeburg mich wenig gefordert hat, konnte ich mich umso mehr meiner Familie, dem Golfspielen und dem Garten widmen. Als Nicht-PG muss man sich dienstlich tot stellen, sagte mir ein Freund. Ich war in keiner meiner Entscheidungen frei. Personal einstellen konnte ich nicht, und ich hätte am liebsten alles aufgegeben, wenn nicht meine Familie ihr Recht gefordert hätte. Freunde fand ich beim Rotary Club in Magdeburg, doch der wurde bereits im Jahre 1937 offiziell verboten, so dass man sich nur noch in kleinem Kreise und privat begegnen konnte.

Im Sommer 1935 waren alle Kinder krank mit Diphtherie, Mittelohrentzündung und Grippe. Auch ich musste mich mit Grippe hinlegen. Alfred war aus dem Haus. Das alles ging über die Kräfte von Do und es dauerte eine lange Zeit, bis sie wieder ganz zu sich kam und wieder mit mir und der Familie musizieren konnte.

Bild 19: Familie Edert in Biederitz

In den Sommerferien 1935 fuhr ich für 4 Wochen zu meinen Freunden nach England, im gleichen Jahr besuchte Do mit den Kindern die Großeltern in Königsberg. Großvater Volkmann war damals 84 Jahre alt, saß im Rollstuhl und wollte seine Enkelkinder doch auch kennenlernen. Er war Physiker, Professor und Dekan an der Universität in Königsberg und bereits lange emeritiert. Er setzte alle in Erstaunen, wenn er einen verschraubbaren Kochtopf für die Zubereitung seines Mittagsmahles benutzte. Do und die Kinder fuhren mit dem Zug nach Königsberg und mussten über Schneidemühl durch den polnischen Korridor. Der Zug wurde von der Polnischen Polizei kontrolliert. Als die Beamten sahen, dass die Mutter die drei Kleinsten im Gepäcknetz untergebracht hatte, lachten sie und gingen. Von Königsberg fuhr die Familie in Begleitung von Johanna, die früher bei den Großeltern in der Hardenbergstraße den Haushalt geführt hatte, und bei der sie nun wohnen konnten, nach Kranz an die Kurische Nehrung. Welche gewaltigen Wellen donnerten hier an den Strand! Sie besuchten auch den Grafen Dohna auf seinem Gut Schlobitten, wo Werner Thaer aufgewachsen war, und sahen, wie dessen Leute mit vier Pferden breitgespannt die Felder bearbeiteten.

Mit der Bremen nach England

Ich machte die Reise nach England mit der „Bremen", und habe sie sehr genossen. Von Bord der Bremen schrieb ich: „Mein Liebling, nun sind wir mitten auf der Nordsee. Die Inseln Wangerooge und Nordeney waren in der Ferne sichtbar. Nun hüllt eine Regenböe das Schiff ein, und meine Gedanken sind ganz bei Dir! – Die Bremen ist ein Wunder. Auf ihr zu fahren ein Erlebnis, fast schon eine Dichtung. – Als wir uns Bremerhaven näherten, lag der gewaltige Riese mit zwei mächtigen Schornsteinen auf der Reede, alle anderen Schiffe weit überragend. Aber von drinnen gesehen ist es noch viel größer. Dreimal über das Promenadendeck zu gehen, entspricht einem Kilometer. Ich habe eine große, luftige Kabine, die für drei Personen berechnet ist, allein für mich. Der Speisesaal für die Touristenklasse ist so weit und groß, dass du meinst, du wärest im Adlon. Das Essen ist reichlich und auserwählt gut. Da ist es für mich gut, dass ich nur einen Tag an Bord bin.

Um 13 Uhr legten wir ab, viele Hände winkten. Die Musikkapelle an Bord spielte Deutschland, Deutschland über alles, da löste sich der Riese ganz langsam vom Kai. Mir schossen ein paar Tränen in die Augen – ich dachte an den Mai 1933, als ich mit dem Gedanken spielte, nach England überzusiedeln. Da lag nun die Heimat, – Marsch – Geest – strohgedeckte Bauernhäuser, wie eng ist man mit allem verwachsen. Ich fahre mit zwei Amerikanern. Der eine von deutschen Eltern in Amerika, der andere in Deutschland geboren und vor 25 Jahren ausgewandert. Der erste konnte etwas deutsch. Er hatte in Deutschland Medizin studiert. Der zweite kann nur noch Brocken sprechen – beide Stockamerikaner … So wäre es uns oder unseren Kindern vielleicht ergangen.

Ich habe nach dem Lunch an Deck auf einem Liegestuhl gelegen, die weite See vor mir. Die Möwen jagen kreischend um das Heck. Eine halbe Stunde bin ich ins Kino gegangen, sie spielten „Ferien vom ich". Da zog es mich wieder hinaus an Deck, die herrliche Weite zu sehen. Um 16 Uhr gab es Kaffee und Kuchen – nach Belieben – alles im Fahrpreis einbegriffen – zu den Klängen eines

Orchesters. Um 19 Uhr war großes Essen, um 21 Uhr Tanz. Auf Deck spielte man Tischtennis. Der Dampfer sauste mit 22 Knoten Geschwindigkeit, fast wie ein Eilzug dahin. Er vibrierte in der Maschine, aber die Wellen können ihm wohl nichts anhaben, er schaukelte kaum. – Es geht mir mal wieder viel zu gut: Ede Edert aus Oldesloe – „little globetrotter" – er grüßt dich tausend Mal. Die Karte gebe bitte den Kindern. In diesem Wunderschiff gibt es sogar einen Kindergarten mit Schaukelpferden, Kaspertheater und einer Kindergärtnerin. – Grüße sie alle 1000 Mal! Dein E.E.

Am nächsten Morgen, ich habe eine gute Nacht gehabt, fuhren wir bei Sonnenschein zwischen der Insel Wight und England nach Southampton. Unglaublich schön! Trotz der Schaumköpfe, hatte die Bremen kaum geschaukelt. Die Städtchen und Dörfer auf der Insel senkten sich malerisch von den Hügeln auf das Meer hinab. Befestigungen links und rechts der Meeresstraße. Herrliche frische Luft – Katarr schon vergessen – Stimmung prima – Wärst Du nur bei mir! Dein E.E.

Am 08.06. kam ich in Bournemouth bei Mrs. Catt an. Ich habe es scheinbar wieder sehr gut getroffen. – Wir lagen um 10 Uhr vor Cowes, mussten dann aber lange auf den Tender warten, der uns dann in 1½ Stunden nach Southampton brachte, durch eine lange Reihe von Luxusyachten, reizende Segler, mächtige Dampfer – keiner freilich der Bremen vergleichbar. Pass und Zollgeschichten beanspruchten viel Zeit; so war es 14 Uhr geworden, als ich vom Bahnhof West aus Southampton fuhr, ohne etwas von der Stadt gesehen zu haben. Ich wollte gleich in mein Stadtquartier. Bald nach 15 Uhr war ich hier in Bournemouth. – Mrs. Catt, etwa 50, lebhaft, hat mich freundlich aufgenommen, – offenbar gebildete, wohlhabende Leute. Ihre 23 jährige Tochter ist Blindenlehrerin, hat eine große Kanarienvogelzucht und ein Auto. Ihr Sohn ist Flieger-Offizier. Wir wollen ihn morgen besuchen. Außerdem ist noch ein 16 jähriges englisches Mädchen zu Besuch bei ihr, die die Schule hinter sich hat, und sich nun im Zeichnen ausbilden lassen will. Ein reizender Kerl. – Sie hatten eine Dame erwartet und waren hoffentlich angenehm enttäuscht, einen Mann vor sich zu sehen. – Ein schönes Haus mit weiten Räumen, Blumengarten und Rasen zum

Sport dahinter, unmittelbar am Golfplatz gelegen. Bis zur See sind es nur 20 Minuten zu gehen. Aber es wird noch nicht gebadet, es ist noch zu kalt. Es ist windig, aber die Sonne scheint freundlich. Ich weiß nicht, wie lange ich hier bleibe; es gefällt mir gut. Ich will von hier aus meine Fäden spinnen und planen. Die Eisenbahn ist hier recht teuer, da werde ich nicht so viel reisen. – Zeige doch den Kindern auf der Karte, wie ich gefahren bin. Sie lernen dabei Erdkunde. –

Am 12.06. Nun bin ich schon bald eine Woche von Dir getrennt. Da sehnt sich mein Herz nach Dir und euch allen. Hier ist das Wetter beastly, kalt, regnerisch und stürmisch. Wir sitzen am Feuer und wärmen uns. Man kann nur stundenweise hinausgehen. Das für England wichtigste Kleidungsstück, den Regenmantel, habe ich bei meiner Ausrüstung vergessen. Im Übrigen bin ich sehr gut aufgehoben. Mrs. Catt sorgt vorzüglich für mich, versucht auch die Küche, die mir nicht recht zusagte, meinen Wünschen entsprechend anzupassen. Ich habe sehr viel Gelegenheit zum Sprechen, ausgezeichnetes Englisch und ich gewöhne mich schnell wieder. Der Golfplatz ist romantisch gelegen ganz in der Nähe, aber ich habe noch nicht gespielt. Morgens war der Andrang zu groß und nachmittags das Wetter zu schlecht. Am Sonntag waren wir auf einem Militärflugplatz, 40 Meilen von hier, eine sehr interessante Anlage. Auf dem Rückweg sahen wir Stonehenge, ein berühmtes Steindenkmal aus vorchristlicher Zeit, und den sehr schönen und riesengroßen Dom von Salisbury. – Gestern ging ich den Strand entlang und fragte nach Badegelegenheiten. Aber es war zu kalt und die Kassen waren leer. So musste ich auf ein Seebad verzichten. Ihr werdet sicher schon in der Ehle schwimmen. Die Bilder meiner Kinder stehen auf dem Kamin und gucken mich an. So bin ich immer nahe bei euch.

Am 14.06. „Meine liebste Do. Dein erster Brief war ein wahres Labsal für mich. Bergmanns Besuch mag freilich schwer genug für dich gewesen sein – rührend, dass sie zu uns kamen. Ich hätte nirgends hinmögen. Kokolein wird dir eine Freude gewesen sein und Alfreds frühe Heimkehr auch. Merkwürdig, dass es bei euch so warm ist. Am selben Tag, an dem Du vor Hitze nicht schlafen konntest, mussten wir heizen. Gestern klarte es etwas auf. Heute konnte ich etwas

Golf spielen, aber dann regnete es immer wieder. – Langsam gewöhne ich mich an das Klima und das Essen. Die Bewegung tut mir gut, und ich soll schon viel besser aussehen als zu Anfang. Jeane, die Tochter des Hauses, hatte drei Tage lang Besuch von ihrem Freund Tom Brown. Er hat eine schottische Mutter und einen irischen Vater und ist argentinischer Staatsbürger. Er musste erst ein Jahr Dienst tun, bevor er sich selbständig machen oder eine Arbeit finden konnte.

Seltsam, Jeanes Bruder war in Indien, Elisabeths Vater hat sein Geld in Mexico verdient, ihr Bruder lebt in Indien, Tom in Argentinien. Mr. Charles ein Stockengländer, trotz des Namens, tourt die ganze Welt als Zauberkünstler. In diesen englischen Familien sind die Beziehungen und Interessen über alle Kontinente verteilt. Gestern sind zwei schwedische Lehrerinnen hier angekommen, und wollen an einem englischen Kursus teilnehmen. –

Bournemouth ist ein Blumengarten. Der größte Teil des Ortes besteht aus lauter Einzelhäusern, die von entzückenden sauber gepflegten Gärten umgeben sind. Da blühen die Rhododendron in üppiger Pracht, auch an den Wegen, in Parks und auf den Feldern. So, als wenn bei uns der Flieder seine schönste Zeit hat. Sonst gibt es hier viele subtropische Pflanzen. Steingärten umrahmen die sauber gehaltenen Rasen, alle deine Steinbrechte, Floxe und Fetthennen prangen da. Auch die öffentlichen Anlagen sind voller schöner Blumen, wie in Baden Baden. Der Golfplatz hat 12 Löcher, die bald hoch, bald tief liegen, zum Teil in romantisch schönen Waldwiesen. Eins, das 14. Loch, das übrigens 17 Bunker aufweist, soll das schönste in ganz Südengland sein. Jedermann scheint hier zu spielen. Morgens, wenn wir zu arbeiten pflegen, ist der Andrang besonders groß. Dabei machen sie wenige Umstände. Sie tragen ihre Geräte selbst zum Platz, sind ziemlich alltäglich angezogen, und 2/3 spielen ohne Caddy. Die sind zu teuer. Sie bekommen nämlich 1,5 s für die Runde und 1 s Trinkgeld. So spiele ich auch ohne Caddy. Man spielt sehr gutes Golf. Schade, dass meine Vorgabe so hoch ist. Da hält es schwer, einen Partner zu kriegen. Ich werde im Herrenkrug noch mehr üben müssen. – Heute kommt ein großer Psychologe zum Tee, extra meinetwegen. Sonntags ist hier richtiger Feiertag. Es werden keine Briefe ausgetragen. Auch alle öffentlichen Sportplätze liegen still. Man spielt weder Golf noch Tennis. Die Kapelle spielt frohe Weisen, man geht spazieren, die Eltern gehen mit den Kindern aus. Am Strand spielen Groß und Klein Spiele; der Tag der Familie. – Ich will in Zukunft auch mich am Sonntag für die Kinder freihalten!

Am Morgen hörte ich den Gottesdienst, der zu Ehren der Book-Seller und Newsagenten, die in B. tagten, abgehalten wurde. Der Pfarrer sprach ganz hübsch über die Aufgaben der Presse und der Buchhändler, und rühmte die Freiheit der Presse. – Wenn man in Deutschland etwas Kritisches über Religion oder Politik wissen will, muss man die Times lesen. – Nach der letzten Hymne kam der Segen und dann: God save the King! Am Nachmittag ging ich an den Strand nach Westen. Hoch von den Klippen, so hoch wie bei Rauschen, sah man das herrliche Meer im Sonnenschein in prächtiger Bewegung. Ein Herrensitz neben dem anderen, eingebettet in prächtige Blumengärten, alles atmet Behagen, Reichtum, Frieden. Die Bevölkerung am Strand enttäuschte mich. Die Menschen sind keineswegs ansehnlicher als die Magdeburger und nicht zu vergleichen mit den Schleswigern oder Flensburgern. Besonders wenig hübsche Frauen. Sie sahen aus, als würden sie früh alt.

Am Sonnabend war ich in Canford School, eine der neuen Public Schools, die in früheren Herrensitzen eingerichtet sind. Ich ließ mich beim Direktor melden, der mich nach kurzer kühler Unterhaltung an seinen German Master verwies. – Es war der kleine Schwede. Den habe ich dann zum Tee eingeladen, und am nächsten Tag hat er mir die ganze Schule gezeigt. Man hat hier nur Geltung, wenn man persönlich bekannt ist. – Meine liebste Do! Wie schön, dass ihr baden könnt. Hier ist es noch zu kalt. Ich sehe meinen Kleinsten im Wasser schwimmen. Pass gut auf ihn auf, er kennt noch keine Gefahr. Gern hätte ich die Mädel beim Helferbund gesehen. Aber es tut mir leid, dass Valborg noch immer schwierig ist. Das sage ihr bitte von mir! Mich freut sehr, dass Alfred in Mathe eine 1 bekommen hat. Sag ihm das bitte auch! Wie Canford School ist auch Bryanston School in einem ehemaligen Adelssitz als Public School eingerichtet, beide liegen in wunderschönen Parks. Lehrer und Schüler trugen dieselbe Tracht, kurze graue Hose, bloße Knie, Wadenstrümpfe, Hemd und graue Jacke. Es ist ein entzückendes Bild, wenn man die weiten Rasen und Waldwiesen mit lauter weiß gekleideten, Sport treibenden Jungen bevölkert sieht, 200 Jungen mit 20 Lehrern, keiner über vierzig. Aus meiner alten Schule in Colchester erhielt ich einen reizenden Brief mit der Bitte, dort einmal einzugucken. Auch Moore Smith bittet mich ihn zu besuchen. Diesen Aufforderungen bin ich gerne nachgekommen und habe noch einige schöne Tage dort erleben können, bis ich wieder an Bord der Bremen war, und die Heimreise antrat.

Ferienreisen

Fast jedes Jahr haben die Kinder in den Sommerferien größere Reisen gemacht. Sie waren von Schleswig aus in Nebel auf Amrum und in Steinberghaff, 1937 mit der Fähre auf Insel Röm, deren gewaltigen Strände unvergessen blieben. 1938 ging die Fahrt mit Do nach Heidebring auf Wollin. Die Familie Schröder, bei der die Familie wohnte, betrieb auch den Fährverkehr nach Camin mit einem Segelboot. In Camin wohnte Onkel Clemens Thaer, ein Vetter von dem gefallenen Werner Thaer, dem Vater von Alfred, und unterrichtete am Gymnasium. Von Heidebring aus durfte Otto auch mit den Fischern auf Fang fahren. Was für ein Erlebnis. 1939 erholte die Familie sich in Schierke im Harz in einem Haus, das Hilde Schäffer geb. Gruson gehörte. Damals wurden jeden Morgen die Kühe und Rinder der Bewohner von Schierke von einem Viehhirten gesammelt und auf die Bergweiden gehütet. Das kannte die Familie auch von Biederitz.

Bild 20: Alfred, Otto und Werner

Im Jahre 1942 besuchten sie die Forstleute Bredmann in Christburg, Westpreußen, Freunde von Do aus ihrer Jugendzeit. Hier durften sie mit auf Hirschjagd, und erlebten, wie Frau Bredmann einen Zwölfender geschossen hat.

Krieg

Am 01. September 1939 brach der Krieg aus und die Deutsche Wehrmacht marschierte in Polen ein. Alfred war in Kiel auf dem Wege Marine-Arzt zu werden, die übrige Familie blieb noch zusammen in Biederitz. Mein Leben änderte sich dadurch wenig. Valborg und Inken besuchten in Magdeburg die Luisenschule, Elisabeth bekam in Gnadau als Internatsschülerin einen Platz, Otto bestand die Aufnahmeprüfung zum Domgymnasium in Magdeburg und Werner blieb weiter auf der Grundschule in Biederitz. Der Rotary Club war von den Nazis 1937 verboten worden. Nun trafen wir uns privat, die Verbindung blieb. Auch das Golf-Spielen konnte fortgeführt werden, wobei der Kaddy Otto sich etwas zurückzog, da er sich sehr bei der Reiter-HJ im Herrenkrug engagierte. Doch der Einmarsch nach Russland, der Tod von Alfred und die ersten Luftangriffe zerstörten die Ruhe. Der anfängliche Siegeszug der deutschen Truppen hatte zwar alle in seinen Bann geschlagen, aber Do und ich waren bedrückt über die vielen Gefallenen, und über das Vorgehen der Partei den Juden gegenüber.

Alfred besuchte das Domgymnasium in Magdeburg, gleichzeitig war er sehr aktiv bei der Marine HJ. Valborg und Inken kamen in die Luisenschule in Magdeburg, Elisabeth und Otto wurden erst in Biederitz in die „Kükengruppe" aufgenommen. Da lernten sie: „Wir sind die kleinen Küken von dem großen Heer. Wir sind Deutsche Kinder und lieben Hitler sehr". Sie besuchten ab Ostern 1935 die Grundschule in Biederitz, wo auch Werner ab Ostern 1938 mit einem Schulweg von etwa einem km zur Schule ging. Sein Klassenlehrer, Herr Hartmann, er war damals etwa 50 Jahre alt, war sehr geschätzt und wohnte auch in der Heyrotsberger Straße, wo er in einem großen Garten auch einige Bienenstöcke pflegte. Auf dem Schulweg mussten die Kinder am Zeitungsstand vom „Stürmer" vorbeigehen, voll von schrecklicher Judenhetze. Der Klassenlehrer von Elisabeth und Otto, Herr Busche, war zwar ein tüchtiger Lehrer aber auch begeisterter Nationalsozialist. Er hat sich, als der Krieg ausbrach, freiwillig zur Waffen SS gemeldet und ist dann im Jahre 1942 in Russland gefallen.

Alfred war schon als Schüler in Schleswig Mitglied im Jungdeutschen Orden geworden, und wurde angeregt durch die Bücher von Edwin Erich Dwinger, Karossa und Wiechert und Vorträge von Lettow-Vorbeck und anderen, begeisterter Nationalist. In Magdeburg konnte er seine Segelerfahrung in der Marine HJ weitergeben und ging in den Ferien mit den Jungen auf Fahrt. Seine Mutter konnte er jedoch nicht überzeugen. Zur Wahl im Jahre 1936, gab es in Biederitz 6 Neinstimmen. Die Familie wusste, dass eine davon Dodo abgegeben hatte.

Nach dem Abitur, das Alfred im Jahre 1936 als Bester seiner Klasse bestand, wurde er zum Arbeitsdienst einberufen, und begann, da er wegen eines Augenfehlers nicht Seeoffizier werden konnte, anschließend sein Medizinstudium. Denn er hatte sich entschlossen Marinearzt zu werden. Meine 8-monatlige Suspendierung in Schleswig vom Dienst und die sehr intensiven Diskussionen mit seiner Mutter und seinem Onkel Clemens Thaer, die Schwierigkeiten, die Rudolf und Marianne Thear erleiden mussten, weil ihre verstorbene Mutter Jüdin war, konnte ihn nicht davon abbringen an die Mission von Hitler zu glauben. Er hat dann mit Auszeichnung seine medizinische Staatsprüfung bestanden, und wurde, inzwischen war der Krieg ausgebrochen, in Cherbourg eingesetzt.

Bild 20a: Alfred

Nach einem Jahr Marinesanitätsschule in Sanderbusch meldete er sich freiwillig, obwohl er als einziger Sohn eines im ersten Weltkrieg Gefallenen dazu nicht berechtigt war, zum Fronteinsatz und ist im nördlichen Eismeer auf dem Zerstörer „Friedrich Eckoldt", der in der Silvesternacht 1942 von einem Volltreffer durch einen Englischen Kreuzer versenkt wurde, gefallen.

Wir nahmen seine Kusine Marianne Thaer 1942 in unser Haus auf. Ihre Mutter, die im Jahre 1929 verstorben war, war Jüdin. Sie wurde die „große Schwester" unserer Kinder. Sie fand eine Anstellung in einem Werk in Magdeburg

Als im Juni 1941 Hitler der UdSSR den Krieg erklärte, sagte Do: „Das ist unser sicheres Ende." Von da ab konnte auch der Optimismus der Kinder die düsteren Ahnungen nicht vertreiben, besonders als im Dezember auch die USA in den Krieg eingriffen. Und es traf unsere Familie schwer. Waren im ersten Weltkrieg schon mein Bruder Otto, Dos Bruder Hans und ihr erster Mann Werner gefallen, so wurde am 31.12.1942 der Zerstörer Dietrich Eckholt, auf dem Alfred als Oberassistenzarzt seinen Dienst tat, von einem englischen Kreuzer im nördlichen Eismeer versenkt. Bis zur endgültigen Bestätigung des Todes dauerte es noch ein halbes Jahr.

Valborg und Inken hatten eine recht unruhige Schulzeit. Mit 14 Jahren mussten sie ein „Pflichtjahr" absolvieren. Valborg wurde dazu nach Henstedt geschickt, zu Probst Peters, seine Frau war die Tochter von Onkel Julius. Sie hatte fünf Kinder. Inken blieb in der Nähe bei Schäffers in Heyrotsberge. Beide haben diese Zeit als recht trübe empfunden. Sie machten dann auf der Luisenschule ein Notabitur und mussten anschließend zum Arbeitsdienst. Valborg kam, bevor sie in Cismar ein Metallographie Studium begann, in der Altmark und im Harzvorland zum Einsatz, Inken machte ihre Dienstzeit in Oberschlesien, wo sie auf bäuerlichen Kleinbetrieben eingesetzt wurde. Sie ging anschließend als landwirtschaftlicher Lehrling nach Hoffnungstal in Angeln. Dorthin verschlug es auch Otto, der nach einem Einsatz in Quedlinburg als Lagermannschaftsführer in der Kinderlandverschickung, wegen der Luftangriffe auf Magdeburg dort nicht mehr zur Schule gehen konnte. Gegen Kriegsende waren Valborg und Elisabeth, die so lange im Internat in Gnadau zur Schule ging, wieder in Biederitz.

Ich bin seit meiner Versetzung nach Magdeburg immer wieder gedrängt, in die Partei einzutreten. Auf Dauer war der „Dienst nach Vorschrift" doch unerträglich. Zu gerne hätte ich meine Vorschläge für einen verbesserten Unterricht auch öffentlich vorgetragen. Doch dazu musste ich Parteigenosse sein. So willigte ich notgedrungen im Jahre 1940 ein. Das ermöglichte mir nun auch in Vorträgen meine Vorschläge zu verbreiten. Ich habe dann in verschiedenen Städten, auch in Österreich und Prag Kontakte aufgenommen. Doch der Krieg ging verloren. Die Westalliierten und die Russen konnten nicht mehr aufgehalten werden. In Stalingrad wurde unsere 6. Armee zerschlagen, Das Attentat auf Hitler schlug fehl, und die Luftangriffe auf unsere Städte wurden immer schrecklicher. Immer mehr Flüchtlinge kamen von den Ostprovinzen und den zerbombten Städten. So war unser Haus bald voll. Außer Marianne Thaer, der Kusine von Alfred, kamen gegen Ende des Krieges als Flüchtlinge Familie Kischke und Frau Ogilvi aus Ostpreußen, aus Berlin Familie Richter mit fünf Kindern, und alle hofften bei uns auf einen sicheren Hafen.

Die Amerikaner besetzten Italien und zwangen es zur Kapitulation und konnten am 6.Juni auch in der Normandie landen. Das Attentat auf Hitler schlug fehl und viele bekannte und teilweise mit uns befreundete Persönlichkeiten wurden hingerichtet. Die immer schlimmer einsetzenden Bombenangriffe auf unserer Städte, der Vormarsch der Alliierten auf allen Fronten zeigten das Ende an. Nur die Propaganda verkündete immer noch den baldigen Einsatz der Wunderwaffen mit atomaren Sprengsätzen um die jungen Menschen zu verführen.

Ende des Krieges

Do und ich mit einem Teil der Familie haben den Einmarsch der Sowjets in Biederitz mit anschließender Plünderung und deren Willkürregime überstanden. Die Mädel versteckten sich im Keller im Wasserspeicher. Als sich dann alles beruhigte, mussten wir allerdings die Villa räumen, da der Abschnittsgeneral der Sowjets darin wohnen wollte. So zogen wir in die Kellerwohnung.

Um die Versorgung möglich zu machen hat Dodo sich in dieser Zeit als Hebamme bewährt. Im Zuge der Entnazifizierung und als die Brücken über die Elbe wieder notdürftig hergerichtet waren, konnte ich in Magdeburg wieder meinen Dienst antreten. Allerdings war das Regierungsgebäude zerstört, und man musste in Notbüros versuchen die Arbeit fortzusetzen. Ich wurde zurückgestuft, und habe dann als Studienrat zusätzlich wieder unterrichtet, und gab, bis zu meiner Pensionierung zum 01.04.1946, im Domgymnasium Deutsch und Englisch. Das hat nicht nur mir, sondern auch den Schülern viel Freude gemacht. Die haben noch 40 Jahre später auf einem Schülertreffen davon berichtet.

Entnazifizierung

Im Zuge der Entnazifizierung musste ich einen Fragebogen für die höheren Schulen ausfüllen:

1. Name und Zuname: Edert, Eduard
   Gegenwärtige Stellung als Oberschulrat
   Geboren am 31.08. 1880 in Bad Oldesloe
   Wohnhaft in Biederitz, Heyrothsberger Str. 13a

2. Wo wohnten sie früher:
   Von 1901 bis 1915 in Kiel
   Von 1915 bis 1921 in Grünberg, Schlesien
   Von 1921 bis 1933 in Schleswig

3. Welche Schulen haben Sie besucht:
   Realgymnasium in Oldesloe; Realgymnasium in Altona
   Universitäten in Marburg, Cambridge, Kiel

4. Welche besonderen Studiem haben Sie betrieben:
   Deutsch, neue Sprachen

5. Welche Fremdsprachen beherrschen Sie in Schrift und Sprache:
   Englisch und Französisch

6. Waren Sie gewerkschaftlich organisiert? Wo:
   Philologenverein.
   Waren Sie Mitglied des „Neuen Preußischen Lehrervereins?
   Nein.

7. Waren Sie Soldat? Welchen Rang hatten Sie bei der Entlassung?
   1915 – 1918: Leutnant d.R.

8. Welche militärischen Auszeichnungen besitzen Sie? E.K. K.V

9. Schwebte gegen Sie jemals ein Disziplinarverfahren? Warum? nein.

10. Sind Sie vorbestraft und warum? Nein

11. Welcher pol. Partei, Organisation oder Vereinigung gehörten Sie vor 1933 an und welche Funktion bekleideten Sie? Keiner

12. Welche öffentlichen Ämter haben Sie bekleidet? Oberlehrer in Kiel, Direktor in Grünberg, Oberschulrat, zuletzt Regierungsdirektor in Schleswig, Oberschulrat in Magdeburg

13. Waren Sie Mitglied der NSDAP? Ja, von 1940 bis 1945

14. Haben Sie jemals eine Funktion in der NSDAP bekleidet? Nein

15. Waren Sie Mitglied einer der nachstehenden Organisationen?
SS, SA, NSKK, HJ. BDM, DAF, NSF, förderndes Mitglied der SS, SD, NSFK, nein,in keiner dieser Organisationen; NSV ja von 1935 bis 1945

16. Waren Sie jemals rednerisch, Schriftstellerisch oder schulisch für den Nazismus tätig? Nein

17. Haben Ihre Verwandten irgendwelche Funktionen in einer der NS Organisationen bekleidet? Nein

18. Sind Sie jemals von den Nazis verfolgt worden und warum?
Ja, aus dem Amt des Regierungsdirektors und Abteilungsleiters der Schulabteilung am 01.05.1933 beurlaubt. Nach 8 Monaten Ungewissheit als Oberschulrat nach Magdeburg versetzt. Ich war seit 1921 Oberschulrat im Oberpräsidium Schleswig und wurde im Januar 1933 zum Regierungsdirektor und Abteilungsleiter der Schulabteilung ernannt, die ich de facto schon

lange geleitet hatte. Zugleich war ich seit 1924 Beauftragter der Deutschen Stiftung Auswärtiges Amt, für die gesamte Kulturarbeit (Schule, Bücherei, Vortrags, Theater und Musikleben) der Deutschen in dem an Dänemark abgetrennten Gebiet (Nordschleswig). Aus dieser bedeutenden und einflussreichen Doppelstellung wurde ich am 01.05.1933 ohne Angabe der Gründe von dem damaligen Ministerium beurlaubt. In den folgenden 8 Monaten der Ungewissheit und öffentlichen Diffamierung wurde mir keine Gelegenheit gegeben mich zu dem Vorgang zu äußern, und ich erhielt dann im Januar 1934, wieder ohne jede Begründung, meine Versetzung als Oberschulrat an das Oberpräsidium Magdeburg rückwirkend zum 15.12.1933. Im Jahre 1940 habe ich dann den wiederholten Aufforderungen des Ortsgruppenleiters nachgegeben und bin der NSDAP beigetreten. Ich habe es getan aus der Überzeugung, dass in diesem schrecklichen Krieg alle an einem Strang ziehen müssten.

19. Sonstige Angaben: -

20. Was haben Sie veröffentlicht? Ein lange Reihe pädagogischer Arbeiten und Aufsätze, daneben Novellen, Erzählungen, Spiele und Gedichte.

Datum: 20.08.1945
Ich habe richtige und vollständige Angaben gemacht.
Unterschrift: Edert

Die oben ausgeführten Aussagen wurden geprüft und es wird versichert, dass nichts Weiteres bekannt ist.
Verfügt: Provinzialverwaltung für die Provinz Sachsen
Dezernat für Volksbildung, Abt. für höhere Schulen

Ruhestand

Im Dezember 1945 wurde ich als PG zurückgestuft zum Studienrat und zum 1.4.1946 in den Ruhestand versetzt. Am 14.11.1945 schrieb ich an meine Freunde und Verwandten, soweit sie im Westen wohnten: „Meine lieben Freunde und Verwandte, Ich weiß nicht, ob meine zahlreichen Briefe euch erreicht haben. Von euch wissen wir zum Teil durch unsere Kinder, aus der britischen Zone von Elisabeth, die Anfang Oktober über die grüne Grenze von Flensburg zu uns gestoßen ist, von Valborg, die am 01. Oktober von Schleswig nach Detmold zu Onkel Clemens Thaer gezogen ist, um dort im Oktober 1946 das sprachliche Abitur nachzuholen. Otto war 14 Tage hier auf Urlaub und ist vor 8 Tagen nach Sörup zurückgereist, hoffentlich ist er auch angekommen! Wir sind ohne Nachricht von ihm. Auch von Inken, die ihre Hauswirtschaftslehre bei Brix, Brunsholm, ableistet, haben wir lange nichts gehört.

Meine gute tapfere Frau ist unermüdlich tätig. Im Sommer war sie einige Monate lang Hebamme, und ernährte uns mit ihrer Arbeit. Jetzt rackert sie im Haus und für die Russen. Ich habe in Magdeburg, sobald die Russen die Brücken freigaben, wieder im Amt gearbeitet, als der einzig Überlebende. Man brauchte und braucht mich dringend, zumal alle Akten vernichtet sind. Ich war froh, dass ich nach den entsetzlichen Wochen im Mai wieder meine regelmäßige Arbeit hatte, und war glücklich, dass ich, wie früher in der NS-Zeit, den von den NS Bedrängten, es jetzt den vom neuen politischen Kurs Verfolgten, wenigstens hier und da beistehen konnte. Ich hatte aber gleich gesagt, dass ich nach Abwicklung der Geschäfte und Einführung der neuen Leute in den Ruhestand treten möchte. Nicht als ob ich müde wäre; die letzten Monate waren die arbeitsreichsten meines Lebens, aber weil der Kurs immer schneller nach links geht. Ich will gerne meine innere Freiheit bewahren. Die Schulmänner sind durchaus verständig und aufgeschlossen. Seit dem 01. Oktober laufen alle meine höheren Schulen. Wir haben uns bei Verhandlungen über Einheitsschule, Lehrpläne, Lehrerbildung gut verstanden. Aber die Politiker lassen sich von Hass, Neid, Vergeltung und ähnlichen Teufeln leiten und suchen nach neuen Opfern. – Nun ist kürzlich eine Anweisung ergangen, dass in der Schulverwaltung keine P.G.s sitzen dürfen, und da ich P.G. von 1940 bin (es schien mir damals, als mein Junge Soldat war, richtig, alle persönliche Bitterkeit zurückzustellen), wurde es ihnen möglich mich zum Studienrat zu machen, aber gleichzeitig haben sie mich gebeten die Geschäfte weiter zu führen. So überlege ich nun ernsthaft, ob wir unseren Wohnsitz hier nicht aufgeben und im Anschluss in die Heimat oder in die Westzonen zurückkehren sollen. Wir würden wohl hier möbliert vermieten, und dort eine möblierte Wohnung nehmen müssen, solange Transporte nicht möglich sind.

Unser schönes Haus ist vom Mai bis Oktober von den Russen besetzt gewesen. Seit zwei Wochen sind wir zusammen mit drei anderen Familien wieder drin und machen dauernd sauber. Gestern ist oben wieder ein Russe eingezogen! Dodo erliegt fast diesen Belastungen, zumal die Lebensmittel und die Kohlen sehr knapp sind. Aber wohin? Ich habe noch ein Grundstück in Schleswig; aber das Altenteil, 3 Stuben und Küche, ist damals nicht gebaut worden, und hier im russischen Gebiet sind alle Guthaben aus der Zeit vor Mai 1945 gesperrt. Lieber hätte ich auch ein Häuschen oder die entsprechende kleine Wohnung in der Nähe von Kiel oder Hamburg (Othmarschen) oder in Ostholstein. Wir müssen ja damit rechnen, dass wir Otto (16) und Werner (12 Jahre) noch einige Jahre bei uns haben müssen, dass sie und die Mädel etwas lernen sollen. Im Übrigen sind wir ganz bescheiden in unseren Ansprüchen. Zugleich liegt mir aber daran, an irgend einer Stelle am Wiederaufbau mitzuarbeiten, bei der Gestaltung der neuen Schule, der Lehrpläne, Lehrbücher und bei Abhaltung von Lehrgängen an den Universitäten für Kriegsteilnehmer, auch Abhaltung von Prüfungen, günstigsten Falls auch Einrichtung von Volkshochschulen, wie wir sie vor 1933 bei unserer großen Kultur- und Volkstumsarbeit an der Grenze hatten. Wie in Nordschleswig, meinem alten Königreich, die Dinge liegen, ahne ich nicht. Ich brauche schon im Hinblick auf die Kinder eine sichere Lebensgrundlage, wenn ich hier die Zelte abbreche. Hier habe ich sie, auch wenn z.Z. noch keine Pensionen bezahlt werden. Ich habe auch für spätere Zeit der Pensionierung literarische und pädagogische Angebote.

Meine lieben Freunde und Verwandten, wir können uns hier kaum eine Vorstellung von den Verhältnissen in der britischen Zone machen. Darum bitte ich Sie ganz herzlich, mir ganz offenherzig eure Meinung zu sagen, ob Arbeit und Wohnung irgendwo bei Euch vorhanden sind. Lasst mich bitte nicht zu lange auf Antwort warten; denn ich muss hier rechtzeitig Vorkehrungen treffen. Herzliche Grüße E.E."

Auf diesen Rundbrief kamen viele Antworten. Adolf Ihde, Obmann der Anwälte in Lübeck wies auf die Überfüllung durch Flüchtlinge und Ausländer (Displaced Persons) hin und die hohe Arbeitslosigkeit. Er schilderte, wie die Cap Arkona und noch ein anderes Schiff voll besetzt mit Tausenden jüdischen KZ Insassen durch einen Fliegerangriff von den Alliierten versenkt wurden und nur 300 überlebten. Die haben in der ersten Zeit in Lübeck ein ziemlich übles Regiment geführt. Haffkrug und Sierksdorf mussten geräumt werden um Ausländer dort unterzubringen. Er riet; gib das, was Du hast, nicht auf!

In einem weiteren Brief hatte er dann darauf hingewiesen, dass ihr gemeinsamer Freund Dr. Teichert, Oberstudiendirektor, nach Kiel berufen wurde und da die Provinzial-Kultusverwaltung übernommen hat. Aber auch die Direktorin Elisabeth Steiger aus Celle schilderte die trostlose Lage, und warnte vor der Rückkehr. Im Gegensatz dazu, machte Onkel Julius, der nach der Ausbombung in Hamburg in Langballig lebte, mir Mut zu kommen.

In Kiel hatte ich noch weitere wichtige Freunde, wie den Ministerpräsidenten Steltzer, der auch von den Nazis 1933 als Landrat des Kreises Rendsburg aller seiner Ämter enthoben wurde. Theodor Steltzer war, als Sohn eines Amtsrichters in Trittau, nach dem Abitur in Lüneburg Offiziersanwärter geworden und hat zwei Jahre Staatswissenschaft in München studiert. Er wurde Bataillons Adjutant in Göttingen und im ersten Weltkrieg 1914 verwundet. Im Jahre 1920 wurde er Landrat im Kreise Rendsburg, gründete unter anderen die Kolonialschule in Rendsburg und war aktiv im Heimatbund, wo er auch mit mir intensiv zusammenarbeitete. Im Jahre 1933 wurde er, wie ich, aller seiner Ämter enthoben aber trotzdem 1939 als Transportoffizier in Norwegen eingesetzt. Er schloss sich dem Kreisauer Kreis an, und es gelang ihm, Juden die Flucht nach Norwegen zu ermöglichen. Da wurde er nach dem Attentat auf Hitler verhaftet und zum Tode verurteilt, aber durch Vermittlung schwedischer Freunde vor dem Einmarsch der Russen begnadigt und entlassen. Nach dem Krieg war er zusammen mit Hermes Mitbegründer der CDU in Berlin und in Schleswig-Holstein. Er wurde von der Englischen Besatzungsmacht im November 1945 als Oberpräsident, und im August 1946 als Ministerpräsident von Schleswig-Holstein eingesetzt, und auch vom Landtag gewählt bis 1947. Sein Nachfolger war Hermann Lüdemann von der SPD. Er war von 1950 bis 1952 Leiter des Institutes für öffentliche Angelegenheiten, und von 1955 -1960 geschäftsführender Präsident der Deutschen Gesellschaft für Auswärtige Politik und Präsident der Deutschen UNESCO-Kommission. Er starb mit 82 Jahren im Jahre 1966

Weiter Hilfe erhoffte ich von meinen Freunden aus dem Heimatverein, besonders von Dr. Teichert und den Oberschulrat Dr. Karl Möhlmann, dem Ehemann meiner Nichte Ilse Möhlmann, der Tochter meines älteren Bruders Hermann.

Flucht und Neuanfang

Nach der Pensionierung setzte ich mich deshalb am 01.Mai 1946 zusammen mit Elisabeth und Frl. Siegel in den Westen ab, und kam, nachdem ich Elisabeth in Betel unterbringen konnte, nach Kiel. Dank meiner guten Verbindungen konnte ich gleich die Leitung des Studienseminars in der Diesterwegstraße übernehmen, wurde in meiner Stellung als Oberschulrat wieder anerkannt, und fand auch im selben Haus Wohnung. Dodo blieb in Biederitz und versuchte zu halten, was wohl nicht mehr zu halten war. Das Haus war inzwischen als Schule für die Kinder der russischen Offiziere genutzt. Meine Tochter Valborg hatte sich schon vor mir zusammen mit den beiden Kischke Töchtern mit Hilfe eines Fährbootes nach Westen abgesetzt und fand in Schleswig auf dem Oer bei Familie Berg Unterkunft, doch war sie schon bald nach Detmold zu Onkel Clemens Theaer weitergezogen, um dort das Sprachen-Abitur abzulegen. Im November 1946 gelang es meinem Sohn Otto auf abenteuerlichen Wegen über den Harz Dodo und seinen Bruder Werner in den Westen zu holen. Das ging nicht ganz nach Wunsch. Bei Stapelburg, beim Versuch die Grenze zu überqueren, es war eine klare Frostnacht, griff eine russische Patrouille die drei auf und brachte sie auf einem Gutshof in ein Kellerverließ, wo schon eine Reihe Grenzgänger eingesperrt waren. Drei Tage mussten sie dort ausharren. Das Gerücht ging um, dass die jungen Leute zum Uran-Abbau nach Tschechien geschickt würden. Doch dann durften sie wieder weiterreisen. Schließlich gelang es ihnen zwischen Ellerich und Bad Sachsa die Grenze zu überqueren.

Es war eine harte Hungerzeit. Zu essen gab es nur wenig, das Heizmaterial langte nirgends und nur der Schwarzmarkt florierte. Doch ich war erfolgreich im Seminar, und dann konnte ich sogar den Leiter des Schulwesens, Herrn Landesdirektor Teichert, vertreten und mit Dänen, Engländern und den deutschen Stellen dank meiner Kenntnisse nicht nur sprachlich sondern auch sachlich verhandeln. Ich plante Reisen nach Dänemark und England und war voller Tatendrang, denn endlich konnte ich mich wieder für Schleswig-Holstein, meine Heimat, einsetzen.

Hunger und Kälte bestimmten auch das Jahr 1947. Im Juli fuhr ich mit Do und Werner drei Wochen mit dem Interzonenzug nach Biederitz, um dort nach dem Rechten zu sehen. Wir kamen sehr bedrückt zurück, denn inzwischen hatte die Gemeinde die Verwaltung übernommen, Ganze 75 Mark Miete kamen monatlich. Steuern und die Kosten für die Dachreparatur konnten damit nicht bestritten werden.

Anschließend schrieb ich im August 1947 an meinen Schwager Ernst in Pittsburgh: „Seit 8 Tagen sind wir aus der russischen Zone zurückgekehrt. Da will ich Dir von unseren Eindrücken berichten. – Wir müssen uns zuweilen in Biederitz sehen lassen, sonst laufen wir Gefahr, dass Haus und Mobiliar beschlagnahmt werden. Die SED regiert so souverän wie früher die NSDAP, obwohl sie nur eine kleine Minderheit ist, denn die SPD ist ihr nur unter Zwang beigetreten. Sie herrscht mit denselben Machtmitteln, nur noch grausamer. In den ehemaligen K.Z.s Dachau und Buchenwald sollen 20 bis 30 000 Deutsche gefangen liegen. Man weiß nichts von Ihnen. Keine Nachricht dringt von den Verhafteten an die Außenwelt. Was früher braun war, ist jetzt rot, sonst aber ist es dasselbe System. Man ist in der russischen Zone keinen Abend sicher, ob man nicht in der kommenden Nacht „abgeholt" wird. Unser schönes Haus wird von 6 verschiedenen Familien bewohnt, meisten Flüchtlinge. Ob wir unser Eigentum halten können, ist fraglich. Aber wenn ich vor die Wahl gestellt werde Freiheit oder persönliches Eigentum, wähle ich die Freiheit.

Ich habe mit vielen alten Freunden aus Industrie und Handel gesprochen, alle sind mutlos. In der ehemaligen Provinz Sachsen hat die Kapazität der Werke 40% des Standes von 1938 erreicht. Das übrige ist entweder zerstört oder demontiert und nach Russland gesandt. Die noch in Betrieb befindlichen Werke arbeiten für Russland, und die Verwaltung der größeren Werke sitzt in Moskau. Das Kapital gehört Russland. Durch die Bodenreform wurden die Güter zerschlagen, und die Ablieferung ist viel geringer geworden. Die Ostzone könnte die Bevölkerung leicht ernähren, aber die Russen nehmen einen großen Teil der Agrarproduktion der Bevölkerung weg. Ich habe tausende Männer, Frauen und Kinder gesehen, die auf die Felder stürmten zum Ährenlesen oder zum Kartoffeln sammeln. Die Hungerpsychose ist schrecklich.

Der Marshallplan hatte hier unter uns Optimisten große Hoffnungen geweckt. Mir erscheint ein in Zollunion vereintes Europa die einzig mögliche Lösung. Aber die Ankündigung von heute, dass die Anleihen nicht vor Januar 1948 gewährt werden können, zusammen mit der ersten Wirtschaftskrise Englands, haben alle Hoffnungen wieder heruntergeschraubt. Deutschland selbst kann in all diesen Fragen so gut wie nichts tun. Es ist abhängig von der allgemeinen Politik der Alliierten. Vom deutschen Standpunkt ist die erste Voraussetzung für eine mögliche Erholung die wirtschaftliche und politische Einigung. Die grüne Grenze mitten durch Deutschland ist das groteskeste, was man sich denken kann. Die Reise von Berlin nach Kiel, die sonst 6 Stunden dauerte, ist, wenn man sie legal ausführen möchte, schwieriger als eine Reise nach England oder Holland, so viele Formalitäten sind zu erfüllen. Illegal gehen täglich tausende auf Schleichwegen über die Grenze, mit ihren Rucksäcken beladen, ständig in Gefahr beraubt oder abgefangen zu werden. Man begreift nicht den Sinn einer Absperrung, die täglich von Tausenden durchbrochen wird. Wenn die Zonengrenzen nicht beseitigt werden, kann weder der Osten noch der Westen leben. Die zweite Voraussetzung ist, dass das Land östlich der Oder und Neiße, das jetzt von den Polen verwaltet wird, zurückgegeben werden muss. Weite Landstriche, die früher die landwirtschaftliche Basis Deutschlands waren, liegen unbebaut und verkommen. Wenn sie in deutscher Hand wären, würde keine Korneinfuhr von USA nötig sein. Der dritte Punkt ist die Stabilisierung der Währung. Da versuchen Bauern, Fabrikanten und Handwerker ihre Waren zu vertauschen, anstatt sie zu verkaufen; das ist eine der Hauptursachen des schwarzen Marktes, dessen Preise wechseln, aber doch oft erschreckend hoch sind. Ein Pfund Butter kostet z. Z. 120,- RM, ein Brot 40 – bis 50,- RM, ein Paar Stiefel 1000 RM, das entspricht einem Monatsgehalt. Da beginnen die hellen Leute ihre Arbeit aufzugeben, und auf dieser ungesetzlichen Grundlage zu leben. Denke Dir, wie groß die Versuchung ist, für die aus der Kriegsgefangenschaft heimkehrenden ungelernten jungen Leute!

Die Hauptursache für die Verzögerung der Lösung dieser Fragen liegt in der Uneinigkeit der Alliierten. Da sie sich nach 2 ½ Jahren Besatzung nicht einigen können, beginnt das Volk zu verzweifeln. In der russischen Zone hoffen die Menschen auf England und die USA. Sie fürchten, dass sie eines Tages abgehängt werden. Hier im Westen ist aber auch das Vertrauen auf die Angloamerikaner im Schwinden. Ich glaube nicht, dass unser Volk noch einen solchen Winter des Hungers und der Kälte überleben wird. Ich furchte dass, wenn die Alliierten nicht bald handeln, ein völliger Zusammenbruch droht; das ist wahrscheinlich der Augenblick, auf den Russland wartet, um ganz Westeuropa zu besetzen. Wenn das an seiner Zukunft verzweifelnde Deutschland in seinen Händen ist, werden das stark kommunistische Frankreich und Italien eine leichte Beute werden.

Bei uns zu Hause geht es gut. Valborg ist Lehrerin an einer Kieler Volksschule. Die 30 Wochenstunden sind ihr, wie allen Anfängern, eine schwere Belastung. Aber sie hat Freude an der Arbeit. Inken macht ein Praktikum in Dithmarschen durch. Sie soll Ostern 1949 die Prüfung an der Pädagogischen Hochschule ablegen. Elisabeth ist noch in Werter. Otto besucht die Unterprima und Werner ist vergnügt in seiner Gärtnerlehre. Dodo ist gerade von Göttingen zurückgekehrt, wo sie den Nachlass ihrer geliebten, im hohen Alter verstorbenen Tante Milla geordnet hat. Sie arbeitet nach wie vor von früh bis spät und versorgt uns aufs Beste.Es grüßt Dich Dein besorgter Schwager E.E."

Einsatz für die Heimat

Ich hatte mir in Kiel vorgenommen, wenn irgend möglich für die Südschleswigsche Frage zu arbeiten. Schon bald konnte ich den neuen Landesdirektor Nydal bei seiner Arbeit in Schleswig in der Deutsch-Dänischen Auseinandersetzung und bei den Heim-Volkshochschulen unterstützen. Seit meiner Rückkehr in die Heimat hatte ich mich damit beschäftigt, war für die Regierung ein Sachverständiger, stand auch in ständiger Beziehung zum Education Officer Wilcox in Kiel. Er war anfangs sehr reserviert, fand aber dann auch Verständnis für den deutschen Standpunkt. Ich erteilte ihm gratis deutschen Unterricht (zu Weihnachten 1946 schenkte er mir ein halbes Brot). Schließlich erkannte auch er, als sich infolge der allgemeinen Notlage 1947 die dänische Bewegung zu einer Lawine auswuchs, dass es sich um eine sehr materielle Frage handelte. Ich habe mir einen von MP Lüdemann unterzeichneten Ausweis ausstellen lassen, dass ich als Sachverständiger für die Südschleswig-Frage ermächtigt wurde, nahm Beziehung zu einem Beamten vom Foreign Office auf, und versah mich mit allen nur irgendwie erforderlichen Unterlagen. Bei meinem Besuch in England konnte ich damit in halbamtlicher Eigenschaft Kontakte ausbauen.

Mit der Arbeit im Studienseminar konnte ich auch viele alte Verbindungen wieder beleben und mich für den Schleswig-Holsteinischen Heimatbund einsetzen. Ich konnte im Namen des SHHB zum Juni 1949 die Monatshefte „Schleswig-Holstein" herausgeben, wurde Mitglied im Rotary Club und es gelang mir, meine Freundschaften in England wieder aufzufrischen. Meine Töchter, Valborg und Inken entschlossen sich auch in den Schuldienst einzutreten. Trotz aller Besorgnis, trotz Hunger und Kälte konnte ich das Studienseminar mit Hingabe weiterführen, die Familie versorgen und die Arbeit für den Heimatbund erfolgreich vorantreiben. Ein Jahr später verfasste ich den folgenden Rundbrief an meine Lieben: „Heute am 25.09.1948 bin ich, auf meinen Antrag in den Ruhestand versetzt worden. In einer kleinen Feier im Studienseminar wurde ich entlassen, und mein Nachfolger, Walter Fenske in mein Amt eingeführt. Damit geht eine 44 jährige Schulmeisterlaufbahn zu Ende. Wenn ich diesen langen Zeitraum überblicke, und an all die Pläne und Hoffnungen denke, und sie vergleiche mit dem Erreichten, dann ist die Ernte gering. Gewiss sind zwei Kriege und drei Revolutionen auch schwere äußere Hemmnisse. Aber auch davon abgesehen, geht der Fortschritt, jedenfalls auf dem Gebiet der Erziehung, wohl nur sehr langsam voran. Was ist von der Jugendbewegung, an der ich viele Jahre mit Begeisterung teilgenommen habe, übrig geblieben? Was von der Selbstverwaltung der Schüler, die ich in Grünberg versuchte? Die Arbeit in Nordschleswig, der Aufbau des deutschen Schulwesens in den Jahren 1921 bis 33 ist 1945 fast völlig vernichtet. Von 82 Schulen mit über 4000 Kindern sind nur noch 5 übrig geblieben! Von den 12 Jahren in Magdeburg, wo ich immer nur in Verteidigungsstellung stand, will ich gar nicht reden. Mit Dankbarkeit denke ich an die letzten 2 ½ Jahre hier in der Heimat. Wo ich wieder mit prächtigen jungen Menschen zusammen arbeiten durfte. Aber diese armen jungen Leute, sind zwar fertig ausgebildet, aber finden keine Beschäftigung mehr. Alles ist überfüllt. So habe ich beschlossen, den jungen Leuten Platz zu machen, obwohl ich selbst mich noch frisch fühle.

An Arbeit wird es nicht fehlen. Man hat mich gebeten die Schriftleitung der illustrierten Schleswig-Holsteinischen Heimatzeitschrift zu übernehmen. Die Probenummer ist schon hergestellt, und wenn die Lizenz erteilt wird, kann die Arbeit im November 1948 beginnen. Inzwischen will ich, wie schon so oft in Friedenszeiten, eine Reise nach England unternehmen. Alte Freunde haben mir eine Fahrkarte für den Flug nach England geschickt. Ich denke 2-3 Wochen drüben zu bleiben. Hoffe nur, dass die drohenden politischen Wetterwolken diese Reise nicht stören.

Reise nach England

„Anfang Oktober 1948 flog ich auf Einladung meiner alten Freunde nach England. Ursula Ridley schickte mir eine Flugkarte London und zurück, Jack Wettern hinterlegte einen Scheck im Airport London; denn ich hatte ja keine Devisen und musste von der Güte meiner Freunde leben. Dass diese alten Freundschaften den furchtbaren Krieg überdauert hatten, war beglückend. Aber wie würde ich England wiedersehen?? Ich wusste je aus der Presse und durch den Verkehr mit den Männern der britischen Besatzungsmacht, wie bitter die Stimmung des Volkes sein musste. Aber ich hatte mich seit meinem Besuch im Jahre 1900 um die Verständigung beider Völker bemüht, und ich wollte nicht nachlassen.

Ich fuhr von Kiel mit der Bahn nach Hamburg, dann mit dem Auto nach Fuhlsbüttel. Das Alsterbecken breitete sich in seiner ganzen Schönheit vor mir aus, im Sonnenglanz fuhren wir von Harvestehude bis zum Jungfernstieg. Vom behaglichen Wartesaal aus, wo echter Tee mit Zucker und Sahne serviert wurde, schweifte das Auge über den Flugplatz, wo die glitzernden Vögel startbereit liegen. Eine junge Air Hostess in kleidsamer Tracht, führte uns bis zum Flugzeug, bat uns die Treppe hinaufzusteigen und Platz zu nehmen. Drei Reihen mit je sieben bequemen Sesseln, durch einen Gang getrennt, standen uns zur Verfügung. Über jedem Platz war eine Leselampe und ein drehbarer Ventilator angebracht, davor eine Tasche mit Lesestoff und der obligaten Tüte, darunter befand sich ein aufklappbares Bord zum Essen oder Schreiben.

Der Motor wurde angeworfen und schon lief der Vogel die Rollbahn entlang, langsam fast unmerklich verließ er den Boden und wie er sich silberglänzend erhob, wie er über der Lombardsbrücke und St. Michael schwebte, wie der eherne Kanzler, das Wahrzeichens des Hamburger Hafens herübergrüßte, da habe ich ein im eigentlichen Sinne gehobenes Gefühl verspürt. Es war hervorgerufen von dem Anblick der Stadt und des Hafens, des in der Sonne schimmernden Elbstromes, den schmucken Villen am Süllberg in Blankenese, die aus der Höhe schon ganz klein erschienen. Ich fühle mich zum ersten Mal als Gegenstand einer aufmerksamen Bedienung. Bitte schnallen Sie lieber den Gurt fest, sagte mit freundlichem Lächeln und in fürsorglichem Tone die Air Hostess, es ist vielleicht gar nicht nötig, aber bei plötzlichem Steigen oder Fallen doch ratsam! – Ein ungewöhnlicher Ton für einen, der sonst sein halbes Leben in überfüllten Straßenbahnen und Autobussen zubringt. Nach einigen Minuten beugte sie sich wieder herunter: Wir servieren ein leichtes Abendessen, einige Butterbrote, wünschen Sie Braten, Schinken, Käse oder Toast mit Ei? – Mir wurde fast schwindelig, denn ich hatte nur wenige Schilling englisches Geld dabei. – Doch schon sagte sie: Keine Sorge, das ist alles im Fahrpreis eingeschlossen. Gleich darauf wurden Sandwiches aufgetragen und wieder freundlich gefragt, möchten Sie Tee oder Kaffee? Und etwas später, wir flogen schon über Holland, hat sie uns Früchte, Apfelsinen, Bananen, Brüsseler Trauben angeboten. Als es dämmrig wurde, bekamen wir Schokolade und Pralinen und schließlich Kaugummi. Die Gäste lasen, plauderten, ein unbestimmbares Behagen lag über dem gewölbten Raum. Dann schimmerte unter uns das unübersehbare Lichtermeer von London. Über uns wölbte sich ein wunderbar sternklarer Himmel. Seltsam diese Millionen Sterne über uns, Millionen Lichter unter uns, Millionen Menschen, ein jeder mit seinen Sorgen und seinen Freuden. Zwischen den Lichtermeeren schwebte majestätisch der große Vogel. Lange schien es zu dauern, bis er die Riesenstadt überquert hatte, und langsam senkte er sich zur Erde nieder, viel zu früh war der Flug beendet.

Nach einer schnellen Autofahrt durch das schlafende London, langten wir in der Flugstation Kensington an. Ich sah mich in der großen Halle um, ob meine Freunde mein Telegramm nicht erhalten hatten? Niemand war da um mich abzuholen. Da war mir doch etwas beklommen zu Mute, als ich um Mitternacht im Airport mutterseelenallein in der großen Halle stand, und keinen meiner Freunde entdecken konnte. Da trat ein Beamter in Uniform auf mich zu, und fragte, what can I do for you? Kaum hatte ich mein Anliegen erklärt, so führte er mich an eine Tafel, an der die eingelaufenen Briefe, alphabetisch geordnet steckten. Wir fanden meinen Namen. O, you are Mr. Edert, there is some money for you! Er überreichte mir das Geld, rief ein Hotel in Kensington an, in dem für mich ein Zimmer belegt war, ließ eine Taxe kommen, und eine halbe Stunde später lag ich wohlbehalten im weichen Bett mit leichtem Herzen, staunend, dass alles so reibungslos abgelaufen war.

„What can I do for you?" Das war das Leitmotiv, das durch den ganzen Aufenthalt in England klang, und einen tiefen Eindruck auf mich machte. Und diese Freundlichkeit zwischen Mensch zu Mensch hielt an. Sie beruhte wohl auf der großen Verschiedenheit der allgemeinen Lage zwischen den Ländern Deutschland und England. Deutschland war damals ein Land der Not, der Sorge, der Furcht, von Fremden besetzt, in dem nach 5 Jahren Krieg und drei Jahren Besatzung die Menschen nervös waren. Es gingen Neid und Missgunst um, und die Tatkraft war durch Hoffnungslosigkeit gelähmt. Und wir flogen in wenigen Stunden in ein freies Land, ein Land des im tiefsten Friedens, der Sicherheit, der Ruhe, der freundlichen Gesinnung zwischen Mensch und Mensch. Wir kamen zu einem Volk, das nicht entfernt so sehr unter dem Krieg gelitten hatte wie wir, das beschwingt war von der Hoffnung auf einen wirtschaftlichen Aufschwung, und das entschlossen war, die Schäden des Krieges in gemeinsamer Anstrengung zu überwinden.

Der postlagernde Brief kam von Pully mit einem Scheck und der Angabe des Hotels in der Nähe. Am nächsten Morgen holte sie mich ab und dann ging die Reise los: Ochstedt, Stoneland, Philip Wayne, Southern, Folkstone, London. Überall wurde ich von den alten Freunden mit Freuden aufgenommen.Durch Freunde in Stoneland, die wertvolle Beziehungen zu Politikern hatten, lernte ich während meines Besuches in England einflussreiche Leute kennen; u.a. die Heraugeber Roberts, Kingsley, Martin, und Grossman von der Wochenzeitschrift „New Statesman and Nation". Keiner dieser Politiker hatte eine Ahnung von unserem schleswig-holsteinischen Problem, und wenn sie orientiert waren, dann von der dänischen Seite. Umso mehr interessierte sie die deutschenglische Frage. Auch die Presse brachte über unser Problem so gut wie gar nichts. Selbst als der Vertreter Dänemarks, Rasmussen, am 16.10. in London eintraf, brachten die großen Zeitungen nur ein kurze Notiz. Ich musste immer wieder das Gespräch auf Schleswig zurückbringen. Im Oktober habe ich dann eine ganze Reihe Unterredungen führen dürfen, davon zwei im Foreign Office bei Grossmann, der mich zum Tee eigeladen hatte. Im Ganzen kam es dann immer zu folgenden Stellungnahmen:

1. Wir wollen keine Differenzen mit Russland haben.
2. Wir haben kein Interesse an der Wiedervereinigung Deutschlands. Wir wollen lieber Mitteldeutschland den Russen überlassen; denn wenn ihr Deutschen wieder ein Volk von 70 Millionen seid, und euch wieder erholt, könnt ihr die Führung von Europa übernehmen wollen, die uns zusteht.
3. In der Berlinfrage muss es einen Kompromiss geben, das wird ein Tauschhandel sein.
4. Wenn Deutschland Schleswig verliert, also kleiner wird, was schadet das uns? Wenn die Leute Dänen werden wollen, sollen sie doch!

Das wurde mir in freundlicher aber kühler Art beigebracht, und als aus Dänemark Herr Rasmussen erwartet wurde, durfte ich im Foreign Office nicht mehr auftreten. Ich war entsprechend enttäuscht, als ich Downing Street verließ. Doch was konnte eine Privatperson wie ich, ohne amtliche Stellung, mehr tun als den deutschen Standpunkt dem Foreign Office und den mir bekannten Politikern vortragen. Die Presse Notice, die nach dem Besuch von Rasmussen veröffentlicht wurde, war dann auch für uns günstiger als ich es erwartet hatte.

Als ich dann wieder bei Wettern in Oxstedt war, ich fühlte mich dort fast wie zu Hause, wurde ich gebeten, an einem „Braintrust" teilzunehmen, und Deutschland zu vertreten. Auf dem Podium waren der „Question Master" und je ein Vertreter von fünf Nationen gekommen: ein Engländer, ein Pole, ein Amerikaner, ein Franzose und ich. Wir wurden vom Publikum, etwa 200 Personen ausgefragt. Ich konnte etwas über die Berliner Blockade und die Ziele der russischen Politik vortragen, und erhielt viel Beifall. Über diese Themen konnte ich auch in einem Rotary Club sprechen.

Ich hatte bei Pully und Jack Wettern eine sehr schöne Zeit, behaglich und freundschaftlich im besten Sinne. Mit ihrer Tochter Sally, einem reizenden Backfisch, spielte ich Golf. Auch bei Ursula, die mir ja die Reise geschenkt hatte, konnte ich zehn Tage wohnen. Sie hatte mich sehr freundlich aufgenommen, obwohl sie gerade damit beschäftigt war, den Familiensitz Stonelands aufzulösen, da der Unterhalt eines solchen Schlosses auch für reiche Leute nicht auf Dauer zu bewältigen war, und Dienstboten immer schwerer zu bekommen waren. Doch noch konnte ich den ganzen Zauber dieses Country Seats genießen. Sie übergab mir aus dem Nachlass ihres Vaters J.G. King, mit dem ich sehr befreundet gewesen bin, einen Zettel, auf dem er geschrieben hatte: „I owe Dr. Edert 10 pounds." Obwohl ich mich sträubte, musste ich diese Geldsumme von ihr annehmen.

Bei Ursula spürte ich deutlich, wie sehr die Kriegserlebnisse noch nachwirkten. Sie zeigte mir das Grab von zwei deutschen Fliegern am Rande des Friedhofes. Die waren, als sie die Stadt Westhoasly im Tiefflug angriffen, abgeschossen worden. Nur auf Bitten des Pfarrers erlaubten die Bewohner, dass sie dort begraben werden durften. Denn der Hass gegen die, die auf Zivilisten geschossen hatten, war sehr groß. Am schwersten hatten die deutschen V2 sie beunruhigt, weil hier keine Warnung möglich war. – Eine ganz große Freude war das Wiedersehen mit meinem Freund Philip Wayne. Er lud mich zum Lunch ein, und erzählte mir, er habe seinen einzigen Sohn im Krieg verloren. Darauf habe ich ihm von Tode meines Sohnes Alfred erzählt. So waren wir in der Trauer um unsere Jungen vereint. Er gab mir den Abdruck seiner Trauerrede, die er in seiner Grammar School gehalten hatte, und die auch mich sehr bewegte. So habe ich noch einige Freunde von früher wiedertreffen können. Doch ich fand auch neue Freunde.

Das kam so: Frl. Siegel hatte mir eine Einladung zum Treffen der GER Folkstone vermittelt, die im Anschluss an meine Reise bis zum 06. November dauern sollte. Ich musste 2 Tage in London einschieben, hatte aber kein Geld und keine Bleibe. Der Sekretär der GER, Herr Hirsch, sagte: Gehen sie zu Mrs. Hudson in der 240 Creigton Av. Sie wird sie gerne aufnehmen. – Ich ging und klopfte an, eine warmherzige freundliche Frau öffnete mir, und hieß mich herzlich willkommen. Neben ihr stand ein etwa 5-jähriges Mädchen, Hilary, mit ebenso freundlichen braunen Augen. Wir drei verstanden uns sofort. Mrs. Hudson sprach deutsch, und hatte großes Interesse an deutscher Literatur. Sie war Mitglied der GER und wollte auch an der Tagung in Folkstone teilnehmen. Hilary war zutraulich wie ein Kätzchen. Ich erzählte ihr Märchen. Da verging die Zeit wie im Fluge.

Als ich ging, musste ich ihr versprechen, nach der Tagung noch ein paar Tage bei ihr zu wohnen, damit ihr Mann und ihre Freunde mich auch kennenlernen könnten. Das geschah dann auch, und ich hatte eine Reihe interessanter Unterhaltungen, und lernte auch O'Donovans kennen, die Familie, bei der meine Tochter Valborg später ein halbes Jahr als Haustochter arbeiten sollte. Auf der Tagung in Folkestone waren wir etwa 50 Teilnehmer, davon 20 Deutsche, darunter Bonnenkamp, Weniger und vor allem Frl. Siegel. Wir besichtigten ein Lehrerseminar und machten wunderschöne Spaziergänge an der Küste. Bei der Auswahl der Junglehrer bevorzugte man die aus dem Heer entlassenen. Bei uns in Kiel wurden sie abgelehnt! Ob auf Druck der Militärregierung oder der SPD, weiß ich nicht mehr.

Fast alle deutschen Besucher waren des Lobes voll über die Freundlichkeit und Höflichkeit, mit denen man ihnen in England begegnete. Wir empfanden sie so stark, weil wir uns über die Unterschiede der Umgangsformen im damaligen Deutschland bewusst geworden waren. „What can I do for you?" blieb das Leitmotiv. Erstaunlich war für uns, wie sich die Fahrer der Busse oder der Taxen ohne Hupen oder Schimpfen durch das scheinbar unentwirrbare Gewühl des Londoner Straßenverkehrs hindurch wanden, wie sich alle gegenseitig halfen, und wie das Publikum eine musterhafte Straßendisziplin zeigte, wie die Menschen vor den Haltestellen oder Schaltern immer eine Schlange bildeten, wie sie sich dem Winken des Schutzmannes, dem Bobby, ohne weiteres fügten. Bei der Auffahrt des Königs zur Eröffnung des Parlaments, die mit mittelalterlichem Gepränge durchgeführt wurde, waren hunderttausende Schaulustige gekommen, die von ganz wenigen Schutzleuten in Ordnung gehalten werden konnten. Ein freundliches Wort genügte. Und als sich die Versammlung auflöste, und die Menge sich zerstreute, blieben einige Frauen mit ihren Kindern auf der Straße zur Whitehall stehen, um das Pferd des berittenen Bobby zu streicheln und zu füttern. Der Bobby war weniger das gefürchtete Auge des Gesetzes, als vielmehr der Freund des Volkes, den man liebte.

Damals konnte man in London noch in der Gegend von St. Paul´s Kriegsschäden größeren Ausmaßes beobachten. Sonst fehlte nur hier und dort ein Haus, im Gegensatz zu unseren Städten, wo ganze Stadtteile in Trümmern lagen. Zur Behebung der Wohnungsnot wurden viele Arbeitersiedlungen in London gebaut, meist zweistöckige Doppel-Häuser mit Garten. Im Erdgeschoss waren Wohnzimmer, Wohnküche und Nebengelass, im ersten Stock Elternschlafzimmer, zwei kleine Kinderzimmer, Bad und Toilette. Der Herstellerpreis betrug 1500 Pfund im Durchschnitt, die Miete 4-5 Pfund im Monat, das war etwa 1/5 des Mindestlohnes eines Arbeiters. Die Laborregierung ließ weder den Bau kleinerer als auch größerer Wohnungen zu. Ein mir bekannter Architekt klagte sehr über diese staatlichen Beschränkungen.

Noch gab es in England Lebensmittel, Heizmaterial und Kleidung nur auf Karten wie im Krieg. Der Gesundheitszustand der Kinder war aber recht gut, die Grundnahrungsmittel billig, Obst und Gemüse aber recht teuer, und teilweisen nur auf dem Schwarzmarkt zu bekommen. Die Engländer waren in einer besseren Lage als wir in Deutschland, und planten den Aufbau eines neuen Staates auf sozialer Grundlage. Auf Ausbildung und Erziehung der Kinder legten sie besonderen Wert. Im Krieg hatten sie die Erfahrung gemacht, dass viele der eingezogenen jungen Leute Analphabeten waren. Nun sollten die Kinder wie Erwachsenen zur Citizenship und im sozialen Staat zur rechten Staatsbürgerschaft weiter gebildet werden. Das Kind steht im Mittelpunkt. Es soll gesund, leistungsfähig und glücklich sein. Schulgeldfreiheit sollte jedem eine reale Chance geben, daneben gab es für besonders begabte Kinder „Scholarship" (Beihilfen). Auch gab es eine unentgeltliche Schulspeisung.

Es war eine Einheitsschule, in der die Kinder bis zum 11. Lebensjahr gemeinsam unterrichtet wurden, danach wurden sie nach Begabung aufgeteilt in drei Richtungen: modern, technical und grammar. Daneben gab es auch zahlreiche Privatschulen. Die Tradition wurde in beiden Arten gepflegt. Fairplay im Verhalten unter einander, Toleranz gegenüber anders denkenden und Citizenship, die Ausbildung zum Staatsbürger standen im Vordergrund. Die Schule war ein kleines Gemeinwesen mit Selbstverwaltung, in der die Kinder auf den späteren

Beruf vorbereitet wurden.- Wieweit diese Selbstverwaltung ging, mag man daraus ersehen, dass das Speisehaus des pädagogischen Instituts in London, wo viele Hunderte verpflegt werden, selbständig von einem Studentenausschuss geleitet wurde.

Auf dieser Grundlage der Selbstverwaltung versuchte man eine Gesittung zu schaffen und hoffte, dass die Kinder stolz auf ihre Schule wurden, und für deren guten Ruf einstanden. Man bemühte sich, die Freude der Kinder an der Schule zu entwickeln, und beachtete, dass man das Kind nicht durch übermäßige Forderungen bedrücken darf, sondern man muss es zur Arbeit ermutigen, und die Minderwertigkeitskomplexe möglichst ausschalten. Darum gab man den fortgeschrittenen Schülern die Möglichkeit, selbst eine Auswahl der Fächer nach Ihren Neigungen und Fähigkeiten zu treffen. Man gabt ihnen Gelegenheit, ihre geistigen Kräfte an einem Gegenstand zu entwickeln, in der Hoffnung, dass sich mit steigendem Selbstvertrauen auch die anderen geistigen Kräfte entfalten würden. Das Schlagwort „combined Work" begegnete einem immer wieder. Diese aus den USA und unseren Waldorfschulen eingeführte Arbeitsweise stellte eine Aufgabe in den Mittelpunkt, versuchte einen Stoff durch vertieftes Studium und vielseitige Anschauung einzuprägen, wobei neben den geisteswissenschaftlichen Fächern auch Musik, Kunst und Handfertigkeit mitwirkten, so dass die verschiedenen Begabungen der Klasse sich entwickeln konnten. Auch die technisch, handwerklich und künstlerisch Befähigten an dem Gesamtwerk wurden gefördert.

Das beobachtete man auch auf dem Gebiet der Lehrerbildung. Wo zumal in der Lehrerbildung, der Haupt Augenmerk auf das praktische Können gelegt wurde. Da ein großer Lehrermangel herrschte, es fehlten 40 000, wurden 50 Not-Kurse mit jeweils 200 Studenten eingerichtet, in denen, im Gegensatz zu uns, überwiegend ehemalige Soldaten in einem Jahr bei entsprechender Vorbildung zu Lehrern ausgebildet wurden. Sie erhielten freien Unterricht, freie Kost, Wohnung und ärztliche Betreuung, dazu ein wöchentliches Taschengeld von 2 Pfund. Falls sie verheiratet waren, erhielt die Ehefrau ebenfalls 2 Pfund, und 15 Schilling für das erste Kind und für jedes weitere Kind 5 Schilling wöchentlich.

So kostete jeder Student jährlich 400 Pfund und man hoffte, den Lehrermangel innerhalb von vier Jahren zu beheben.

Daneben wurde eine umfangreiche Organisation der Erwachsenenbildung geschaffen, die sich in zahlreichen Clubs auf freiwilliger Grundlage unter Selbstverwaltung der Schüler abspielte. Hier fanden die Jugendlichen am Abend Anregung und Beschäftigung. Es wechselten Vorträge mit Laienspiel, Musik, Tanz und Gesellschaftspiele um Freude und nützliche Beschäftigung miteinander zu verbinden. Das ging nach dem Vorbild des amerikanischen „Brains trust". An Wochenenden wurden Freizeiten mit Wanderungen durchgeführt. Die Jugendherbergen, nach deutschem Vorbild, standen wieder offen. Alle diese Einrichtungen sollten helfen, die Klassenunterschiede auszugleichen.

Noch stärker wurden die Klassengegensätze durch die soziale Gesetzgebung der Labor-Regierung überbrückt. Sie verfolgte das Ziel, zwischen Kommunismus und Kapitalismus einen sozial ausgewogenen Staat zu schaffen, ein Gemeinwesen, in dem die Schlüssel-Industrien und der Verkehr in die Hand des Staates gelegt würden. Dabei war man bestrebt, die Initiative des Unternehmers möglichst wenig zu hemmen, und ihre persönliche Freiheit möglichst wenig einzuengen. Gewahrt blieben die Freiheit des Wortes, der Presse und die Versammlungsfreiheit. Seit dem Jahre 1945 wurden folgende Wirtschaftszweige verstaatlicht: Die Bank of England, Zivilluftfahrt, Kohle, Elektrizität, Gas, Transport (dazu gehört die Eisenbahn). Über Stahl und Eisen wurde beraten. In diesen Wirtschaftszweigen wurden 2,5 Millionen Arbeitnehmer beschäftigt.

Die Sozialversicherungen wurden ursprünglich nach deutschem Vorbild aufgebaut. Sie waren jedoch weit darüber hinaus gewachsen. Lord Beveridge führte die Krankenversicherung für alle ein. Jeder war verpflichtet, einzutreten und Beiträge zu zahlen. Dafür wurde ihm ärztliche Betreuung, Arznei, Krankenhausbehandlung umsonst gewährt. Die Ärzte bekamen ein Grundgehalt vom Staat. Die Krankenhäuser waren überfüllt. Aber ich glaubte nicht, dass irgendeine Regierung diese Gesetzgebung wieder umstoßen kann.

Der Arbeiter war überzeugt, dass für ihn gesorgt wird. Ich glaube, das ist ein Weg die Nation zu einigen. Sir Stafford Cripps war der Führer der Arbeiterpartei. Er forderte sie auf, mehr zu arbeiten und zu produzieren. Tatsächlich war der Export außerordentlich gestiegen und der wirtschaftliche Aufstieg unverkennbar.

Die bürgerlichen Kreise waren bereit, sich den gegebenen Verhältnissen anzupassen und die Arbeiter achteten die Tradition. Der Mangel an Haustöchtern wurde überbrückt, indem der Ehemann das Abwaschen des Geschirrs übernahm, die Gäste nach dem Essen das Geschirr mit abtrugen und mithalfen. Sie machten ihre Betten selber und der junge Ehemann schob den Kinderwagen. Das alles waren Gewohnheiten, die uns Deutsche in Erstaunen versetzen. Dabei achtete die Labour Party sorgfältig die Tradition des Königshauses. Im Oktober 1948 wurde das Parlament durch einen königlichen Aufzug eröffnet: Voran die berittene Garde in glänzenden Kürassier-Uniformen, schillernd in rot, weiß und gold auf Rappen, dann die goldene Kutsche, mit vier herrlichen Schimmeln bespannt. anschließend die glänzenden Kutschen der königlichen Familie, alles eingerahmt von den Gardetruppen mit ihren schwarzen Pelzmützen, und bejubelt von 10 000den begeisterter Bürger. Der alte Nelson oben auf der Säule des Trafalgar Square hatte diesen Aufzug wohl hunderte Mal gesehen. Auch die Labour-Regierung hielt daran fest. Ohne den Stolz auf seine Geschichte kann kein Volk bestehen.

Ich glaube das Ergebnis der Erörterungen mit denkenden Engländern über die Gesamtlage darf ich so zusammenfassen: „Wir befinden uns in einer ungeheuren Wirtschafts- und Kulturkrise. Es scheint als ob alle Bindungen unserer bisherigen Ordnung sich auflösen wollen. Die Ursache liegt in der Industrialisierung, und damit der Entwurzelung der Menschen aus ihrem Heimatboden, der Zusammenballung der Menschen in wenigen Industriezentren. Wir kommen vom Kapitalismus her, dessen Hochburg die USA ist, wo wenige Firmengewaltige die Macht in der Hand halten. Auf der anderen Seite hat Hitler versucht die Massen durch Macht zu führen unter Ausschaltung der persönlichen und Beschränkung der wirtschaftlichen Freiheit. In diesem totalen Staat sahen England und alle liberal-demokratischen Kreise des Westens eine Bedrohung ihrer

Wirtschaft und Freiheit. Sie führten einen fünfjährigen Krieg und warfen den totalitären Staat zu Boden mit der grotesken Folge, dass hinter dem niedergeworfenen ein noch totalitärerer Staat, die Sowjetunion, aufgestanden war, der nunmehr als Feind Nr. 1 bekämpft wurde. Die weitere groteske Wirkung war, dass der Sieger den gleichen Weg ging, die gleichen Mittel anwendete, die er beim Besiegten bekämpft hatte. Alle Staaten des Ostblocks wurden totalitär regiert. De Gaulle war auf dem Wege zum Einparteienstaat in Frankreich. Was sollte England tun? Der Weg rückwärts zum Kapitalismus der USA war versperrt. Der Weg zum totalitären Staat war ebenso unmöglich; England wählte den Mittelweg. Es machte einen Kompromiss zwischen Kapitalismus und Bolschewismus. Nationalisierung der Schlüsselindustrien, Hebung des Arbeiterstandes durch soziale Gesetze. Das war ihr Versuch die Krise durch eine neue Staatsform und Führung zu überwinden. Wir sollten diesen Versuch mit Aufmerksamkeit verfolgen, vielleicht führt er auch uns voran."

Am 12.10 1948 starb, mein älterer Bruder Richard Edert in Oldenburg. Er hatte noch am 29. September mir geschrieben, und auf seine schlechte Lage als zugereister Rentner, er bekam eine Übergangsrente von monatlich 300 RM, hingewiesen. Er hatte noch am Abend vor seinem Tod seiner Tilly und ihren Schwestern Reuter vorgelesen, dann war er ins Bett gegangen und für immer eingeschlafen. So ist er, der immer gütige, ohne Schmerzen aus dem Leben geschieden. Wir Brüder haben uns immer gut verstanden. Da war er als Primaner des Katharineums mit Mütze und Band, ein ungewöhnlich schmucker Junge. Dann als Ratzeburger Jäger, die Uniform kleidete ihn noch besser. Dann brachte er seine Frau Tilly mit drei Töchtern nach Uetersen. Am häufigsten traf ich ihn in Berlin, wo ich als Oberschulrat zu tun hatte, und bei ihm wohnen konnte. Als seine beiden Töchter heirateten, gab er sein restliches Vermögen ihnen zur Aussteuer, und sagte: Nun brauche ich keine Börsenberichte mehr lesen! Seine besondere Freude war sein Garten. Als Hitler zur Macht kam, war er zunächst begeistert. Und als ich am 01.Mai 1933 plötzlich von meinem Amt beurlaubt wurde, und wir uns berieten, sagte er ganz gelassen: Bei einem solchen Umbruch müssen eben Opfer am Wege liegen bleiben. So sehr wirkte die Propaganda, dass ein so grundgütiger Mann sich so äußerte. Dabei war ich mit meinen sechs kleinen Kindern wirklich in keiner beneidenswerten Lage. Später ist Richard anderen Sinnes geworden, und auch nie in die Partei eingetreten. „Während des Aufenthaltes in England, erreichte mich noch eine andere Nachricht: Unsere Möbel, die infolge der Blockade, zwei Jahre lang in Berlin auf dem Speicher gelegen hatten, waren in Kiel angekommen. Auch die Währungsreform vom 20. Juli 1948 zeigte erste positive Ergebnisse für die Wirtschaft in Deutschland.

Am 05.11.48 fuhr ich morgens um 9,00Uhr von London zurück. Bei strahlendem Sonnenschein glitt das Flugzeug über die Riesenstadt dahin, über Parks, Dörfer und Felder, dann entlang der Küste. Links grüßte die Themse, dann das Meer, und wir stiegen immer höher über die Wolken, die sich wie ein Schneefeld unter uns sich ausdehnten. Man servierte Toast, Schinkenbrötchen mit Butter und Tee. Dazu gab es Brüsseler Trauben. Genüsse, die uns in Deutschland wohl so bald nicht geboten würden. Wir flogen über Amsterdam, unter uns sahen wir die Straßen, viereckige Felder und Äcker, dann Dörfer mit roten Dächern. Deutsches Land. Wir überquerten Weser und Elbe, da mussten wir noch einen Sturm überstehen, bis wir Hamburg heil erreichten.“

Familienereignisse,
eine zusammenfassende Vorausschau[1]

Und so erging es meiner Familie: Die älteste, Valborg, konnte nach ihrer Flucht aus der Ostzone in Detmold, mit Hilfe von Onkel Clemens Thaer ihren Schulabschluss machen und dann die Pädagogische Hochschule in Celle besuchen. Nach ihrem Abschluss war sie ein Jahr Lehrerin einer Grundschulklasse. Dann ließ sie sich ein Jahr beurlauben um in England, bei meinen Freunden zu arbeiten. Valborg hat dann den Studienseminaristen Harry Bolte geheiratet. Sie haben drei Kinder bekommen und er hat, nach Beendigung seines Studiums und nach der Promotion, später in Dassel die evangelische Heimschule geleitet, bis zur Pensionierung. Während dieser Zeit bauten sie in Hornbostel bei Celle ein Ferienhaus am Waldrand. Dorthin sind sie nach seiner Pensionierung ganz gezogen.

Bild 21: Hans Backhaus und Inken

---

1 verfasst von Otto Edert.

Inken beendete in Angeln ihre Lehre und kam anschließend als Studentin zur Pädagogischen Hochschule nach Kiel. Nach einem Jahr Schuldienst in Waabs, hat auch sie einen Lehrer geheiratet.

Das war Hans Backhaus, der nach dem Studium und der Promotion erst in Kiel Rektor wurde, und später in Karlsruhe die Pädagogische Hochschule geleitet hat. Sie hatten fünf Kinder. Leider verunglückte die Tochter Anne tödlich im Alter von 17 Jahren.

Bild 22: Das Segelboot von Otto

Elisabeth kam bei den Diakonissen in Flensburg und später in Kropp bei Schleswig unter. Otto hat nach der Flucht seiner Mutter aus Biederitz weiter in der praktischen Landwirtschaft in Jeversen Kreis Celle gearbeitet, bis er in Kiel wieder die Schule besuchte um das Abitur zu machen. Doch er kam nicht zum Ziel, sondern hat sich erneut für die praktische Landwirtschaft entschieden, und zwar für ein Jahr als Praktikant in Schweden. Bis er sein Visum bekam, arbeitete er auf dem Hof von Johannes Iversen in Ahneby. Er verdiente in Schweden gut, und baute sich ein Segelboot. Das ist dann per Bahn und auf meine Kosten nach Kiel transportiert worden.

Wieder in Deutschland wurde er, durch Vermittlung von Rudolf Thaer, Praktikant bei der Pflugfabrik Gebr. Eberhard Ulm, besuchte in Schleswig die Höhere Landbauschule, war ein Jahr in Angeln als Beratungsassistent tätig, und landete, nach dem Besuch der Deutschen Bauernhochschule Fredeburg im Sauerland, wieder in Angeln und später in Schwansen als Wirtschafter auf dem herzoglichen Gut Grünthal. Im Sommer 1954 verlobte er sich mit der Kreisvorsitzenden der Landjugend, Magdalene Schnack, und wanderte nach Alberta, Kanada aus. Er heiratete in Lloydminster, seine Braut Magdalene Schnack, Bauerntochter aus dem Herweg bei Fleckeby. Sie pachteten in Boyle eine Farm von einem Betrüger. Da mussten sie nach Edmonton ziehen, und Otto bekam Arbeit als Fabrikarbeiter in der Firma Edmonton Paint und Glas. In Edmonton machte er auf dem Alberta College die Studienreife, und seine Tochter Christine wurde geboren. Im September 1946 zogen sie weiter nach Pensylvanien, USA in die Nähe seiner Verwandtschaft. Da wurde Jens geboren. Otto arbeitete zunächst in „Sunny Hill Farms" und später in Iowa. Sie kehrten mit zwei Kindern im Herbst 1957 nach Kiel zurück, um Landwirtschaft zu studieren. Als Diplomlandwirt und Doktorand war Otto 12 Jahre im landwirtschaftlichen Siedlungswesen tätig. Sie hatten sechs Kinder, leider starb die Tochter Inken im Alter von einem Jahr. Sie hatte einen Herzfehler. Die anderen fünf konnten alle studieren und sind inzwischen verheiratet. Werner, der Jüngste meiner Söhne, wurde Gärtnermeister und heiratete Trudi Speyer aus Kitzeberg. Die Familien waren schon lange miteinander befreundet. Sie haben erst in Schönberg eine kleine Gärtnerei gepachtet, und konnten später in Gönnebek eine Gärtnersiedlung übernehmen. Sie haben vier Kinder, von denen der älteste Sohn Wilhelm den väterlichen Betrieb mit gutem Erfolg weiter ausgebaut hat.

Eine neue Zeit

Die Jahre 1948/1949 waren von großen Ereignissen geprägt: Ludwig Erhard setzte die Währungsreform in Westdeutschland durch, die Nato wurde gegründet, die Berliner litten unter der Blockade, die Spaltung Deutschlands in DDR und BRD, das Grundgesetz wurde verabschiedet, ich kandidierte bei der ersten Wahl in der Bundesrepublik und wurde Abgeordneter. Die Wahl wurde von der CDU gewonnen und Adenauer wurde Bundeskanzler. Auch außerhalb Deutschlands überschlugen sich die Nachrichten: Der Staat Israel wurde gegründet, die Sowjetunion zündete ihre erste Atombombe, Österreich bekam einen Friedensvertrag, Indien kämpfte mit Pakistan um Kaschmir, es wurde Mahatma Gandhi ermordet, Mao siegte in China, und Indonesien wurde unabhängig (war vorher unter Niederländischer Verwaltung). Am 19.03.1949 fuhr ich mit Dodo zur Feier unserer Silbernen Hochzeit am 20. nach Niederklevez, um ganz für uns feiern zu können. Erst abends nach unserer Rückkehr nach Kiel, gab es ein kleines Familienfest. Das richtige wurde im April nachgeholt.

Bundestagsabgeordneter

Bild 23: Schloss Luisenlund

Bild 24: Vor neuen Aufgaben

Im Sommer 1949 gab ich nach zwei Jahren Vorbereitung das erste Monatsheft „Schleswig–Holstein" als Schriftleiter heraus. Es ist elf Jahre lang für Heimat und Volkstum eine anspruchsvolle Zeitschrift geworden. – Schon zu Ostern hatte der Herzog Friedrich zu Schleswig Holstein auf seinem Gut Luisenlund eine Stiftung errichtet, damit ein Landeserziehungsheim nach Art der Hermann-Lietz- Schulen, wie Schorndorf am Ammersee, Salem in Baden, Gordonstown in Schottland, gegründet werden konnte. In der Juliausgabe der „Schleswig-Holstein" habe ich darüber berichtet. Das war die Schulform, die mir schon immer vorgeschwebt hatte: „Zweck der Stiftung ist die Erziehung von Kindern auf sittlich-geistiger Grundlage zu wahrheitsliebenden, weltoffenen, furchtlosen, in sich selbst ruhenden, Masseninstinkten nicht unterworfenen, der Gemeinschaft bewusst und freiwillig dienenden Menschen. Dabei werden die Möglichkeiten der geistigen und künstlerischen, der körperlichen und praktischen Ausbildung sinngemäß genützt und zu einer harmonischen Ganzheit zusammengefügt. Entsprechend der Lage von Luisenlund soll auch die seemännische Ausbildung besonders gepflegt werden. Das Landeserziehungsheim bildet eine Erziehungsgemeinschaft für deren inneres und äußeres Gedeihen jeder Erwachsene und Schüler, seinen Kräften entsprechend mitarbeiten soll. Besondere Bedeutung kommt dabei dem Einsatz in Forst- und Landwirtschaft, Gärtnerei und Handwerk zu." Dank meiner guten Beziehungen zur herzoglichen Familie war ich sowohl als Pädagoge aber auch privat auf Luisenlund immer ein gern gesehener Helfer und Gast.

Die Monatshefte „Schleswig-Holstein" haben dazu beigetragen, dass ich im Lande viele Freundschaften pflegen konnte, von Hermann Claudius, über die herzogliche Familie, Theodor Steltzer, dem ehemaliger Ministerpräsident von Schleswig-Holstein, Pastor Muus, Prof. Hans Iversen, Jensen Eutin, Klose und viele andere. Die haben mich dann auch als ihren Kandidaten für einen Sitz im Bundestag vorgeschlagen. Dank meiner Sprachkenntnisse habe ich auch so manche Verhandlung im Deutsch-Dänischen Dialog führen können. Unabhängig von Parteipolitik vertrat ich die Deutschen Interessen. Darum wurde ich als parteiloser Kandidat von CDU, DP, SPD, DKP und FDP für den Wahlbezirk Schleswig-Flensburg als Kenner der Deutsch-Dänischen Auseinandersetzung aufgestellt, und mit großer Mehrheit als überparteilichen Abgeordneter für den ersten Bundestag am 14. August 1949 gewählt. Ich bekam ein eigenes Büro in Bonn. Am 13. August hielt ich auf dem Südermarkt in Flensburg vor einer vieltausenköpfigen Menge einen letzten Apell zur Wahl:

„Deutsche Frauen und Männer!
Wir stehen hier an historischer Stätte. Der Südermarkt war Zeuge der ruhmreichen Geschichte dieser Stadt, hat ihre Freuden und Leiden gesehen. Unvergessen bleibt die Stunde, als am 14. März 1920 die Glocken von allen Türmen läuteten, als die Menschen in tiefer Bewegung sich grüßten: Flensburg ist deutsch! Die zweite Zone hat sich mit überwältigender Mehrheit zu Deutschland bekannt. Flensburg hielt die Treue. Wer in schwankender Zeit auch schwankend gesinnt ist, der vermehrt

das Übel und breitet es weiter und weiter. Aber wer fest auf dem Sinne beharrt, der bildet die Welt sich.

So schmerzlich der Trennungsstrich 4 km nördlich der Stadt sein mochte, Flensburg blieb in den folgenden Jahrzehnten der geistige Mittelpunkt, das Kulturzentrum, aus dem die abgetrennten Deutschen in Nordschleswig Kraft und Hoffnung sogen. Niemals haben die Deutschen drüben an Flensburgs deutscher Gesinnung gezweifelt, bis plötzlich, nach dem Zusammenbruch 1946/47 der Erdrutsch kam, wo Freund sich vom Freund trennte, wo keiner dem anderen mehr traute, wo durch Not und hemmungslose Propaganda verursacht, Verwirrung und Verirrung in den eigenen Reihen eintrat. Der Gefahrenpunkt ist überwunden, ein neues Deutschland steht auf, es fasst wieder Mut, es wird – vielleicht schon bald – ein starkes Glied im vereinten Europa. Und drüben hat Dänemark – in Erkenntnis der Lage – selbst das Ruder herumgeworfen. Wir wissen aus amtlichem Munde, dass es alle politischen Grenzforderungen fallen lässt, das heißt, dass alle Hoffnungen und Verheißungen des SSW zerronnen sind. Das amtliche Dänemark will nichts von Abtretung, nichts von einer verwaltungsmäßigen Trennung, nicht einmal von einem § 5, der Garantie einer künftigen Abstimmung etwas wissen. Hätte Dänemark diesen Kurs bereits 1946/47 innegehalten, hätte es wie die Schweiz, jede separatistische Regung von vornherein abgelehnt, es wäre nicht zu der Verwirrung und Verirrung gekommen. Nun ist die Linie wieder klar. Keins der alten politischen Ziele des SSW ist mehr erreichbar. Wenn die aber fallen, dann sind SSW und SSV nur noch Organisationen einer Minderheit, die sich auf kulturelle Aufgaben beschränken muss.

Ich verstehe die tiefe Enttäuschung der Gegner, denn mit dem Wegfall der politischen Ziele ist dem SSW der Lebensfaden abgeschnitten. Noch versucht er krampfhaft, die irregeleiteten Opfer bei der Stange zu halten; so rühmt er Dänemark als das Land des Rechts, der Freiheit und Demokratie. Ist das Gerechtigkeit, wenn es seine Bürger, Dänen wie Deutsche, auf Grund von Gesetzen mit rückwirkender Kraft bestraft? Ist das Freiheit und Demokratie, wenn es der deutschen Minderheit die Schulen schließt? Wir lassen die Eröffnung neuer Schulen großzügig zu. In diesen Tagen sind wieder drei neue genehmigt. Drüben sind vor vier Jahren sämtliche deutsche Schulen – 89 an der Zahl – geschlossen worden und sind bis auf fünf auch heute noch nicht wieder eröffnet. Tausende deutscher Kinder werden gezwungen in dänische Schulen zu gehen. Wir überlassen den Dänen in Flensburg die schönsten Schulgebäude, drüben hat man die deutschen Gebäude beschlagnahmt. 70 deutsche Schulgebäude werden demnächst versteigert, darunter das schöne, große deutsche Gymnasium in Apenrade, das vor 20 Jahren mit den Spargroschen der schleswig-holsteinischen Schulkinder erbaut wurde. Denken Sie zum Vergleich daran, wenn wir die Duborgschule versteigern würden. Ein Aufschrei würde durch die Weltpresse gehen! Aber die Deutschen drüben sind wehrlos. Sie haben noch keinen Rückhalt am deutschen Mutterland. Sie sind nur Deutsche. Mit wachsender Sorge sieht der SSW, dass im Grenzland der Wille zur nationalen Selbstbehauptung, das Gefühl für nationale Würde wieder erwacht ist, und nun beteuern die Dänen schon, sie seien ja gar keine Separatisten, sie wären nicht deutschfeindlich, nur dänenfreundlich. Umso besser, dann kommen wir uns schon näher – Sie tarnen schon ihre wahren Ziele, sie nebeln sich ein.- Wie hieß es im Heeresbericht, sie setzten sich planmäßig ab. D.h. sie sind auf dem Rückzug – nein besser, sie sind auf dem Rückmarsch in die deutsche Front, wohin sie von rechtswegen gehören. Wir drängen nicht, wir drohen nicht, – aus freien Stücken sollen sie kommen, wie es einem freien Volke geziemt – und je schwerer die Niederlage, desto schneller die Besinnung, desto früher gibt es Ruhe und Frieden im Grenzland.

So gebraucht morgen die einzige Waffe, die uns geblieben ist, das demokratische Mittel des Stimmzettels. Sorgt dafür, dass der Name der Stadt Flensburg als Wächter deutscher Art und deutscher Sitte wieder hell erglänzt. Hier bietet sich die beste Gelegenheit, eine Scharte auszuwetzen. Während überall in Deutschland der alte Parteigeist wieder aufzuleben scheint, haben die Flensburger, soweit ich sehe, der einzige Wahlkreis in ganz Deutschland, sich um die gemeinsame deutsche Sache gesammelt. Gebt der Welt den Beweis deutscher Einheit! Stimmt deutsch nicht um meinetwillen, sondern um der deutschen Sache willen! Sorgt dafür, dass wie einstmals am 14.März 1920 am 14. August

1949 dieselbe jubelnde Kunde durch Deutschland läuft: Flensburg, die Königin der Ostsee ist deutsch!

Bild 25: Plenarsaal des Bundestages (Foto: Bundesarchiv, B 145 Bild-F091457-0002 / Munker, Georg / CC-BY-SA 3.0)

Und denkt noch an eines: Jenseits der Grenze, nur 4 km von uns entfernt stehen 30000 Deutsche, die mit bangen Herzen auf die Stunde der Entscheidung warten. Sie blieben treu, allen Druck, aller Verfolgung zum Trotz. Sie hoffen auf den Bundesstaat, der ihnen, der Minderheit, in ihrer kulturellen Arbeit beistehen kann. Sie hoffen auf einen deutschen Vertreter im Bundestag, der ihre Sorgen kennt. Von der Wahl in Flensburg hängt auch ihr Schicksal ab. Lasst die Brüder und Schwestern nicht im Stich! Stellen wir, wie immer im Grenzland, das Vaterland über die Partei, lasst hoch das blau weiß rote Banner wehen, zeigt der Welt, was es heißt, wenn wir Deutsche treu zusammen stehen."

Flensburg Stadt und Land hat mich dann mit überwältigender Mehrheit gewählt. Die Zahl der Gratulanten war sehr groß. Besonders meine Freunde aus Nordschleswig haben an mich geschrieben.

Als Abgeordneter kam ich auch nach Straßburg in den Europarat, und wieder habe ich viele neue Kontakte knüpfen können. Ob Kiesinger, Heinemann, ob Schuman oder de Gaulle, ich war in der Lage mit ihnen allen zu sprechen. Ich nahm jede Gelegenheit wahr Kontakte aufzubauen. Auch machte ich Reisen nach Frankreich, England, in die Türkei und 1951 in die USA. Neben der Grenzpolitik setzte ich mich natürlich auch für die Schulpolitik ein. Ich war gegen die eigenständige Kulturpolitik der Länder, und für eine einheitliche Regelung im ganzen Bundesgebiet: Erste grundständige Sprache, Englisch, 2. Fremdsprache ab dem 7. Schuljahr, Latein, dazu eine aufgelockerte Oberstufe mit Französisch als Wahlfach. Außerdem forderte ich 9 Jahre Schulzeit für die Oberschüler, und nicht mehr als 35 Schüler in einer Klasse.

Nachdem mit der Währungsreform sich die soziale Marktwirtschaft durch Ludwig Erhard entwickeln konnte, und die zentral gelenkte Zwangswirtschaft aufgehoben wurde, gab es seit dem 01.01.1950 keine Lebensmittelmarken mehr. Nur Zucker und Fett wurden noch eine Zeit lang bewirtschaftet. Mit dem Schumanplan entwickelte sich die Montanunion als Vorstufe zur Europäischen Wirtschaftsunion, EWG. Das erste Farbfernsehen ging an den Start. Österreich erhielt schon im Vorjahr einen Friedensvertrag, da es sich einer strengen Neutralität verpflichtet hatte. Der Innenminister Gustav Heinemann trat zurück aus Protest gegen die Politik Adenauers, der eine militärische Allianz mit dem

Westen anstrebte. Die DDR schlug die Bildung eines gesamtdeutschen Rates vor, um eine Wiederbewaffnung Westdeutschlands zu verhindern. Das Besatzungsstatut wurde im März 1951 revidiert und die Bundesrepublik bekam ein eigenes Außenministerium.

Indien wurde 1950 unabhängig, die Volksrepublik China anerkannt, Nordkorea marschierte in Südkorea ein und der Koreakrieg begann. Zum ersten Mal griff die UNO militärisch ein. China unterstützte Nordkorea, und drängt die US-Truppen zurück. Truman stockte darauf die US Armee um eine Millionen Soldaten auf 3,5 Millionen auf. Die USA flogen schwere Luftangriffe mit über 500 Bombenflugzeugen und zerstören viele Städte. Im Juli 1951 begannen Waffenstillstandsverhandlungen.

Europarat

Das Jahr 1950 führte mich nach Straßburg als Mitglied im Europarat. Dort traf ich berühmte Männer wie Churchill, de Gaulle, Schuman neben den Deutschen Vertretern von denen ich Kiesinger besonders schätzte. Ich trat in Briefwechsel mit Heinemann und Bundespräsident Heuss. Am 06. Juni hatten wir Sitzung in Straßburg. In der Rue Daniel Hirtz saßen die Delegierten schon beisammen und berieten. Herr von Campe brachte mir eine Einladung von Paul Reynaud, dem kleinen, klugen 72 jährigen, höchst lebendigen französischen Staatsmann. Ihm gegenüber saß Bastide, mit einer mächtigen Hakennase, auf der anderen Seite André Philippe, der große Redner aus Lyon, ganz Südfranzose, von uns waren Sellmer, von Campe, von Rechberg, Fürst Fugger und ich dabei. – Uns wurde ein Diner serviert mit allem, was dazu gehört: Sherry zur Aufmunterung, Fisch mit Rheinwein, Küken mit Rotwein, Eisgebäck mit Sekt, Kaffee, Likör, Zigarren und vieles mehr, was mir alles mehr interessant war als bekömmlich.- Das dauerte bis 15 Uhr. Dann brach man schnell auf, um rechtzeitig zur Eröffnung der Versammlung im Europarat zu sein. Fürst Fugger nahm mich in seinem neuen Mercedes-Diesel mit. Dann im Rat die bekannten Gesichter. Doch der erste Tag war von lauter Formalitäten erfüllt. Spaak wurde wiedergewählt. Wir Deutsche saßen noch nachher zusammen und berieten über die Kommissionen – viel Geschäftigkeit, viel demokratische Formen, aber wenig Tatsächliches. Aber die Atmosphäre ist freundlich. –

Am nächsten Morgen, es war Sonntag, nach einem langen tiefen Schlaf, ich wohnte in der Pension Diebold, ging ich in die Orangerie, die sich im prangenden Frühlingskleid zeigte. Dann fuhren wir mit Herrn Gerstenmayer, in seinem Wagen mit Frau Rehling in die Vogesen, zunächst zum Kloster St. Odilie und dann auf den etwa 1000 m hohen Bergkamm. Wir genossen bei selten schönem Wetter eine herrliche Aussicht über das reich gegliederte, waldbestandene Gebirge. Unterwegs erzählte Gerstenmayer von seinen Reisen und Verträgen in den USA. Leider hielten uns einige unsympathische Journalisten auf, die von uns ein Interview forderten. Dadurch verpassten wir den Mariengottesdienst im

Münster. Ein Abendessen im Stadtwappen beschloss den schönen Tag. Doch die Krönung war für mich der Heimweg durch die stillen Straßen und die Orangerie. Heute hielt Minister Sticker (Holland) eine Rede als Vertreter der Ministerkonferenz. Doch ich fuhr vorzeitig zurück nach Bonn.

Kitzeberg

Meinen 70. Geburtstag, den 31.07.1950, feierte ich in aller Stille auf Luisenlund zusammen mit Dodo. Im selben Jahr verkaufte ich das Grundstück in Schleswig, um in Kitzeberg ein Ruinengrundstück zu erwerben. Dort sollte nun der Altersruhesitz entstehen. Ich schrieb im Rundbrief zu Ostern 1951 an meine Lieben: „Ich han min Lehen!" rief Walther von der Vogelweide. So darf ich auch sagen. Eigentlich müsste ich sagen: Ich han wieder min Lehen, denn ich hatte schon einmal eins in Biederitz. Als ich am 1.Mai 1946 Abschied von meinem Haus und Garten in Biederitz nahm, und mit dem schweren Seesack auf dem Buckel über die grüne Grenze ging, da habe ich mir nicht träumen lassen, dass ich fünf Jahre später wieder in ein eigenes, wenn auch viel kleineres Haus einziehen und meiner Frau und den Kindern ein neues Zuhause geben würde. So ist mein Herz voller Dank gegen Gott. In Kitzeberg war ein schöner Bungalow entstanden, wo besonders Werner und Johannes Richter mit Hand angelegt hatten. Valborg und Inken hatten traditionsgemäß Lehrer, Herbert Bolte und Hans Backhaus geheiratet und inzwischen war auch Anne Christin Backhaus geboren.

Umzug nach Kitzeberg

Am 20.03.1951 unserem 27. Hochzeitstag, sind wir umgezogen, und da es ausnahmsweise nicht regnete, ging alles ohne Bruch und Unfall ab. Es war umso leichter, weil alle Stuben zu ebener Erde liegen. Der große geschnitzte Schrank, das Erbstück vom Pöhlser Hof, musste durch das Fenster in die Jungenstube hineingeschoben werden, der Flügel gelangte durch die Gartentür in die Wohnstube. Die „Freunde" (so wurden die Sowjetischen Soldaten benannt) haben uns gerade so viele Sachen gelassen, dass wir die fünf Stuben unseres Altenteils möblieren konnten. Hätten sie weniger geklaut, hätten wir nicht gewusst wohin mit dem Reichtum. So hat alles auch eine gute Seite. Übermütig sah es nicht aus. „Niedrig Dach und niederes Haus." – Aber etwas geringer als bei Goethes darf es schon sein. Dass es einstöckig ist, und ein niedriges nicht ausgebautes Dach hat, war Dos besondere Freude. So brauchte sie keine Treppen zu steigen. Es war freilich ein Ärgernis für einen unserer Nachbarn, der dem Baurat gegenüber ein solches Häuschen als einen Schandfleck in dem vornehmen Villenviertel bezeichnet hatte. Er hatte eben den Geist der Zeit noch nicht begriffen. Wir fanden, dass unser trefflicher Architekt Ernst Prinz unter Ausnutzung der vorhandenen Keller ein kleines Meisterwerk geschaffen hatte. Ich habe ihm gesagt, ich möchte das Häuschen mitten in die Natur hineinbauen, dann so einfach und praktisch wie möglich, damit wir unabhängig von anderen Leuten seien. "Ich glaube, es ist mit gelungen!", sagte er neulich, bescheiden und befriedigt zugleich. Von jedem Fenster blickt man in den Wald oder in den Garten.

Bild 26: Das Haus in Kitzeberg

Als wir am Ostersonntag in der Wohnküche beim Morgenkaffee saßen, und beobachteten, wie in dem hohen Buchenwald an den sich unser Häuschen schmiegt, vier Rehe in nur 50 m Entfernung durch das Unterholz zogen, da hatte ich das beglückende Gefühl, wieder ganz in der Natur zu leben. Mich störten auch nicht die Krähen, die in den hohen Buchenkronen nisteten, und manchmal in den Morgenstunden, ihre Daseinsfreude mit mächtigem Gekrächze äußerten. Ich hörte zwischendurch die leiseren Stimmen der Finken und Meisen. Von meinem Schreibtisch aus blickte ich auf den Vorgarten, der noch nicht angelegt ist. Werner schmiedete große Pläne und hatte schon 500 Stauden bereit, so dass um den Rasen viele Blumen wachsen werden, insbesondere auf dem Steingarten, der die Terrassen rings um das Häuschen abschloss. Wir überlegten, ob wir das weit ausladende Dach vor dem Wohnzimmer belassen sollten, im Übrigen fanden wir, dass alles etwa so geworden ist, wie wir es uns in unseren Träumen vorgestellt hatten.

Dodo hatte sich bei diesem Umzug selbst übertroffen, und dabei hatte sie neben den Vorbereitungen zum Umzug vieles andere zu bedenken. Inken hatte im Mai 1951 einen Volksschullehrer Hans Backhaus geheiratet. Jetzt musste sie ins Krankenhaus, weil ihre Tochter Anne Christin genauso einen energischen Biss hatte, wie ihre Mutter vor 25 Jahren. Aber der chirurgische Eingriff hatte geholfen, sie ist auf dem Wege der Besserung. Valborg nahm noch das Einrichten ihres Zimmers wahr, und fuhr dann ins Walsertal in die Sonne. Wenn Kinder reisen, haben die Mütter doppelt zu tun. Otto meldete sich am 21.03. abends von der Schweizer Reise zurück. Zum April will er noch eben einen kleinen Abstecher nach Holland machen, und dann mit Alraune, seinem Segelboot, nach Schleswig auf die Höhere Landbauschule ziehen. Werner beendete zum Ostersonntag seine Lehrzeit. Am 29.03. fand die Prüfung statt, er hat mit gut bestanden. Am 01.04. trat er seine Gehilfenstelle bei Elmshorn an. Dann wird er nur noch zum Wochenende bei uns sein. Ich selbst habe, nachdem ich drei Tage lang Akten geordnet habe, am Ostersamstag und –Sonntag wieder Golf gespielt, auf dem schönen Platz, der nur zwei Minuten von unserem Häuschen entfernt sich erstreckt. Das ist nun einmal mein Hobby – jeder alte Schulmeister sollte eins haben, sagt mein lieber alter Freund Hans Ahrbeck, der tapfere Pädagoge in Halle. So, meine Lieben, sieht das große, bunte Ei aus, das uns der Osterhase in diesem Jahr gelegt hat. Am Abend standen wir um den Flügel und sangen: „Geh aus mein Herz und suche Freud"

Fahrt in die USA

Durch meine Sprachkenntnisse machte ich mich in Straßburg bei vielen Verhandlungen unentbehrlich. Da konnte ich auch im Jahre 1951 vom 14.05. bis zum 16.06. mit einer Delegation in die USA fahren, und zwischendurch dort die Volkmanns besuchen. Ich war Sprecher der Delegation und habe im Auswärtigen Amt der USA in Washington über den Schumanplan, über die Konferenz der Außenminister in Paris, über einen Friedensvertrag u.a. Vortrag gehalten. Am Ende der Reise gab es noch eine Sightseeingtour nach Michigan und zu den Niagarafällen. Vor dem Abflug waren wir zum Lunch bei den Amerikanern eingeladen. Ich saß neben Mr. Reben, dem Vertreter von McCloy. Er sprach nur wenig Deutsch, da kamen wir schnell in eine interessante Unterhaltung. Er wird nach Bonn übersiedeln und bat um meine Adresse. Am Vormittag sprach McCloy zu uns und erwähnte, dass er demnächst nach Washington käme, und hoffe uns dort zu treffen. Er müsse sich über seine Politik in Deutschland einem Kreuzverhör unterziehen, und das sei nicht leicht. Da konnte ich ihm, auf Englisch natürlich, sehr danken, dass er uns die Reise in die USA ermöglicht habe, dass wir darauf brennen in den Staaten das Land und die demokratischen Gepflogenheiten kennen zu lernen. Unser Traum einmal in die USA reisen zu können, sei nun Wirklichkeit geworden. Er könne gewiss sein, wenn er bei seinen Ausführungen unserer Hilfe benötige, dass wir dann für ihn zur Stelle sein. Wir wurden wie V.I. Personen behandelt, obwohl wir selbst uns keineswegs dafür hielten. "

Am 14.Mai 1951 schrieb ich an Dodo: „Eben ist die Maschine aufgestiegen. Ich sitze ganz vorn, sehe noch den Rhein, die Autostraße, unendlich viele Ackerfelder, gelb und grün und braun, sauber zugeschnitten, dann steigt der Vogel schnell in die Höhe, hoch über die Wolken, man sieht nur das Blau des Himmels und das Meer der weißen Wolken unter uns. – Am 15. Mai erreichten wir New York, und waren sehr beeindruckt von dieser Stadt mit ihren Hochhäusern. Wir wurden gleich nach der Ankunft von vier Journalisten interviewt und fotografiert. Abends war Empfang beim Generalkonsul, dann besuchten wir

Manhattan. Die Hochhäuser überwältigten uns, und erinnerten an den Turmbau zu Babel. Diese Anhäufung von Macht und Reichtum, wie empfindlich bei einem militärischen Angriff! Und welch ein Leben in einem Hochhaus mit 85 Stockwerken, wo 10 000de wohnen ohne Auslauf! Nach des Tages Arbeit saßen sie auf den Steinbänken, und gingen auf dem riesenhaften Hof spazieren. Kein Vogel singt, kein Grün, kein Blumenbeet! Dazu kommt der Strom der Pendler, die draußen in den Bungalows wohnen. Ich bin sehr dankbar, dass ich dieses große Erlebnis haben kann.

Am 18. konnte ich mit Schwager Ernst telefonieren. Er wird mich am Sonnabend hier abholen, damit ich das Wochenende bei Volkmanns in Pittsburgh sein kann. In Washington war für uns der Höhepunkt der Empfang beim Speaker und den beiden Fraktionsvorsitzenden des Repräsentanten-Hauses. Ich habe für die Delegation gesprochen; fließend in Oxford-Englisch. Da musste ich mich sehr zusammenreißen, sonst hätte die Hitze mich untergekriegt. Die Presse hat über unseren Besuch kurz berichtet. Wir wurden in einer Reihe guter Vorträge und Besichtigungen in die Regierungsform der USA eingeführt, sehr lehrreich und gut organisiert. Unsere Unterkunft im Hotel war auch sehr gut mit einem Brausebad morgens und abends. Ich genieße Apfelsinensäfte und andere Erfrischungen, und lebe überwiegend von Obst.

19. Mai. Es ist wirklich wahr geworden. Ernst und Bea haben mich heute früh vom Brighton-Hotel in Washington abgeholt. Wir sind im Auto durch das ganze Land gefahren, durch Winchester, den Hauptort der Apfelzüchter, durch Virginia, das hüglig und bewaldet wie Thüringen ist, nach Pittsburgh in das entzückend gelegene ganz ländliche Wohnhaus, aus dem uns gleich die beiden Söhne, Paul und Robert, entgegenkamen. Am nächsten Morgen erschien auch Betsy, eine reizende kleine Dame mit zwei Puppen im Arm, die fast so groß waren wie sie selbst. Sie konnte schon „Onkel Eduard" sagen. Ich saß im Zimmer, und guckte auf den leuchtenden Maimorgen hinaus auf den Rasen, wo Ernst mit seinen beiden Jungens spielte, er ist ein rührend guter Vater. Es war ein geruhsames und schönes Wochenende bei den Geschwistern. Bea ist eine sehr liebe, warmherzige und immer gleich bleibend gütige Frau. Wir hatten das

Gefühl, dass wir uns schon ganz lange kannten. Wirklich erholt und erfrischt bin ich dann mit dem Flugzeug zurück nach Washington gekommen. Dort sind wir dann vom Senat, Comittee of Foreign Affairs, empfangen worden. Ich saß neben dem Chairman of the Comittee beim Lunch. Nachdem ein Republikaner und der Chairman gesprochen hatten, antwortete ich für die Delegation. Das war ein großer Erfolg. Anschließend hörten wir etwas über die Organisation der Parteien. Einige Tage später war Empfang beim Direktor für Deutsche Angelegenheiten, die für uns wichtigste Person des Auswärtigen Amtes. Er hielt eine einstündige Ansprache über seine Sicht von der außenpolitischen Lage. Dann bat er mich dazu Stellung zu nehmen. Über das Besatzungsstatut, Friedensvertrag, Konferenz der Außenminister in Paris und Schumanplan. Ich gab zu jedem Punkt meine Meinung kund. Hinterher beglückwünschten mich meine Kollegen, und ein Stein der Erleichterung fiel von meinem Herzen, dass sie so zufrieden waren. Auch das nächste Wochenende durfte ich in Pittsburgh genießen. Ich flog von Washington nach Pittsburgh, – Große Felder wenige kleine Städte, die Farmen liegen einzeln verstreut im Land. Ernst und die Kinder holten mich vom Flughafen ab. Ich war noch sehr müde und genoss ein paar stille Tage im Garten. Am 27. kamen vier benachbarte Eheleute, um mit uns von Oma zu hören. Das war sehr ermüdend. Da kam die Nachricht, dass ich noch einen Tag länger bleiben konnte um mich auszuruhen. So konnte ich ein Meeting beim RC Dormont mitmachen, wo mich der Präsident Gordon Uhl herzlich begrüßte. Die Sitzung begann mit einem geistlichen Lied, eine Art Gebet in Form einer Hymne, dann ein weltliches Lied, dem folgte ein Gebet, das von einem Geistlichen der Heilsarmee sehr eindrucksvoll gesprochen wurde – alles stehend. Dann nahm jeder einen Teller und ging zum Buffet, wo jeder sein Lunch bekam. Der Präsident eröffnete, der Sekretär begrüßte die Gäste und stellte sie vor. Gordon Uhl betonte, dass ich der Schwiegersohn von Mrs. Volkmann sei, die ihnen allen von Ihrem Besuch bekannt sei. Ich bedankte mich und überbrachte die Grüße von meinem Club in Kiel. Der Farmer Cliff Snyder gab einen sehr interessanten Bericht über seinen Betrieb, den er auf Abraumhalden vom Kohlebergbau entwickelt hatte. – Ein Ruhetag in Brookside Farms, Lunch mit Ernst bei Familie Kaufmann, wo wir Dr. Thiersens trafen, aus Kiel – Wisconsin. „Ich bin auch aus Kiel" sagte er. Aber sein Kiel hatte nur 2000 Einwohner. Die

Familie stammte aus Itzehoe, war vor 2 Generationen ausgewandert, 1851, um der Unterdrückung durch die Dänen zu entgehen. Er versprach einen Artikel für „Schleswig-Holstein" schreiben.

Abends fuhr ich mit dem Schlafwagen nach Philadelphia und von dort ging es weiter durch flaches Land in eine recht hässliche Stadt von Hotels und Restaurants, nach Atlantic City zum dortigen Rotary Club in der Kongresshalle mit 36 000 Plätzen. Da waren an die 10 000 Teilnehmer!! Dann fuhren wir zurück nach Philadephia, und besuchten die Karl Schurz Memorial Foundation, eine Einrichtung zur Förderung der Deutsch-Amerikanischen Elemente, geleitet von Mr. und Mrs. Elkington. Er ist Quäker, ein fein gebildeter Mann. Mrs. Fink ist Herausgeberin der Zeitung, eine kluge, sympathische Frau, dunkler Typ mit einem sehr ausdrucksvollen Gesicht. Das sind Leute, mit denen wir vom SHHB in Verbindung treten müssen. Schade, dass ich nur eine Stunde bei ihnen war. Elkington war in Deutschland, kennt Kurt Hahn aus Salem und hatte auch von Luisenlund gehört. – Im Nachtzug fuhren wir nach Buffalo am Eriesee, von dort ging es nach Niagara, eine Riesenfabrikstadt, am nördlichen Ende der Fälle. Da rauschte ein mächtiger tosender Strom mit Getöse vorüber, doch die eigentlichen Falls waren noch an die 10 Meilen entfernt. Dort sahen wir die Wassermassen sich in den 60 m darunter liegenden Niagara ergießen. Der Wasserstaub erhob sich wie eine leichte Wolke darüber. Doch wir mussten weiter auf die kanadische Seite. Dort sahen wir den mächtigsten in Hufeisenform sich ergießenden Strom, so gewaltig, dass man Einzelheiten im Wasserstaub kaum erkennen kann. Wir fuhren im Lift hinunter, bestiegen einen kleinen Dampfer „Maid of the Mist" und fuhren zunächst zum kanadischen Ufer. Dann in das brodelnde, zischende, dampfende Wasser hinaus soweit es ging. Wir waren alle ausgerüstet mit Regenmänteln und Südwestern, und sahen recht heroisch aus. Oben auf dem hohen Ufer Kanadas stehen eine Reihe großer Hotels,- denn diese Wasserfälle sind die großartigste Sehenswürdigkeit des Landes. Man behauptete, dass 90 % aller Hochzeitsreisen nach Niagara gingen. Die mächtige Brücke, die sich hoch über dem Fluss spannt, heißt daher auch die Hochzeitsbrücke. Nach dem Lunch konnten wir noch einige Zeit bei herrlichem Wetter unter blühenden Kastanien zusammensitzen, bis wir am Nachmittag nach Buffalo zurückfuhren und abends um 10 Uhr in Detroit ankamen. Wir fuhren im Zug durch Kanada, nördlich des Eriesees, gepflegte Felder, viel Landwirtschaft und kamen abends in Detroit an. Hässlich wie Buffalo, heiß und etwas muffig, unser Hotel mitten in der Stadt, Zimmer 906.

Am 01. Juli kamen wir zur Besichtigung in die Ford Werke. Die Verwaltungsgebäude sehr vornehm, dann kamen wir zu den Fabriken, eine unübersehbare Fläche. Alles wurde selbst gemacht; das Eisen, die Bleche, die Kunststoffe, das Glas. Eine eigene Kokerei stellte das Gas her. Dort arbeiteten 70000 Arbeiter von den 150 000, die insgesamt bei Ford angestellt waren. Auf den riesigen Parkplätzen standen 45 000 Autos der Angestellten, denen täglich 1,5 Millionen Dollar an Löhnen gezahlt wurde. Jede Minute läuft ein Wagen vom Band. – Wir sahen zuerst die Glasfabrikation in einem gewaltigen erst kürzlich errichteten Gebäude. Beobachteten das Mischen der Rohstoffe, das Formen des Glases, das Malen und Polieren, alles am fließenden Band, nur wenige Arbeiter schaffen in den weiten hohen Hallen, bis schließlich das splitterfreie Glas gebrauchsfertig da liegt. Aber noch eindrucksvoller war die Anlage, in der schließlich der Wagen zusammengebaut wurde. Da läuft auf der Bahn das Untergestell – es schwebte darüber ein Motor durch die Luft, wird mit einigen Handgriffen befestigt, dann erscheint die Karosserie, wird angeschraubt, die Haube, die Räder, nun rollt es vom Band auf den Boden und schließlich setzt sich ein Fahrer hinein, wirft den Motor an und fährt den Wagen mit eigener Kraft etwa 50 m weiter – er läuft, er ist fertig – freilich sind noch eine ganze Reihe von Proben nötig, bis der Werkmeister die Marke OK aufklebt. Ein Wunder der Technik! Einst brauchte der Handwerker die Maschine zu seiner Hilfe, jetzt braucht die Maschine den Arbeiter als Handlanger. Aber die Arbeiter zeigen keine Hast oder Nervosität. Gleichmäßig ruhig verrichten sie ihre Handgriffe, immer dieselben mit Geschicklichkeit und Sicherheit 8 Stunden täglich, mit ½ Stunde Pause, am Samstag ist Feiertag. In den gepflegten Räumen des Verwaltungsgebäudes wurden wir zum Lunch eingeladen, es gab sehr gutes Essen.

Am 02. Juni besichtigten wir die Michigan University. Sie galt als eine der besten neben Harvard und Yale in der 20 000 Studierende in allen Fakultäten lernten. Eine Stadt für sich, geschmackvoll angelegt mit großen Gebäuden, eindrucksvollen Bauten, mit Alleen und freien Plätzen. Das mächtige Viereck der juristischen Fakultät erinnert mich an Cambridge. Im Auditorium sind 12000 Plätze und eine Akustik, die dem Redner erlaubt ohne Lautsprecher zu sprechen. Viele Institute reihen sich in bunter Folge aneinander. Wir besuchten das Pädagogische Institut, das von Mr. Eggersen geleitet wird, der ursprünglich aus Nordschleswig stammte. Er fuhr uns durch den Ort, der fast nur aus reizenden Bungalows für die Professoren und Studentenwohnheimen bestand. Letztere waren für die Geschlechter getrennt, es gab „Bruderschaften" und „Schwesterschaften" oft als Stiftungen. Im ganzen Ort herrschte eine strenge Ordnung. So mussten die Studentinnen um ½ 10 abends zu Bett!! Wir konnten am 04. Juni auch eine landwirtschaftliche Hochschule für 15 000 Studenten besichtigen. Das war etwas für meinen Bauersmann! Angeschlossen war eine Station mit 80 ausgewachsenen Zuchtbullen, die 180000 Kühe befruchten.

Am Sonntag machten wir noch einen Ausflug nach Ontario, bevor wir die Weiterreise antraten. Mit dem Flugzeug überquerten wir den großen Michigansee; Chicago, an seinem Südufer gelegen tauchte auf. Man sieht von oben die schnurgeraden sich im rechten Winkel schneidenden Straßen, die mächtigen Wolkenkratzer, das riesige Ausmaß der Stadt – und schon knatterte die Maschine über das Flugfeld. Der Generalkonsul empfing uns. Es dauerte eine Stunde Autofahrt, bis wir im Centrum unser Hotel „Bismarck" erreichten, ein sehr gepflegtes, mit allem Komfort versehenes sehr hohes Haus. Der Besitzer, ein Herr Ertel, dessen Familie aus Stuttgart stammte, hatte alles so gut für unseren Empfang vorbereitet, dass uns das Haus ganz heimatlich erschien. Am nächsten Tag feierte er das 25 jährige Jubiläum, da bekamen die Angestellten, die seit Beginn in seinen Dienst standen jeder eine goldene Uhr. Man spürte den guten Geist des Hauses. – Der Generalkonsul, der uns zum Essen gebeten hatte, erzählte unter anderem von seiner Arbeit, und dass gerade eine große Zahl von Amerikanern nach Deutschland reisen wollten.

Ich habe auch die Universität in Chicago besucht. Aber ihre Ausdehnung ist so groß, ihre Zweige waren so vielseitig, dass ich mir kein rechtes Bild machen konnte. Auf dem Rückweg gingen wir am Ufer des Michigansees entlang zum Planetarium, von wo man einen guten Ausblick auf die ganze Stadt hat. Die Masse der Hochhäuser ist fast so gewaltig wie in New York, aber etwas unregelmäßiger, für unsere Begriffe fehlte die große Linie, die Symmetrie. Alles ist ungeheuer groß in diesem Lande. Lansing University soll die größte Landwirtschaftliche Hochschule der Welt sein, Marshall Field das größte Warenhaus, es gibt nichts, was man da nicht kaufen kann. Man zeigte uns die größte Berufsschule mit 4000 Schülern, die größte Handelsschule, im 5. Stock des Bord of Trade findet die größte Kornbörse der Welt statt. Morgen sollen wir die größten Schlachthäuser der Welt sehen. Wir fuhren bis in den 34. Stock des Handelshauses hinauf in das Observatorium, um die gewaltige Stadt noch einmal von oben zu sehen: Unmittelbar vor uns die La Salle Straße, die so lang ist, dass sie sich in der Ferne zu verlieren scheint. Die Autos flitzen entlang, in regelmäßigen Reihen, wie emsige Ameisen. Eine gewaltige Lebenskraft steckt in dieser Nation, die viele wagemutige Söhne fremder Völker in sich aufgenommen, zu einer Nation verschmolzenen hat, und die mit einem unerhörten Optimismus ihre Aufgabe anpackt, ganz der unmittelbaren Gegenwart lebend. Auch das nächste Wochenende konnte ich die Volkmanns in Pittsburgh besuchen. Am Dienstag flog ich nach New York, wo ich im Hudson Hotel wohnte und die letzten Besichtigungen mit meinen Kollegen erleben konnte bis wir am 16.06. zurückflogen."

Zurück in Bonn

In Bonn und in Kitzeberg wartete eine Fülle von Aufgaben. Die Herausgabe der Zeitschrift lag zwar überwiegend in der Hand von Dodo, die in Herrn Steinhäuser Unterstützung fand. Aber auch der SHHB verlangte meinen Einsatz. Tagungen in Flensburg, Berlin, Kiel und Schleswig nahmen meine Zeit. Die Familie, nach der ich mich sehr sehnte, forderte ihr Recht. So fuhr ich ins Diakonissenhaus nach Flensburg, wo Elisabeth inzwischen eine Bleibe als Lehrschwester gefunden hatte. Werner war Gärtnerlehrling in Elmshorn, wo er sich mit mir traf. Ich wollte für ihn einen Aufenthalt in England, Sussex, vermitteln. Anschließend übernachtete ich in Hamburg und flog am nächsten Tag zu einer langen Sitzung nach Berlin (von 10 bis 18,00 Uhr) am Abend sah ich im Schillertheater „Feuerofen", und am nächsten Tag war Sitzung bis 11 Uhr, dann ging ich auf die Industrieausstellung mit meinem Freund Knauer, hörte dann in Tempelhof die Rede von Adenauer, und traf mich am nächsten Morgen in Schleswig mit Otto, um mit ihm an einer landwirtschaftlichen Bereisung der Westküste teilzunehmen. Erst am Sonntagabend war ich wieder in Kitzeberg, um mich um Dodo und die Zeitschrift zu kümmern. So waren meine Tage randvoll ausgeplant. Bonn, Straßburg, dann als Europaabgeordneter nach Freiburg in der Schweiz. Wirklich ein erlebnisvolles Leben.

Doch dabei blieb ich auch mit meinen Freunden aus der Zeit in Magdeburg in Kontakt. So schrieb ich an Professor Dr. Ahrbeck, Berlin, sehr optimistisch im Dezember 1951: „Ich persönlich glaube, dass die grüne Grenze in nicht allzuferner Zeit fällt. Die Politiker aller Parteien setzen sich dafür ein. Das Volk, auch im Westen, verlangt es. Sie müssen immer bedenken, dass auch Sie, ohne es zu wollen, Opfer der Propaganda sind. Niemand kann sich ihr entziehen, und das Schlagwort, – wir sind abgeschrieben, man hat uns im Westen vergessen.- ist dasselbe, was auch an der Saar und in Südschleswig verbreitet wird.

Aber es kann sich ja nur um eine Vereinigung im Frieden handeln. Ich sehe nur einen Weg, dass die Westmächte wirtschaftlich und militärisch so überlegen werden, dass der Osten sich zu friedlichen Verhandlungen bereit erklären wird. Ich glaube auch nicht, dass die Aufrüstungen zum Kriege führen werden. Kein Staatsmann wird bereit sein, für das Ende der Welt, und das würde ein Krieg bedeuten, die Verantwortung zu übernehmen. Auch die USA ist nicht kriegerisch. Nach meinem Eindruck, ich war fünf Wochen in diesem Sommer drüben, will das Volk nur Frieden, Freiheit und Prosperity. Diese Ziele verficht es freilich mit einer ungeheuren Energie und der ganzen Vitalität, die diesem jungen Volk eigen ist. Freilich muss der eiserne Vorhang bald fallen; denn wir Deutsche sind so arge Individualisten, dass wir uns viel schneller auseinander entwickeln als zueinander.

Bei uns zu Hause geht es gut. Wir haben nur zu danken. Wir sitzen seit einem halben Jahr wieder in einem eigenen Häuschen in Kitzeberg bei Kiel, draußen in der Natur, im Buchenwald an der Ostsee. Unsere Kinder machen uns Freude. Inken ist glücklich verheiratet mit einem begabten Volksschullehrer. Valborg will sich am 22. Dezember mit einem Altphilologen, der noch studiert, verheiraten. Sie selbst ist Lehrerin und muss ihren Mann unterhalten. Das sind eben die modernen Ehen. –Elisabeth ist auf der Haushaltsschule. Otto und Werner sind beide erfüllt von ihren Berufen, der erste als Bauer, er besucht z.Zt. die Höhere Landbauschule, – und letzterer als Gärtner, er ist jetzt auf der Volkshochschule in Leck und will Ostern nach England. Meine Frau ist ganz gesund und von einer staunenswerten Leistungsfähigkeit. Sie hilft mir bei der Redaktion meiner Zeitschrift, und versorgt zugleich den ganzen Haushalt. Ihre größte Freude ist ihr Enkelkind, das schönste auf der ganzen Welt. Ich selbst bin dankbar, dass ich noch für mein Volk tätig sein kann. Ihr getreuer E.E."

Im Mai 1952 besuchte ich vom „Council of Europe" in Straßburg aus meinen Jüngsten, Werner, der inzwischen für das 2. Jahr eine Lehrstelle in Kempten hatte. Ich stellte fest: Er ist mit seiner Arbeit und seinem Chef zufrieden, und glaubt dort viel lernen zu können. Das Abschlussjahr will er in Friesdorf bei Bonn ableisten. Zwischendurch hofft er den Garten in Kitzeberg weiter auszugestalten, während er wenig Neigung hat nach England zu gehen. Vielleicht ist er auch noch zu jung für das Ausland. Abends wanderten wir durch die reizend gelegene, altertümliche Stadt Kempten, und am Sonntagvormittag besuchten wir den Bayrischen Heimattag, wo wir einen ausgezeichneten Vortrag über das Wirken der Familie Fugger hörten. Werner saß neben der Gräfin Preysing, der jungen Archivverwalterin des Fürsten Fugger. Ich saß neben dem Fürsten auf dem Podium und wurde als Vertreter Schleswig-Holsteins begrüßt, mit langem, unverdientem Beifall. Mittags musste ich mich von meinem Jungen trennen; das wurde uns beiden schwer. Ich fuhr mit Fugger nach Ottobeuren, einer überwältigend schönen Barockkirche, und dann auf das Schloss seiner Väter. Er hatte es mir am Samstagmorgen gezeigt, das schönste Renaissance Schloss Deutschlands, sagt man. Das wäre etwas für dich gewesen, liebe Dodo, herrliche Gemälde, insbesondere aus Spanien, berühmte Porträts, unwahrscheinlich schöne Schränke, seltene Perser, jedes Zimmer ein Gedicht. Ich musste bei dem Besuch immer wieder denken, wie schade, dass meine liebe Do nicht dabei ist! – Wir kamen am Sonntagabend wieder in Straßburg an, wo heute die Wahl des Präsidenten stattfindet. Meine Gedanken sind aber ebenso in Bonn, wo heute, am 26. 05.1952 die Unterzeichnung der Montan-Verträge vor sich geht. Damit ist die Bundesrepblik Mitglied der EWG geworden. Ein schicksalsschwerer Tag!"

Von Straßburg fuhr ich weiter nach Paris. Von dort aus schrieb ich: „Meine liebe Do, gestern bin ich in aller Frühe in Paris eingetroffen. Ich fuhr im Schlafwagen mit einem Rotarier aus Neuseeland, Mr. Fisher, einen freundlichen Kameraden. Im Hotel Bohy erhielt ich ein günstig gelegenes Zimmer zugewiesen, aß gut zu Mittag, schlief ein wenig, und schlenderte durch die Boulevards, setzte mich eine Zeit lang in die herrliche Kirche Madeleine, und ging dann zum Palais de l'Élysée, wo M. Auriol uns empfangen hat. Von 1000 Anwesenden wurden etwa 50 Vertreter der verschiedenen Nationen ausgewählt, und dann trat der Präsident ein (Paul-Henri Spaak). Ein älterer freundlicher Mann, ein Belgier, würdevoll und geistig rege. Während die Pressefotografen mit ihren Blitzlichtern ihn umschwirrten, gab er uns allen die Hand. Dann verlas er eine sehr lange Rede im Stehen und Auriol antwortete frei und sehr geschickt, sehr klug abwägend, auch in Bezug auf Deutschland. Ich mochte ihn wohl leiden. – Nachher aß ich mit dem holländischen Delegierten, Dr. Schmal zu Abend. Wir hatten es sehr nett miteinander. Am nächsten Tag war Empfang im Rathaus."

Im September 1952 schrieb ich Dodo: „Meine geliebte Do, hab Dank für die lieben Briefe. Wie schön, dass du den Altweibersommer genießen kannst, und dass du nach den sorgenvollen Tagen mit Elisabeth Frieden, Entspannung und Muße in der Natur findest. Gern hätte ich dich auch hier gehabt; denn es ist hier nicht viel zu tun, und wir hätten mit Wagen viel Schönes in den Vogesen sehen können. Der Europarat wird langsam dünner; die Montan-Versammlung gewinnt an Bedeutung. Sie hat eine Unterkommission bestellt, die die Europäische Verfassung beraten soll. Vielleicht wählt man mich hinein. Ich habe zugesagt, weil ich dann wirklich eine Aufgabe habe, aber „Sprechen Sie nicht davon, es ist nur eine Möglichkeit", und die anderen haben bessere Ellbogen.

Was Du über Elisabeth schreibst, fühle ich ebenso. Wir müssen uns damit abfinden; aber wir wollen uns weiter um sie bemühen. Umso mehr freue ich mich, dass Du Otto ganz nahe gekommen bist. Wenn ihr beide euch einig seid, ist die Gefahr der Entfremdung gebannt, Dann wird er auch auf deinen Rat hören. Ich bin sehr gespannt, ob sie ihn zu ihrem Ringleiter wählen; doch ich fürchte, er ist ihnen zu jung. Aber ich würde mich sehr freuen, denn das ist die klarste Anerkennung seiner Arbeit. Auch die Beziehung zu Lanz freut mich. Die Ausbildung in Ulm kommt ihm hier gewiss zu Gute. Mit der Siedlung würde ich mich nicht so beeilen. Sitzt er erst irgendwo fest, ist die Zeit des Lernens vorbei. Mit jedem Jahr wo ich noch lebe und arbeite, ist die finanzielle Grundlage breiter. In wenigen Jahren wird das neu einzudeichende Land an der Westküste zur Besiedlung reif, und das hat reiche Erträge! Schön, dass du Otto mit nach Itzehoe nimmst. Rufe ja vorher an und sage, dass Du Otto mitbringst, und dass ihr gerne die Mühle in Westerwohld bei Meldorf sehen wollt. Frau Hedemann kann euch ja hinfahren lassen. Ich freue mich, dass wir die Verbindung zum Hause Lindemann wieder aufnehmen.

Ich hoffe, dass wir hier schon am 01.10. fertig sind. Am 03.10. möchte ich abends in Flensburg zu den Journalisten sprechen. Dann könnte ich am 02. bei Dir sein, ohne hier Diäten einzubüßen, die wir ja z. Z. gut brauchen können. Sage bitte Otto, er möge sich doch wetterfeste Kleidung für das Motorradfahren besorgen; ich schenke ihm dazu die 150 Mark, die ich ihm vorgeschossen hatte. Und grüße ihn vielmals von mir.." – In dem nächsten Brief heißt es: „ Ich sehe mit Sorge, dass Du fürchtest, Elisabeth könnte bei den Diakonissen in Kropp nicht bleiben. Natürlich müssen wir uns dann nach etwas anderem umsehen; aber ich habe die größten Bedenken dagegen, dass Elisabeth bei uns wohnt. Eine Mutter eignet sich nicht für die Erziehung eines so schwierigen Kindes, auch wäre die Belastung für dich zu groß. Ich habe mit großer Freude gesehen, wie sehr Du dich seit April erholt hast – soll das alles wieder umsonst sein? Ich meine auch, dass eine solche Rückkehr erzieherisch falsch sei. Wenn sie erst merkt, dass sie bei jedem Fehlschlag in die liebende Hand der Mutter zurückkehren kann, wird sie nichts aus den Fehlern lernen. – Wurde Otto als Nachfolger von Tramsen gewählt?

Ich bin über das Wochenende bei Karen in Freudenstadt, bei Frau Fortner in Horb und bei Kiesingers in Rotenburg gewesen. Karen kämpft um das Sanatorium, dass ihr von den Franzosen in einem bösen Zustand hinterlassen wurde. Frau Fortner leistet eine staunenswerte Arbeit, in dem sie ihre Schularbeit voll und mit Begeisterung ausfüllt, und gleichzeitig ihren gelähmten Vater verpflegt. Rotenburg liegt 25 km weiter nach Osten. Von dort fuhr ich mit Kiesingers am Nachmittag nach Tübingen, das mich sehr an Marburg erinnerte. Der Marktplatz rundete das reizvolle Stadtbild ab. Gegen Abend sahen wir dann noch die Burg Hohenzollern, die mächtig und stolz in das Land hinaufragt. Es war ein sehr interessanter Tag. Heute sind wir von der Alb hinüber in den Schwarzwald gefahren, bis wir die Türme des Münsters sahen – fast muten sie mich schon heimatlich an." Und Ende September schrieb ich aus Straßburg: „Meine liebe Do, Ich sitze in der Versammlung und höre Vorträge wirtschaftlicher Art, die ich aus Unkenntnis der Probleme nicht ganz verstehe. So will ich Dir einen Gruß senden: Gestern hatten wir einen Diskussionsabend mit einer Gruppe englischer Parlamentskandidaten, das sind solche, die bei den nächsten Wahlen kandidieren wollen. Kiesinger hielt den einleitenden Vortrag, dann kamen Fragen, unter andern auch über Südschleswig. Die ich beantwortet habe. –

Heute Morgen habe ich mit Freiherr von Rechenberg zwei Stunden Golf gespielt, eine wundervolle Unterbrechung der parlamentarischen Arbeit. Gestern Mittag war ich zum Lunch bei Mr. Andrews, dem amerikanischen Konsul eingeladen. Er meinte, der EVG-Vertrag wird von Frankreich nicht ratifiziert werden, „Would you be ready to enter the Nato?" „With pleasure", sagte ich. Denn ich denke oft ein Zusammenschluss der Nato wäre fast besser. Aber davon erzähle ich lieber mündlich. Ob das Paar aus Hannover, Valborg und Harry, schon bei dir ist? Grüße sie 1000 Mal von mir. In großer Liebe Dein E.E."

Hochzeit von Valborg

Auf der Hochzeit von Valborg am 22.12.1952 sagte ich: „Meine lieben Kinder, – Nun ist es soweit, ihr wandert zu zweit. Der Pfarrer hat eure Hände ineinander gelegt, und euch in klugen, ernsten Worten gesagt, dass nun der große Wendepunkt in eurem Leben gekommen ist, dass von nun an keines mehr allein für sich, jedes für den anderen denken und sorgen muss, ein Zweigespann, das nur dann den schweren Wagen sicher zieht, wenn beide sich gleichmäßig in die Sielen legen.

Ich sagte den schweren Wagen! Denn ihr geht keinen leichten Gang. Nach bürgerlichem Herkommen soll eine neue Ehe auf einer sicheren wirtschaftlichen Grundlage ruhen. – Ihr wollt sie erst schaffen, und du, meine liebe Valborg, hast diese Aufgabe für das nächste Jahr auf deine Schultern genommen. Der liebe Gott fügt es wunderbar. Valborg, die Prinzessin auf der Erbse, von der die Geschwister früher sagten, sie scheine einem Grafen mit Vierergespann oder einem Generaldirektor mit Maybach vorbestimmt zu sein, die muss nun selber anpacken, um zunächst den Unterhalt zu verdienen. Aber

> Die Liebe hemmet nichts,
> sie kennt nicht Tür noch Riegel
> Und drängt durch alles sich,
> Sie ist ohn Anbeginn,
> schlug ewig ihre Flügel
> Und schlägt sie ewiglich.
> Sie hat entschieden.

Ich bin glücklich, dass es so ist. Und das ist gut so. Ich spürte, als ich neulich in Freiburg meine Kinder, dieses junge Paar, vor mir sah, beide mit reichen Gaben ausgestattet, des Körpers und des Geistes. Die beide mit offenen Sinnen und dankbaren Herzen, das Schöne genießen, das Natur und Kunst bieten, beide bereit, auf das zu verzichten, was ihnen an äußeren Gütern versagt ist, als wüssten sie schon, was Mathias Claudius erst im reiferen Alter erfahren hat:

Denn all das Geld und all das Gut
Beschert wohl manche Sachen
Gesundheit, Schlaf und guten Mut
Die können sie nicht machen
Gott schenke mir an jedem Tag
Was ich bedarf zum Leben
Er gibt's dem Sperling auf dem Dach
Was wollt er´s mir nicht geben.

Ein anderes Wort, das mir aus lang entschwundener Jugendzeit in den Sinn kommt:

Ein Vöglein baute sich sein Haus,
auf höchstem Zweig der Linde
Gefährlich siet´s von unten aus,
so schwankt das Nest im Winde
Das Vöglein hat ein gut Vertrauen,
lässt hell sein Lied erschallen
Der ihm dort riet sein Nest zu bauen,
der lässt es auch nicht fallen.

Und mit diesem frohen Gottvertrauen wollen wir, sollt ihr den gemeinsamen Weg antreten. Er behüte euch und erhalte euch das frohe Herz, er segne das gläubige Vertrauen und eurer Hände Arbeit. Er erhalte eure Liebe, aber sie muss täglich neu gewonnen werden. Dann wächst sie groß und stark,- und wenn sie 25 Jahre hält und ihr könnt zueinander sagen, was ich am 20.03.1949 sagen durfte:

Du bist mein Glück, du bist mein Leben
Ich war wohl klug, dass ich dich fand.
Ich fand dich nicht. Gott hat dich mir gegeben
So segnet keine Menschenhand

Dann war es wert, das Leben zu durchleben."

Als ich mit dir vorm Altar stand,
gabst du mir deine weiche Hand.
Heut ist sie rauh, voll Falten, Rissen
durchfurcht, der Reif verschlissen
Ich neige mich, was Fleiß erhärtet,
sei tausendmal so hoch gewertet.

Einst flossen Dir um Hals und Glieder,
die schweren dunklen Flechten nieder
Und heute Morgen nahm ich wahr
Das erste feine Silberhaar
Ich sagte leise dir ins Ohr
Ich liebe dich wie nie zuvor!
Einst strahlte mir dein Aug zurück
Der jungen Liebe großes Glück.
Heut leuchtet es so still versonnen
Als wie ein tiefer, klarer Bronnen
Drin Lieb und Leid und Schmerz und Freud
Was nur bewegt ein Menschenkind
Dein Hoffen und Entsagen,
dein Jauchzen und dein Klagen
Gelöset und geläutert sind."

Harry musste aber noch sein Studium abschließen. Das bedeutete, dass Valborg allein für den Unterhalt als Lehrerin in Hannover aufkommen musste. Sie wohnte im Haus der Schwiegermutter Bolte in Hanover-Bothfeld, was leider nicht so harmonisch gelang, wie sie es sich gewünscht hatte. Sorge bereitete auch das Haus in Biederitz, wo dringende Reparaturen notwendig geworden waren. Die Verwaltung hatte ich meinem rotharischen Freund Knauer übergeben. Der hat sich sehr bemüht, leider nur mit geringem Erfolg. Ärger gab es auch durch persönliche Anfeindungen, hinsichtlich alter vaterländischer Gedichte von 1914 und meiner Parteimitgliedschaft von 1940.

Es war die Zeit des Volksaufstandes in Ungarn, der aber von den Sowjets blutig niedergeschlagen wurde, und der Sueskanal-Krise, die fast zu einem dritten Weltkrieg geführt hätte. Trotzdem wurden im November in Melbourne, Australien, die 26. Olympischen Spiele eröffnet, in denen auch eine gesamtdeutsche Mannschaft auftreten durfte. Valborg und Inken als junge Ehefrauen konnten ihre Familien entwickeln. Es wurden zuerst Anne Christin Backhaus in Ellerbek, dann Eckhart Bolte am 21. Mai in Kitzeberg geboren. Elisabeth blieb in Kropp trotz einiger Schwierigkeiten, Otto wurde nicht zum Ringleiter gewählt und ging darauf auf Empfehlung von Bauernführer Detlef Struve, Embühren, MdB und guter Freund von mir, auf die Deutsche Bauernhochschule nach Fredeburg und anschließend als Wirtschafter erst nach Angeln und dann auf das herzogliche Gut Grünthal in Schwansen. Werner wechselte von Kempten nach Friesdorf bei Bonn. Friesdorf ist eine Gärtnerlehranstalt, wo Werner zunächst im Betrieb mitarbeitet, und anschließend auf die Meisterprüfung vorbereitet wird.

Die Zeit als ich Bundestagsabgeordneter war, war besonders ereignisreich: Im Jahre 1952 wurde die Bundeswehr gegründet. Die Sowjetunion machte einen Vorschlag für eine Wiedervereinigung Deutschlands, der jedoch vom Westen nicht angenommen wurde. Olympiade in Finnland. Friedensvertrag zwischen USA und Japan. Elisabeth II. wird Britische Königin. Die Bundesrepublik wird EVG-Mitglied. Eisenhower wird Präsident der USA. Im Februar 1953 große Sturmflut in den Niederlanden mit zahlreichen Deichbrüchen. Der Diktator Josef Stalin stirbt am 02.03. 1953 im Kreml. Am 17. Juni 1953 Aufstand der Arbeiter in der DDR. Er wird von der sowjetischen Besatzung blutig beendet. Unruhen auch in mehreren anderen Ostblockstaaten. Am 27. Juli Waffenruhe in Korea. Krönung von Elisabeth II. Adenauer gewinnt die absolute Mehrheit.

Ende des Bundestagsmandats

Doch bald ging die Zeit als Bundestagsabgeordneter für mich zu Ende. Ich schrieb am 10 August 1953 meinem Schwager Ernst Volkmann: „Ich kandidiere nicht wieder, einmal, weil ich glaube, dass ich den Anstrengungen des parlamentarischen Lebens nicht mehr gewachsen bin, zum anderen, weil dieses politische Dasein im Grunde mir nicht zusagt, und schließlich, weil ich meine Frau nicht immer allein lassen will. Der Gedanke in den kommenden Wochen keine Wahlreden halten zu müssen, hat etwas unsagbar Befriedigendes. Vielleicht springe ich hier und da noch einmal ein; denn mir liegt sehr viel daran, dass Adenauer wieder in die Regierung kommt. Ich halte ihn für einen ungewöhnlich klugen, geschickten Politiker, für einen wirklichen Staatsmann, wie wir ihn in unserer Geschichte nur selten gehabt haben. Überraschend groß ist das persönliche Vertrauen, das er sich, nach dem Urteil meiner ausländischen Kollegen im Europarat, in der Welt erworben hat. Nur die Deutschen begreifen noch nicht, was sie an ihm haben. – Im Europarat arbeite ich noch eine Zeitlang mit. Morgen fliege ich nach Istanbul, um an einer Kommissionssitzung teilzunehmen. Auf der Rückreise hoffe ich Athen und Rom kennenzulernen. Ich denke, dass ich in 14 Tagen wieder zu Hause bin. Mitte September nehme ich noch an einer Sitzung des Europarates in Straßburg teil, und es ist nicht ausgeschlossen, dass, im Falle der Europarat wird auf Grund allgemeiner Wahlen gewählt, ich für Schleswig kandidieren werde; denn die internationale Politik macht mir Freude, und nimmt mich zeitlich auch nicht so sehr in Anspruch. Meine Anwesenheit zu Hause ist auch nötig; weil Dodo den seelischen Anforderungen, die durch die Pflege ihrer Mutter und durch die Schwierigkeiten mit den Richters in Plön verursacht werden, auf Dauer nicht gewachsen ist. Leider ist auch ihre Schwester Anni, die durch die schwierigen Verhältnisse in Plön immer nervöser geworden ist, dazu nicht in der Lage. Wir bemühen uns für sie eine Krankenschwester aus Kiel zu besorgen, die dann ständig, Tag und Nacht bei Mutter sein kann.Von unseren Kindern und Enkeln haben wir gute Nachricht. Nur Elisabeth, die wir nun endgültig nach Bethel gegeben haben, macht uns Sorgen. Aber wenn Dodo und ich nur zusammen sind, dann kommen wir gemeinsam über alle Schwierigkeiten hinweg, zumal Kitzeberg sehr, sehr schön ist. Herzliche Grüße, dein Eduard"

Im August 1953 fuhr ich für den Europarat nach Istanbul, dann setzte ich mich für den Studentenaustausch zwischen Deutschland und den USA ein, und nahm an der ersten Sitzung der Amerikaner in Bad Godesberg mit den Fulbright Grantees teil. Mein besonderer Einsatz galt aber weiterhin den Südschleswigschen Problemen. Es geht mir um die Pflege und den Erhalt des Deutschen Volkstums, denn das ist die Quelle unserer geistigen Kraft. Ich begrüßte daher die gemeinsamen Erklärungen von Bundeskanzler Dr. Adenauer und dem Dänischen Staatsminister Hansen über die gleichen Rechte der Minderheiten südlich und nördlich der Grenze, wie sie bereits in der „Kieler Erklärung" festgelegt waren. Das friedliche Miteinander von Deutschen und Dänen entspricht auch den Zielen der Montanunion, die den Arbeitskräften über den Grenzen hinweg volle Freizügigkeit gewähren will. Ich war überzeugt, dass die Wiedervereinigung von West- und Ostdeutschland nur eine Frage der Zeit wäre, die Montanunion nur die Vorstufe eines vereinten Europas sei und hoffte auch, dass die von den Polen besetzten Gebiete zurückgegeben werden.

Wieder zu Hause

Bis Weihnachten nahm ich immer mehr Abstand von Bonn, und konnte mich wieder der Familie und intensiv der Zeitschrift Schleswig-Holstein annehmen. Für den Studentenaustausch nach Fullbright setzte ich mich weiter ein. Als neue Aufgabe betreute ich die Heimschule in Luisenlund.

Ich hatte ein volles Programm. Bei der Herausgabe der Monatshefte „Schleswig-Holstein" unterstützten mich meine Dodo, und als Sekretärinnen Frau Zürn und Frau Gorissen. Sehr intensiv stand ich allen Kindern und Schwiegerkindern bei. Das erleichterte Harry Bolte und Hans Backhaus im Studium voran zu kommen. Ich nutzte meine guten Verbindugen über meine Freunde aus der Zeit als Oberschulrat und als Abgeordneter, über den Rotary Club und den SHHB, setzte mich bei der Landwirtschaftskammer für Werner ein. Dabei hielt ich mich durch tägliche Gymnastik, tägliches Schwimmen in der Förde in den Sommermonaten, durch Skifahren im Winter und duch das Golf Spielen körperlich und geistig fit.

Ich war froh, für den Bundestag einen guten Mandatsnachfolger bekommen zu haben, mit dem ich freundschaftlich verbunden war. Es war Will Rasner, Chefredakteur der Flensburger Nachrichten. Er gehörte nach seiner Wahl dem Grenzlandausschuss an, und wurde im Juli 1955 Parlamentarischer Geschäftsführer der CDU/CSU Fraktion. Dieses Amt bekleidete er bis zu seinem Tode im Oktober 1971.

Otto, Verlobung und Zukunftspläne

Otto war neben seiner Tätigkeit in Grünthal in der Landjugend aktiv. Da lernte er auch während einer Tagung auf dem Aschberg seine spätere Frau Magdalene Schnack, damals Kreisvorsitzende der Landjugend, kennen. Sie waren sich einig, nach Kanada auszuwandern, um dort eine solide Existenz aufzubauen. Am 01. August 1954 feierten sie ihre offizielle Verlobung auf dem väterlichen Hof im Herweg. Ich hielt dabei die folgende Rede

„Mien leewe Fru Schnack, un all mien Frünn vun de Familie Schnack,

Ik glöv, ik bün de öllste an dissen Disch, un so kümmt dat mi woll to, dat ik en poor Wör seggen dörf. Ik segg min besten Dank, dat Se, min leewe Fru Schnack, uns, min Frau un min Kinner so fründli upnahmen hebbt. Wi sünd gern kamen; werk von uns wied her, Harry ut Freiburg, Werner ut Bonn, wi wullen all darbi sien, denn dat is `n groten Dag, wo uns öllsten Jung, de öllste von de, de noch lewt, sin Verlöfnis fiert mit Magdalene, Eer öllste Dochter. Uns Otto wull Buer warden sörre de Tied, dat he eben övern Disch kieken kunn. He näum sik sülben „Buersmann", und wenn he sin leewe Mudder ganz wat goodes seggen wull, denn strakel he ehr Hann un sä: "Du büst min Buersfru" or ok „Du büst min Buersmudder". Ik freu mi daröwer, denn ik dach, und denk noch ümmer: Buer sein, dat is de schönste Beruf! Ik weet, dat givt Buern, de ehrn Hof anseht as een Geschäft; de sünd nich anners as en Syropsprinz or as en Heringshingst. Ik men den Buern, de sein Hof ansüht as en Stück dütsche Eer, för de he de Verantwortung driggt för sein Volk un för sein Herrgott.

Un ik hew mi ok nich wunnert, dat uns Jung sik dissen Beruf utsöcht hett – denn dat liggt doch woll in sein Blot. Drei von nien veer Vöröllern wern Buernkinner, blots een wer Scholmeister upn Dörp. Nu geit he werrer den Weg, den sien Vöröllern gahn sünd, den Weg achtern Ploog.
    Aber to`n Buern hört en Buerstäd – sonst blievt he Knecht. Min Fru un ik dachten, dat wi, wenn dat sowiet weer, dat grote Gewäs in Biederitz verköpen

kunnen, und dat wi uns Jungen helpen kunnen, dat he up eegen Grund to sitten keem. Dat is anners kamen. De Russ het uns Geld und uns Besitz wegnahmen – enteignet, seggt hei darto. – Wi hebben to`n drüten Mal von vor anfangen müsst. Dat weer hart nog; aber wi hebt darbi leert, un all uns Kinner hebbt dat leert, dat Geld und Good nich de Hauptsak is, dat een ok mit wenig lang kümmt. wenn he sik bescheiden kann, dat`t veel wichtiger is, dat een – Mann un Fru – wat leert hebt, dat he arbeiten kann dat he nich bang is, dat he sin Vertruen in`n Herrgott sett – de makt sin Weg.

So hebbt wi nu, wo uns Jung na Kanada utwannern will, ok ja darto seggt – wi glöwt, un wi wullt hopen, dat he dor sinen Weg makt, de ward nicht licht sien. aber dat is een Weg, de em sein Hartenswunsch erfüllen kann, as en frien Buer op eegen Grund to sitten.

Un so freut wi uns, dat he en Brut funnen hett, de grad so denkt as he. Son Mann kann keen Popp bruken, abers en düchtige Deern mit en warm Hart, en deep Gemöt, en klaren Kopp, en poor Hann, de tofaaten künnt, de bereit is, mit em den sworen Weg in ein unsekere Tokunft to gahn. Wie kennt Magdalene. Min Döchter – dat is heel en kritisches Volk – se wullt ja dat allerbeste för den lütten groten Broder – de seggt, dat is de richtige Fru. De passt to uns, passt to em – de kriggt em al torecht. Denn, Magdalene, dat is gor nicht so licht mit em umtogahn – he hett sien eegen Kopp – aber dat Hart is good.

Un in en recht Ehe, mutt en den annern helpen, mut nich an sik denken, mut ümmer för den annern dor sein, – und at is en suer Stück Arbeit. Dat is all noch will un woll in de Bruttied, in de ersten Weeken na de Hochtied, aber denn geit los – denn warst Du so bi lütten wies, dat Leev en Sak is, de gor nich lang duert, de licht dalbrennen deit, as en Füer ut Dannenholt, de blots warm blifft, un hell lücht, wenn jeden Tag nabött ward. Jede lütte Fründlichkeit, jede lütte Upmerksamkeit is en Bökenklöben, den ji up dat Füer smiet, dat dat wieder brennt – lat dat Füer nich utgahn!

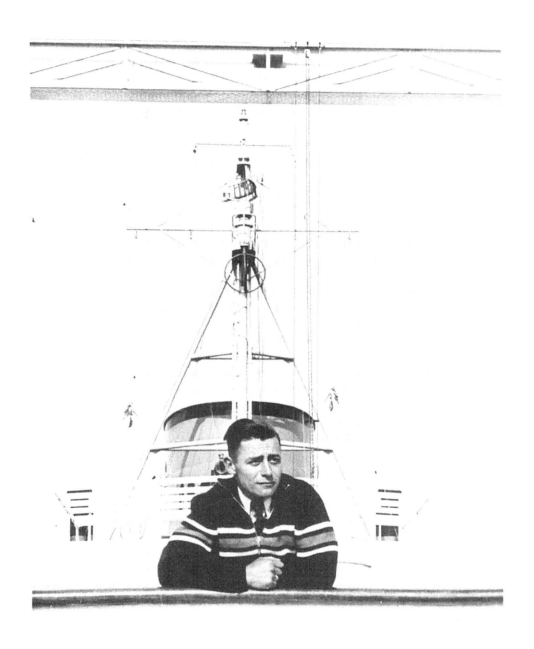

Bild 27a: Abfahrt nach Kanada

Un wenn ik segg: een mut den annern helpen, denn meen ik dat so, wi mött helpen, dat wi beter ward. De Lüd seggt: De Minsch ward dree Mal in sein Leben torecht stött: een Mal von sien Öllern, ton tweeten Mal von sin Fru, von sin Mann – dat is bi ju so wiet – to drütten Mal von sin Kinner (de föhrt en stramm Regiment). Un ik segg ton veerten Mal vun sin Enkelkinner. – up de Station bün ik.– Ji sünd erst bi de tweete Station – un dor pass up – een up den annern, dat wi beter ward. Ji drägt beid en gooden, achtbaren Namen. – Geewt em wieder an de, de nach ju kamt. – un so ik dat segg, mut ik ok an de Vörnamen denken. Min Mudder heet Helene – in de ganze Verwandtschft: Lene Edert. Se weer en goode, klooke, düchtige Frau, se wer dat Hart von dat ganze Hus – se het noch den lütten Otto up n Schoot hat – ik freu mi, dat dat nu werrer en Lene Edert gewen ward. Ik will Di wünschen, Magdalene, dat ok Du dat Hart von de Familie warst. – dat is dat Schönste, wat man von en Frau seggen kann.

Gott segne juch beid."

Am 14. August fuhr Otto mit der „Seven Seas" vom Bremerhaven ab nach Quebec, und mit der CNR (Canadian National Railways)weiter nach Lea Park in Alberta. Seine Braut blieb zunächst in Schleswig- Holstein, um ihre Meisterprüfung abzulegen. Sie will Anfang 1955 nachkommen, und sie wollen am 20. März 1955 ihre Hochzeit feiern. Werner blieb, nun auch in der Vorbereitung zur Meisterprüfung, in Friesdorf. Sorgen hat uns das Haus in Biederitz gemacht. Die mit uns befreundete Gärtnerstochter Frau Grete Röhle, die in Biederitz in der Goethestraße wohnte, berichtete in ausführlichen Briefen und versuchte auch mit der Gemeinde zu vermitteln. Bei Mieteinnahmen von monatlich 75 Mark können weder die laufenden Reparaturen noch die Steuern finanziert werden. Noch hofften wir auf eine Lösung im Zuge der Wiedervereinigung.- Auch Elisabeth machte uns durch immer neue Aktionen großen Kummer.

Da tat es mir gut, wenn ich mich auf dem Schrevenborner Golfplatz beim Spiel entspannen konnte. Im Winter 1955 fuhren Do und ich zum Schifahren und zu ausgedehnten Spaziergängen in die Berge. Der Rotary Club Kiel wählte mich zum Präsidenten und ehrte mich besonders zu meinem 75ten Geburtstag. Da kamen Glückwünsche aus Bonn von Bundesminister Kiesinger und seiner Frau, von der

Kieler Universitätsgesellschaft, speziell auch vom Dekan der Philosophischen Fakultät, von vielen Freunden aus seiner Berufszeit, vom Kulusminister Lemke, vom SHHB,von vielen Freunden aus Nordschleswig und zahlreichen anderen.

Auf Vorschlag des Schleswig-Holsteineischen Ministerpräsidenten von Hassel erhielt ich für meinen Einsatz in der Deutsch-Dänischen Auseinandersetzung das Große Bundesverdienstkreuz und auch der SHHB ehrte mich mit der Lornsenkette. Um all der Aufregung und der Gratulationstortur zu entgehen, bin ich rechtzeitig mit meiner Dodo inkognito nach Luisenlund gereist und habe dort in aller Stille meinen Geburtstag feiern können.

Bild 28: Die Backhäuser auf dem Geburtstag von Uroma Volkmann

Valborg wohnte mit ihren beiden Kindern, Dora und Eckhard, in Hannover-Bothfeld bei ihrer Schwiegermutter und ernährte als Lehrerin die Familie, während Harry sich auf das Staatsexamen vorbereitete, das er im Oktober mit summa cum laude bestand. Anschließend besuchte er das Studienseminar. Inken hatte inzwischen drei Kinder: Anne, Renate und Hans Henning, wohnte in Kiel-Ellerbek bei ihrer Schwiegermutter und war Lehrerin in Kiel, während ihr Mann als Assistent in der pädagogischen Fakultät der Universität bereits gut verdiente, und darum nicht mehr als Lehrer tätig sein musste. Elisabeth wurde in Bethel auf dem Oberhof betreut.

Werner, Verlobung und Zukunftspläne

Am 12.09.1954 haben sich Werner und Trudi Speyer verlobt. Da hielt ich die folgende Rede: „ Zunächst mein Dank an die Hausfrau für die Vorbereitung des schönen Festes. Freilich, Sie haben sich lange vorbereiten können; denn dieser Vorgang der ersten Begegnung, die Bekanntschaft, die Freundschaft, das Vertrautwerden und schließlich die Verlobung, haben sich vor unserer aller Augen abgespielt. Die beiden haben sich nicht nach dem Rat gerichtet, den Friedemann Bach einmal gegeben hat:

„Willst du dein Herz mir schenken
So fang es heimlich an,
dass unser beider denken
niemand erraten kann."

Wir brauchten nicht einmal zu erraten. Wir sahen es mit einem heiteren und einem bedenklichen Auge an. Heiter, weil wir an diesem liebenswürdigen, leicht beschwingten Menschenkind von Anfang an unsere helle Freude hatten, – bedenklich, weil die realen Unterlagen für ein gemeinsames Leben noch nicht vorhanden waren. – heiter, weil unser hoffnungsvoller Sohn nach dem bewährten Grundsatz handelte: Junge Weiber und gute Pferde holt man am besten aus bekannten Ställen. – Oder anders ausgedrückt:

Wer nicht will sein betrogen, der kauft des Nachbarn Rind, und freie dessen Kind. – Und auch nach dem alten deutschen Wort:

Wenn Du willst das Töchterlein han
Sieh dir erst die Mutter an.
Ist die Mutter von guten Sitten
Magst du wohl um das Töchterlein bitten.

Bedenklich, weil wir wohl an eine lange Brautzeit denken, weil eben die wirtschaftliche Unsicherheit voraussichtlich noch längere Zeit anhalten wird. Aber was hilft uns Eltern das Sorgen, was nützen gute Ratschläge. Früher habe ich meinen Kindern gepredigt: Heiratet nicht eher, als bis ihr eine sicher wirtschaftliche Grundlage habt, sonst kommt ihr in die Kröpelstraße! Aber keines meiner Kinder hat jemals meinen Rat befolgt. Bisher haben alle verheirateten und verlobten Paare auf schmaler Basis den gemeinsamen Weg begonnen. Und sie versuchen, durch ihre Praxis meine Theorie zu erschüttern. – Nicht ohne Erfolg. Neulich hat sogar eines, als es meinte, ich sei schlecht bei Kasse, mir großzügig angeboten, mir aus der Verlegenheit zu helfen. Kein Wunder, dass die beiden Jüngsten ihren eigenen Weg gehen, im Vertrauen darauf, dass sie richtig geführt werden. Denn darin sind wir alle, wir Alten und die Jungen, eines Sinnes; dass wir glauben, dass eine höhere Macht unsere Schritte lenkt. (Ein Vöglein baute sich ein Nest). Und in diesem Vertrauen darf ich dich, meine liebe Gertrud, als unser zehntes Kind im Kreise unseres Hauses herzlich willkommen heißen.

> Spring durchs Leben, liebliches Kind,
> froh wie die Sonne, frisch wie der Wind.
> Danke für jegliches freundliche Wort
> Trag es behände zum Nächsten fort,
> Hallt dann die Welt einst wieder vom Lachen,
> Du hast geholfen sie froh zu machen.

Ganz so einfach freilich, wie dieser Vers, ist das Leben nicht. Ob er oder sie ein ganzer Kerl ist, das erweist sich erst in den Tagen der Not und des Leidens, die keinem erspart bleiben. Und auch eins möchte ich noch sagen, was ich auch neulich Otto und Magdalene gesagt habe: Die Liebe ist keine Dauerware, sondern eine zarte Pflanze, die täglich gehegt und gepflegt werden muss, so ungefähr, wie der Agapanthus africanus, den meine gute Frau diesen Sommer über wie ihren Augapfel gehütet hat. Ihr seid beide Gärtner und wisst, dass jede kostbare Pflanze täglicher Pflege bedarf – bei Unkraut ist das nicht nötig. Je sorgfältiger ihr diese Pflanze, die Liebe, eins im Herzen des anderen, pflegt, desto schöner gedeiht sie. Desto schneller wachsen sie zusammen zu einem Baum – Dass euch das vergönnt sein möge, das ist unser aller herzlicher Wunsch. Sei uns willkommen, liebe Gertrud, in unserem Kreis! Glück auf zu gemeinsamer Fahrt."

Im Jahre 1954 erhoben sich die Algerier gegen Frankreich, Österreich schloss mit der Sowjetunion einen Staatsvertrag. Die russischen Truppen zogen ab, und das Land wurde souverän. Könnte das nicht ein Anreiz für Westdeutschland sein?? Die Russen zündeten die erste Wasserstoffbombe. Der Volksaufstand in Ungarn wurde von ihnen blutig niedergeschlagen. Die letzten britischen Truppen haben Ägypten verlassen. Die Olympiade 1956 wurde in Melbourne eröffnet. Sechs Staaten unterschrieben den EWG Vertrag, der Anfang für ein vereintes Europa. Die Sowjets starteten den Weltraumsateliten „Sputnik". Der kalte Krieg wurde immer eisiger.

Besuch aus USA

Ende Juni 1955 kamen Onkel Ernst und Tante Bea mit ihren drei Kindern aus Pittsburgh zu Besuch nach Kitzeberg, zu Uromas 82. Geburtstag. Sie machten eine große Tour durch Europa. – Im Februar darauf schrieb ich ihm: „Mein lieber guter Ernst! Wie ist es doch schön, dass wir im vorigen Jahr alle so zusammen sein konnten. Nun sind die Wünsche gar nicht mehr so abstrakt, und wir wünschen, dass Deine liebe Bea für all die vielen Aufgaben Gesundheit und Kraft behält, Deine beiden Söhne sich prächtig weiter entwickeln, und Betsy, diese Wonne, bleibt wie sie ist. Nach einem milden Winter ist, nach einem ganz merkwürdigen Orkan, der unseren Buchenwald sehr betroffen hat, harter Frost eingetreten. Das bedeutet viel Angst um das kleine Gewächshaus von Werner, aber Gott sei Dank hat es alles gut überstanden. Von unseren Kindern kann ich Gutes berichten: Valborg ist endlich aus der ärztlichen Behandlung entlassen. Sie hatte sich sich nach ihrer Rückkehr nach Hannover sehr überanstrengt. Jetzt hat sie Hilfe von einem tüchtigen Mädchen, da läuft der Haushalt wie von alleine, und sie kann ihrem Beruf und den Kindern gerecht werden. Eckhart fährt Schlitten, er ist ihr großer Kavalier, wenn der Vater nicht da ist. Dorle ist inzwischen ein richtiger Mensch geworden, und liebt den großen Bruder heiß. Harry schrieb uns einen langen Brief. Er hat seine Dissertation fast fertig und seinem Professor schon vorgelegt. Sodass er das Rigorosum Anfang des Sommersemesters machen und sich dann gleich in das Staatsexamen stürzen wird. Es ist unser sehnlichster Wunsch, dass es gelingt. – In Ellerbek bei den Backhäusern geht es sehr gut. Hans ist bei den Pädagogen der Universität Assistent geworden, und verdient so viel, dass er sich aus der Volksschule hat beurlauben lassen. Da wir noch immer nicht genug Geburtstage im Februar haben, hofft Inken, dass ihr Kindchen noch im Februar ankommt. Die beiden großen Mädel sind ganz prachtvoll im Stande, und ich gehe jede Woche einmal hin, und genieße es dann sehr mich ihnen ganz zu widmen mit Märchenerzählen, Puppenspielen und Ähnlichem. Schon die Freude, wenn ich ankomme, entschädigt vielfach für den etwas schwierigen Anmarsch durch Eis und Schnee. – Elisabeth ist inzwischen in Bethel in ein anderes Heim gekommen und schreibt vorläufig sehr zufrieden. –

Bild 29: Magdalene und Otto heiraten in Lloydminster

Auf der Pachtung von Otto in Boyl gab es Schwierigkeiten mit dem Verpächter, der den Pachtvertrag nicht vor Beendigung der Saatzeit herausgab, ihn dann abänderte, nicht in der Lage war, die für die Ernte notwendigen Geräte zu kaufen, und statt dessen zu Verwandten nach Saskatschewan reiste. Damit konnte Otto, bestärkt durch einen Besuch von Magdalenes Onkel Hannes Schnack aus Iowa, nicht weiter wirtschaften, und zog, nachdem er noch mehrere Farmen besehen hatte, nach Edmonton, wo er bei Edmonton Paint and Glass Arbeit bekam, und zunächst bei dem Geschäftsführer und Rotarier Henry Glover mit Magdalene Wohnung bezog. In Edmonton konnte er auch abends das Alberta

College besuchen und dort die Hochschulreife erreichen; er plante Tiermedizin zu studieren. Am 13. Januar 1956 bekam Magdalene ihr erstes Kind, Christine. Auch in Deutschland vergrößerte sich die Enkelschar. Inken führte mit Anne Christin, Renate und Henning, Valborg war mit Eckhart und Dorle glücklich.-

Aus Kanada bekommen wir jede Woche einen Brief, der uns die weite Entfernung völlig vergessen lässt. Otto arbeitet auf höchsten Touren. Sein Englisches Abitur in Deutsch und Englisch hat er schon hinter sich gebracht. Wahrscheinlich wird er in Kürze sein Einkommen erhöhen, wenn er als Tischler arbeitet. Er hat damals in Schweden Bootsbau gelernt. Magdalenchen hat es bei der Geburt des kleinen Christinchens nicht leicht gehabt, aber jetzt scheint es Mutter und Kind recht gut zu gehen. Zu unserer großen Freude stellen sich Mr. und Mrs. Glover ganz reizend zu den Kindern, besonders Mrs. Glover kümmert sich um Magdalenchen und die Kleine, als ob sie ihre leibliche Mutter wäre. – Unser Werner arbeitet an seinem Meisterkursus, und oft kommt am Abend seine Gertrud und verschönt uns unsere Abende. Trudi muss Werner abhören. Es ist ganz reizend die beiden im Hause zu haben. Etwas schwierig sind die Zukunftspläne der beiden. Aber irgendwie wird sich mit der Zeit auch ein Weg finden lassen.

Heimatzeitschrift „Schleswig-Holstein"

Die Heimatzeitschrift „Schleswig-Holstein" wurde ab 1956 vom Wachholtz Verlag in Rendsburg herausgegeben, was für mich die Arbeit sehr erleichterte. Ich fühlte mich inzwischen mit 76 Jahren noch elastisch und frisch, war Präsident des RC Kiel geworden und stolz auf inzwischen 6 Enkelkinder. Im Februar 1957 fuhr ich wieder zum Skifahren nach Kranzbach. Dort erfuhr ich auch von der Geburt meines nächsten Enkels: Jens Iwer Edert, am 17. Februar in Ohio Valley, Pensylvania, dem ersten Edert-Sohn. Der wurde dann in de Witt, Iowa, getauft.

In diesem Jahr gab ich die Betreuung des Landschulheims in Luisenlund wieder auf, und hatte dann nur noch das Heimatblatt, das ich mit meiner Dodo, Frau Gorissens und Frau Zürns Hilfe erfolgreich weiterführen konnte.Werner musste zurück nach Friesdorf. Ich, als Herausgeber der Monatsblätter „Schleswig Holstein", verfolgte die politischen Ereignisse weiterhin mit größtem Interesse: Adenauer gewann die Wahl und wurde wieder Kanzler. Unter ihm wurde die Bundesrepublik souverän, wurde Mitglied der Nato und konnte unter Minister Blanck die Bundeswehr aufbauen. Das Saargebiet wurde von den Franzosen frei gegeben, und sechs Staaten unterzeichneten am 25. März in Rom die EWG-Verträge. Die allgemeine Wehrpflicht wurde wieder eingeführt. Durch Adenauers Besuch in Moskau wurden die diplomatischen Beziehungen zur Sowjetunion hergestellt, und den noch in russischer Gefangenschaft lebenden Soldaten die Heimkehr ermöglicht. Bei der Wahl 1957 erzielte Adenauer die absolute Mehrheit. Aber auch die DDR baute eine eigene Armee auf. Die Autoproduktion in der BRD verachtfachte sich von der Währungreform bis Ende 1954 im Zeichen des Wirtschaftswunders durch die Soziale Marktwirtschaft nach Ludwig Erhard. –

Da kam am 17. Februar 1957 Jens Iwer Edert zur Welt. Leider erwiesen sich die Vorschläge von Tante Bea Volkmann als Utopie. Es gab lange und schwierige Auseinandersetzungen, die nicht zuletzt durch die Vermittlung von mir, dazu führten, dass die junge Familie zur Verwandtschaft in Iowa zog. Leider verunglückte dort Magdalenes Onkel Hannes tödlich.

Hochzeit von Werner

Am 17.08.1956 feierten wir die Hochzeit von Werner, in Kitzeberg mit 19 Personen im kleinen Rahmen. Anschließend, am 01. September zog das junge Paar nach Schönberg, um eine kleine Stadtgärtnerei dort zu pachten.

Bild 30: Werner und Trudi auf dem Weg zur Trauung

Da schrieb ich an meinen Schwager Ernst: „Zur Zeit wohnt das junge Paar noch bei uns. Am 01. September beginnen sie die Arbeit in ihrem Betrieb. Sie gehen keinen leichten Gang. Ich habe den Pflanzenbestand und das tote Inventar für Werner gekauft, und bin glücklich, dass ich die kleinen Ersparnisse aus der Abgeordnetenzeit dafür vderwenden konnte. Die Fachleute haben mir erklärt, dass die Pachtung eine bescheidene Lebensgrundlage biete. Und, wenn ich das fröhliche Vertrauen dieses ungewöhnlich reizenden Paares sehe, dann denke ich auch, dass wir richtig gehandelt haben, obwohl beide noch jung und unerfahren sind.

Mit Spannung erwarten wir die Entscheidung über die Einreise der Kanadier in die USA. Otto hat seinen Anhänger selbst gebaut, auf dem er sein Hab und Gut in die Staaten transportieren will. Als er in Schweden war, baute er sich ein eigenes Boot, um damit durch die Ostsee nach Kiel zu segeln, schickte es dann aber auf meine Bitte, per Schiff hierher. Aber das Boot war ausgezeichnet, es hieß „Alraune". Nun hat er den Anhänger auch Alraune getauft."

Hochzeit von Werner

In mein Tagebuch schrieb ich zur Hochzeit von Werner und Trudi: Meine lieben Kinder! „Heut ist unser Hochzeitstag!" –diese Kunde habt ihr gestern in 176 Briefen in alle Welt gesandt. Sie klingt wie ein Jubelruf, und wir alle stimmen in diesen Ruf ein. Wir alle freuen uns mit Euch, die wir hier versammelt sind, und Eure Geschwister in Göttingen, Stade, Hannover und Edmonton, die im Geiste mit uns vereint sind, freuen sich mit. Wir verstehen euch ganz. Sechs Jahre habt ihr auf diesen Tag der hohen süßen Freuden gewartet, nun ist es so weit. Ich selber meine freilich: Es ist viel zu früh. Ich hatte einen anderen Lebensweg für Dich, mein lieber Werner, erträumt: die Meisterschule in Friesdorf, mit „gut" bestanden, die Berechtigung zum Besuch des zweijährigen Technikums, der Höheren Gartenbauschule und anschließend das Studium auf einer Universität, dann Gartenbaudirektor in Hamburg oder Berlin. – Es ging mir wie Sankt Peter: „Das waren so meine liebsten Gedanken, denn im Kopf hat das keine Schranken"— aber meine Söhne haben eine Abneigung gegen den Beamtenberuf. Sie möchten frei und unabhängig sein, selbständig und schon in ganz jungen Jahren Arbeitgeber und nicht Arbeitnehmer sein.

Und dazu kam ein anderes: Etwas Zierliches, Anmutiges und höchst Liebenswertes kreuzte Deinen Weg, und dann war es soweit. Ich wehrte ab und sagte, wie der Vater im Volkslied: „Du dummer Bua, in fünfzehn Jahren ist auch noch Zeit dazua", aber Du kehrtest Dich nicht um meinen Rat und fragtest den Herrgott, von dem es im gleichen Volkslied heißt: „Er hat gelacht: Ja für den Bua hab ich das Dirndl gemacht." Und wenn ich mir das junge Paar besehe, dann glaube ich auch, dass der Herrgott Recht hat. Beide wohlgestaltet, mit reichen Gaben des Geistes und insbesondere des Gemütes ausgstattet, beide erfüllt von der gleichen Liebe zu allem Schönen und Guten, mit Freude an Musik und Kunst und Euere schönen Beruf. – Ihr konntet überdies die ganze Volksweisheit für euch sprechen lassen: „Jung gefreit hat nie gereut." Oder etwas derber: „Kauf des Nachbarn Rind, frei des Nachbarn Kind."

Nachbars Kind! Nach altem Brauch, müsste ich nun Dich, liebe Gertrud, feierlich aufnehmen in unser Haus, als unsere jüngste Tochter, als die jüngste „Frau Edert". Aber das würde mir seltsam vorkommen. Denn Du, liebe Gertrud, gehörst schon seit langem zu uns. Wir freuen uns schon, wenn wir draußen Deinen leichten Schritt über den Kies hören. Springe auch weiter so fröhlich durch unser Haus. „Springe durchs Leben, liebliches Kind, froh wie die Sonne, frisch wie der Wind!" und trage den Sonnenschein, der Du in deinem Elternhaus gewesen bist, auch in das neue Haus hinein.

Du kannst umso leichter Euer Heim mit Deinem frohen Sinn erfüllen, als Ihr beide die gleiche Aufgabe habt, beide an einem Strang zieht, weil die Familie zugleich eine Arbeitsgemeinschaft bildet. Und das ist etwas sehr Schönes in unserem technisierten Zeitalter, wo die Interessen von Mann und Frau oft weit auseinandergehen.

Freilich, wir wissen Alte und Junge, dass ihr keinen leichten Weg geht. Ihr habt Euch einen schweren Beruf erwählt, der viel Mühsal, viel Arbeit, Hingabe, Liebe und Geschick erfordert. Aber wir glauben, dass in Schönberg die Grundlage gegeben ist für ein bescheidenes Auskommen. Ihr werdet nicht große Reichtümer erwerben, aber Ihr wisst aus euren beider Elternhäusern, dass Geld und Gut allein nicht glücklich macht, dass Mathias Claudius Recht hat, wenn er sagt:

> Und alles Geld und alles Gut
> Bescheert mir manche Sachen,
> Gesundheit, Schlaf und guten Mut,
> Das können sie nicht machen.
> Er gebe mir nur jeden Tag
> Was ich bedarf zum Leben.
> Er gibt's dem Sperling auf dem dach
> Was wollt er´s mir nicht geben.

Und mit diesem frohen Gottvertrauen wollen wir, sollt Ihr, den gemeinsamen Weg antreten. Er behüte Euch, er erhalte euch das frohe Herz, den tapferen Sinn, das gläubige Vertrauen. Er segne Euern Bund und Eurer Hände Arbeit. Er erhalte eure Liebe. „Sie ist ohn Anbeginn, schlug ewig ihre Flügel". Aber sie muss täglich neu gewonnen werden. Dann wächst sie groß und stark, und wenn sie fünfundzwanzig Jahre hält und Ihr könnt zueinander sagen, was ich an unserem Silberhochzeitstage sagen durfte:

> „Du bist mein Glück, Du bist mein Leben
> Ich war wohl klug, als ich dich fand,
> Ich fand dich nicht, Gott hat dich mir gegeben,
> so segnet keine Menschenhand."
> Dann war es wert dies Leben zu durchleben.

1957 ein besonderes Jahr

Heute Mittag am 01.01.1957 haben wir die Feier der Eingliederung der Saar im Rundfunk gehört und waren tief beeindruckt. Sowohl Ney wie auch Adenauer hielten sich von jeder nationalistischen Übertreibung fern. Der erste Schritt der Wiedervereinigung in Frieden und Freiheit. Der erste Schritt zu einer Verständigung mit Frankreich – das Beispiel für die Sowjetzone – das waren die Leitgedanken. Und am 02.01.1957 habe ich mir die letzten drei Zähne ziehen lassen, die mich seit Weihnachten quälten. Nun ist mir wohler.

Am Nachmittag kam Bernhard Schnack, und erzählte uns von Otto und Magdalene, die er in Sunny Hill besucht hatte.- Eine große Freude für uns. Es bestätigte sich, dass Otto recht daran tat, nach USA auszuwandern. Wenn er schon Landwirt bleiben will, ist nur dort die Möglichkeit vorwärts zu kommen. Der Plan, durch Beas Mutter 20.000 $ zur Pachtung einer Farm zu leihen, hat greifbare Form angenommen. Gegebenenfalls wollen Bernhard und Otto gemeinsam pachten; sie wollen in Ohio oder Iowa zu Ostern eine Stellung übernehmen, und ein Jahr später pachten; lieber in Iowa, um nahe bei dem Schnack-Klan zu sein, sonst in Ohio, das wegen der Nähe zu Pittsburgh (400 km). Bernhard hat in seiner ruhigen, sachlichen Art, viele unserer Sorgen verscheucht. Er sagte beim Abschied: „Ihr braucht Euch nicht zu sorgen. Otto und Magdalene beginnen ihre Arbeit unter so günstigen Vorzeichen, wie sie selten den Auswanderern geschenkt werden."

Am Abend kamen die Backhäuser und um 10 Uhr noch die Schönberger. Beide noch in Arbeitskluft. Im Augenblick waren sie alle fünf wie Geschwister, als wäre Bernhard schon immer, und nicht erst zum ersten Male bei ihnen gewesen. Das war für uns ein großes Geschenk. Otto hat in eine gute Sippe hineingeheiratet. Auch am nächsten Tag habe ich Bernhard viel gefragt. Ich ging mit ihm nach Schrevenborn und zur Uroma. Ich würde mich freuen, wenn Otto und Bernhard zusammen anfangen würden.

Am 09. kamen Werner und Gertrud abends um 10 Uhr verspätet, weil sie in Schönkirchen ihren Lieferwagen wegen Reifenpanne hatten liegenlassen müssen. Werner sagte mir, dass er seine Arbeit für die Meisterprüfung nicht fertigstellen könne, da er so viel in seinem Betrieb zu tun habe. Mir war das sehr schmerzlich. Ich möchte sehr gerne, dass er Meister wird. Aber ich sehe ein, dass er es beides jetzt nicht schaffen kann. Das Ganze ist die Folge der zu früher Heirat und Pachtung. Aber als ich meinem Jungen in die warmen braunen Augen sah, fühlte ich, dass ich dankbar sein muss, dass Gott uns diesen Jungen geschenkt hat, auch wenn er noch kein Meister ist. Am 17.01. kam aus Hannover die erfreuliche Nachricht, dass Harry als Referendar in Niedersachsen antreten kann. Die Verzögerung beruhte darauf, dass die Universität in Freiburg die Zeugnisse nicht geschickt hatte. Wohin er kommt, steht noch nicht fest. Wir hatten herrliches, sonniges Winterwetter. Do und ich machten einen schönen Spaziergang in den Schüttprehm.

Auf der Fahrt nach Kranzbach bin ich gestern am 17. Februar in Hannover eingekehrt, und habe mich an dem Glück meiner Valborg gefreut. Endlich hat sie eine ausreichende Wohnung, die sie selbst mit Fleiß und Geschmack hergerichtet hat. Endlich ist ihr Mann Referendar, und zwar in Hameln. Er ist glücklich in dem Gefühl, den rechten Beruf gewählt zu haben, er erzählte von all seinen ersten Versuchen, ganz erfüllt von seinen Erlebnissen. Wenn er sich in Hameln weiter bewährt, und daran zweifelt er nicht, ich auch nicht, dann wird dieses Quartal als Semester gerechnet. Dann kann unsere tapfere, kleine Valborg Land sehen. Ihre beiden Kinder sind frisch, gesund und gut erzogen, Eckhart im reizenden Spielalter zwischen 3 – 4, Dorle ein bezauberndes kleines Wesen, mit Flachskopf, blitzblanken Augen. Sie erinnert mich an meinen kleinen Bruder Otto.

Harry erzählte, dass sein Oberstudienrat von dem Verhalten der Vorgesetzten gesprochen hat und dabei einen barschen in Hannover und einen gütigen in Magdeburg erwähnte, und letzteren als Vorbild habe. Harry hat dann bescheiden nach dem Namen gefragt. „Oberschulrat Dr. Edert." – Das ist mein Schwiegervater. Es bewegte mich etwas – so geht doch von den vielen Samenkörnern hin und wieder eins auf.

Als ich am nächsten Morgen München verließ, guckte ich in einen regnerisch trüben Himmel, in Garmisch lag eine 1 cm dicke Schneedecke, in Klais gab es Neuschnee und als ich mittags in Kranzbach ankam, strahlte das ganze Tal in herrlichem Weiß. Dann habe ich mich zum ersten Mal auf die Bretter gewagt. Ich bin noch unbeholfen und ängstlich. Doch am nächsten Tag konnte ich schon 2 Stunden Langlauf machen. Langsam werde ich sicherer. Aber der Schnee ist nass, und die Sonne hat sich verkrochen. Im Übrigen, mir fehlt meine Do.

Mein liebes Dortchen! Ich wurde von Herrn und Frau Pens wie ein guter alter Freund empfangen. Sonst ist das Publikum ganz uninteressant. Sehr glücklich bin ich über meinen Besuch in Bothfeld. Dorle hat es mir angetan. Die blauen Augen sehen mich so klug und forschend an, dass ich sie noch immer in Gedanken vor mir habe. Auch Eckhart ist allerliebst. Er freute sich sehr über die Mitbringsel und spielte besonders mit der Feuerleiter. Valborg hat eine kleine Grippe gehabt und sah etwas schmal aus, war aber glücklich. Und überglücklich ist Harry. Er ist überzeugt, dass er es gut schafft, dass er im richtigen Beruf ist. Er hat einen guten Tutor, spürt Wohlwollen bei den Kollegen. Da er den Zuschuss – im Monat 950 DM noch nicht erhalten hatte, habe ich außer dem Rest-Scheck Valborg noch 30 DM dazugegeben.

Am nächsten Tag schrieb ich: „Mein liebes Dortchen, ich habe zu früh gejubelt. Gestern war wieder Tauwetter. Ich bin trotzdem eine Stunde am Vormittag auf Skiern spazieren gegangen, steif und unbeholfen wie vor 50 Jahren; aber es ging noch. Am Nachmittag wanderte ich allein nach Klais. Heute Morgen bin ich wieder am Hang gewesen, 2 ½ Stunden lang, mit einer Tischnachbarin, die noch schlechter läuft als ich. Indessen komme ich langsam wieder hinein. Die Luft ist erfrischend, die Landschaft schön. Im Übrigen bin ich am liebsten allein. Ich bin schon 2 mal morgens in der Andacht gewesen, aber mehr als Gast des Hauses als aus Neigung. Gestern habe ich begonnen, mich mit Matthias Claudius zu befassen, das Material ist da, ich weiß noch nicht, unter welchem Gesichtspunkt ich es ordnen will. Ich habe vergessen einen Band „Schmiede des Lebens" mitzunehmen. Wenn es Dir nicht zu viel Mühe macht, schicke mir bitte ein Stück. Sie stehen im schwarzen Schrank, möglichst ein Gebrauchtes als Drucksache her. Wenn ich allein hier herumstreife, sind all meine Gedanken bei Dir – ob Du das merkst? – An Ernst habe ich gestern geschrieben.

19.02.57 Nun bin ich über eine Woche hier. Im Ganzen war das Wetter nicht günstig. Aber zuweilen erstrahlte die Landschaft in fast überirdischer Schönheit, so auch heute, nachdem die Nacht über Neuschnee gefallen war, und ein wolkenloser Himmel sich darüber breitete. Ich fahre vorsichtiger. Am 3. Tage stürzte ich bei einer verharschten Stelle, und konnte nur mit Mühe wieder hochkommen. Seitdem bin ich noch vorsichtiger geworden, und gehe und gleite nur. Ich arbeite mich trotzdem tüchtig durch; aber ich habe doch an meine Freunde geschrieben: „Grüße von der letzten Skifahrt meines Lebens."

Meine größte Freude war das Telegramm: „Sonntag den 17.02. In Amerika gesunder Junge geboren, Herzlichen Glückwunsch! Dodo" Der erste Edert-Junge der neuen Generation! Der Augenblick, als mir der erste Junge geboren wurde, lebte auf: „filius te salutat" stand an meiner Schlafzimmertür. Aber dieser Enkelsohn kommt unter äußerlich viel kärglicheren Verhältnissen zur Welt. Sein Vater hat noch nichts, worauf er ein bürgerliches Fundament herrichten kann, nur seine Tüchtigkeit und seinen Mut. Dazu eine ebenso tüchtige und tapfere Frau.

21.02. Gestern bin ich in Garmisch gewesen, um im Rotary Club meine Präsenz zu erfüllen. Ich ging zu Fuß nach Klais und freute mich an der Stille der Berge und der Wälder. Garmisch Patenkirchen ertönte laut und mondän. Seltsam all die tadellosen Ski-Anzüge und Ski-Stiefel, die wahrscheinlich nie auf Skiern stehen. Die Leute im Club interessierten mich kaum, nur der junge Ahlmann, von der Karlshütte aus Rendsburg. Ich ging anschließend zu Fuß wieder hinauf, und wurde mit großem Hallo empfangen, weil ich mich nicht deutlich genug abgemeldet hatte, und man mich schon als vermisst ansah. Das ist einer der Vorzüge dieses Heims, dass man bald warm wird. Die Seele des Ganzen ist die tüchtige Frau Penz.

Es kam ein lieber Brief von Do. Sie hat sich Anne als Schutz und Schatz eingeladen. Ein Brief von Otto lag bei, aus dem seine große Freude spricht, dass wir mit seinen Plänen ganz einverstanden sind. – Es schneit tüchtig. Die Tannen sind schneebedeckt, die Berge verhüllt. Ich wollte nur, meine Do wäre hier. Dann würde ich noch länger bleiben, damit auch sie Erholung fände.- Am 22.02. bin ich abgereist. Die Berge waren so schön, wie sie nur sein können, strahlend weiß in der Sonne. Es fiel mir nun der Abschied schwer. Frl. Christine Werther, Hamburg-Langenhorn, meine Tischnachbarin, gab mir Geleit bis Klais.

Gestern und heute habe ich meine Elisabeth in Bielefeld-Schildesche besucht. Sie ist zufrieden, seit sie im Oberhof ist, und noch mehr, seit sie jetzt seit 2 Monaten im Altersheim Schildesche unter der Oberin Schwester Elisabeth jeden Morgen mit einer Schwester Jenna die Alten betreut. Sie fühlt, dass sie zu etwas nütze ist, und da sie freundlich und gefällig ist, haben die Alten sie auch gerne. Es ist im Ganzen ein kleiner Fortschritt zu beobachten, obwohl keine der Schwestern an eine volle Erwerbstätigkeit glaubt. Elisabeth brachte mich noch zur Bahn. Wie der Zug abfuhr kamen ihr die Tränen. Aber ich glaube, im Rahmen ihrer Fähigkeiten ist dies die beste Lösung. Der gute Geist von Bethel wirkt langsam auch auf sie ein. In Hamburg hörte ich telefonisch, dass es Hilde wieder schlecht geht. Schon über ein Jahr quält sie sich mit der furchtbaren Krankheit ab. In Kiel erwartete mich meine Do am Bahnhof. Sie war in Schönberg auf dem Geburtstag von Gertrud gewesen. Ich war selig wieder bei ihr und in Kitzeberg zu sein.

Darauf schrieb Dodo: „Mein geliebter Mann. Wie schön war es, als ich heute aus Herweg kam, eine Karte von Dir vorzufinden, noch dazu mit so guten Nachrichten. Mein Herz wird doch sehnsuchtsvoll, wenn ich von meinem Dorettchen höre. Du musst mir noch mehr von ihr erzählen! Besonders habe ich mich über Harrys Schulnachrichten gefreut. Dass das Geld erst langsam kommt, fürchtete ich schon. Und bin Dir sehr dankbar, wenn Du überbrücktest.

Als ich am Sonnabend zurück nach Kitzeberg kam, war schon die Post da. Eine Einladung zu den Ditmarsen, die ich heute Morgen mit Frau Zürn beantwortete. Ein belangloser Europa-Union Brief. Dann schickte Steude die Rechnung: 412,05 DM für den neuen Boiler. Doch ich muss ihn noch einmal bestellen. Sonntagvormittag ließ ich den Boiler voll laufen, und musste feststellen, dass der Warmwasserhahn in der Küche so leckt, dass in einer knappen Stunde der Feudeleimer vollgelaufen war. Ich drehte darum den Hahn unten dicht, und kann den Warmwasserhahn erst wieder benutzen, wenn er repariert ist.

Gestern brachten mir die Schönberger eine ganz wunderschöne Azalie, für die ich Dir herzlich danke. Die Schönberger waren wie immer lieb und vergnügt. Als sie 10 Minuten da waren, kamen Speyers dazu. Lieber wäre ich mit ihnen allein geblieben. – Heute fuhr ich früh in die Stadt, holte das Akkordeon ab, und fuhr nach Herweg. Auf dem Weg von Fleckeby nach Herweg traf ich Helmut, der gerade mit dem Trecker Bernhards Sachen zu Naeves fuhr, wo heute Nachmittag der Zollbeamte hinkommen sollte. Mutter Schnack und Bernhard fuhren zu diesen Zweck mit mir nach Eckernförde, und ich natürlich weiter nach Kiel. So war das Instrument noch gerade zur rechten Zeit gekommen. Im Herweg wurde gerade Annemaries Geburtstag gefeiert. Ich wusste nicht, dass sie am 11.02. Geburtstag hat. So gab es ein herrliches Festessen, und es war ein lieber Brief von Otto und Magdalene gekommen. Am 05. ist Christinchen mit Bea nach Pittsburgh gefahren, und die glücklichen Eltern fühlten sich sehr vereinsamt. Hoffentlich wird Magdalenchen nun bald erlöst. Um 16.30 Uhr fuhr mein Dampfer, und bald nach 17 Uhr war ich zu Hause, und ich war froh, mich still in meiner Stube aufs Sofa legen zu können. Als sich die Lebensgeister wieder gefunden hatten, aß ich Abendbrot und betrachtete deine Post: 1. Das Postscheckamt schickt die Lastschriftzettel für Deine Aufträge. Neues Guthaben 744,20 DM. 2. Friedrich Wilhelm Fleeth, Pinneberg schickt einen Bericht über die letzten Veranstaltungen der SHHB, Ortsverein Pinneberg (wird morgen zur Märznummer gegeben). Außerdem schickt der Wirtschaftsausschuss der CDU und der Conseil de l'Europe seine Papiere (Papierkorb?). Hoffentlich bist Du inzwischen gut im Schloss Kranzbach eingetroffen, und hast nicht genau solches Frühlingswetter wie wir. Von Herzen Deine Do." Und ein weiterer Brief: „Mein geliebter Mann. Ob Ihr nun wirklich Schnee habt in Kranzbach? Wir haben es sehr milde und Regen, Regen, Regen. Die gute dicke Zürn hat am Dienstag meinen Brief an Dich eingesteckt. Wir hatten rastlos und in scharfem Tempo für die Zeitschrift geschrieben. Am Nachmittag ging ich zu Frau Pahlke hinüber – die Gute schlief und hatte keine Ahnung, dass ich sie besuchen wollte. Wer hat wen falsch verstanden? Hattest Du mir nicht gesagt, Ihr hättet vereinbart, dass ich Dienstag kommen sollte, weil ich Montag in Herweg war? Ich ging dann von Pahlkes zu Mutti, wo gerade Lulu hereintriumphierte. Nach dem Abendbrot schrieb ich an Ernst, Otto und Magdalene und hatte einen mich sehr beglückenden Anruf von Schönberg. Sie hatten zusammen in Schönberg eine Aufführung der Morgensternbühnen gesehen und waren sehr beeindruckt. „Das Schönste was sie zusammen je gesehen hätten!" Freut das Dich nicht auch? Heute Vormittag war ich auf der Post und auf der Bank und kurz bei Tante Loni in Schrevenborn. Wir haben mit Herweg telefoniert, und hoffen, falls Bernhard über Kiel nach Bremerhaven fährt, ihm noch einmal auf dem Kieler Bahnhof Abschied zu winken. Nach dem Mittagsschlaf war ich in Ellerbek, wo es wie immer eine Freude und Auferbauung war. Leider hatte inzwischen die ganze liebe Familie eine Erkältung gehabt, und Inken ist finster entschlossen mit all ihren Leuten im Sommer fünf Wochen nach Wyk auf Föhr zu gehen.

Ich lege Dir den Brief von Herrn Föh bei. Dann kam die Rechnung von Bethel, pro Tag 3,80 DM. Ich glaube es ist in Deinem Sinne, wenn ich den Gesamtbetrag von 17,80 DM per Postscheck überweise. Dann kam von der Föderalistischen Union Europäischer Volksgruppen (Generalsekretär Pool Skadegard) ein informatorisches Schreiben: Dr. Friedel Vogler, Schriftleiter des Tageblattes „Dolomiten" in Bozen, ist von den Italiener am 01.02.1957 verhaftet worden. Darauf ist ein Schreiben an den Herrn Außenminister G. Martino, Rom, gesandt mit der Bitte um Aufklärung.

Bitte entschuldige. Eben entdecke ich, dass ich hinten auf dem Föhr-Brief mir heute morgen Notizen gemacht habe. Hans hat mir auf meine Bitte seine Auslegung des Römerbriefes durch Barth geliehen. Darüber freue ich mich sehr. Er hat es durch Unterstreichen und Randnotizen persönlich gemacht, dass es mir oft wie ein Gespräch mit ihm vorkommt. Du wirst verstehen, wie glücklich ich bin, dafür jetzt Zeit und Ruhe zu haben.

Übrigens finde ich beim Durchlesen, Du könntest missverstehen: bei Pahlkes wartete ich, bis Frau Pahlke fertig war, und blieb ein Stündchen bei ihr. Abends wollte sie mit ihrer Tochter zum Aktzeichnen in die Volkshochschule nach Kiel fahren. Wie freue ich mich, dass ihr schönen Schnee habt, Skiheil! Was macht der Hexenschuss? – Herzlichst deine Do."

„Mein geliebter Mann. Als ich gestern Deinen Brief bekam, habe ich gleich einen Band „Schmiede des Lebens" eingepackt und mit nach Kiel genommen. Zusammen mit Anne und Vater Speyer machten wir Geburtstagseinkäufe für Hans-Henning. Du hättest Deinen Spaß an Anne gehabt: „Oma, ich habe 11 M. in meiner Spardose. Wieviel würdest Du für Hans-Henning ausgeben? Ich wollte ihm einen unzerbrechlichen Becher schenken, damit er bald alleine trinken kann!" wir besahen uns darauf bei Schmielau die Becher, natürlich in blau, weil er ein Junge ist. Als die Verkäuferin uns einen Becher zeigte, fragte sie gleich nach dem Preis. Er kostete 70 Pfg., worauf Anne wieder mit ernstem Gesicht sagte: „Das kann ich dafür ausgeben." Auch die Verkäuferin hatte großen Spaß an der kleinen Person. Gestern brachte Hans mir die Anne wieder. Ihre Wiedersehensfreude an allem und jedem in Kitzeberg war ganz bezaubernd. Nun wird es wohl das letzte Mal sein, dass sie mich für ein paar Tage so richtig allein besuchen kann. Das wird, wenn sie ein Schulmädchen ist, wohl nicht mehr möglich sein. Sie ist sehr lieb zu haben und gar nicht schwierig, weil sie mit großem Eifer spielt, und genau und ganz allein weiß, was sie machen will. – Die ganze Familie Backhaus hatte „es im Halse" und Inken sah eigentlich am meisten mitgenommen aus. Da bin ich froh, dass Anne hier ist, und nach Hans-Hennings Geburtstag wird auch Renate bis zu Annes Geburtstag am 23.02. herkommen.

Am Donnerstag war ich bei Tönchen. Vorher traf ich Werner auf der Post. Wir freuten uns darüber so doll, dass die ganzen Passanten ihren Spaß daran hatten. Wir machten dann noch an seinem Lieferwagen einen kleinen Klönschnack. – Von Valborg und Elisabeth hatte ich liebe Post. Bernhard Schnack fährt heute mit seiner Mutter und Annemusch über Kiel nach Bremerhaven. Wir wollen noch hinfahren und ihm Abschied winken. Als ich am Montag in Herweg war, war ich wieder so dankbar, was die Schnacks für feine Menschen sind. Auch wie Mutter Schnack über Ottos und Beas Pläne sprach. Leb wohl, mein liebster Mann, Anne und ich grüßen Dich 1000 mal. Deine Do".

In meinem Tagebuch schrieb ich am 27.02.: Ich bin heute in Luisenlund gewesen und habe 2 Stunden hospitiert. Aber ich war doch merkwürdig müde, und habe darauf den Herren Lues und von Bieler gesagt, dass ich nur noch im März zur Reifeprüfung kommen und dann aufhören will. Ich muss doch allmählich Kurs auf den Ruhestand nehmen. Dann habe ich am 15.03. auch der Reifeprüfung beigewohnt. Die Leistungen waren, abgesehen vom Lateinischen, durchschnittlich, aber besser, als ich es bei diesem mäßigen Jahrgang erwartet hatte.

In der Bundesrepublik ist das Wirtschaftswunder weiter gegangen. Am 25. März 1957 wurden in Rom von sechs Staaten der EWG-Vertrag unterschrieben. Am 15. September wurde Konrad Adenauer zur großen Freude von mir mit absoluter Mehrheit zum dritten Mal gewählt. Aber es gab auch Bedrohliches: Die Sowjets starteten den Sputnik, den ersten Erdsatelliten, sie konnten in Syrien einen militärischen Stützpunkt errichten und einen weiteren Satelliten zur Erkundung des Mondes in den Weltraum schießen.

Otto hatte ein recht gutes Abitur gemacht, doch – anstatt zu studieren, war er mit seiner Familie auf Grund eines sehr verlockenden Angebots von Tante Bea im September mit Auto und Anhänger über die Rocky Mountains und Calgary nach Pittsburgh zu den Volkmanns gezogen. Auf Sunny Hill Farms, einem Liebhaberbetrieb des Betreibers von Kohlebergbau, Cliff Snyder, sollte er US-Landwirtschaft kennenlernen. Der Schwager Ernst hat danach bald über die Ankunft von der Familie aus Kanada berichtet und dass Otto, durch Vermittlung des gemeinsamen Freundes Gordon Uhl auf der Farm „Sunny Hills" von Mr. Snyder Arbeit gefunden hätte.

Am 16. März haben Do und ich unsere Hilde Roll geb. Edert, zur letzten Ruhe begleitet. Sie war eine ungewöhnlich liebenswerte und tapfere Frau. Sie gehört mit meiner Mutter, ihrer Mutter Liesbeth Edert, mit meiner Frau, mit Inken, wohl auch mit Valborg in eine Reihe. – Sie war ein bezaubernd, frisches, lebensprühendes junges Mädchen, sie ging einen Gang, reich an Enttäuschungen und Sorgen, und bewährte sich als eine Frau, die bereit war, alle Lasten auf sich zu nehmen. – Abends fand ich einen Brief von Harry, in dem er mitteilte, dass er auch die 2. Lehrprobe mit gut bestanden und nun Aussicht hätte, dass das Wintersemester angerechnet und er nach Hannover ins Seminar kommen würde. Das war für mich eine große Freude, zumal aus dem Brief hervorgeht, dass er wirklich Befriedigung in seinem Beruf findet. – Wir haben einen sehr schönen und sonnigen März gehabt, haben aber seit gestern wieder trübes und regnerisches Wetter.

Am 20. März haben wir unseren 33. Hochzeitstag gefeiert. Abends waren Hans und Inken bei uns, die würdigen Vertreter unserer Nachkommen. Wir waren sehr vergnügt zusammen. Inken strahlte das reine Glück, dass sie in ihrem Mann und den Kindern gefunden hat, aus den Augen heraus. Sie ruht in sich selbst. Am 26.03. hat Dodo die Reise nach Bothfeld angetreten und die beiden Kinder geholt. Sie will sie 6 Wochen bei sich behalten, bis Valborg ihre Kur in Merkentheim beendet hat. Natürlich mutet sich Do viel zu viel zu. Aber das Glück dieser Großmutter an ihren beiden – übrigens reizenden und wohlerzogenen Enkelkindern ist etwas Besonderes. Man sagt, dass eine junge Mutter mit ihrem Kind zu den schönsten Anblicken dieser Welt gehöre. – Das Bild der liebenden Großmutter, die ihre Enkel ebenso betreut, wie seinerzeit ihre Kinder, kommt ihm sicherlich gleich.

Jetzt ist meine Arbeit in Luisenlund am Ende. Nun habe ich nur noch die Monatshefte. Der Verlag ist mit dem 01.04.1957 auf den Wachholtz Verlag übergegangen. Ich werde dadurch finanziell unabhängig vom SHHB. Am 12.04. wurde Otto 28 Jahre alt. Am 29.03. ist er mit Weib und Kindern von Pittsburgh nach Iowa gefahren und einen Tag später dort eingetroffen, wie ich gestern von Mutter Schnack hörte. Wir haben noch keinen Brief von Otto erhalten. Das ist ein neuer Versuch eine Lebensgrundlage zu schaffen. Mein armer Junge! Wie schwer hast Du es Dir gemacht! Hättst Du auf Deinen Vater gehört und hier Abitur gemacht und studiert, Du säßest längst im Sattel und wärst in der Heimat geblieben.

Valborgs Kinder sind inzwischen schon 4 Tage hier, 2 gesunde, glückliche, liebenswürdige Enkel. Dortchen geht ganz in ihrer Pflege auf, sie ist wieder so selig wie vor 30 Jahren. Die mütterliche Fürsorge beschwingt sie, sie schafft die vermehrte Arbeit, und schläft bei den Kindern. Hoffentlich bleiben die Kinder gesund, und hoffentlich wird Valborg wieder ganz hergestellt. Harry schreibt begeistert von seinen ersten Unterichtsstunden – er ist im rechten Beruf.

Dann kam am 3.04.1957 der erste Brief von Otto. Er ist gut übergekommen. Sein Häuschen und seine Arbeitsstelle, sie liegt 4 Meilen entfernt, gefallen ihm gut. Er meint, dass er richtig gehandelt hat nach Iowa zu ziehen.

Derweil hatte ich mit Otto regen Kontakt aufgenommen und ihm geschrieben, dass Prof. Blohm in Kiel erklärt habe, die Aussichten in Deutschland über das landwirtschaftliche Studium eine gute Existenz aufzubauen, seinen sehr gut. Otto hatte in Iowa mit Magdalenes Bruder Bernhard verschiedene Farmen zur Pacht angesehen. Zusagen mochten sie ihm nicht, und auch Magdalene war nicht sehr bereit zusammen mit ihrem Bruder in Iowa auf einer Pachtfarm zu wirtschaften. Da standen sie vor der Wahl, entweder zurück nach Kanada, um dort zu studieren, oder aber das Studium der Landwirtschaft in Kiel zu beginnen. Sie haben sich für letzteren Weg entschieden und werden im Oktober 1957 mit einem Frachtschiff über Baltimore nach Deutschland zurückfahren.

Ein meisterlicher Brief

Zur Auseinandersetzung mit Bea Volkmann schrieb ich an Otto: „Unsere gute Bea möchte eine Farm als Alterssitz, vielleicht auch als eine Arbeitsstätte für Paul (ihrem ältesten Sohn, der unter epileptischen Anfällen leidet) erwerben. Sie möchte zugleich ihr Kapital in diesem Grundbesitz anlegen. Sie braucht dazu einen zuverlässigen Verwalter. Sie hat volles Vertrauen zu Euch – Darum hat sie Euch gebeten nach Pittsburgh zu kommen. Sie bietet Euch darum ein Darlehen zu sehr günstigen Bedingungen an. – Das alles ist verständlich. Sie möchte gerne, dass die Farm in der Nähe von Pittsburgh wäre, damit sie und die Kinder gelegentlich hinausfahren könnten wie auf einen Sommersitz. Sie hat ursprünglich mit einer Summe von 20.000 $ gerechnet, erkennt aber nun, dass sie damit nur eine Pachtung finanzieren kann; Im Grunde ist ihr aber mit einer Pachtung nicht gedient. Zum Erwerb einer Farm benötigt sie mindestens 50.000,00 $. Diese Summe wird sie aber erst in 3-5 Jahren besitzen können. So meint sie, ihr könntet bis dahin Erfahrungen sammeln. Sie sieht, als gute Mutter, das Interesse ihrer Kinder. Ich sehe, als guter Vater, das Interesse meines Sohnes, und würde ihr, wenn sie bei uns säße, sagen: Liebe Bea, Otto ist bald 28 alt, hat Frau und Kinder, er muss eine feste Grundlage für sein Leben schaffen, er kann nicht 3 oder gar 5 Jahre warten. Deine Pläne, dann in der Nähe von Pittsburgh in landschaftlich schöner Lage etwas zu erwerben, entsprechen nicht seinen Vorstellungen. Er muss jetzt Erträge erwirtschaften können. Du, liebe Bea hast noch nicht die Mittel zum Erwerb, Otto kann nicht warten, also schiebe doch diesen Plan ruhig 5 Jahre hinaus, und Otto kann in dieser Zeit in einer landwirtschaftlich günstigen Gegend, wie in Iowa, als Pächter Erfahrungen sammeln und selber etwas Eigenkapital ersparen. Nach fünf Jahren setzt ihr euch wieder zusammen und beratet. Das ist umso eher möglich, als in den USA in der Regel die Pacht von Jahr zu Jahr verlängert wird, er also eine neue Aufgabe nach fünf Jahren übernehmen kann. Willst Du ihm helfen, so gib ihm einen Kredit zu günstigen Konditionen zum Beschaffen von Inventar, wie Du es wohl ursprünglich im Sinne hattest, so dass das ganze eine reelle wirtschaftliche Grundlage bekommt. Du musst auch bedenken, liebe Bea, dass sich in fünf Jahren vieles ändern kann. Wir haben es erlebt, haben zwei Mal unser Vermögen verloren. Du kannst nicht, so gut Du es meinst, das Schicksal dieser kleinen Familie an das deinige koppeln. Also, wartet fünf Jahre, bleibt in Verbindung, behaltet euch lieb, und entscheidet euch dann.

Ich möchte auch noch auf das Studium zu sprechen kommen, lieber Otto. Du fürchtest, man könnte Dir Wankelmut vorwerfen. Wenn Du bald so, bald so, dich entscheidest. Viele, die aus dem Krieg gekommen sind, waren noch älter als Du. Entscheidend ist, ob Du eine wirkliche Berufung zum Studium fühlst. Wenn Du Tierarzt werden willst, nur um viel Geld zu verdienen, damit Du dir eine Farm kaufen kannst, dann lass das Studium. Abgesehen davon, dass ein gesuchter Tierarzt Tag und Nacht unterwegs ist. Wenn Du aber große Lust zum Studieren hast, vielleicht zur Physik oder Mathematik, zur Technik, und vor allem zur Landwirtschaft, dann überlege die Frage ohne Rücksicht darauf, was die Leute sagen; lediglich in Rücksicht darauf, wie deine Magdalene in der Zeit versorgt werden kann. Pittsburgh hat ja wohl eine Unversität, – wohl keine landwirtschaftliche. Die besten sind in Michigan und Iowa- Dann könntest du nach fünf Jahren Studium dich neu entscheiden.

In großer Liebe, Euer Vater"

Am ersten Ostertag versteckten Do und ich in Kitzeberg Ostereier im „Häschenwald", wie die Kinder ihn nennen, je einen Hasen mit ein paar Eiern. Das Jauchzen der beiden, wie sie die Häschen fanden, klingt mir noch in den Ohren. Später haben uns die Ellerbeker im Wagen einschließlich Mutter Backhaus besucht. Nun tummelt sich die ganze Familie im Garten auf dem Rasen. Speyers kamen dazu mit ihrer kleinen Ute. Ein wunderbares Bild, das ich mit ein paar Fotos festgehalten habe. Als Inken nachher im Wagen saß, ihren Hans-Henning auf dem Schoß, da hatte sie das strahlend glückliche Lachen, wie auf dem Kinderbild, das über Doras Bett hängt. Auch zu Pfingsten waren die Backhäuser bei uns in Kitzeberg und haben glücklich, gesund und zufrieden mit uns im Garten gesessen. Sie haben mir, Do war in der Kirche, von ihrem glücklichen Leben erzählt. Vorher war Ernst zum 86. Geburtstag seiner Mutter gekommen und 14 Tage bei uns geblieben. Da sind wir uns immer näher gekommen. Er ist charakterlich – das männliche Ebenbild seiner Schwester Do. Gleich gütig, gleich hilfsbereit, klug und klar, voller Interesse, das waren reiche Tage für mich. Und er ist ein rührend guter Sohn. Es war uns wertvoll etwas über Otto und Magdalene zu hören. Im Grunde liegt das Problem doch wohl so, dass Otto gefürchtet hat, in irgendeiner Weise von Volkmanns abhängig zu werden, und das ist seinem Unabhängigkeitssinn zuwider gewesen. Er muss sich wohl, eigenwillig, wie in Gott geschaffen hat, auf seine Weise durchs Leben schlagen, auch wenn er Umwege macht.

Am Himmelfahrtstag waren wir bei den Schönbergern, Die kommen wohl gut voran, sind sehr fleißig und anspruchslos. Ihr Betrieb ist sehr gepflegt und sie sehen beide trotz der schweren körperlichen Arbeit gesund und glücklich aus. Hoffentlich gelingt es Werner im Laufe des Jahres die Meisterprüfung und die Wohnung frei zu machen, damit er zu Ostern 58 einen Lehrling einstellen kann. Er hat nicht genug Leute. So kann er keine Landschaftsarbeiten übernehmen, obwohl er gerade dafür eine besondere Gabe hat. Unser von Ihm angelegter Garten ist eine wahre Pracht. Am 01.08.1957 schrieb ich in mein Tagebuch: Gestern war mein 77. Geburtstag: ein Blumenmeer im Wohnzimmer. Die Bolte-Familie, die seit vier Wochen bei uns zur Erholung weilt, feierte mit, und abends kamen die beiden Schönberger, die zwar müde von der Arbeit, aber doch sehr fröhlich waren. Inken, die mit ihrer Familie zur Erholung in Wyk auf Föhr weilte, schrieb einen lieben Brief. Die Schönberger hatten uns die Nachricht mitgebracht, dass ihre Verpächterin Aussicht hat, in einem Jahr in Ellerbek ein Eigenheim zu beziehen. Das gibt ihnen etwas Luft. Do und ich sind dankbar, dass wir unseren Kindern aus Hannover so ein schönes Ferienheim bieten können. Die beiden Enkel Eckhart und Dora waren schon im Frühjahr hier bei uns, als ihre Mutter eine Kur in Bad Merkentheim machte. Sie fühlen sich hier ganz zu Hause und gedeihen prächtig. Auch ihre Eltern haben sich gut erholt. Morgens um 7 Uhr holte sich Do die Kleinen leise aus dem Schlafzimmer heraus, wusch und fütterte sie, damit die Eltern sich ausschlafen konnten. Dann frühstückten sie und gingen an den Strand. Do übertraf sich selbst in ihrer Fürsorge. Aber Valborg bedarf auch der Pflege. Auch Harry, der gleich nach der Prüfung in den Schuldienst ging, hat eine Erholung der Nerven nötig. Heute fahren sie nach

Hannover zurück. – Unser Gespräch drehte sich hauptsächlich um Otto. Er arbeitet jetzt als Farmhand in de Witt in Iowa und steht vor der Frage, ob er mit geliehenem Geld eine Pachtung übernehmen, oder nach Kiel zurückkommen soll, um dort zu studieren.

Ich muss noch nachholen: Anfang Oktober 1957 in den Ferien waren Valborg und ihre Kinder wieder bei uns. Sie waren wesentlich frischer als im Sommer. Wir feierten Dos Geburtstag zusammen, sie hat diesen Sommer die lange und schwere Pflege ihrer Mutter gut überstanden. Die beiden Kleinen sind ungewöhnlich reizende und gesunde, wohlerzogene Kinder.

Dodos Fahrt nach Biederitz

Am 17. Juni 1957 fuhr Dodo mit dem Interzonenzug über Magdeburg nach Biederitz, um nach dem Haus zu sehen. Das war nur möglich, weil der Lehrer Röhle, der Werner in der Grundschule unterrichtet hatte, vor der Gemeinde erklärt hatte, dass Dodo seine Patentochter sei, und er den dringenden Wunsch habe, sie noch einmal zu sehen. Der Zug war voll von Menschen, die im Westen zu Besuch gewesen waren, und rechtzeitig zur Wahl wieder vor Ort sein mussten. Sie schrieb: „Mir fiel auf, wie diese Leute einen, der aus dem Westen stammte und in den Osten wollte, musterten, misstrauisch und abwägend. Offenbar hatten sie sofort heraus, dass ich aus dem Westen stammte. Sie meinten wohl, im Westen haben die es ja viel besser als wir, was sollen wir ihnen da auch Platz machen. Das zweite, was mir auffiel, waren die völlig verbrannten Bahndämme. Oft schweelte es bis weit ins Land hinein. Die ostdeutschen Lokomotiven heizten nur mit Braunkohlenruß, und das gab einen ungeheuren Funkenflug. Bald betraten Volkspolizisten, ein Russe und zwei uniformierte Frauen, die unsere Finanzen prüfen sollten, das Abteil. Die Bahnbeamten waren überwiegend Frauen. Sogar die mit der roten Mütze, die das Abfahrsignal gaben waren überwiegend Frauen und mit hoher schriller Stimme die nötigen Anweisungen gaben. Du darfst auch aus dem Westen kein Ostgeld mit dir führen. Du darfst nur bei diesen Beamtinnen Westgeld in Ostgeld umtauschen und zwar zum Kurs 1 : 1. Behältst Du Westgeld über, so wird es im Reisepass eingetragen und du musst es bei der Ausreise vorzählen.

Mit 45 Minuten Verspätung kam ich in Magdeburg an. Im übervollen Wartesaal setzte ich mich zu einem Mann mit einem kranken Kleinkind. Sie hatten den ganzen Tag vergeblich versucht, Milch für das Kind zu bekommen, jetzt behalfen sie sich mit Heißgetränk. Als ich der Mutter meine letzte Apfelsine gab, sagte sie, so etwas Saures darf ich meinem Kind nicht geben. Alle fünf Minuten gingen Streifen durch den Saal. Es war ja der 17. Juni und vor vier Jahren war der Aufstand der Magdeburger Arbeiter gewesen, der von den Russen mit ihren Panzern schnell niedergeschlagen wurde. Die Bahnen nach Biederitz fuhren viel seltener als früher. Es ist ja alles nur noch eingleisig. Darum muss ein gewisser Abstand der Züge in beiden Richtungen gewährleistet sein, und das Weichenstellen ist eine besonders verantwortliche Tätigkeit. Die Arbeiter drüben haben auch die 45-Stunden-Woche; aber sie haben ein freiwilliges Soll von Überstunden zu bewältigen, das an das Ende ihrer Schicht gelegt wird. Gerade waren zwei Weichensteller in Biederitz überfahren worden, die ihr freiwilliges Soll erfüllen wollten. Als ich die Bahn nach Biederitz bestieg, traf ich gleich auch Bekannte. Der Vater von Oppi Kothe fährt immer noch nach Bukau zur Arbeit, obwohl er schon über 70 ist. Die Renten sind so gering, dass alle so lange arbeiten und verdienen, bis sie gar nicht mehr können. Eine Iljestochter traf ich noch und eine ganze Reihe bekannter Gesichter, auf deren Namen ich jedoch nicht mehr kommen konnte. Rührend war der Empfang von Fräulein Röhle und ein paar älteren Frauen aus der Frauenhilfe, die sich ganz wunderbar freuten, mich wiederzusehen, mich umarmten und drückten. Natürlich war der erste Gang zum Haus. Die beiden „Pfeiler am Eingang des Parkes waren verschwunden. Rechts vom Weg waren zwei Tennisplätze angelegt, auf der linken Seite war eine landwirtschaftliche Fachschule erbaut. Der Weg führte gerade aus bis zu Frankes Tor, dann links ein Stück, und schon stand ich vor unserem Haus. Über dem Balkon hingen die Regenrinnen herunter, die schönen Tannen waren nicht wieder zu erkennen. Überall waren Wäscheleinen gespannt, und der Eindruck so trostlos, dass ich kehrt machte und am Uebeschen Grundstück vorbei zur Goethestraße zu Röhles lief. Da haben wir bis spät in die Nacht erzählt, und gefragt, und gefragt und erzählt.

Fräulein Röhle arbeitet jetzt bei den Geologischen Bohrungen hinter Königsborn, und jeden Morgen um halb sieben fährt ein Bus, der alle dort arbeitenden aus Biederitz einsammeln soll. Doch gerade war dieser Bus gestohlen und nun wurden sie mit Ersatzgefährten zusammengeholt. Ein typischer Fall. Die Unsicherheit ist unvorstellbar groß. Im Herrenkrug sitzen nur Russen. Niemals würde darum eine Frau wagen durch den Biederitzer Busch zu gehen. Alle Gartentüren sind verschlossen. Bei den meisten Häusern sind die Läden tagsüber heruntergelassen, denn alle verlassen das Haus zur Arbeit. Die Kinder werden in den Kindergarten gebracht. Davon gibt es allein in Biederitz drei. Das Fräulein Schulz mit den zu kurzen Armen, leitet einen der Kindergarten. Ich traf sie, als ich am nächsten Morgen zur Gemeinde ging. Sie zupfte an meiner Bluse und sagte, Sie haben aber schöne Stoffe im Westen! Auf der Gemeinde traf ich glücklicherweise Herrn Pascina, den zweiten Mann unserer Kolonialwarenhändlerin, Frau Knauer. Er betreut die Grundstücke der Republikflüchtigen. Er ist auch schon über 70, und ich kenne ihn seit etwa 20 Jahren. Er hat mir damals einen Propangasherd verkauft, und uns immer das Propangas geliefert. Er erklärte mir, dass wir vor dem 17.06.1953 enteignet waren, aber nach dem Aufstand hätten sich die Bestimmungen etwas gelockert,und wir wären wieder Eigentümer geworden, weil nach der Volksstimme „Ederts keine kapitalistische Ausbeuter wären". Dass uns das niemand geschrieben hat – oder nicht schreiben durfte, ist typisch für die Ostzone. So konnten wir gar nicht wissen, dass die Enteignung rückgängig gemacht wurde. Seit zwei Jahren verwaltete Herr Pascina unser Haus. Wir gingen gleich zusammen hin, um alles in Augenschein zu nehmen. Im Esszimmer und in Vaters Stube wohnte ein aus dem Osten geflüchteter Schmiedemeister mit zwei Kindern. Sie hatten nur zwei Betten, einen Tisch und zwei Stühle. Die Westwand von unserem Esszimmer war ganz vom Regen durchweicht, auch die Decke hatte sehr gelitten und das Paneel hing herunter. Da die Regenrinnen seit 1945 nicht mehr gereinigt waren, waren sie voll kleiner Gewächse und an mehreren Stellen zerbrochen. Auf dem Balkon waren die Abflüsse verstopft, da musste es hinein regnen. Das Kellergeschoss und der Saal waren an den Tennisverein vermietet und vorher hergerichtet. Doch der Verein war nie in der Lage Miete zu zahlen. Sein Vorstand erholte sich gerade an der Ostsee, so dass ich nicht in die Räume der Hausmannswohnung kommen konnte. In unseren Schlafräumen im ersten Stock, Elternschlafzimmer, Jungenzimmer und Bad wohnten „Genossen". Alles war in bester Ordnung, schicke Möbel, Fußböden wie in unserer Zeit. Im Mädchenzimmer und Alfreds Stube wohnte eine Familie aus Zoppot, ziemlich verkommen. Sie nutzten unsere alten Möbel. Im Obergeschoss wohnte die Schwiegermutter der Genossen, alles in bester Ordnung. Wir nahmen alle Schäden genau auf, und am nächsten Tag wurde ich zum Bürgermeister und Rat der Gemeinde zitiert.

Der Bürgermeister, gerade 30 Jahre alt, der vierzehnte seit Kriegsende, brüllte mich erst einmal 10 Minuten auf kommunistische Tour an: „Was bilden sie sich ein, dass sie uns mit ihrem Haus solche Mühe machen! Was ist das überhaupt für ein Haus. Das ist doch bloß eine Höhle! u.s.w." Ich guckte mir den armen Kerl inzwischen an. Später erzählte mir Herr Pascina, dass der Kerl als zwölfjähriges Waisenkind aus der Slowakei nach dem Kreis Jerichow 1 verschlagen wurde. Er soll erst als Straßenfeger gearbeitet haben, war dann Ansager für besondere Zuteilungen. Dann wurde er Bürgermeister, hat drei Kinder, geht aber jetzt mit einer neuen Frau. Ich war erschüttert über dieses völlig zerstörte, entseelte Gesicht. Nachdem ich seine Reden ohne Widersruch eine Weile gehört hatte, fragte er mich: „Was denken sie nu überhaupt?" Ich sagte ihm, dass wir alles tun wollten, um das Haus und das Grundstück uns zu erhalten. Unser Jüngster sei Gärtner und könnte, wenn sein derzeitiger Pachtvertrag ende, in Biederitz einen eigenen Gartenbaubetrieb aufbauen. Darauf folgte wieder eine Schimpfkanonade. Das wäre ja unerhört, dass ich solange alle Arbeit und alle Lasten auf die Gemeinde abwälzen wolle. Da fragte der Herr vom Wohnungsamt, ob ich nicht eine Hypothek aufnehmen könne, damit die vorhandenen Schäden repariert werden könnten. Als ich zustimmte, sah ich die Ratsmitglieder grienen. Sie glaubten nicht, dass jemand aus dem Westen hier Geld aufnehmen könne. Doch als ich dann am nächsten Morgen auf der Sparkassen in Burg viele Bekannte von früher wieder traf, war es gar nicht schwer eine Hypothek von 5.000 Mark bei 6% Zinsen, abgesichert mit unserem Haus zu bekommen.

Gegen Mittag war ich aus Burg zurück und fünf Minuten später kam die Polizei zu mir. Der Bürgermeister ließ fragen, wie die Verhandlung gewesen sei. Sie passten mächtig auf mich auf, obwohl ich mich sofort bei meiner Ankunft polizeilich gemeldet hatte, kam Herr Pascina ganz unglücklich zu mir. Sie hätten im Rathaus erzählt, dass ich mich strafbar gemacht hätte, weil ich mich nicht angemeldet hätte. Gott sei Dank konnte ich ihm den polizeilichen Ausweis und die Lebensmittelkarten, die ich dort erhalten hatte, zeigen. Lebensmittel, bis auf Brot, sind rationiert. Milch kriegen nur Säuglinge. In den HO Läden bekommt man einen Liter Milch für 4 Mark. Allerdings muss man sie ganz früh am Morgen holen, sonst ist sie schon ausverkauft. Ein Stück Butter kostet 16 bis 20 Mark in den HO Läden. Die Margarine auf Karten ist eigentlich ungenießbar. Jedermann kauft, was er braucht in den HO Läden. Das hat zur Folge, dass für Kleidung, Wohnung und sonstiges kaum etwas übrigbleibt. Gehälter und Renten sind minimal. Unser alter Briefträger Strohbach, der mindesten seit 20 Jahren in Biederitz die Post ausgetragen hat, bekam monatlich 220 Mark.

Einen Tag bin ich auch nach Magdeburg gefahren, und war sehr betroffen. Als ich vom Bahnsteig durch das Hauptportal hinausgehen wollte, lag vor dem Portal eine riesige Schutthalde, die noch 20 m in die Straße hineinragte. Sie war umgeben von einem wackligen Bretterzaun, der halb nach innen, halb nach außen kippte. In der Mitte, auf einem extra kleinen Schutthaufen stand ein Briefkasten, der mit einer Wäscheleine am Lattenzaun festgebunden war. Wenn man sich mit dem Rücken gegen diesen Postkasten stellte, sah man auf der rechten Seite die Trümmer des alten Stadttheaters, vor sich einen weiten unbebauten Platz. Die alte Ulrichskirche, die früher dort gestanden hatte, war verschwunden, statt ihrer sah man die Hochhäuser der Stalinallee, die parallel zur alten Ulrichstraße erbaut ist. Leider sind diese imposanten Hochhäuser völlig ohne Eisenträger gebaut. Da muss jeder Mieter unterschreiben, dass er sich verpflichtet kein Klavier oder Ähnlich schwere Möbel in seiner Wohnung aufzustellen. Einige Gebäude waren noch im Bau. Wenn wir hier ein Haus bauen, wird ein Holzgerüst um das ganze Gebäude aufgeführt. In der Ostzone haben diese Gerüste nur die Breite einer Stube, und werden jeweils, wenn es die Arbeit erfordert, umgesetzt. Man kann sich vorstellen, wie das die Fertigstellung des Gebäudes verzögert. Aber man bekommt eben kein Holz in der Zone. Noch schwieriger ist es, Zement zu beschaffen. Herr Röhle, der Müller, erzählte mir, im letzten Jahr währen für den ganzen Landkreis nur 2 Tonnen Zement bewilligt worden.

Ebenso ist es mit der Farbe. Fräulein Röhle hatte gerade Farbe aus dem Westen bekommen, um ihren Gartenzaun zu streichen. Das gab gleich böses Blut und die Nachbarn wiesen mit dem Finger drauf und sagten „Natürlich aus dem Westen." Aber nun die Menschen, unsere früheren Nachbarn: Sie waren so lieb zu mir, wie ich es gar nicht beschreiben kann. Und all die Liebe, die mir entgegengebracht wurde, war ein unvergeßliches, beglückendes Erlebnis! Dabei sehen die Leute grau und heruntergekommen aus. Allgemein sind sie mißtrauisch und hoffnungslos. Besonders die alten Leute sind nervlich auf den Hund gekommen. Unsere gute Nachbarin, Frau Franke flüchtete, wenn ein Fremder ihr Grundstück betritt, zitternd ins Bett, und ist dann völlig vernehmungsunfähig. Die gute Frau Dettmeyer weinte die ganze Zeit, als ich sie besuchte, und ähnlich ging es mir mit vielen alten Freundinnen aus der Frauenhilfe.

Die Kirche hat es unendlich schwer. Sie erhält keinerlei Zuschüsse vom Staat. Zugehörigkeit zur Kirche gilt als politisch verdächtig. Die Kirchensteuern sind hoch, so daß schon darum viele aus der Kirche austreten. Die Kriegerwitwen aus der Heyrothsberger Straße, Frau Baetz und Frau Kunzelmann haben mit großer Mühe ihre Kinder groß gemacht und geholfen, dass sie das Abitur gut erreicht haben. Doch einen Studienplatz bekamen sie an keiner Ostzonalen Universität. So ging es auch den Söhnen von Lehrer Hartmann und Dr. Schneider. Da haben diese einen Studienplatz im Westen gefunden. Darauf wurde eine Verfügung herausgegeben, dass diese Kinder nicht in die Ostzone zurückkommen dürfen, und ihre Eltern auch keine Erlaubnis erhalten durften, sie im Westen zu besuchen. Ist das nicht grauenvoll? Wurde dagegen eine Person von den Russen zur Intelligenz eingestuft, hatte er materiell keine Sorgen, wie ich es bei Prof. Dr. Arbeck erleben konnte, einem guten Freund in Halle. Doch sie wurden von der übrigen Bevölkerung darum geschnitten, und fühlten sich entsprechend unwohl."

Dodo blieb eine Woche in der Zone und war sehr deprimiert, als sie zurück kam. Mit dem aufgenommenen 5000 Mark konnten die dringendsten Reparaturen durchgeführt werden. Der kleine Turm an der Ostseite wurde durch ein Satteldach ersetzt."

Ottos Rückkehr

Ende Oktober schrieb mir Otto, er habe sich zur Heimkehr entschlossen. Er fährt seit dem 26.10. schon auf der Nordvard auf dem Atlantik. Es sind 3 Gründe: Er fühlt, dass die ganz überwiegend körperliche Arbeit ihn nicht befriedigt. Er fühlt, dass bei einer Pachtung in Iowa, für die er einen erheblichen Kredit aufnehmen müsste, ein erhebliches Risiko besteht – er hat die Enttäuschung von Alberta noch nicht überwunden. Und schließlich, er hat Heimweh. Do und ich haben ihm weder zu noch abgeraten. Wir können von hier aus nicht entscheiden. Er muss sein Schicksal selbst in die Hand nehmen. Aber wir haben ihm gesagt, dass wir im Falle einer Rückkehr helfen werden, so viel und so lange es in unseren Kräften steht. Er kann mit seiner Familie während seines Studiums bei uns wohnen. Gewiss, wir hatten uns einen ganz ruhigen Lebensabend gewünscht, aber die Hoffnung unsere Kinder wieder in der Heimat zu wissen, ist stärker als alle Bedenken.

Durch meine Beziehungen zu Konsul Entz in Rendsburg war es mir gelungen, eine verbilligte Rückfahrt auf einem Frachter zu erreichen. Herr Witt, von der Landwirtschaftskammer meinte überdies, dass die Aussichten für studierte Landwirte günstig seien. Gestern berichtete Magdalene von der bevorstehenden Seereise. Die habe sich länger herausgezögert als geplant. Aber der Kapitän sei sehr freundlich und die Besatzung habe Freude an den Kindern und Otto genösse diese ruhige Zeit. Sie schließt den Brief mit den Worten: Eure liebende, dankende, lernende Magdalene. Ich bin sicher, dass Do und sie gut miteinander auskommen werden. Wir sind mit unseren Gedanken auf der Nordvard. 1957 Ende Oktober landete Otto mit Familie nach einer sehr stürmischen Fahrt, das Schulschiff Pamir war in diesem Sturm untergegangen, mit der Nordward wieder in Kiel, und durfte sich in Kitzeberg einquartieren, und das Studium der Landwirtschaft beginnen. Obwohl es im Haus in Kitzeberg sehr eng wurde, waren Dodo und ich doch sehr glücklich darüber. Im kommenden Jahr half ein weiterer Besuch in Bad Kranzbach diesmal mit Dodo, die Geister zu mobilisieren. Eine neue Kraft, Frau Dr. Holm, konnte ich an die Stelle von Frau Gorissen einstellen.

Heute, am 08.11. soll die Nordvard in Kiel einlaufen. Sie hatte sich duch Stürme und eine eine verzögerte Abfahrt verspätet. Do ist eben nach Kiel abgefahren, um Mutter Schnack vom Bus abzuholen. Sie ist so freudig erregt, dass ich um sie in Sorge bin. Gestern Abend war Inken, die immer gleichmäßig liebevolle, hier um der Mutter bei den letzten Vorbereitungen zu helfen. Das hat einen wohltätigen Einfluss auf Do gehabt, und sie hat die Nacht gut geschlafen. Sie hat jedes, bis ins kleinste durchdacht und vorbereitet. Die beiden Stuben stehen wie Schmuckstückchen zum Empfang bereit. Ich habe, zum ersten Mal seit wir hier sind, die blau-weiß-rote Fahne zum Dachfenster hinausgehängt, den Kindern zu zeigen, dass sie zu Hause sind. Dodo schrieb von der Überfahrt: „Anfang November war bei uns sehr unfreundliches, stürmisches Wetter, Sturm und Regen von früh bis spät. Wenn ich nachts aufwachte, und den Sturm heulen hörte, dachte ich mit bangen Herzen an Otto und Magdalene, besonders an mein Magdalenchen, die doch genau so leicht seekrank wird wie ihre Schwiegermutter. Sie sollten mit einem Kohlenschiff der Firma Zerssen & Co. von Baltimore nach Kiel fahren. Der Prokurist der Firma Zerssen war ein Abiturient von Vati, und dieser Herr war so freundlich, uns laufend die Position der Nordvard durchzugeben. Das war eine riesige Erleichterung und Beruhigung. Und jedesmal fast wie eine drahtlose Verbindung zu den Kindern. Von Baltimore waren sie am 19. Oktober abgefahren und zunächst nur auf die Reede von Norfolk, wo die Übernahme der Kohlen erfolgen sollte. Die „Nordvard" ist ein norwegisches Schiff, das die Firma Zerssen gechartert hat. Die Übernahme der Kohlen verzögerte sich, so dass sie erst am 26.10. von Norfolk abfahren konnten. Doch sie bedauerten diese Verzögerung nicht, bot sie ihnen doch die Möglichkeit, den menschlich sehr anziehenden Kapitän Eide und seine Mannschaft kennen zu lernen, und so richtig in die Lebensgemeinschaft dieses Schiffes aufgenommen zu werden.

Bild 31: Rücklkehr mit der Nordvard

Sie hatten zwei Kabinen und waren die einzigen Passagiere an Bord. Infolgedessen konzentrierte sich die Fürsorge aller auf diese kleine Familie. Auf dem Sonnendeck war mit Holzlatten ein Bezirk abgetrennt, in dem Christinchen ungestört spielen konnte, ohne die Gefahr über Bord zu gehen, die bei diesem quicklebendigen Persönchen durchaus bestand. Am 02.11. bekamen wir von Herrn Christiansen die Nachricht, dass die Nordvard noch 1900 Seemeilen von Kiel entfernt fuhr, und er verprach Nachricht zu geben, sobald sie Dover passieren würde. Natürlich wurden solche Meldungen gleich an Mutter Schnack in Herweg weitergegeben, so dass sie auch auf dem Laufenden war. Allerdings haben wir auch gemeinsam gezittert, als das Wetter Anfang der Woche besonders häßlich wurde. In der Zeitung und im Radio war nur von Stürmen in der Biskaja und an der Westküste Frankreichs die Rede. Wie freuten wir uns, als wir am 07.11. die Nachricht bekamen, dass sie Dover passiert hätten und am Freitag in Kiel sein würden.

Nun ging das Rüsten auf ihren Empfang erst richtig los. So beschwingt ich durch die Freude aufs Wiedersehen war, Donnerstagabend ließ ich doch einen SOS Ruf an Inken los, dass sie am allerletzten am Abend noch helfen möchte. Sie kam und bezog die Betten, wischte noch einmal die Schränke aus, und ich konnte mich mit dem glücklichen Gefühl ins Bett legen, dass alles fertig war. Glücklicherweise war am nächsten Morgen ein so schönes Wetter, wie wir garnicht mehr glaubten es in diesem Herbst erleben zu können. Ich holte Mutter Schnack um ½ 12 Uhr vom Bus ab. Wir tranken zusammen eine Tasse Kaffee und telefonierten mit unserem Vater, der seinerseits von der Reederei benachrichtigt worden war, dass die Nordvard zwischen 12 und 1 die Holtenauer Schleuse passieren würde. Vati holte uns vom Bahnhof ab, und wir drei fuhren im Auto zur Holtenauer Schleuse. Es war ein wunderbares Bild im Sonnenschein, Kanal und Förde blau wie der Himmel, und ein Schiff nach dem anderen passierte die Schleuse. Als wir zu einem kurzen Imbiss ins Seemannsheim gingen, lag noch ein riesiger Russe in der Schleuse, der von der Ostsee gekommen war. Dann wurde die Schleuse nach dem Kanal hin geöffnet, und wieder hinter einem dicken Russen kam die wunderschöne, weiße Nordvard langsam den Kanal hinaufgefahren. Wir liefen an der Kaimauer ihnen entgegen. Vati entdeckte sie zuerst. Auf dem obersten

Deck standen Magdalenchen und Otto und winkten. Magdalene hatte eine weiße Jacke an und die Sonne lag auf ihren Haaren, dem strahlend weißen Schiff und dem wunderbaren blauen Himmel. Das war ein unvergeßliches Bild. Wir liefen schnell über die Brücke zur anderen Kaimauer, weil die Nordvard auf der anderen Seite anlegte. Als wir da ankamen, hatten sie schon Christinchen und Jens aus den Betten geholt, und zeigten sie uns durch das Kabinenfenster, zwei süße verschlafene Babies. Nachdem der Lotse das Schiff verlassen hatte, durften wir an Bord, und so ein bisschen aller Wiedersehensfreude Luft machen. Wir saßen mit ihnen in der Kabine, beguckten uns die Kinder aus der Nähe, als das Schiff langsam weiterfuhr zum Kai von Zerssen und Co, der ungefähr zwischen Seegarten und der Bahnhofsbrücke liegt. Dort stand schon eine Tante von Magdalenchen mit ihrem Mann zur Begrüßung. Zollbeamte kamen an Bord und mit Blitzgeschwindigkeit holten die großen Kräne die Kohlen aus dem Bauch des Schiffes. Mehrere Lastautos mit Kohlen waren schon abgefahren, als unser guter Vater uns mit dem Auto abholte, worin Mutter Schnack, Magdalenchen, die Kinder und wir beiden Eltern Platz fanden. Um 17.30 Uhr waren wir in Kitzeberg. Frau Harms hatte alles wunderschön mit Blumen geschmückt, und ein herrlich duftender Kuchen von Mutter Speyer erwartete uns. Etwas nach 19 Uhr kam Otto mit einem Speditionswagen voll Gepäck. Eine halbe Stunde später mussten Vati und ich in den Rotary Club, weil Vati dort einen Vortrag halten musste. „Dichtung als Lebenshilfe unter besonderer Berücksichtigung von Mathias Claudius". Die gute liebe Mutter Schnack blieb in Kitzeberg, und wollte recht in Ruhe den Abend mit den Kindern genießen. Aber schon 5 Minuten nach unserer Abfahrt kamen die Schönberger und bald auch die Ellerbeker und ein Telegramm von Boltes schloss den Geschwisterkreis. Und so feierten alle fröhlich die Ankunft. Als Vati und ich um Mitternacht nach Hause kamen, konnten wir gerade noch Mutter Schnack und Magdalenchen helfen den Abwasch zu zu beseitigen. Sonnabend früh fuhren Vati und Otto gleich in die Stadt, um die notwendigen Formalitäten für den Studienanfang zu erledigen. Im Augenblick sitzt der Arme bei Möhlmann im Privatabitur. Heute soll er in Englisch und Deutsch geprüft werden.

Am Sonnabendnachmittag kam Otto mit seinem Auto, dem „Consul". Es ist grün und wirklich dem Ford-Taunus sehr ähnlich. Erstmal steht es in unserem

Garten. Am Sonntag kamen zur Wiedersehensfreude Annemusch und Franzi Schnack, nachmittags kamen Hans und Inken, Gerd Backhaus und Dorothee, Oma Backhaus, Anne Christin, Renate, Hans-Henning, Ute und Hans-Georg, nicht zu vergessen Tante Loni, Speyers und Frl. Bade. Annemusch, die Gute, ist noch bis gestern gegen Abend geblieben um Magdalenchen beim Auspacken zu helfen.

Übrigens habe ich da ein ganz wichtiges vergessen: Unser Vati hat beim Golfwett-spiel mitgemacht und gegen Abend kam in höchsteigener Gestalt der Golflehrer und Trainer und brachte ihm als Sieger-preis eine Ente. Einige Kaddies hatten bereits vorher die frohe Kunde ins Haus gebracht. So schloss dieser herrliche Tag.

Nun noch etwas über die Kinder: Das Chri-stinchen ist wirklich die Beauty der Fami-lie. Sie kann noch doller mit ihren Augen klappern als Valborg es als Kind konnte. Sie ist zierlich und ungeheuer flink und spricht ein Kauderwelsch von Englisch, Plattdeutsch und Norwegisch. Am deut-lichsten sagt sie „Bye, bye!". Das einzige, wonach sie sich offenbar sehnt, ist ihre Freundin Betsy Volkmann. Wo sie nur ein

Bild 31: Der Golfer im Garten

kleines Mädchen sieht, ruft sie „Betsy!", und über ihrem Bettchen hängt auch ein Bild von Betsy. Man hat das Gefühl, dass sie unglaublich viel in sich aufnimmt. Sie ist ausgesprochen Papas Tochter, während der kleine Jens Mamas Sohn ist. Er ist still, unendlich freundlich und jauchzt, wenn er seine Schwester sieht. Noch sind die Kinder ein bisschen blass. Aber Magdalenchen erzält, dass sie in Iowa einen sehr heißen Sommer gehabt haben, in dem weder sie noch die Kinder nachts schlafen konnten, weil es so eine drückende, schwüle Treibhausluft war.

So ihr Geliebten, das ist in Kürze das Wesentliche. Wie sind wir dankbar und glücklich. Nachzutragen habe ich, dass Magdalene, Otto und Christine am Anfang ihrer Reise einen Tag seekrank gewesen sind, aber der nette norwegische Kapitän hat ihnen ein Mittel gegeben, das wirklich half, so das sie, abgesehen von diesen einen Tag diese Reise als Erholungsreise voll genießen konnten." (Das etwa hatten sie den Eltern geschrieben, um sie nicht zu beunruhigen. Tatsächlich war es eine sehr stürmische Fahrt und Magdalene lag, solange sie auf See waren, krank im Bett). Soweit der Bericht von Do. Nun sind unsere Kinder schon 2 ½ Wochen daheim. Otto hat gleich die drei Nachprüfungen erledigt und damit die letzte Hürde genommen und ist immatrikuliert. Dortchen ist inzwischen 8 Tage in Schönberg gewesen um zu helfen. Die Gärtnersleute haben sehr viel zu tun, es fehlt an Leuten. Magdalene hat mich inzwischen in ihrer ruhigen liebevollen Art mit ihren Leuten versorgt. Ich habe heute die geldliche Seite der neuen Lage überschlagen. Wir werden wohl keine geldliche Hilfe von der Universität bekommen, so müssen wir es selber schaffen.- das heißt, ich muss gesund bleiben.

Weihnachten 1957

Eben sind Do und die Kinder ins Bett gegangen. Es war ein schönes, stilles Fest. Nachmittags fuhren wir mit Speyers nach Heikendorf zur Weihnachtsmesse: Kalt und schlechte Musik. Stille Nacht im Marschtempo – unbehaglich. Wir guckten kurz bei Uroma rein, dann bei den Enkelkindern. Christine war sehr lebendig. Es stürmt so viel Neues auf sie ein. Jens war behaglich wie immer. Nach dem Würstchenessen saßen Dodo und ich mit Otto und Magdalene zusammen in der Wohnstube, zur rechten Feier. Ich las das Evangelium vor, und wir freuten uns an den Gaben, die die Kinder aus der Ferne geschickt haben, Valborg vor allem. Um 22 Uhr riefen die Schönberger an. Sie waren diesmal mit dem Geschäft zufrieden, und etwas früher zur Ruhe gekommen, so dass sie ihren Weihnachtsbaum hatten schmücken und das Fest feiern können. Vom Wachholtz-Verlag habe ich eine schöne Azalie und 100 Mark zum Fest erhalten. Das ist mir bisher noch nie passiert. Aber die Arbeit mit Paulini verläuft sehr angenehm, voller Verständnis, voller Vertrauen.

Frau Gorrissen will mich zum 31.01.1958 verlassen, eine Frau Dr. Holm will dann einspringen. Ich hoffe, dass sie mich dann wirklich entlastet.

Am 21.12. waren Do und ich in Ellerbek, um Anne-Christines 4. Geburtstag zu feiern. Inkens Haus ist eine große Freude. Am 28.12. haben wir in Ellerbek den 35. Geburtstag von Hans gefeiert. Am Sonntag darauf fuhren wir mit Speyers nach Schönberg, um den 25. Geburtstag von Werner festlich zu begehen bei Kaffe und Kuchen im festlich geschmückten Weihnachtszimmer. – beide Tage waren gleich erfreulich.- Gestern riefen Otto aus Herweg, und Werner und Trudi aus Schönberg an. Otto zufrieden, Werner und Trudi fast übermütig. Bei all den guten Nachrichten von den Kindern gingen wir beide um 22 Uhr ins Bett und schliefen fest in den Neujahrsmorgen hinein. Draußen liegt ein wenig Schnee, und es herrscht ein leichter Frost – ein schöner Tag. Wir sind voller Dank.

Im Jahre 1958 kehrte General de Gaulle aus Algerien zurück und wurde zum Ministepräsidenten gewählt, doch der Krieg in Algerien ging weiter. De Gaulle brachte den Franzosen eine neue Verfassung und setzte sich zusammen mit Adenauer für eine Verständigung zwischen Frankreich und Deutschland ein. Im Mai wollte ich meine Freunde in England besuchen. Werner bestand seine Meisterprüfung, Vater Speyer, Werners Schwiegervater, starb an Herzinfarkt, Otto bestand das Vordiplom und bekam ein bescheidenes Stipendium, Elisabeth machte erneut Schwierigkeiten, aber eine Entmündigung scheiterte. Am 02. Dezember 1958 wurde Broder, Ottos zweiter Sohn, in Kiel in der Klinik von Dr. Kramer geboren.

Kranzbach

Mitte Januar 1958 fuhren wir nach Kranzbach. Do fuhr voraus, um vorher Elisabeth in Bethel zu besuchen und ihr den Gedanken auszureden, eine Stellung in einem Gasthaus anzunehmen. Es gelang ihr mit unendlicher Mühe. Wir hatten aber den Eindruck, dass auf die Dauer – und im Falle unseres Todes – es schwierig sein würde, sie vor unüberlegten Schritten zu behüten. Wir nahmen uns vor, nach der Rückkehr einen Antrag auf Entmündigung zu stellen zu versuchen. Dos Reise wurde in Hannover unterbrochen. Gerade an dem Tage, als ich ankam um mich mit ihr zu treffen, wurde Valborg im Turnunterricht am linken Auge verletzt. Da entschloss sich Do noch einige Tage für Valborg zu sorgen und mich allein vorweg fahren zu lassen. Das erwies sich als segensreich für Valborg, kürzte aber Dos Aufenthalt so ab, dass ich sie bat, noch 8 Tage über den 01.02. zu bleiben, worein sie zu meiner Freude einwilligte. – Wir hatten herrliches Winterwetter, viel Schnee und nette Gesellschaft. Ich war glücklich noch einmal wieder die Bretter anschnallen zu können. Ich pflegte morgens 2 Stunden auf Skiern in die Umgegend zu fahren, am Nachmittag zusammen mit Do spazieren zu gehen. Sie erholt sich zusehends und kehrte frisch und braun am 07.02. zurück. Wir hatten bei Valborg in Hannover Station gemacht, und uns an ihrem Heim und ihrer Familie erfreut.

Inzwischen hatten Otto und Magdalene bei uns eingehütet und sich ein wenig in die deutschen Verhältnisse eingelebt. Do und ich ließen uns von Amtsrichter Dehn über die Entmündigung von Elisabeth belehren. Er sagte uns, dass nur bei Geisteskrankheit ein Antrag ohne Mitwirkung des Patienten gestellt werden könne. Bei Geistesschwäche müsse der Kranke gehört werden. Er nahm ein ausführliches Protokoll auf und versprach mit dem behandelnden Arzt, Dr. Ebel, vorsichtig und schonend in unserem Sinne zu verfahren. Sein Kollege vom Vormundschaftsgericht, der mich zum vorläufigen Vormund ernannt hatte, teilt aber Elisabeth mit, dass sie wegen Geisteskrankheit entmündigt werden sollte. Damit war alles verdorben. Uns blieb nichts anderes übrig, als den Antrag zurückzuziehen, um nicht die Kluft, die nun zwischen uns und Elisabeth entstanden war, nicht noch zu erweitern. Diese aufregenden Wochen nahmen meiner guten Do die eben gesammelten Kräfte wieder. Allmählich beruhigt sich Elisabeth wieder. Aber die Möglichkeit, dass sie unbedachte Schritte tut, ist so groß wie zuvor.

Eine große Freude war die Nachricht, dass Otto ein Stipendium nach dem Honnefer System erhält: in den ersten drei Semestern je 150 DM für den Studienmonat, in den zweiten 3 Semestern 200 DM je Kalendermonat. So kann er sich auch halten, wenn ich nicht mehr helfen kann. Ich danke das in erster Linie meinem Freund Hallermann.

In den Osterferien kamen Valborg, Eckhart und Dorle zu uns, alle drei frisch und gesund. Valborg war noch ein bisschen schmal, die beiden Kinder wahre Prachtexemplare. Anfangs, als die Ottonen in Herweg zur Konfirmation von Franz waren, wohnten sie ganz bei uns, seit vorgestern in einem Zimmer bei unserem Nachbarn Petersen. Die Kinder spielten vor meinem Fenster im Sandhaufen, die Großmutter betreut sie, aber sie vertragen sich gut. Dorle ist so liebenswürdig, betulich, dass niemand widerstehen kann.

Am 01.04. fuhr ich nach Kiel, um unseren Architekten Ernst Prinz zum 80. Geburtstag zu gratulieren. Ich überreichte ihm das Aprilheft von „Schleswig-Holstein", in dem wir sein Bild und eine Widmung veröffentlicht haben. – Gestern brachten mir wieder Herr und Frau Wachholtz eine herrliche Azalie. Ich bin ganz beschämt. Wenn ich doch früher mit einem solchen Verleger zusammengetroffen wäre. – Otto, Magdalene und die beiden Kinder haben sich in Herweg erkältet und Magdalene hat wieder ihre Gastritis, vielleicht auf nervöser Grundlage. Aber die Umstellung von den USA auf Kiel ist auch nicht einfach.

Am Ostertag suchten die vier Kinder Eckhart, Dorle, Christine und Jens wegen des Wetters in meiner Stube Ostereier. Dortchen hatte für jedes Kind einen braunen Hasen mit vielen Ostereiern besorgt. Otto und Magdalene hatten Nester mit Eiern ausgelegt, aus Bothfeld kam ein Osterpaket, es war ein entzückendes

Bild, wie sie alle vier, auch Jens, der nur kriechen kann, suchten und jauchzten, wenn sie etwas fanden. Sie alle glaubten noch an den Osterhasen, und Valborg erzählte ihnen zweimal die Geschichte von dem Hasen an Hand eines sehr schönen Bilderbuches.

Am Vormittag spielte ich zum ersten Mal seit langer Zeit wieder Golf auf unserem schönen Platz. Als nachmittags die Sonne schien, versteckten wir im Garten Ostereier – Das Bild draußen war fast noch reizvoller.

Am 01.Mai sind Do und ich nach Schleswig gefahren auf eine Porträt-Ausstellung im Schloss Gottorp. Dann besuchten wir Marie Mirow und Käthe Edert. Marie Mirow liegt schon seit Dezember im Bett, doch hofft sie, bald wieder aufstehen zu können. Käthe genießt ihren Ruhestand; ihr Adoptivsohn Hartmut wohnt bei ihr. Zusammen mit Krohns tranken wir bei ihr Kaffee. Wir kamen müde und erfüllt wieder nach Hause. – Magdalene eröffnete uns, dass sie im Dezember ihr 3. Kind erwarte. Do wusste es schon, doch ich war sehr überrascht. Nach einer Bedenkzeit habe ich ihnen dann gesagt, dass sie auch mit drei Kindern uns willkommen seien.

Ich bin mir klar, dass dieses dritte Kind die Schwierigkeiten des Zusammenlebens noch erhöhen wird, und Do noch mehr beansprucht wird als bisher. Doch wir beide meinen, dass wir die neue Aufgabe auf uns nehmen müssen, solange wir es können.

Vom 12. bis zum 28. Mai besuchte ich in England meine Freunde Wetterns und Hudsons. Sie haben mich mit großer Gastfreundschaft und der gleichen Herzlichkeit aufgenommen. Dort besuchte ich auch Mrs Alan Glasby, Tally Wood, Limpsfield Chart, Oxstedt und Surrey, die schon Mutter von zwei gesunden Mädchen ist. Mit Hudsons fuhren wir nach Worthing und besuchten Mc Knight in der King Georgs Av. – Währenddessen hat Do Frl. Häbinger, die schwer erkrankt war, bei ihrer Mutter vertreten müssen. Eine schwere seelische Belastung. Erst zum 2. Pfingsttag kam die neue Pflegerin.

In der Nacht zum 05. Juni ist mein lieber Vater Speyer am Herzinfarkt verstorben. Schon beim Begräbnis von Klook war er sehr angegriffen. Werner hat ihn am 02.06. zu Dr. Zimmermann in Schönberg gebracht. Zu spät, 2 Tage später kam der Tod. Das ist ein schwerer Verlust für uns alle. Ein durch und durch vornehmer, sauberer, bescheidener, treuer Mann, voll Liebe, Güte und Hilfsbereitschaft, selbstlos für die Seinen sorgend. Morgen wird er im Krematorium verbrannt. Ein reich erfülltes Leben!

Zu meinem 78. Geburtstag begrüßte mich die ganze Kinder- und Enkelschar mit dem Lied „Geh aus mein Herz und suche Freud". Lauter glückliche Gesichter. Hans-Henning saß auf meinem Schoß, und hörte staunend und schweigsam zu. Sie brachten mir viele Blumen, und schenkten mir einen elektrischen Rasierapparat, der Großvater soll noch schöner werden! Am Abend kamen die restlichen Verwandten, die Schönberger mit herrlichen Rosen. Werner hatte gerade seine Meisterprüfung mit gut bestanden, worüber wir uns alle ganz doll freuten. So hat er seine berufliche Laufbahn erfolgreich zu einem Abschluss gebracht. Otto hatte das Vordiplom hinter sich gebracht. Er war nicht so zufrieden. In Anbetracht seines eisernen Fleißes, hatte er sich mehr versprochen. Aber im Endergebnis ist das nicht so von Bedeutung. Er ist ja erst 9 Monate wieder geistig tätig, muss sich auch sprachlich noch weiter schulen, und hat auch ein wenig Pech in der Prüfung gehabt.-- Ich besuchte vorher in Innsbruck den Kongress der föderalistischen Union und anschließend Gertrud Fortner in Horb a.N., Kiesingers in Tübingen und Helferichs in Bonn.

Otto und Magdalene machten in den Semesterferien mit ihrem „Consul" eine Fahrt durch Schleswig-Holstein. Jens konnte in dieser Zeit in Herweg bleiben und Christine bei Dortchen, wo sie mit Renate aus Ellerbek im Garten spielt. Ich höre ihre hellen Stimmen. – Mein Dortchen versteht es meisterhaft, die beiden Kinder richtig zu nehmen, auch die kleine Tine, die ihre Nervosität noch nicht ganz überwunden hat. – Valborg sandte mir aus Hannover Schokolade und fügte diesen Vers dazu:

Du hast des Lebens Süße nie verschmäht
Sie zu genießen ist es nie zu spät
Drum, ist der Alltag einmal fade,
Versüß ihn dir mit Schokolade

Sie hat mit Mann und Kindern 4 schöne Wochen an der Nordsee genossen und sich nach Mutters Bericht glänzend erholt, auch die kleine Dorothea, die sehr krank gewesen war. Sie liebt die Blumen, wie ihre Mutter es tat. Nach einem verregneten Sommer, genießen wir einen goldenen Herbst in vollen Zügen. Gerade ist Valborg mit ihren beiden allerliebsten Kindern bei uns. Sie muss sich etwas erholen und hat schwere Zeiten hinter sich. Ihr Mann hat inzwischen das Staatsexamen bestanden und wird ab Oktober im Ratsgymnasium in Hannover unterrichten. Valborg hat ihre Beamtenstellung auf den 01. Januar gekündigt, dann will sie sich ganz ihren Kindern und ihrem Hausstand widmen. Ihr könnt Euch denken, welch Stein mir vom Herzen gefallen ist, als Harry die letzte Hürde genommen hatte. Valborg hat mehr als 10 Jahre Dienst getan, davon 7 als Ehefrau.

Unseren Amerikanern geht es gut. Die Kinder gedeihen prächtig in der frischen Luft von Kitzeberg. Jens kann schon richtig laufen. Otto arbeitet fleißig. Er macht gerade eine Ferienarbeit und prüft die Abschlüsse landwirtschaftlicher Betriebe bei einer Beratungsfirma. – Zuweilen kommen die Ellerbeker mit ihren drei Kindern zu uns. Das ist eine ganz besondere Freude. Aber ebenso schön ist es, wenn Dortchen und ich abends in Ellerbek eingucken; denn Hans und Inken sind an den gleichen Dingen wie wir interessiert, und von großer geistiger Lebendigkeit. Unsere Schönberger bauen ihre Bindestube und ihren Laden aus. Ich muss ihnen sehr helfen, damit sie das Unternehmen finanzieren können. Aber da sie gut vorankommen, hoffe ich, dass das Risiko nicht allzu groß sein wird. Sie sind die vergnügtesten unserer Kinder. Elisabeth war im Herbst drei Wochen bei uns, Ihr Zustand ist unverändert.

Uroma

Die größte Sorge macht uns die Uroma. Seit gestern hat sie wieder eine neue Pflegerin. Die Vorgängerin ist nur 5 Wochen bei ihr geblieben. Sie wäre sicher länger geblieben, wenn sie entsprechend behandelt wäre. Uroma lebt immer noch in der Kaiserzeit und kann die neue soziale Einstellung nicht begreifen. So ist zu befürchten, dass auch die neue Kraft nicht lange bleiben wird. Da auch die Unterkunft in einem Altersheim sehr schwierig zu beschaffen ist. Da bleibt nur die Möglichkeit sie mit einer Pflegerin in Plön unterzubringen, wo ja genug Raum vorhanden ist und wo man mit den modernen Ölöfen auch für genügend Wärme sorgen kann. Je älter sie wird, umso schwieriger kann sie mit Geld umgehen. Für meinen liebe Frau ist die ständige Sorge um ihre Mutter nicht leicht zu tragen. Ich bewundere immer wieder mit welcher Geduld und gleichbleibender Freundlichkeit sie diese Aufgabe erfüllt

Eine große Freude war es für mich, dass Dodo zum 1. Mal eine gute Nachricht aus Bielefeld brachte, wo sie Elisabeth besucht hatte. Schwester Frieda Noeh, die treffliche Oberin des Johannes Stifts, war mit ihren Leistungen zufrieden und hat ihr das Taschengeld um 10 DM erhöht. Elisabeth will auch ihren Plan, ihre Ferien auf Amrum zu verleben, aufgegeben, und wird in dieser Zeit zu uns kommen. Ein Zeichen, dass sie den Schock vom Frühjahr überwunden hat. Sie hat sich auch wohl eine bescheidene Stellung im Altersheim erworben, und sie sieht im Augenblick ein, dass es besser ist, an einer Stelle auszuhalten. Aber das Vagieren ist wohl ein Ausdruck ihrer Krankheit.

Die Familie wächst

Am 02. Dezember 1958 hat Magdalene einen gesunden Jungen geboren: Und so war der Ablauf: Um 6.30 Uhr fragte Otto seine Magdalene, ob es nun nicht an der Zeit wäre, in die Klinik zu fahren, so brachte er sie hin und um 9 Uhr war der Kleine da. Wir sind sehr dankbar, dass alles ohne Schwierigkeiten abgelaufen ist. Der zweite Edert-Sohn der neuen Generation! Wir haben aber noch für vieles mehr zu danken. Harry hat den Assessor mit gut gemacht. Ihm ist ein Stein vom Herzen gerollt, und mir auch, zu Weihnachten wird Valborg die Schularbeit aufgeben, so dass sie sich erholen und den Kindern widmen kann. So hat sie es endlich geschafft, die kleine, kluge, zielbewusste Deern. Unsere Schönberger, Werner und Trudi, haben in der Zwischenzeit ihren Laden und ihre Bindestube umgebaut. Ein schmuckes Häuschen grüßt nun den Besucher. Werner und Gertrud fühlen sich glücklich darin, zumal die Verpächterin mit ihren Kindern ausgezogen ist. Seit einiger Zeit weiß ich, dass sie zu Ostern 59 ihr erstes Kind erwarten. Auch die Ellerbeker haben ihre Wohnung erweitert und das Dachgeschoss ausgebaut. Vor 14 Tagen standen Inken und Hans noch mitten in der Arbeit. Inken war ruhig, ausgeglichen, heiter, auch ein glückliches Bild.

Brief von den Schönbergern: Liebe Mutter und lieber Vater! Viele liebe Grüße von uns an Euch! Wir sind jetzt zwei und ein halb Ederts in Schönberg.

Schönberg, den 02.11. 58 und umseitig „Der Herr weiß alle Dinge und sieht zu welcher Zeit ein jegliches geschehen werde". (Sirach 42/10)

In Ellerbek feierten wir am 21.12. Renates Geburtstag und bewunderten die neu hergerichtete Wohnung. Viel Liebe, viel Geschmack und viel Glück ist da drin. Renate wurde fünf Jahre und ist ein reizendes Geschöpf. Sie erinnert mich an Inken, strahlend über einen Hula Hula Reifen, den ich ihr mitbrachte. – Weihnachtsmorgen war ein bedeckter aber freundlicher Wintertag, still, friedlich, der Rasen vor mir leuchtend grün. Da war mein Herz voll Dank. Unser junges Paar feierte erst für sich. Tine mit ihrem Puppenwagen, Jens mit einem Trecker und einem Affen, der mit Schellen schlagen kann, waren überglücklich und zeigten uns, als wir hineinkommen durften, ihre Schätze. Broder schlief inzwischen in meiner Stube.

Nach dem Essen feierten wir mit Otto und Magdalene zusammen. Die Kinder haben uns einen Plattenspieler mit 2 Platten geschenkt, mit meinen liebsten Liedern, die gleichen, die Do und ich miteinander gesungen hatten. Meisterhaft wiedergegeben. Rührend von den Kindern, uns diese Freude zu machen.

Wir sind wie immer Silvester still beieinander gewesen. Der letzte Tag im Jahr ist auch der Todestag von unserem Alfred gewesen. Do schlief in den Neujahrsmorgen hinein. Ich hörte noch zu Mitternacht die Sirenen im Hafen und das das Geknatter der Feuerwerkskörper. Gegen 19 Uhr weckte mich ein heftiger, lang andauernder Donnerschlag. Gewitter im Januar – wie ein drohendes Vorzeichen. Doch das Jahr 1958 hat uns viel Gutes beschert: Werners Meister und Umbau, Ottos Vordiplom, Harrys Assessor, Inkens Umbau, Broders Ankunft ohne Komplikationen, Dos Gesundheit trotz äußerster Beanspruchung, Valborgs Ruhestand, – viel Grund zum Danken. Ich selbst werde müde. Hoffentlich reichen meine Kräfte soweit, bis Otto fertig ist. Die Zeitschrift macht mir mehr Arbeit als ich wünsche. Ich möchte gern noch Zeit haben, meine Dinge zu ordnen, ehe ich gehe.

Bild 32: Otto mit Familie

Kranzbach 2

In der ersten Februarhälfte 1959 sind Do und ich zusammen mit Valborg, Eckhart und Dorle ins Schloss Kranzbach zum Wintersport gefahren, bei herrlichem Wetter und viel Schnee. In dieser Zeit waren in Kitzeberg nur Nebeltage.
Wir haben uns gut erholt, die Bilder zeigen es an. Ich war an einm Tag auf die
Zugspitze gefahren um den höchsten Berg Deutschlands zu sehen. Ich fühlte
mich aber auf der Bergspitze nicht sehr wohl. Doch war es eine große Freude,
mit diesen beiden reizenden Enkelkindern Ski zu fahren. „Großvater, weißt du
was?"

Fritz Pahlke

Am 01.03. starb plötzlich mein Freund und Nachbar Fritz Pahlke an einem Herzinfarkt, ein vornehm denkender, hilfsbereiter, gütiger Mann. Ich konnte seiner lieben Frau ein wenig beistehen. Sie ist von zarter Gesundheit. Fast scheu, und sie wird es mit ihrem Sohn Michael schwer haben. Ihre Tochter Almut, ein kluges, tapferes Mädchen, ist ihr Trost. Da man bei einem Mann, der eben von einer Skifahrt nach Hause gekommen war, über die Todesursache nicht im Klaren war, sollte die Leiche in die Anatomie zur Untersuchung gebracht werden. Ich erbot mich sie zu begleiten. Um 7 Uhr kamen die Leute. Georg Pahlke, lag im offenen Sarg, das edel geschnittene Gesicht, leicht nach rechts gewendet. In seinen gefalteten Händen hielt er eine Alpenrose, die er seiner Frau aus den Bergen mitgebracht hatte – ein unendlicher Friede sprach aus seinen Zügen. Frau Pahlke, Almut und ich standen um den Sarg, sie sprach ein Vaterunser, dann deckten die Leute den Sarg zu – mir steht immer noch dieses Bild vor Augen: Der Friede Gottes, der höher ist als alle Vernunft.

Familiengeschichten

Ende März 1959 rief Werner an und sagte: „Trudi ist gesund, aber das kleine Mädchen ist tot." Offenbar ist es von der Nabelschnur erstickt. Ich hatte die ganze Nacht mit Unruhe an die Schönberger gedacht. Wir hatten uns alle so mit Trudi auf das Kind gefreut. Sie war in diesen 9 Monaten so heiter und hoffnungsfroh, und ist in dieser Zeit fast ganz ohne Beschwerden gewesen und hatte bis zuletzt gearbeitet. Und nun diese Enttäuschung. Aber sie lebt, ist gesund und ist noch jung. Wir wollen heute Abend zu unseren lieben Schönbergern fahren und ihnen sagen, dass wir sie nun noch lieber haben. Wo sie zum ersten Mal in ihrer Ehe die andere Seite des Lebens, Schmerz und Trauer kennen lernen. Gestern sind wir bei ihnen gewesen. Mutter Speyer holte uns ab und berichtete, es ist eine Steißlage gewesen, dabei habe sich die Nabelschnur um den Hals des kleinen Mädchens gedreht und es erstickt. Dr. Zimmermann hatte das Kind geholt, da war es schon tot. Gertrud lag in einer sonnigen Stube, Werner las ihr Märchen vor. Sie war tapfer und gefasst. Sie klagte mit keinem Wort, kaum dass man ihr anmerkte, was sie eben durchgemacht hatte. Seelisch und körperlich, ein liebreizendes Menschenkind. Werner war so fürsorglich wie immer. Beide gehören so sehr zusammen.

Am 05.04.1959 wurde Broder in derselben Kirche, in der Werner und Trudi getraut wurden, getauft. Werner und Johannes Richter waren Paten. Die Ellerbeker waren mit ihren 3 Kindern gekommen, so dass 6 Enkel in der Kirche waren. Rührend, dass Werner, der bei dem zeitigen Frühjahr übermäßig viel zu tun hat, und sich zugleich bemüht, seine tapfere Gertrud aufzuheitern, auch am Gottesdienst teilnahm. Der kleine Broder gedeiht prächtig. Magdalene ist eine treusorgende Mutter. Sie sah liebreizend aus, als sie ihren Jungen zum Taufbecken brachte.- Möchte sie viel Freude an ihm haben.

Otto wurde am 12. 04.1959 30 Jahre alt. Er geht mit seiner Frau in unsere Dorfkirche, um zu danken. Wir beide, Do und ich ließen, als wir beim Frühstück in meiner Stube saßen, noch einmal den Tag vor 30 Jahren an uns vorüberziehen, und dankten auch. In wieviel Not, hat nicht der gnädige Gott über dir Flügel gebreitet. Nun ist unser Otto schon 1 ½ Jahre wieder bei uns. Er hat die Hälfte seines Studiums schon hinter sich. Ruhig und zielbewußt geht er seinen Weg. Seine verständige und verständnisvolle Frau ist für ihn eine treffliche Ergänzung. Seine drei Kinder gedeihen und wachsen in unserem Haus, in der Heimat auf. Wie viel Grund haben wir zu danken! Eigentlich ist er, durch seine Heimkehr, uns noch einmal geschenkt.

Dieser köstliche Sommer, warm und freundlich, geht schnell vorüber. Für den Garten regnet es zu wenig. Wir genießen die Sonne, zumal unser trefflich gebautes Haus immer eine kühle Stube bietet. Nun bin ich in das 8. Jahrzehnt eingetreten, ich wundere mich selbst, Viele meiner Altersgenossen sind schon hinüber gegangen, im Juli Marie Mirow und Adolf Ihde. Meine Brüder sind lange tot. Otto am 02. November 1916, Hermann 1938 und Richard 1948. Meine Kinder und Enkel waren heute bei uns, und brachten Blumen und Platten für den Plattenspieler, auch Johannes Richter kam zum Gratulieren. Wir waren vergnügt und dankbar. Es fehlten die Hannoveraner. Sie sind in Dunsum auf Föhr und werden auf der Rückreise kommen. Ende Juni ist Do erst in Berlin bei Marianne Abel geb. Thaer gewesen, und dann in Biederitz. Unser Haus ist wieder ziemlich in Ordnung. Die Gemeinde verwaltet es. Es bringt nichts ein, aber der Wert wird erhalten bis?? Der Tag x ist wieder in weite Ferne gerückt, da die Genfer Außenministerkonferenz ergebnislos abgebrochen wurde.

Zum 01.04.1960 kündigte ich meinen Vertrag mit dem Wachholtz Verlag und schlug vor, dass die Zeitung durch meinen Freund Klose weitergeführt wurde. Der SHHB ist mir jedoch darin nicht gefolgt und schlug einen Herrn Jürgensen vor, den ich jedoch nicht für geeignet hielt. Sollte nun die Zeitung nach 11-jährigem Bestehen am 01.07.1960 eingehen?? Zunächst wurde der Herr Jürgensen als Nachfolger eingesetzt. Verärgert erklärte ich darauf am 20. Juli meinen Austritt aus dem Vorstand des SHHB, dem ich von 1922 – 1933 und von 1948 bis 1960 angehört hatte.

Mein schönstes Geburtstagsgeschenk ist eigentlich der heutige Golferfolg:

2 Runden mit je 43 Schlägen = 86 Schläge. Ich erreichte den 2. Preis im Monatsspiel und meine Vorgabe wurde auf 24 gesetzt, was ich mir schon lange gewünscht hatte. Ein Geschenk, weil mein Golf ein Gradmesser für meine Gesundheit ist. Im August musste Do wieder nach Bielefeld reisen. Elisabeth ist auf eigene Faust nach Bremen gefahren, um sich eine andere Stelle zu besorgen. Da hat meine Do versucht, sie wieder zu recht zu setzen. Nach zwei Tagen ist es ihr gelungen, Elisabeth im Johannesstift zu halten. Die Stationsschwester will es noch einmal versuchen und sagte: Ich will ihnen helfen, die Last zu tragen. Wieder einmal hat Do es mit all ihrer Liebe geschafft.

Am 15.08. fuhren Boltes vor. Aus dem schmucken grauen Auto stiegen 4 braungebrannte, frische und vergnügte Kinder und Enkel aus. Harry breiter und voller, ein Bild von Kraft, Valborg auch ein wenig runder, sie wiegt endlich wieder über 100 Pfund. Eckhart und Dorle, ungewöhnlich schmucke, wohlerzogene Kinder. Dorle habe ich heute Morgen im Bade getroffen. Mir ist, als hätte ich noch nie so ein anmutiges wohlgebildetes Persönchen gesehen. Sie alle erzählen von den schönen Ferien auf Föhr. Wir saßen noch lange mit Otto, Magdalene und ihnen auf. Heute ist der ersehnte Regen gekommen. Hoffentlich klart es heute Nachmittag wieder auf.

Als ich am 28.11. abends aus Luisenlund kam, sagte Do: Andreas Backhaus lässt grüßen. Inken hatte am Morgen einen kräftigen Jungen geboren. Es war eine leichte Geburt gewesen. Do hat am nächsten Morgen auch gleich den Jungen gesehen und beobachtet, wie die drei Geschwister ihn begrüßt hatten. Am Nachmittag waren Do und ich bei Inken. Sie lag strahlend und glücklich im Bett, so, alswäre das alles eine Kleinigkeit gewesen. Meine gute Do fuhr abends noch einmal zu ihr um die Mutter zu vertreten. Sie ist Großmutter und Familientante in einer Person. Wir hatten auch wettermäßig ein sehr schönes Jahr, und im Herbst prangte Kitzeberg in recht bunten Farben. Da kam Valborg mit den beiden Kindern. Das war fast zu viel Besuch für unser Häuschen. Ich selbst habe in dieser Zeit am „Rahmenplan" gearbeitet und einen Aufsatz in „Schleswig-Holstein" veröffentlicht. Das sollte meine letzte pädagogische Äußerung sein.

Als Inken am 07.12. aus der Klinik entlassen wurde, und wir sie in Ellerbek besuchten, war sie frisch und munter. Sie blieb auf, bis ich um 21.30 Uhr ging. Und wir sprachen, da sie im Wochenbett Vaters Erinnerungen gelesen hatte, über die Voreltern. Welch ein Schatz sind doch solche Aufzeichnungen! Warum bin ich nur so säumig gewesen. Vielleicht komme ich mehr dazu, wenn ich die Zeitung abgegeben habe. Ich bemühe mich seit einiger Zeit einen Nachfoger zu finden, um mich zur Ruhe setzen zu können. Als ich letztlich die Schönberger besuchte, merkte ich, dass Trudi die Enttäuschung durch die Fehlgeburt noch nicht ganz überwunden hatte.

Do hatte zwei Wochen in Ellerbek geholfen. Sie hat die Tage, obwohl sie sehr arbeitsreich waren, doch sehr genossen. Die Atmosphäre bei den Backhäusern findet sie sehr angenehmen, mir sind die Kinder zu laut, aber Inken scheint das gar nicht zu stören. Ich habe die ersten Schritte getan, um die Nachfolge in der Schriftleitung der Monatshefte zu sichern, aber es scheint nicht ganz einfach zu sein. Wir haben Weihnachten in der alt hergebrachten Weise gefeiert. Der äußere Rummel des Schenkens wird immer stärker. Wir sind mit den Kindern in ihrer Stube gewesen, wo Tine und Jens sich fast überfreuten, Broder, 13 Monate alt stand neben der Großmutter auf seinen festen kleinen Beinen, und sah staunend den Geschwistern zu, wie sie mit ihrem Kaufmannsladen (Tine) und ihrem Bauernhof (Jens) spielten. Nachher saßen wir mit Otto und Magdalene lange zusammen. Nach der Bescherung habe ich ihnen aus Vaters Tagebuch das Lebensbild meines Bruders Otto, – nach dem Otto genannt ist – vorgelesen. Es ging mir sehr nahe – mein Bruder Otto war ein begnadeter, mit allen guten Gaben bedachter Mann. –Wen die Götter lieben, lassen sie jung sterben.

Zur Weihnachtsmesse fuhren Do und ich in die Nikolai-Kirche. Wir fuhren mit Iversen und kamen so rechtzeitig ins Bett. Am Neujahrstag besuchten wir unsere Schönberger in ihrer behaglichen Wohnstube. Am 2. Weihnachtstag waren sie bei uns, immer ist eine solche Begegnung eine Bereicherung. So viel Wärme strahlen die beiden aus. Mit ihrer Gärtnerei kommen sie voran. Der Abschluss vom letzten Jahr weist einen Umsatz von 72 000 DM auf. Bei der Übernahme betrug er 28 000 DM. Man kennt den Betrieb nicht wieder. Von Schönberg aus

besuchten wir Hans und Inken in Ellerbek und hatten ein reizendes Plauder-
sitzung in ihrem Weihnachtszimmer. Inken sah so wohl aus, als hätte sie die
Geburt völlig überstanden.

Das Ende der Monatshefte

Am 30.12.1959 hatte ich die Schriftleitung der Monatshefte auf den 01.04.1960 gekündigt. Ich hatte als Nachfolger Dr. Friedrich Klose und Christian Jensen vorgeschlagen. Ich habe auch Frl. Dr. Holm, meiner Mitarbeiterin, diesen Entschluss mitgeteilt. Sie nahm die Nachricht ruhiger auf, als ich erwartet hatte. Ich habe das Gefühl, dass es Zeit ist, mich zur Ruhe zu setzen und meinen Nachlass zu ordnen. Es ist besser, wenn ich sage, es ist an der Zeit zu gehen, als wenn die anderen es mir nahelegen. Seit der Kündigungsbrief abgesandt ist, fühle ich mich erleichtert.

Der Januar 1960 war kalt. Wir hatten Schnee und das Termometer zeigte -10° C. ein Vorgeschmack auf unsere Winterreise nach Kranzbach. Wir sind beide urlaubsreif. – Wir hatten in Kranzbach 18 erholsame Tage. Auf der Hinfahrt feierten wir noch am 11.02. Valborgs Geburtstag in Bothfeld, und freuten uns an der Harmonie ihres Hauses, insbesondere an ihren entzückenden Kindern. Am nächsten Tag kamen wir spät abends in Kranzbach an.- Es vervollkommend sich von Jahr zu Jahr. Wir fühlten uns dort ganz zu Hause. Heide Kalz, unsere schmucke Nachbarin, versorgte uns. Do erholte sich langsam. Es war die höchste Zeit, dass sie ausspannte. Sie ist in Kitzeberg stark überlastet, besonders durch die Uroma. Auch bei unseren Spaziergängen hatte ich gespürt, dass ihre Leistungsfähigkeit nachließ. Übrigens auch die meine. Ich habe nur sechs Mal auf den Brettern gestanden, ich will sie nun nicht wieder ausführen. Im 80. Lebensjahr kann man wohl aufhören. Am 03.03. kam ich aus Kranzbach zurück. Do fuhr noch zu Elisabeth nach Bielefeld. Ich hoffe sie kommt morgen.

In Elzau trafen wir Ursula Raiser geborene Knaut, und sprachen über den Tod ihres Vaters, meines Freundes aus Magdeburg. Er hat zuletzt in den Pfeiferschen Anstalten einen Schlaganfall bekommen, und ist nicht wieder aufgewacht. Ursula sah sehr elend aus, sie gleicht ihrer Mutter, aber ist ganz mager. Auf dem Ausflug nach Seefeld habe ich meine liebe Do wohl überanstrengt, hoffentlich hat das keine Folgen für ihr Herz. Überhaupt, ich glaube, dass die Höhe von

1040 m zu viel ist. Wir müssen es uns in Zukunft bequemer machen. Auf der Rückreise unterbrachen wir noch einmal in Hannover, da habe ich eine Stunde lang Dorle das Bilderbuch von Wilhelm Busch vorgelesen. Ich höre noch ihr silbernes Lachen. Gestern trudelte ich dann wieder in Kitzeberg ein, selig wieder zu Hause zu sein. Kinder und Enkel sind gesund, ich selber habe geschlafen, so tief, als hätte ich lange keinen Schlaf mehr gekriegt. Heut morgen saßen Tine und Jens an meinem Frühstückstisch, wir waren sehr vergnügt. Und Broder kann laufen!

Ich habe in letzter Zeit mehrere Gespräche mit Otto über seine Zukunft geführt. Er hat keine rechte Lust zum Beamten, eher zum Gelehrten. Am liebsten möchte er eine Siedlung haben um Versuche durchzuführen. Ich fürchte, dass eine Siedlung den ganzen Mann beansprucht und für Wissenschaft kaum Zeit übrig bleibt.

36. Hochzeitstag

An unserem 36. Hochzeitstag, dem 5. von Otto, habe ich mich bei meiner Do bedankt, dass sie es so lange mit mir ausgehalten hat. Es war ein kalter Märztag mit hartem Ostwind und ohne Sonne. Aber in unserem Herzen ist alles hell und warm. Do hat mir heute beim Frühstück in unserer Arbeitsstube, von wo man so schön auf Alfreds Stein sehen kann, den Psalm „die Himmel rühmen…" vorgelesen. Die Vertonung von Beethoven haben wir oft gesungen, voll Dank. –

Inzwischen habe ich noch Gelegenheit gehabt, mich über meine Landsleute vom SHHB zu wundern. Sie haben meinen, im Einklang mit Dr. Clasen und Wachhotlz gemachten Vorschlag auf der ersten Sitzung unentschieden gelassen und auf der zweiten Sitzung am 15.03. abgelehnt, und dafür Wilhelm Jürgensen gewählt. Ich halte ihn für ungeeignet. Politisch ist er zu belastet und in seiner Haltung zu grenzkämpferisch. Es fragt sich noch, ob er zu diesem Zweck pensioniert wird und ferner, ob Wachholtz zustimmt. Wachholtz wird unter Umständen den Vertrag kündigen. Dann würde die Zeitschrift mit dem 01.07. nach 11 jährigem Bestehen, aufhören. Mir ist es lieber, dass meine Arbeit zu Ende geht, als dass sie mit einer anderen Richtung fortgesetzt wird.

Auch Hans Backhaus' Sache ist nicht weiter gediehen. Gestern saß ich neben Kock beim Essen in der Gesellschaft für Schleswig-Holsteinische Geschichte. Ich erzählte ihm, dass Blättner meinen Antrag am 23.02. abgesandt habe, und dass er nicht im Ministerium angekommen sei. Er sagte, dass das schon öfter vorgekommen sei. Er wolle sich aber um die Sache kümmern – hoffentlich. Am 03.05 haben wir Inken zum Geburtstag gratuliert. Sie besuchte uns am 13.03. und führte uns ihre Familie, besonders ihren Sohn Andreas vor. Inken war so strahlend, so prangend wie je. Das 4. Kind hat sie wohl noch schöner gemacht. Broder hat angefangen zu laufen. Er wackelt noch ein bisschen, doch nun laufen 3 kleine Ederts in unserem Hause und im Garten herum. Es ist ein reizendes Bild. Gestern war ich in Schönberg, um Werner zu helfen. Er hat ein Rollhaus bei einer Firma in Xanten am Niederrhein bestellt, und die Firma liefert nicht. So dass Werners Dispositionen über den Haufen geworfen sind. Eben erhielt Werner telefonisch die Nachricht, dass sie nächste Woche liefern wollen. Hoffentlich!

Die beiden Schönberger arbeiten von früh bis spät, und kommen kaum zu sich selbst. Ich fürchte, dass mein Werner sich zu viel vornimmt. Auch dass er in geschäftlichen Dingen zu vertrauensvoll ist. Er hält die anderen für zu anständig. Aber trotz allem, jeder Besuch bei ihnen, auch wenn sie gar keine Zeit haben, ist beglückend.

Do hat unsere Ellerbeker gestern besucht. Andreas ist bezaubernd, berichtet sie, und Inken eine strahlend glückliche Mutter. Sie mit diesem Jungen zusammen zu sehen ist unvergesslich. – Hans hat die Hoffnung, dass er beurlaubt wird. Das wäre eine Chance, die ihn vorwärts bringen kann. – Der Wachholtz Verlag hat, wie ich erwartete, dem SHHB auf den 01.07. gekündigt. Hoffentlich besinnt sich der Vorstand. Sonst ist es mit den Monatsheften zu Ende. – Ein stiller Samstagabend. Do betreut in Vertretung von Frl. Kleingarn ihre Mutter. Otto und Magdalene gehen zum Abtanzball und ich bin Babysitter bei den 3 Kindern. Hoffentlich schlafen sie heute Nacht. In Schönberg ist das Rollhaus tatsächlich eingetroffen. Die Leute sind gekommen um es zu montieren. Hoffentlich klappt nun alles. Hans ist von seinem Rektor verabschiedet. Irgendeine Nachricht von der Landesregierung ist aber noch nicht eingetroffen. Die bürokratischen Mühlen mahlen langsam. Es ist die Chance seines Lebens. Mit der Zeitung steht es noch wie vor einer Woche. Wachholtz will nicht mit Jürgensen zusammenarbeiten. Am 13.04. ist die Vorstandssitzung. Ob sie aus der völlig verfahrenen Lage heraushilft, ist mir zweifelhaft. Gestern hat es seit vielen Wochen geregnet, alles atmet auf, obwohl es noch recht kühl ist. Die Vorstandssitzung des SHHB hat die Entscheidung gebracht, dass Jürgensen mein Nachfolger werden soll. Anscheinend will die CDU den unbequemen politischen Gegner kalt stellen, indem sie ihn auf ein unpolitisches Gleis abschiebt. Sie opfert dafür die Zeitschrift, denn ich glaube nicht, dass sie sich halten kann. Mir ist das schmerzlich. Aber es ist wohl mein Schicksal, dass ich am Ende jeder längeren Arbeit einen Eselstritt bekomme. Aber ich habe ja meine Frau und meine Kinder. Leid tut mir auch das Schicksal von Frl. Dr.

Holm. Wenn Jürgensen verständig ist, engagiert er sie als volle Mitarbeiterin. Aber er wird es nicht wollen und sie auch nicht.

Ich hatte eines der reizendsten abendlichen Telefongespräche mit Gertrud. Ich hörte, dass das Rollhaus fertig und bestellt sei, dass Gissel, der neue Lehrling, sich jetzt besser mache, und dann sagte sie – so nebenbei – im September könnte ich auch mal in Schönberg den Babysitter machen. Ich tat, als wüsste ich gar nichts, war völlig überrascht. Aber diese schalkhafte Art meiner lieben Tochter hat mich beglückt. Gott helfe ihr diesmal! Am 05.05. haben wir meinen alten Wandervogelfreund Fritz Jaquet begraben. Es wird immer einsamer um mich.Wir sangen: „O Welt ich muss dich lassen, ich fahr dahin mein Straßen, ins ewge Vaterland…" Zu Pfingsten hatten wir schönes Wetter nach vielen Wochen trockenem, kalten Ostwind. Der Garten blüht so reich wie nie zuvor. Meine kleinen Apfelbäume überbieten sich an Fülle. Von meinem Schreibtisch sehe ich die leuchtende Clematis, dahinter den Goldregen in verschwenderischer Pracht. Wir verleben die Pfingsttage in der Stille unseres Hauses. Acht Tage lang war Magdalene mit ihren drei Kindern in Herweg, Otto ist Sonntagfrüh nachgefahren und eben kommen sie alle gesund zurück. Wir hatten schöne Tage mit Otto. Während des Semesters ist er sehr angespannt, und sitzt dann abends bei seiner Frau. Nun hatten wir ihn wieder bei uns, und es war behaglich wie in alter Zeit. Am Sonnabend guckten Werner und Trudi kurz bei uns ein, froh und zuversichtlich, wie immer. Sie freuten sich auch an unserem Garten. Werner hat ihn ja angelegt, und hängt sehr an diesem Stückchen Erde.

Am 04.08. kam auch das Juni-Heft heraus. Es sollte mein letztes sein, doch ich habe mich breit schlagen lassen, auch das Juliheft noch zu redigieren, um der kopflosen Führung des SHHB Gelegenheit zu geben, die Nachfolge zu regeln, was ihr bisher aus meiner Sicht nicht gelungen ist. Der Ärger der letzten Monate hat sich auch in meinem Gesundheitszustand geäußert. Ich mag nicht mehr, spüre auch, dass meine geistige Spannkraft nachlässt. Otto hat seine Examensarbeit vollendet, eine fleißige Arbeit, die ihm hoffentlich den Weg zu einem guten Abschluss bahnt. Morgen wird er in Eutin mit der Ostholsteinischen Landsiedlung verhandeln, dann wird sich entscheiden, was mit ihm nach der Prüfung wird. Hans Backhaus sitzt nun schon 2 Monate an seiner Dissertation über das 9. Schuljahr. Er hat Reisen nach Hamburg und Berlin gemacht, um Material zu gewinnen. Wie möchte ich ihm wünschen, dass er sein Ziel erreicht. Ende der Woche reist er nach Schwaben und Hessen. Gestern Abend rief ein Herr Hagemann an, der zu einer Tagung nach Kiel gekommen war, und sagte, er sei im Winter 1945/46 Primaner in der Domschule in Magdeburg gewesen und erinnerte sich mit Dankbarkeit an meinen Unterricht im Deutschem, er möchte das bei dieser Gelegenheit doch sagen. Er ist Jurist (?) geworden und lebt in Süddeutschland. Ich hatte ihn und fast auch die Zeit in Magdeburg vergessen, wo ich schon aus der Behörde rausgesetzt war, und in der Domschule unterrichtete; aber mit meinen Gedanken schon wieder in der Heimat war. Aber dieser Anruf bewegte mich doch, und dass nach 14 Jahren einer noch daran denkt. In den letzten Wochen habe ich das Juliheft redigiert unter starker Hilfe von Frau Dr. Holm und ich habe einen Abschiedsgruß an meine Leser gerichtet.

Aus dem vielfachen Echo sehe ich, dass er irgendwie gewirkt hat. Ich hatte mir dabei Mühe gegeben, nichts von den unerquicklichen Gesprächen über meine Nachfolgeschaft zu erwähnen und auch nicht von der Vorstandssitzung am 29.06. in Rendsburg, an der ich auf Clasens und Wachholtz Bitte teilnahm, und auf der Hanno Schmidt den Vorschlag machte, diese Kulturzeitung eingehen zu lassen und durch ein 6 mal im Jahr erscheinendes kostenloses Mitteilungsblatt zu ersetzen. Die Rede war so töricht, dass ich nichts dazu mehr sagte. –

Am 20.07. habe ich dann meinen Austritt aus dem Vorstand des SHHB vollzogen. Das ist mit nicht leicht gefallen. Denn ich bin von 1922 bis 1933 und von 1948 bis 1960 im Vorstand des SHHB tätig gewesen, und habe sehr viel Arbeit und Liebe darauf verwandt. Es ist wohl mein Schicksal, dass ich am Ende einer Tätigkeit in Schleswig-Holstein einen Eselstritt bekomme. Meine Do hat aber dafür tröstende Worte gefunden. Sie ist gestern aus Bielefeld zurückgekommen, wo unsere Elisabeth uns wieder Sorgen machte. Sie hatte eine Heiratsanzeige aufgegeben, worauf sich ein Joachim Schöning meldete. Do hat seine Eltern in Oesede aufgesucht. Es handelte sich um einen auch hilfsbedürftigen jungen

Mann, und seine Eltern waren so einsichtig, dass das Unglück Dank Do Geschick, abgewehrt werden konnte.

An meine Leser!

Mit diesem Juliheft beende ich meine Arbeit als Herausgeber und Schriftleiter der Monatshefte Schleswig=Holstein und setze mich aufs Altenteil. Die Arbeit begann vor gut elf Jahren, 1949, unter sehr schwierigen äußeren Verhältnissen mit einem Juniheft, das mit dem Flensburger Nordertor geschmückt war. Ich umriß darin die Aufgabe, die auch heute noch gültig ist, stellte das Ziel auf, das wir bis jetzt verfolgt, wenn auch gewiß nicht erreicht haben. Nun stehen elf mächtige, blau gebundene Bände auf dem Bord, an denen viele Herzen und Hände mitgearbeitet haben. Dafür sage ich herzlichen Dank!

Zunächst den Männern der Schwarzen Kunst, die in diesen Jahren daran mitgewirkt haben, insbesondere dem Karl Wachholtz Verlag, Neumünster, der seit dem 1. April 1957 nicht nur den Druck, sondern auch den Verlag übernahm, der unsere Arbeit durch treffliche graphische Gestaltung, mehr noch durch verständnisvolle Anteilnahme förderte; mit ihm zu arbeiten war eine Freude.

Ein rechter Trost waren auch die stillen Freunde im Lande, die mir halfen, die teuren Farbdruckbeilagen zu bezahlen.

Die größte Freude bereiteten mir die Mitarbeiter. Mein Wunsch, schon im ersten Heft geäußert, die Zeitschrift möge alle geistig Schaffenden im Lande um sich sammeln, ist in weitem Umfang in Erfüllung gegangen. Die besten Namen unserer Gelehrten, Volkserzieher, Wirtschaftler stehen unter den Beiträgen. Die Leiter der Museen, der Kunsthallen, der Landesbibliothek berieten und förderten uns, die Künstler, die Maler, die Musiker, besonders die Dichter wurden und blieben unsere Freunde; sie halfen aus Liebe zur Sache, nicht um des bescheidenen Lohnes willen.

Das taten auch meine engsten Mitarbeiter, Dr. *Martin Steinhäuser*, der mich mehrere Jahre in der Schriftleitung vertrat, *Hans Ehrke*, der, selber ein Meister der plattdeutschen Sprache, „Uns' Moderspraak" mit Geschick und Geschmack redigierte, und Frau Dr. *Thea Holm*, die mir in den letzten Jahren, als meine Feder langsamer wurde, mit ihrem umfassenden Wissen und sicherem Urteil zur Seite stand.

Den tiefsten Dank schulde ich meiner lieben Frau, die mit gleichbleibender Freundlichkeit und Geduld die Unbequemlichkeiten der Redaktion im eigenen Hause als Aufwartung und Telefonistin hinnahm, aber zugleich mich in der Schriftleitung beriet und auf das Glück=lichste ergänzte.

Alles in allem: Daß die Arbeit an den Monatsheften mich mit so vielen ausgezeichneten Männern und Frauen zusammengeführt hat, das hat meinen Lebensabend reich gemacht; dafür danke ich von ganzem Herzen.

„Und somit will ich Feierabend machen", sagt Matthias Claudius (Werke, Bd. 3, S. 173) „und von meinen Lesern Abschied nehmen . . . Ich habe, als einfältiger Bote, nichts Großes bringen wollen, sondern nur etwas Kleines . . ., das aber habe ich nach bestem Wissen gebracht und ich sage in allen Treuen, daß ich nichts Besseres bringen konnte."

Kitzeberg über Kiel, 30. Juni 1960

Eduard Edert

Die Söhne kommen voran

Otto sitzt in der Prüfung, die sich über einen Monat hinzieht. Aber er ist guter Dinge. Wir haben heute Abend über seine Zukunftspläne gesprochen. Ob Siedlung oder Mitarbeiter bei der Siedlungsgesellschaft in Eutin ist die Frage, die sich wohl bald nach der Prüfung entscheiden wird. Gestern schickte mir Werner eine Überweisung. Auf dem Abschnitt stand nur: „500 DM erster Abtrag." Das war echt Werner. Ich hatte ihn nicht gebeten. Er hätte das Darlehn von 3.000,- DM gerne weiter behalten und mit ihm weiter arbeiten können. Als er am Abend mit einem Strauß herrlicher roter Nelken, seiner neuen Züchtung, zu mir kam, sagte er nur: "Ich möchte es lieber so halten!"

Gestern sind Do und ich zum Todestag meiner Mutter auf den Friedhof gefahren. Do hatte gerade ihr Lieblingsgedicht von Ina Seidel wiederholt.

> „Wo kommst du her?
> Wie lang bist du noch hier?
> Was liegt an dir?
> Unsterblich blühn die Linden."

Der achtzigste Geburtstag

Dieses Gedicht klang auch durch die Tage, die wir zu meinem 80. Geburtstag in Luisenlund verlebten. Ich wollte gern, wie beim 70., und 75. so auch beim 80. mit Do allein sein, und unser Freund Lues stellte wie immer das Dozenten-Zimmer zur Verfügung: Vom Schlafzimmer sieht man auf die alten Bäume des Parks, vom Wohnzimmer hinaus auf die Schlei, der Durchblick von alten Linden umrahmt. Und da es ausnahmsweise an diesen Tagen nicht regnete, summten 10.000de Bienen in den Blühten, es summte wie ein Celloton. Der Herzog, Prinz Peter, Lues, Frl. Pranz, von Biehlers brachten uns viele Blumen. Wir konnten am Ufer der Schlei durch den herrlichen Wald und bis nach Herweg spazieren und von alten Zeiten sprechen. Tage der Besinnung, der Einkehr und des Dankes.

An diesem Tag, von dem der Psalmist singt: Wenn es hoch kommt, so sind es 80 Jahre, – sitze ich in einem Märchenschloss an der Schlei, und blicke durch die weit offenen Fenster auf die große Breite. Die mächtigen Linden zur Rechten und Linken geben den Blick frei bis zum jenseitigen Ufer, das im Sonnenglast dieses Hochsommertages zu verdämmern scheint. Stünde nicht ein Segel ganz fern am Horizont, ich könnte meinen, ich wäre ganz allein an diesem stillen Fleckchen Erde, der mir als der schönste erscheint. Und wie mein Auge sich in das Grün des Waldes senkt, da kommen mir ganz von selbst die Worte meines schwäbischen Freundes: „Mein Herz, o sage, was hast selbst Du für Erinnerung in golden grüner Zweige Dämmerung? Alte unnennbare Tage." Unnennbar, unsagbar ist auch das, was mein Herz heute bewegt – rückblickend auf den seltsam verschlungenen Lebensweg. Aber das Summen der Bienen klingt wie ein Lied, und ich höre deutlich: „In wieviel Not, hat nicht der gnädige Gott über mir Flügel gebreitet, über mir, meiner Do und meinen Kindern. Unseren prächtigen Alfred hat er nicht behüten können oder wollen; sein Wille geschehe."

Wieder in Kitzeberg, sagte ich zu meinen Kindern: Tiefe Befriedigung erfüllt mich, dass ihr alle heute um uns seid, um uns danken zu helfen. Dankenswert auch der Tag deshalb, weil gerade an ihm unser Otto eine letzte Station seines Bildungsweges erreichte. Weil ich nun sagen kann, sie sind alle ans Ziel gekommen. So weit, dass sie sich selber helfen können. Diese eine Lebensaufgabe, für deine Kinder zu sorgen, ist erfüllt. Du kannst Feierabend machen.- Sonst vielleicht bin ich oft vor dem Ziel liegen geblieben. Vielleicht fehlte es mir an Ausdauer und Beständigkeit. Leicht erfüllt von einer neuen Idee, wandte sich mein Sinn auch gar zu leicht einer anderen Aufgabe zu. Freilich zwei Weltkriege und drei Revolutionen bauten große, zum Teil unüberwindliche Hindernisse auf. Der Ausbruch des ersten Weltkrieges machte dem Plan einer Waldschule am Rande der Großstadt ein Ende. Zu früh gab ich in Grünberg den Plan auf, ein normales öffentliches Gymnasium in eine Erziehungsstätte nach englischem Vorbild zu verwandeln und sie mit dem Geist der Jugendbewegung zu erfüllen. Ich war auf gutem Wege, aber der Ruf der Heimat war stärker. Ich glaubte, meine Vorstellungen von Jugenderziehung im großen Rahmen verwirklichen zu können. In Wirklichkeit verringerte sich der Einfluss der höheren Instanz mit dem Quadrat der Entfernung. Ich versuchte die jungen Lehrer zu Erziehern auszubilden. – Ich reihte mich früh in den Kampf um die Grenze ein, sah das Ziel, die geistigen Kräfte des Volkstums zu entwickeln, ich baute das deutsche Schulwesen in Nordschleswig auf, der Umsturz 1933 riss mich aus allem heraus. Die Niederlage 1945 zerstörte mein Werk. Ich stand allein, meine Do freilich, stand bei mir. Ich lernte die Menschen in ihrer moralischen Gebrechlichkeit kennen und verachten.

Seltsam genug, dass die Magdeburger mich gewähren ließen, als ich mit Hilfe meiner Freunde wie H. Arbeck und Gustav Schulze das Studienseminar im Kloster unserer Lieben Frauen in meinem Sinne aufbauen konnte und durfte; dass ich den Bedrängten und Verfolgten zuweilen helfen konnte; dass wir in unserem verschwiegenen Biarritzer Park unser eigenes Leben mit allen unseren Kindern leben durften. Nach dem letzten Schlag 1945 sah ich bald, dass in der Zone für mich keine Wirkungsmöglichkeit bestand. Seltsam genug, dass wir versuchten unser Eigentum zu erhalten, weshalb ich meine Do allein 1 ½ Jahre in der Zone ließ. In Kiel versuchte ich mich erneut in der Erziehung der Erzieher. 1948 setzte die Altersgrenze dem ein Ende. Rückblickend kann ich nicht verstehen, dass ich mich dann nicht zur Ruhe setzte, sondern, nachdem ich von

England zurückgekommen bin, mit den Vorbereitungen für die Monatshefte begann, und nach Überwindung vieler Schwierigkeiten die Lizenz erhielt und den Verleger fand. Freilich sollte diese Arbeit nur eine Altersbeschäftigung sein. Dass sie schließlich meine ganze Arbeitskraft erforderte, wussten wir noch nicht.

Wir – ist nicht richtig – denn schon im Herbst begann die Zeit des MdB (meine spottlustigen Töchter sagten BdM) – und Do trug die Last der Redaktionsarbeit.

Vier Jahre MdB, das waren die anstrengendsten Jahre meines Lebens. Nicht unbedingt die ertragreichsten, aber sie weiteten den Blick, lehrten mich Menschen und Freunde, Völker und Länder kennen. Ich hätte mich wohl mehr um meine Wähler kümmern müssen. Mir als Parteilosen stand keine Organisation zur Seite. So endete die Zeit mit einem Missklang. Ich sollte CDU-Mann werden, ich wollte unabhängig bleiben. Dann wieder 6 Jahre Monatshefte. Sie wurden immer besser und konnten sich, als ich bei Wachholtz erschien, fast selbst tragen. Als ich in diesem Jahr die Arbeit niederlegte, endete auch sie mit einer Enttäuschung. als der Vorstand meine Vorschläge für einen Nachfolger ablehnte. Ich bin auch da wohl nicht mehr wendig genug in der Behandlung der kleinen Geister, die die Entscheidung trafen, gewesen.

So ist mir vieles, was ich mit Begeisterung begonnen hatte, nicht oder nur halb geglückt. – Aber alles Menschenwerk ist Stückwerk. Und so kann ich am Ende nur sagen, was ich in meinem Abschiedswort an meinen Leser gesagt habe: Was ich gebracht habe, das habe ich nach bestem Wissen gebracht. Und ich sage in allen Treuen, dass ich nichts Besseres bringen konnte. – Als Do und ich unter den Linden gingen, brachten wir das Wort von Ina Seidel zusammen, das meine Gedanken ausdrückte:

„Unsterblich duften die Linden. Was bangst du nur?
Du wirst vergehn und deiner Füße Spur
Wird bald kein Auge mehr im Staube finden.
Doch blau und leuchtend wird der Sommer stehn

Und wird mit seinem süßen Atem wehn
Gelind die arme Menschenbrust entbinden.
Wo kommst du her? Wie lang bist du noch hier?
Was liegt an dir? Unsterblich duften die Linden!"

Die Kinder schenkten mir eine Armbanduhr. Eine freundliche Gabe, die mich immer wieder an sie erinnert. Es waren etwa 250 Glückwünsche und Geschenke eingegangen. Der gute Herr Wachholtz schenkte mir eine kostbare Blume und das Honorar für zwei weitere Monate, so dass ich die Zeit, bis Otto uns verlässt, überbrücken kann. Ich bekam Golfbälle, Vasen, Wein, Bücher und Bilder. Die CDU-Fraktion schenkte mir eine Berliner Porzellan Vase. Harry Schmidt hatte einen kleinen Aufsatz über mich in die Kieler Zeitung gesetzt. Er bezeichnete mich darin als Mann der Feder. Aber ich meine, ich war im Leben mehr bereit zu handeln als zu schreiben. Der Eutiner Dichterkreis sandte mir eine Mappe, die handgeschriebene Beiträge der meisten Mitglieder enthielt. Am meisten rührten mich die Grüße meiner alten Schüler und Lehrer. Insofern ist der 80. Geburtstag ein besonderer Festtag geworden.

Am 10. August hat Otto seine Arbeit bei der Ostholsteinischen Siedlungsgesellschaft begonnen. Er hat auf die staatliche Laufbahn, die ihm offen stand aber 2 Jahre Referendarzeit verlangte, verzichtet, wohl um gleich so viel Geld zu verdienen, dass er seine Familie ernähren kann. Hoffentlich tut es ihm später nicht leid. Herr Richter, einer der Leiter der Gesellschaft hatte ihm gesagt, er hätte ihn gerne als seinen Nachfolger gesehen. – Aber wer weiß, nach welchen politischen Gesichtspunkten der Nachfolger gewählt wird. Man bietet ihm ein Haus am Eutiner See zur Miete an, das im Dezember beziehbar ist. – Ich habe mich zurückgehalten. Er muss selber entscheiden.

Elisabeth hat uns wieder viel Sorge bereitet. Sie hatte durch eine Heiratsvermittlung einen Mann kennengelernt, der ebenso hilfsbedürftig ist, wie sie selbst, und sich so in den Gedanken der Ehe hineingesteigert, dass sie völlig durchgedreht war. Do hat die Sache wieder in Ordnung gebracht, und sie ist hier im Urlaub wieder zu sich gekommen, hat sogar 5 Pfund zugenommen. Aber in

Bielefeld hat sie sich so benommen, dass man sie gerne los sein möchte. Nun kommt sie im Oktober in den Waldhof Kroog nach Elmschenhagen in die Diätküche. Wie lange wird das dauern?

Im August tagte der Eutiner Dichterkreis. Schmidt-Barrien und Fr. E. Peters lasen aus ihren Werken, und auch ich wurde aufgefordert. Da habe ich den 1. Akt vom „Himmlischen Schleswig-Holstein" vorgelesen. Ich hatte Lampenfieber, aber das Heitere hatte doch Erfolg. Leider waren nicht H. Claudius und Do dabei. Do wollte lieber bei Gertrud bleiben. Da ist am 20.09. Wilhelm Edert glücklich zur Welt gekommen. Wir sind alle glücklich, dass Trudi trotz Steißlage es ohne Schaden geschafft hat. Do war die letzten 10 Tage in Schönberg bei ihr, und hat mit ihr Spaziergänge gemacht und sie aufgemuntert. Nun ist er da. Am 25. sind Do und ich bei ihr gewesen. Sie lag selig in den Kissen und neben ihr im Körbchen der Kleine. Das ist eines der schönsten Bilder dieses Erdenlebens. Rührend ist die Anteilnahme der Schönberger und der Belegschaft. Mutter Speyer erzählte, wie der festliche Kaffee der Belegschaft verlief. Werner hatte gesagt, er müsse eine Rede halten. Doch da ihm das Reden nicht so lag, hat er das 12. Kapitel aus dem Römerbrief vorgelesen. Da haben alle still zugehört. Ich bin erstaunt und erfreut, dass Werner 27 Jahre alt, so zu seinen Leuten sprechen kann.Er hat die Gabe durch Güte die Herzen der Leute zu gewinnen.

Am Abend guckten wir bei den Backhäusern rein. Hans ist gerade von seiner Rundreise und einer Tagung in Bozen zurückgekehrt. Und berichtete über seine Erlebnisse. Er hat selbst den Eindruck, dass es ihm gelungen sei, mit den vielen Behörden und Lehrern Fühlung zu bekommen. Er wird noch bis Oktober beurlaubt. Am 29.09. habe ich in Flensburg an der Beerdigung von H. Bernhardts teilgenommen. Eines feinen, gütigen und stillen Menschen. Er lässt seine Emilie allein auf der Welt. Beide Söhne sind gefallen. Trotz der sehr kümmerlichen Grabrede, war es tröstlich, wie die Familie zusammen stand um der Witwe zu zeigen, welche Wertschätzung ihr Mann genossen habe. Aber bei der Kaffeetafel wurde kaum über ihn gesprochen. Beerdigungen sind heute wohl hauptsächlich Gelegenheiten, wo sich die Glieder der Familie treffen.

Am 08.10. wäre der 76. Geburtstag meines Bruders Otto gewesen. Gestern wäre Alfred 43 geworden. Beide sind in der Blüte ihres Lebens dahingerafft, beide im Glauben an Deutschland. – Was ist noch dieses Deutschland? –

Am 23. Oktober haben wir in Pansdorf Dos Geburtstag gefeiert. Zum ersten Mal sagte sie, „ich muss den Kindern doch auch sagen, dass meine Kräfte geringer werden. Sie denken immer, ich wäre noch 30". So ist es, da sie nie Nein sagen kann, immer einspringt, wo Hilfe not ist, da gewöhnen wir uns alle an diesen Zustand. Das muss anders werden! Sie ist mit Eckhart Bolte nach Pansdorf gefahren. Er sollte eigentlich einige Wochen bei uns sein, um ihm die Zurück-versetzung in die untere Klasse zu erleichtern. Die Eltern hatten ihn zu früh in die Schule geschickt und wollten den Fehler wieder gut machen. Hier stellte sich heraus, dass 4 Kinder für Magdalene zu viel waren. Wir wussten nicht, als wir Eckhart einluden, dass Magdalene guter Hoffnung war. So schickten wir Do und Eckhart nach Pansdorf. Aber auch das ist keine rechte Erholung für meine Frau. Sie wird erst ganz zur Ruhe kommen, wenn sie wieder allein ist.

Ton Högen

Heute habe ich mein Heft „Ton Högen" an Paulini gegeben. In der Einleitung habe ich mich mit dem Problem „Witz und Humor" auseinandergesetzt. Und dabei festgestellt, dass wir Schleswig-Holsteiner eigentlich keinen Witz, wohl aber Humor haben und zwar trockenen Humor. Es ist fraglich, ob das Büchlein noch zum Fest herauskommt.

Ende Oktober habe ich Eckhart nach Hannover gebracht. Er hatte sich unter der Pflege seiner Großmutter gut erholt. Doch leider auch auf Kosten von Do. Am 11. November fuhren Do und ich und haben den Großadmiral Raeder mit zu Grabe geleitet. Er ist mehrmals in unser Leben getreten. 1935 waren wir bei ihm in Berlin, um Alfreds Eintritt in die Marine zu besprechen. Damals war er voll überzeugt, dass Hitler ein Staatsmann sei, der das deutsche Volk zu neuem Aufstieg führen würde. Er hat seinen Irrtum schwer bezahlen müssen. Er war ein vornehmer, aufrechter Mann, der sein tragisches Schicksal mannhaft getragen hat. Auf der Trauerfeier sprach Dönitz, und würdigte seinen alten Kameraden, treffend in der Sache, schlicht und ohne Pathos, aber doch ergreifend in der Form. Wenn dann das Lied vom Kameraden erklingt, – es geht mir sehr nahe,- es sind so viele und so gute.

Anfang November haben wir Andreas Backhaus in der kleinen Holzkirche in Ellerbek getauft. Als wir in die Kirche kamen, saß da schon die kleine Familie erwartungsvoll mit ihren Paten in der ersten Bankreihe. Die glückliche, heitere, ruhige Mutter hielt ihren Jungen im Arm, ein besonders schönes Kind, das mich an meinen Bruder Otto erinnert. Möchte er ihm ähnlich werden. Beim Taufakt trat Anne ganz nah an den Pastor heran, gespannt, mit halboffenem Mund, ihn beobachtend. Kein Wort, keine Bewegung entging ihr. Diese großen, klugen Kinderaugen sehe ich noch deutlich vor mir. Am Nachmittag tranken wir mit der Familie und den Paten Kaffee, eine besinnliche Feier, etwas laut während der Kaffeetafel, – Inken merkt das nicht – oben war es still und heimlich.

Zum Totensonntag habe ich unsere Gräber auf dem Eichhof geschmückt. Valborg liegt da seit 1915, Vater seit 1927, Mutter seit 1932, Hermann seit 1938 unter dem Kreuz. Meine Stelle ist schon gerichtet und mit Efeu bedeckt.

Am 20.11.1960 ist in Flensburg C. C. Christiansen gestorben. Er war in Flensburg mein bester Freund, er war es, der mich überredete, für Flensburg in den Bundestag zu ziehen. Ich sehe uns noch immer in dem kleinen Zimmer des Alt-Flensburger Hauses stehen. Ich guckte hinaus auf die Straße, als er mir sagte, dass ich der einzige sei, auf den die deutschen Parteien sich einigen könnten. Er ist auch der einzige gewesen, der mir nach 4-jähriger Tätigkeit gedankt hat. Er selbst wollte kein Amt für sich. Seinem Volk, seinem Land, seinem Nächsten zu dienen, war der Wunsch dieses aufrechten Mannes.

Am 21.12. haben wir Renate zum 7. Geburtstag in Ellerbek gratuliert. Sie ist ein liebes, warmherziges Geschöpf. Der einjährige Andreas kroch in der Wohnung umher, ein bildschöner Junge. Inken regiert mit leichter gütiger Hand, ohne Nervosität, ihre Kinderschar sieht daher so frisch aus, als wäre sie eben 20. Ein Abend bei ihr ist immer eine Erfrischung. Aber auch bei den anderen in Schönberg und Hannover. Wir haben viel zu danken an diesem Weihnachtsfest. Elisabeth ist nun schon drei Monate im Kieler Mädchenheim, ohne dass etwas passiert ist. Das ist auch schon dankenswert.

Weihnachtsabend 1960 haben Do und ich seit vielen Jahren wieder gemeinsam den Baum geschmückt. Das macht der Ruhestand an den ich mich nur langsam gewöhnt habe.- den ärgerlichen Abschluss mit dem SHHB habe ich fast vergessen. Vielleicht hätte ich das vermeiden können, wenn ich etwas diplomatischer und rücksichtsloser vorgegangen wäre. Das ist verpasst. Ich fürchte, dass meine Monatshefte bald eingehen werden. Mein Nachfolger ist der Aufgabe nicht gewachsen. Doch ich bin dankbar, dass ich nun wirklich Ruhe habe. Kein Telefon, keine Sekretärin, kein Druck der Arbeit zum Termin. Ich habe Zeit für meine Frau und meine Kinder und Enkel. Sie sind noch bei uns, weil das neue Haus in Eutin noch nicht fertig ist. Vielleicht zum März 1961. Wir freuen uns, dass wir sie noch zum Fest bei uns haben, aber wünschen ihnen doch, dass sie bald ein eigenes geräumiges Heim bekommen.

Silvesterabend ist Do bei ihrer Mutter, um Frl. Kleingarn, die Pflegerin zu vertreten. Ich sitze in der Weihnachtsstube allein und überdenke das abgelaufene Jahr. Unsere Ottonen sind noch bei uns. Gerade kam Otto mit dem Dienstwagen hier an.

Es ist gerade 8 Jahre her, dass Alfred gefallen ist, sagte Do heute Morgen. An seinem Todestag mögen wir nicht feiern. Gestern ist Werner 28 Jahre alt geworden, Ein Jahr älter als Alfred. Werner hat eine sehr arbeitsreiche Zeit hinter sich. Er schafft für zwei. Aber ich glaube er schafft es. Hans ist 38 Jahre alt geworden und ist bei seiner Dr.-Arbeit. Hoffentlich gelingt sie ihm. Von Hannover kommen gute Nachrichten. Selbst mit Elisabeth scheint es im Augenblick gut zu gehen. Ich genieße die Zeit des Nichtstuns, kann mich jedoch noch nicht daran gewöhnen. Seitdem ich meinen kleinen Band Schleswig- Holsteinischen Humor zusammengestellt habe, bin ich faul geworden – und genieße den Zustand.

Am 15.01.1961 wurde Wilhelm, der älteste Sohn von Werner geboren. Getauft wurde er am 01. Februar. Anstatt auf eine Siedlung zu ziehen, fand Otto bei der Ostholsteinischen Landsiedlung in Eutin Anstellung. Am 25.02.starb Herr Karl Möhlmann, Ilses Mann, Otto zog mit seiner Familie in Gamal als Mieter in ein neues Siedlungshaus ein. Seine kleine Tochter Inken ist im Alter von einem Jahr und 13 Tagen in der Kinderklinik in Kiel gestorben.

Auch in der Politik war das Jahr 1961 bedrückend, als im August die DDR Machthaber zwischen den Sektoren in Berlin die Mauer bauten. Da fürchtete man einen neuen Krieg. Aber ich ließ den „Schuster von Tondern" neu auflegen, sammelte lustige Geschichten in „Dat har noch leger warn kunnt" und hielt Vorträge über schleswig-holsteinischen Humor. Professor Blohm schlug vor, Otto sollte in Borghorsterhütten eine für seinen Schwiegersohn bestimmte Siedlung übernehmen. Aber leider ist dieser Vorschlag an dem Widerstand des Geschäftsführers, Herrn Richter, gescheitert.

Onkel Ernst, aus Pittsburgh, besuchte seine Mutter zum 92. Geburtstag. Sie war vorher krank, doch als er kam, konnte sie wieder Treppen steigen und größere Spaziergänge machen. Im Juni bekam ich auf dem Golfplatz einen Schwächeanfall, konnte mich dann aber wieder gut erholen, und habe sogar im September 1962 wieder Vorträge in der „Plattdeutschen Gilde" in Rendsburg, Malente und Eutin halten können. Am 28.09. starb Tante Marie, die Frau meines Bruders Hermann. -

Im Jahre 1962 hielt die Kubakrise alle in Atem, Otto bekam schlimme Bandscheibenbeschwerden- dadurch fand er Zeit seine Dissertation fertig zu schreiben. Harry hatte einen Unfall und musste operiert werden, wodurch sein Gehör sehr gelitten hat. Aber er konnte anschließend trotzdem wieder unterrichten.

Am 23. Dezember kam meine liebe Do freudestrahlend von ihrem frühmorgendlichen Gang zum Milch und Brötchenmann (sie holt uns Milch und bringt der „Uroma" frische Brötchen) und rief: „So schön war der Morgen noch nie! Als ich herausging, leuchtete der Morgenstern in aller Klarheit, dann rötete sich der Himmel, und tauchte die breitbereiften Bäume in ein rosafarbenes Wunder, bis die Sonne selber aufstieg und den Wald in ein glitzernes Meer verwandelte.. Das war so schön, dass ich die klirrende Kälte von -10°C garnicht spürte."

Das ist unsere Mutter, 72 Lenze zählend, die sich so freuen kann. Der man es nicht ansieht, dass sie seit vielen Wochen für 9 Kinder und 12 Enkel bastelt und arbeitet, dass sie um 5.30 Uhr aufsteht, und abgesehen von einer stillen Stunde von 7 bis 8 Uhr morgens, die heilig gehalten und respektiert wird, den ganzen Tag schafft, dann abends um 21 Uhr erklärt, sie könne schon wieder nicht mehr, sie werde eben älter.

Wenn ich das vorausschicke, so wird man es verständlich finden, dass sie zum Schreiben keine Zeit mehr gefunden hat. Wir hatten am 1. Feiertag die Backhäuser mit 7 Personen, am 2. Feiertag 5 Schönberger und am 3. Feiertag 5 Gamaler hier zu Gast. Dann kamen noch die Geburtstage von Hans und Werner.

Im Jahre 1963 wurde die Familie von vielen Krankheiten, am schlimmsten war die Grippe, heimgesucht. Ischias trat bei Werner und Otto auf. In Werrners Familie wurde Ingrid geboren und Wilhelm kam für einige Wochen nach Gamal zu Otto. Der Winter war hart und dauerte bis in den April.

Reise nach Ronco

Hans promovierte und im Februar 1963 fuhr ich mit Do auf Einladung von Frl. Siegel auf Ferien nach Ronco an den Lago Maggiore. Leider litt Dodo dabei unter einer schweren Gastritis und musste eine Rollkur machen. Die Landschaft ist zauberhaft. Der Blick von unserem Häuschen, das, an die Felsbank geklebt, fast senkrecht über dem See liegt, ist überwältigend. Unten die weit glitzernde Fläche, steil ansteigende von Dörfern und Häusern übersäte Berge, darüber die weiten Fernen – bis 2500 und 3000 m hoch. Aber Fußgänger sind hier unerwünscht, und das Gehen auf den Asphaltstraßen ist ein ständiges Ausweichen. Ich möchte hier nicht wohnen und freue mich schon auf Kitzeberg.

40 jähriges Hochzeitsfest

Am 22.03.1964 feierten wir mit 21 Kindern und Enkeln in Niederkleveez unser 40-jähriges Hochzeitsfest, zu dem auch Schwager Ernst (und die Uroma??) kamen. Am 06.04. wurde Ottos Tochter Valborg geboren. Er konnte im Oktober seine Dissertation für die Promotion abgeben und bestand kommenden Februar 1965 die Abschlussprüfung. Außerdem konnte er in Eutin, Gamal, das gemietete Haus kaufen. Hans hat eine Berufung nach Karlsruhe als Dozent und Leiter der Pädagogischen Hochschule angenommen. Werner hatte einen schweren Autounfall und lag im Gips-Streckverband mit dem Bein.

Bild 33: 40. Hochzeitsfest

Der Sohn von Dodos Schwester Anni, Johannes Richter, der seinerzeit während seines Studiums bei uns wohnte, wurde in guter Tradition ordentlicher Professor für Strahlenphysik, war inzwischen verheiratet und wohnte mit seiner

Liesel und drei Söhnen in Klausdorf bei Kiel. Er war gut befreundet mit Werner und besuchte auch Kitzeberg von Zeit zu Zeit. Werner wurde langsam wieder halb arbeitsfähig und auch Harry wurde wieder gesund, allerdings mit einem tauben Ohr.

Am 12. Juni 1965 starb die Uroma, Anna Volkmann im 96. Lebensjahr. Bei Boltes wurde Eva Maria und bei Werner Maria geboren. Das Buch "Dat har noch leeger warn kunnt" erschien in der 8. Auflage. Die Backhäuser wohnten inzwischen in Karlsruhe. Werner konnte wieder voll arbeiten, auch wenn er weiterhin hinken musste. Elisabeth arbeitete seit anderthalb Jahren bei den Diakonissen in Flensburg.

Dodos Krankheit und Tod

Im Februar 1966 musste Dodo wegen Alters-Diabetis und einer Leberentzündung in die Klinik, man vermutet einen Tumor. Otto ging zum 01.04.nach Bremerhaven, zur Niedersächsischen Landgesellschaft, da er die Enttäuschung, dass er in Eutin nicht Geschäftsführer wurde, nicht hat überwinden können. Leider schritt die Krankheit von Dodo voran. Man vermutete einen Tumor an der Leber, der die Galle blockiert und nicht operiert werden konnte. Ein Umgehungskanal wurde gelegt und danach ging es ihr vorübergehend etwas besser. Zeitweilig lag sie in Quickborn. Drei Wochen vor Pfingsten wohnte ihre alte Freundin Frau Toni Wassner in Kitzeberg und pflegte sie. Dann musste sie wieder in die Klinik. Ich besuchte sie täglich und auch ihre Kinder und Enkel durften sie besuchen. Am 05.08.1966, dem Todestag von Tante Valborg, ist sie dann gestorben.

Dazu schrieb ich: „ Meine Lieben!
Verwandte und Freunde haben mich gebeten, über Dodos Krankheit zu berichten. Im Juni 1965 starb unsere Mutter. Die Sorge um sie, die Pflege, der Tod, die Auflösung des Hausstandes, mein 85. Geburtstag, Ottos Enttäuschung in Eutin, hatten meine liebe Dodo überfordert. Der Hausarzt behandelte sie wegen Depression infolge Erschöpfung. Als keine Besserung eintrat, konsultierten wir den Chef der Nervenklinik. Er stellte eine anlagebedingte Störung des Gemütszustandes fest, die bald vorübergehen würde. Er behandelte sie mit Antibiotika und Schlafmitteln. Dodo fühlte sich immer schwächer. Anfang Februar 1966 verlangte sie eine Urinuntersuchung. Der Hausarzt fand Zucker. Am 09.02. brachte ich sie in die Medizinische Klinik, wo sie sich ganz geborgen fühlte. Die sofort angesetzte gründliche Untersuchung ergab ein sehr ernstes Bild: Der Abfluss der Galle aus der Leber wurde durch einen Tumor am Kopf der Bauchspeicheldrüse behindert. Infolgedessen Gelbsucht und daher die Depression. Eine Operation sei bei der ungünstigen Lage des Tumors sehr schwierig. Man versuchte daher, den Ausgang mit Medikamenten aufzuweichen. Der Tumor sei wahrscheinlich bösartig. Als am 04.03. Prof. Bernsmeyer sagte, sie

seien mit Medizinischen Mitteln am Ende, wurde Prof. Löhr hinzugezogen. Nach einer Stunde Diskussion rieten sie zu einer Operation. Die Kranke wurde immer schwächer, es müsse etwas geschehen. Dodo willigte ein, habe aber gesagt: Wenn es ein bösartiger Tumor sei, dann keine Operation. – Sie war ruhig gelassen, hoffnungsvoll und tapfer, wie in ihrem ganzen Leben. Ich sagte, ich möchte vor allem meiner Frau ein langes Siechtum ersparen. Der Professor erwiderte, auch wir möchten das. Ob der Tumor bösartig sei, könne nicht mit voller Sicherheit gesagt werden. Wir müssen alles versuchen, selbst wenn nur 5% Hoffnung besteht, dass es sich um einen gutartigen Tumor handelt.

Ich telefonierte mit allen meinen Kindern. Sie kamen alle, um ihre Mutter noch einmal zu sehen. Am 09.03. war die Operation. Als ich am Tage davor bei ihr war, schien sie heiter und zuversichtlich. Sie gab mir 7 Karten, die sie an ihre sieben Enkelkinder geschrieben hatte, an jedes Kind anders, auf seine Neigungen und Eigenarten eingehend, lauter kleine Meisterwerke.

Prof. Löhr sagte, die Operation sei sehr gut verlaufen. Die Leber war entzündet, um tomatengroße Geschwulste am Kopf der Bauchspeicheldrüse zu umgehen, wurde ein künstlicher Umgehungsgang geschaffen, so dass die Galle nun ablaufen konnte. Doch wahrscheinlich ist der Tumor bösartig. 14 Tage später war das Gelb fast verschwunden. Sie war heiter, gelassen und über den Dingen stehend. Sie genoss die Stille des Krankenzimmers, die prächtige Pflege, sah glücklich und zuweilen auch verklärt aus. Magdalene, die bei einem Besuch die Mutter habe trösten wollen, sagte zu mir: „Sie hat mich getröstet." Ein runder Tisch mit Blumen stand gegenüber vor ihrem Bett, darüber hing ihr Kruzifixus. „Meine beste Medizin", sagte sie, „sind die Briefe und Bilder der Kinder."

Am 30.03. siedelte sie in das Krankenhaus Quickborn über. Sie hatte wieder eine gute Gesichtsfarbe, durfte morgens und nachmittags je eine Stunde im Sessel sitzen, auch auf dem Flur auf- und abgehen, war geistig lebendig, schrieb viel, redete viel und machte Pläne. Am 29.04. konnte Toni Wassner, ihre teuerste Freundin, sie im Auto zurück nach Kitzeberg bringen, und hat sie dann bei uns mehrere Wochen lang rührend gepflegt. Mit eiserner Energie stand Dodo morgens und nachmittags je eine halbe Stunde auf, ging im Garten und Haus spazieren, und war dann froh wieder sich ins Bett legen zu dürfen.

„Ich möchte doch wieder gesund werden." Sie hatte Rückenschmerzen, doch klagte nie. Wenn sie mal ohne Schmerzen war, lebte sie auf, las und schrieb. Ihr liebes Gesicht war ganz durchgeistigt. Seltsam, wie sie mit Tönchen alles im Haus ordnete. „Wenn ich mal wieder in die Klinik muss, soll hier alles geregelt sein", sagte sie, als wüsste sie, dass es ein Abschied für immer sein könnte.

Am 19.09. kam Inken aus Karlsruhe und sorgte für ihre Mutter in der stillen, ruhig-überlegenden, praktisch-liebevollen Art ihres Wesens. Aber die Schmerzen unserer Kranken steigerten sich und wurden so quälend, dass wir nach Rücksprache mit Prof. Bernsmeier sie am 23. Mai wieder in die Medizinische Klinik schafften. Die Träger kamen mit der Trage ins Haus und brachten unsere ganz blasse, schmächtige Do aus der Flügeltür hinaus in den Garten. Sie klagte auch jetzt nicht, die Tapfere. Inken setzte sich zu ihr. – Ein Blick aus ihren guten Augen, dann rollte sie durch den Buchenwald. Ich wusste, sie kommt nicht wieder in unser geliebtes Haus.

In der Medizinischen Klinik stillte man ihre Schmerzen, und bald lag sie ruhig und gelöst in ihrem Einzelzimmer, oft im Halbschlaf. Seitdem bin ich fast jeden Morgen bei ihr in der Klinik gewesen und habe ihr gedankt, dass sie mein Leben so reich gemacht hat.

Dass Inken in dieser Zeit bei mir war, habe ich als ein Gottesgeschenk empfunden. Als sie am 01.06. abreiste, kam Valborg zu mir, um sie abzulösen. Eine ebenso große Freude für mich. Die Kräfte nahmen weiter ab. Am 16.06. sagte Prof. Bernsmeier, der Tumor wächst. Schon bei der Operation hatte Löhr Metastasen festgestellt, die sich weiter entwickeln und auf den Darm drücken würden.

Am 2.06. musste Valborg zurückkehren. 14 Tage später, als ich bei ihr saß, sagte sie: „Ich möchte nicht, dass die Enkelkinder zu meinem Begräbnis kommen.

Beerdigung ist für Erwachsene." So klar sprach sie über ihren Tod. Sie sieht ihm gelassen, fast heiter entgegen, keine Klage, nur Dank. Dann wurden ihre Augen schwächer, so dass sie nicht mehr lesen konnte. Auch das Sprechen fiel ihr schwer. Sie rang mit den Worten. Einmal sagte sie: „Ich habe oft das Gefühl, als wäre ich nicht mehr da." Ein paar Tage später sagte sie: „Es fällt mir so schwer, mich von Dir zu trennen." In den folgenden Tagen schlummerte sie, und erkannte mich nicht mehr Am 05.08. rief Schwester Alma an; „Ihre Frau ist erlöst."

Ich fuhr mit Werner und Inken in die Klinik. Unsere Mutter lag bleich, noch gelb von der Galle, unendlich friedlich in ihrem Bett. Am 07. August waren Inken und Hans, Otto und Magdalene mit mir zusammen in der Leichenhalle und deckten sie mit Rosen zu. Am 09.08. haben wir sie in unserem Waldgrab im Kreise der Familie beigesetzt. Sie hatte darum gebeten, dass der Pfarrer nicht von ihrer Persönlichkeit sprechen möge, nur über das Wort, „vergib uns unsere Schuld". Wir sangen „In allen meinen Taten" 8. und 9. Strophe, die hatte sie in ihrem Gesangbuch rot angestrichen. Nach der Bestattung fuhren wir mit allen unseren Kindern nach Kitzeberg in unser Haus. E.E.

Totensonntag 1966

Am Totensonntag kam Werner von Schönberg mit einem Kranz von den Geschwistern, herrliche Rosen und Chrysanthemen, und holte Elisabeth und mich ab zur Fahrt nach dem Eichhof. Es war ein trüber Tag und leise tropfte es von den weißen Birkenstämmen. Leider hatte der Steinmetz das Grabmal noch nicht geliefert. So schmückten wir das Grab.

Es war schon dunkel, als wir nach Hause kamen. Werner blieb noch eine Weile und erzählte von seiner Familie. Wilhelm tritt am 01.12. seine Lehrzeit an, und konnte noch das Telefongespräch von Otto aus dem Krankenhaus Debstedt bei Bremerhaven mithören. Otto berichtete, dass die Operation an seiner Wirbelsäule offenbar gut gelungen war. Er habe keine Schmerzen mehr, müsse aber noch drei Wochen im Krankenhaus bleiben. Der Umzug von Gamal nach Wremen, an der Kattrepel 6 war von Magdalene am 14.11. durchgeführt, den Kindern gehe es gut, Valborg hatte vorher zum Totensonntag angerufen. Auch sie war mit Mann und Kindern zufrieden, nur sie selbst ist noch in ärztlicher Behandlung. Am Abend meldete sich noch Inken aus Karlsruhe, so dass ich mit allen Kindern an diesem Tage sprechen konnte. Inken erzählte, dass die Übergabe des neuen Amtes und der neuen Wohnung an Hans in Karlsruhe in sehr angenehmer Form stattgefunden habe, und dass sie alle mit dem Tausch sehr zufrieden seien. Die Schule der beiden Jungen liege ganz nahe zu deren Haus, auch Hans braucht nicht mehr mit dem Auto zum Dienst zu fahren.

Elisabeth ist drei Tage bei mir gewesen. Sie war frisch und gesund, und versteht sich besonders gut mit Frau Bürgel, die sie eben zum Dampfer bringt. Frau Bürgel ist immer noch auf der Suche nach einer Wohnung. – Hermann Edert ist gestern 65 Jahre alt geworden. Er hatte zur Geburtstagsfeier im Förde Klub eingeladen. Ich musste nach altem Brauch als der älteste Edert die Festrede halten, und habe versucht, dieses bewegte, gefahrvolle Leben darzustellen. Es ist ein Wunder, das er nach so vielen Kriegseinsätzen ohne Verwundung aus dem Kriege heimgekehrt ist. Seine beiden Kinder feierten mit, seine Schwester Ilse besucht gerade ihren Sohn Ingo in Indien.

Morgen will ich meinem alten Freund Tilse in Lübeck zum 80. Geburtstag gratulieren. Das ist die erste Reise, die ich seit vielen Wochen wage. Aber er ist einer der ganz wenigen Freunde meiner Generation, die noch leben; so rückt man näher zusammen.

Weihnachtsbrief vom 17.12. „Meine lieben Kinder und Enkel, Gott schenke euch allen ein fröhliches Weihnachtsfest. Ich wede am 24.12. zu euch hindenken, so wie wir beide, eure Mutter und ich in den letzten Jahren, wo wir allein waren, es getan haben. Mein Weihnachtsgeschenk ist eine Kopie des Bildes eurer Mutter, das Hedwig Huschke 1937 in Biederitz gezeichnet hat. Sie blickt wie aus dem Wolkenschleier, wie aus einer anderen Welt uns an, eine unendlich gütige, mit vielen Gaben reich gesegnete und eine sehr schöne Frau, das war Eure Mutter.

   Ich lebe still dahin, bin gut versorgt. Am letzten Wochenende besuchten Harry und Valborg mich und machten mir große Freude, denn sie führten unser Fest vom 20.03.1964, das sie auf Tonband aufgenommen hatten, mir vor, so dass ich alle lieben Stimmen wieder hören durfte von einem der schönsten Tage meines Lebens. Heute Abend wird Werner bei mir eingucken, darauf freue ich mich, gestern kam ein sehr fröhlicher Brief von Inken. Sie fühlen sich sehr wohl in ihrem neuen Haus. Elisabeth kommt am 24.12. Zum Schluss noch etwas Neues: Heute Nacht hat die Riesenbuche am Eingang in unserem Garten einen gewaltigen Ast abgeworfen, glücklicherweise auf den Weg und nicht auf das Haus. So sind wir wieder einmal gnädig behütet worden. Das Haus will wohl mit mir aushalten."

06.01.1967: „Ich freue mich, dass Otto wieder arbeiten mag. Aber der Tag ist lang bis 18 Uhr abends. Und in diesen dunklen Tagen hat er während der Woche keine Erholung. Ob es nicht möglich wäre in den nächsten Wochen regelmäßig am Mittwoch eine Unterwassermassage zu bekommen? Mit Schwimmen? Es kommt jetzt darauf an, dass er alles langsam angehen lässt. Liebe Magdalene, kannst Du ihm nicht diesen Floh ins Ohr setzen? – Mir fällt das Gehen schwer. Ich freue mich sehr. Dass es dir, Otto täglich besser geht. Denke daran, mein lieber Junge, dass Deine Gesundheit die Grundlage deiner Existenz ist. Überfordere Dich nicht!

Dass Tine in den Turnverein geht, freut mich. Inken hatte alle vier Kinder in den Ellerbeker Verein geschickt, sie haben glänzend gelernt. Die Schulen leisten nicht genug für körperliche Übung. Der Kinderarzt in Hannover hat Valborgs Kinder wegen Haltungsschäden zum Gymnastikkurs geschickt.

Martchen ist am 01.01. hier eingetroffen und hat im Hause die Leitung übernommen, still, freundlich, aber mit großer Sicherheit anfassend und ordnend. Frau Börgel sollte sie einführen, fühlte sich aber schon gestern überflüssig. Sie will am 11. Elisabeth in Flensburg besuchen und mich dann wohl verlassen."

03.02.1967 Rundbrief: „Meine Lieben, heute sind sechs Monate vergangen, seit unsere liebe Mutter ihre Augen für immer schloss. An einem solchen Tag sind meine Gedanken ganz bei Euch.

Unseren Kranz haben wir schon vor einigen Tagen hinaus aufs Grab gebracht, wir, das sind Martchen und ich. Sie fährt mich hinaus auf den Friedhof, so vermeide ich das Gewühl der Stadt. Eben stürmten Werners drei Älteste in mein Zimmer, an meinem Schreibtisch standen sie plötzlich stille, und Ingrid sagte beim Anblick des großen Bildes: „Oma". Trudi kamen herein und Werner, seine Maria auf dem Arm tragend. Sie blieben wohl nur eine halbe Stunde, aber lang genug um von allem zu erzählen. Ich zeigte ihnen den Schlaraffenhäuptling, den Broder geschnitzt und Christine bemalt und mir zu Weihnachten geschenkt hatte. Werner war zufrieden, sowohl geschäftlich wie mit seinem Bein. Eine längere Zeit der Massage hatte ihm eine kleine Erleichterung verschafft.

Zufrieden mit seinem gesundheitlichen Fortschritt ist auch Otto, der meint, dass seine Arbeit wieder so gut gehe, wie vor der langen Krankheit, der Bandscheibenoperation in Debstedt. Der Garten rings um das neue Haus in Wremen werde aufgeräumt. Er behauptet, er schone sich sehr. Die Kinder sind ganz ausgefüllt von der neuen Umgebung, Christine spielt Harmonium im Kindergottesdienst und macht viele Gedichte, eine Konkurrenz zu Renate. Jens, der stille und fleißige, bereitet sich schon vor zur Aufnahme in die Sexta. Alle Kinder turnen abends.

Alle Backhäuser skieren. Die beiden Mädel vorweg, dann die Jungens, gemächlicher das Ehepaar. Am letzten Sonntag waren die beiden Mädel bei strahlendem Sonnenschein auf dem Feldberg, mit der Sicht weit in die Schweizer Alpen hinein. Mir wurde das Herz weit, als ich das las. Daneben stecken alle Kinder in den Fastnachtsfreuden. Inken schreibt, die Schule ist dabei eigentlich überflüssig, aber wird, nebenbei, auch erledigt. Anne darf in den Osterferien mit einer Gruppe eine Skifreizeit in der Schweiz mitmachen. In diesen schneearmen Winter haben es die Backhäuser offensichtlich am besten getroffen.

Boltes, auch große Skifahrer, hatten in diesem Jahr zu wenig Gelegenheit. Eckhart setzt sich stattdessen auf das neue Fahrrad – mit allen Schikanen ausgestattet, und macht mal mit seinem Vater, mal mit Freunden stundenlange Fahrten durch die Heide. Boltes haben den kühnen Plan, in den Sommerferien nach England zu fahren, mit ihrem VW-Bus und allen Kindern. Ich habe sie gewarnt, denn in England ist Linksverkehr. – Aber ich weiß auch, dass solche Ratschläge wenig nützen.- Elisabeth hatte sich einer kleinen Operation unterziehen müssen. Die hat sie aber gut überstanden und wird wohl in der nächsten Woche einige Tage zur Erholung zu mir kommen. Dann wird auch Frau Bürgel aus Schweden zurückkehren. Und noch einige Tage bei uns wohnen, sie sucht noch immer nach einer Dreizimmerwohnung.

Ich selbst werde aufs beste betreut von unserem Martchen schon seit dem 01.01. Sie ist nicht nur eine hervorragende Hausfrau, sondern auch eine vortreffliche Köchin und eine vielseitig gebildete und sehr belesene Frau, mit der ich mich auf das beste unterhalten kann. Sie kämpft einen heroischen Kampf gegen meine Appetitlosigkeit, tischt immer neue Delikatessen auf, kurz, wenn ich nicht wieder gesund werde, an ihr liegt das sicher nicht.

Die Zeit ist zu Ende, und auch mein Rundbrief. Seid alle gegrüßt von euerm alten Vater."

Letzte Briefe an die Kinder

19.03. „Meine lieben Kinder, – zum 20.03., Euerm Hochzeitstag, ein herzliches Gedenken. Ich wünsche Euch ein gesundes und glückliches Neues Jahr. Ich wünsche Euch, dass Ihr lang, lange beieinander bleiben möget!

Wenn ich richtig rechne, ist Jens gestern zurückgekommen, hoffentlich gesund. Ich freue mich, wenn er zu mir kommt. Ich hatte schon gehofft, dass er heute hier eintreffen würde. Ich traue mir auch zu, mit zwei Jungen fertig zu werden, wir hätten auch Broder satt bekommen. Hier geht alles seinen stillen Gang. Ich erhole mich bei guter Pflege langsam aber sicher. Seit einiger Zeit arbeite ich auch wieder geistig. Bis dahin hatte ich keine Neigung. Nun bin ich wieder bei meinen Erinnerungen und zwar in den glücklichen Jahren 1924/25. – Du warst noch nicht erschienen, mein Ottchen. Grüße Deine Kinder herzlich – Euer Vater".

Kitzeberg, den 10.04.1967

„Mein lieber Otto, zum 38. Geburtstag ein herzliches Gedenken. Du hast im letzten Jahr eine ernste Krankheit, die Bandscheibenoperation, glücklich überstanden, möchtest Du im kommenden Jahr ganz gesund werden. Und trag Du auch Deinen Teil dazu bei. Denke daran, dass Ischias eine Nervenkrankheit ist, und jede Überanstrengung Deiner Nerven sich rächt. Ihr habt mir eine ganz große Freude mit Euerm Besuch und mit Euerm Jens gemacht. Er ist ein stiller, feiner Junge. Hoffentlich schafft er den Anschluss in Bremerhaven. Die geistigen Gaben besitzt er, die Ellenbogen müssen noch kräftiger werden. Als ich nach Eurer Abreise über Eure Streitfrage „mit Broder das Zimmer teilen? – lieber allein?" nachdachte, so schien mir das erste richtig. Er muss sich gegen den Bruder durchsetzen. Er zieht sich sonst in die Stille zurück und wird eine noch größere Leseratte. Könntet ihr ihn nicht dazu bringen, seiner kleinen Schwester Valborg Märchen vorzulesen? Besser noch vor zu erzählen. Denn seine Sprachfertigkeit ist gering. Tina und Broder lassen ihn gewiss nicht viel Luft.

Ich habe mich sehr gefreut, dass Ihr Elisabeth aufgesucht und ausgeführt habt. Sie war ganz beglückt. Ich selbst bin noch nicht reisefähig. So ist Elisabeth, die früher regelmäßig von meiner lieben Frau besucht wurde, sehr einsam, Ich bin darum sehr dankbar, wenn Ihr Euch um sie kümmert. In der letzten Woche war Martchen bei ihrer Mutter in Blankenstein-Welper an der Ruhr. Sie wollte heute zurückkehren. Leider ist ihre Mutter erkrankt, und ihr Wagen hatte einen Motorschaden. Frau Speyer vertritt sie, wofür ich sehr dankbar bin. Am 08.04. sprach Kiesinger in Kiel. Ich wagte mich nicht in den Trubel der Wahlversammlung. Umso mehr freute ich mich, als er am Sonntag anrief und erzählte, dass er zur Kieler Woche mit seiner Frau kommen wollte. Gestern war Werner mit seiner ganzen Schar bei uns und nebenbei beschnitt er meine Apfelbäume. Die Bothfelder sind aus England zurück, heil und sehr glücklich. Noch glücklicher schreiben und telefonieren die Karlsruher. Sie genießen den Frühling im Tal und die Skiabhänge im Gebirge.

Ich lege ein Büchlein bei, das mir Dr. Zühlke, Chef der Landwirtschaftskammer geschenkt hat, weil ich ihm einen netten plattdeutschen Spruch für seine Ansprache in Berlin empfohlen hatte. Vielleicht ist er Dir von Nutzen – Der Scheck ist für sonstige Wünsche. Nun feiert froh, ich bin bei Euch! Herzlich Euer Vater".

Etwa jede Woche hat er so an seine Kinder und Enkel geschrieben, gute Anregungen gegeben und von seinen Erlebnissen in Kitzeberg berichtet. So schrieb er noch am 26.07.: „Lieber Otto, vielen Dank für Deinen lieben Brief und Broders prächtige Beigabe. Ich danke Dir, dass Du Sonntag kommen willst, obwohl ich vor Deiner Sonntagsfahrt Sorge habe. Aber ich fühle, dass ich von Tag zu Tag schwächer werde, und würde gern ein paar Fragen mit Dir bereden, auch finanzieller Natur. Am 29. kommt Inken. Elisabeth war acht Tage hier, geht am 28. nach Schönberg und wird erst am 31. wieder zu mir kommen. So sind wir ziemlich ungestört. Also auf Wiedersehen! Schick mir bitte eine Karte, wann wir Dich erwarten können. – Herzliche Grüße Euch allen, Dein sehr alter und müder Vater."

Heimgang und Kondolenz

Als letztes notierte er: „Die Jahre 1967 und 68 waren überschattet von der Gewissheit, dass auch bei mir die Leber, – (ich war Antialkoholiker)- unheilbar erkrankt sei. Da zog Martchen Schulz, sie war schon in Biederitz eine große Hilfe der Familie, ins Haus und pflegte mich."

Als dann aber keine Besserung zu erkennen war, kamen seine beiden Töchter, erst Inken und dann Valborg zu ihm und blieben bis er am 27.08. gut ein Jahr nach seiner Dodo, in Kitzeberg verstorben ist. Er ist auf der Familiengrabstätte auf dem Eichhof-Friedhof beigesetzt worden. Neben vielen Kondolenzbriefen aus aller Welt, schrieb der Bund Deutscher Nordschleswiger, der Deutsche Generalsekretariat aus Apenrade am 30. August 1967 dazu an die Geschwister Edert:

„Sehr verehrte Familie Edert!

Zum Tode Ihres Vaters übermittele ich Ihnen unser herzliches Beileid von der deutschen Volksgruppe in Nordschleswig.

Das Leben Ihres Vaters ist über die Jahrzehnte und über die starken Einschnitte der Deutschen Geschichte hinweg durch einen immer währenden Einsatz geprägt gewesen, der sich um Volk und Staat und unsere schleswig-holsteinische Heimat konzentrierte. Dabei hat Ihr Vater Nordschleswig und die Volksgruppe immer wieder in seinen Arbeitsbereich und in seine Fürsorge einbezogen. Das gilt nicht nur für die Zeit nach dem ersten Weltkrieg, sondern ebenso sehr für die Zeit nach 1945. Für diese innere Verbundenheit, die sich ja auch in seiner schriftstellerischen Tätigkeit widerspiegelt, danken wir ihm sehr herzlich.

Persönlichkeiten, welche die Kraft gehabt haben, aus sich heraus, d.h. von einer festen inneren Haltung her, der Gemeinschaft zu dienen, sind ein Vorbild für die Jüngeren, die bereit sind, sich der Aufgabe der Gegenwart zu stellen. Hier muss ein Zusammenhang zwischen dem Gestern, dem Heute und dem Morgen gewahrt bleiben.

Ich bedaure sehr, dass ich es versäumt habe, das, was nun in diesem Brief steht, Ihrem Vater persönlich zu sagen. Ich möchte aber gern, dass Sie jetzt, bei dem Tode Ihres Vaters von uns aus Nordschleswig für ihn einen Dank entgegennehmen.

Mit herzlichen Grüssen
Rudolf Stehr"

Und der Ministerpräsident Kai-Uwe von Hassel schrieb:

„In vielen Jahren habe ich den Verstorbenen aufrichtig schätzen gelernt. Seine Leistungen für das Land Schleswig-Holstein, für das Grenzland im Besonderen und im Deutschen Bundestag verdienen ein hohes Maß unserer Anerkennung und unseres Dankes für sein Wirken.

Ihr Kai-Uwe von Hassel"

CPSIA information can be obtained
at www.ICGtesting.com
Printed in the USA
LVHW051812060223
738796LV00012B/1339